本书获中国博士后科学基金第 54 批面上资助,资助编号(2013M541693)
江苏省"十三五"重点出版规划项目
中国博士后科学基金资助项目

贵州屯堡话与明代官话比较研究

邓 彦 著

南京师范大学出版社
NANJING NORMAL UNIVERSITY PRESS

图书在版编目(CIP)数据

贵州屯堡话与明代官话比较研究 / 邓彦著. — 南京：南京师范大学出版社，2017.7
ISBN 978-7-5651-3392-3

Ⅰ. ①贵… Ⅱ. ①邓… Ⅲ. ①西南官话－方言研究－贵州 Ⅳ. ①H172.3

中国版本图书馆 CIP 数据核字(2017)第 129330 号

书　　名	贵州屯堡话与明代官话比较研究
著　　者	邓　彦
策划编辑	郑海燕
责任编辑	于丽丽
出版发行	南京师范大学出版社
地　　址	江苏省南京市玄武区后宰门西村 9 号(邮编：210016)
电　　话	(025)83598919(总编办)　83598412(营销部)　83598297(邮购部)
网　　址	http://www.njnup.com
电子信箱	nspzbb@163.com
照　　排	南京理工大学资产经营有限公司
印　　刷	江苏扬中印刷有限公司
开　　本	787 毫米×960 毫米　1/16
印　　张	25
字　　数	400 千
版　　次	2017 年 7 月第 1 版　2017 年 7 月第 1 次印刷
书　　号	ISBN 978-7-5651-3392-3
定　　价	68.00 元

出 版 人　彭志斌

南京师大版图书若有印装问题请与销售商调换

版权所有　侵犯必究

前　言

　　自20世纪90年代以来,贵州屯堡以其独特的现实生态和深厚的历史内涵吸引了众多研究者。有学者研究屯堡的现实生活,内容涵盖政治、经济、文化;有学者研究屯堡的历史,思路追溯到悠久的明代;有学者研究屯堡村落民居,视野扩展到遥远的江南;有学者研究屯堡的语言,语音、词汇、语法面面俱到。近年来,屯堡语言——屯堡话的研究出现了新的研究亮点。有学者将屯堡话与明代时期的语言联系起来,认为屯堡话来源于明代时期江南地区的语言。这为研究屯堡话提供了新的途径,也启发笔者更为深刻的思考:(1)如果说屯堡话来源于明代时期江南地区的语言,那么它的源头是明代官话还是江淮官话,且这种关系如何体现?(2)屯堡话从江南水乡来到贵州山区,为什么能形成独特的屯堡言语社区,是因为贵州地理环境使然还是屯堡话本身特征使然,或是两者兼有?(3)在西南官话的包围之中,屯堡话还是原来的明代时期的语言吗?

　　基于这种思考,本书在众多屯堡研究成果及明代官话、江淮官话、西南官话研究成果的基础上,考察贵州安顺地区的地理环境、社会生态、文化风貌,了解屯堡形成的历史与特征,将屯堡话与明代官话、江淮官话、西南官话进行比较分析,得出了"屯堡话是对明代官话及江淮官话的继承,与西南官话是亲属关系并受西南官话影响"的结论。具体为:(1)屯堡话是明代时期以南京为中心的江南地区移民及后裔的语言,是对明代官话的继承,是明代官话在西南官话区域内的一种语言变体。(2)江淮官话是明代官话的基础方言,《洪武正韵》的语音是明代官话的标准音,冯梦龙"三言"、凌濛初"二拍"等明代小说中的词语和李时珍《本草纲目》、宋应星《天工开物》、徐光启《农政全书》等医药、科技、农书中的词语体现了明代官话词汇的特点。屯堡话虽然也受江淮官话的影响,但不像受明代官话的影响那么直接。(3)屯堡话处于西南官话区域,受西南官话的影响,但是经过600年的语言接触,屯堡话还能保持自己的语言特色,形成屯堡言语社区,除了受屯堡言语社区的人口、地域、设施、互动、认同等因素影响外,还因为屯堡话与明代官话以及江淮官话是传承关系,屯堡话与西南官话是亲属关系,明代官话、江淮官话、屯堡话、西南官话同属于南方官话的范畴。

为了回答上述的思考和实证上述的结论,本书采取如下的论证过程:(1)介绍明代官话和屯堡话的研究现状,说明研究的目的和意义,以及研究的方法。(2)通过言语社区理论描写屯堡言语社区的成因,即屯堡话由于人口、设施、认同等要素继承了明代官话,并体现了明代官话的基础方言江淮官话的底层语言特色,但由于地域、互动等要素不可避免受到西南官话的影响,因此屯堡话已经不是明代官话也不是江淮官话,而是既有明代官话、江淮官话底层语言特征,又有西南官话特征的屯堡话。(3)描写屯堡话、明代官话、江淮官话、西南官话的语言系统,并通过它们之间的比较,揭示它们之间的或传承关系或亲属关系以及与南方官话的关系。

本书是笔者博士后工作期间的研究成果,笔者关于贵州屯堡话和明代官话的研究虽然以本书的出版而暂时告一段落,但仍有遗憾之处,如缺少两者语法方面的比较,又如汉语官话方言语音调查和词汇调查的词目每种只有 1 000 多条,如能增加到 2 000—3 000 多条,比较的结果会更充分。不过研究内容在南京师范大学出版社领导、编辑的大力支持下已经出版成书,希望本书对屯堡话和明代官话的研究有所帮助,对保护、保存深受普通话影响而在不断变异的屯堡话、江淮官话、西南官话有所贡献。

邓　彦

2017 年 1 月

目 录
Contents

前 言 ·· 001

第一章 绪 论 ··· 001
第一节 研究的缘起 ··· 001
第二节 研究的概况 ··· 004
第三节 研究的方法 ··· 009

第二章 屯堡话调查 ··· 017
第一节 屯堡地区概述 ·· 017
第二节 屯堡话田野调查 ··· 020
第三节 屯堡话的形成 ·· 021
第四节 屯堡话的语音系统 ·· 031
第五节 屯堡话的词汇系统 ·· 052
第六节 本章小结 ·· 054

第三章 屯堡话与明代官话的比较 ································· 056
第一节 明代官话概述 ·· 056
第二节 屯堡话与明代官话语音比较 ···································· 076
第三节 屯堡话与明代官话词汇比较 ···································· 119
第四节 本章小结 ·· 199

第四章 屯堡话与江淮官话的比较 ································· 200
第一节 江淮官话概述 ·· 200

    第二节　屯堡话与江淮官话语音比较 ································ 206
    第三节　屯堡话与江淮官话词汇比较 ································ 233
    第四节　本章小结 ·· 238

第五章　屯堡话与西南官话的比较 ·· 240
    第一节　西南官话概述 ·· 240
    第二节　屯堡话与西南官话语音比较 ································ 248
    第三节　屯堡话与西南官话词汇比较 ································ 291
    第四节　本章小结 ·· 298

结　语 ·· 299

附　录 ·· 302
    附录A　表格条目汇总 ·· 302
    附录B　汉语官话方言语音调查条目表 ···························· 305
    附录C　汉语官话方言词汇调查条目表 ···························· 353

参考文献 ·· 392

后　记 ·· 396

第一章 绪 论

第一节 研究的缘起

一、问题提出

近年来,屯堡文化作为一个新的研究亮点,不断被学术界挖掘及关注。屯堡文化在贵州、云南、湖北源远流长,由于地域文化和历史文化的特殊性,贵州屯堡文化的独特性、系统性显得尤为突出。作为文化的载体,屯堡话也成了语言界研究的热点。

学术界认为在明朝平滇战争时期,以南京为中心的江南一带的汉人被迫迁至黔中。汉人不仅把高级的生产技术带到了黔中,而且更把汉语言文化传播至此。由于屯堡文化的封闭性,时隔 600 年,屯堡话依然保留了明代官话的特点,"大量的江南移民移聚居于特定的屯堡区域内,其保留原来的语言特征是完全合乎逻辑的""屯堡话被认为与属于北方方言的江淮官话有渊源关系""屯堡语言与苏皖语言有着许多相同和相似之处。那种江南软语的意蕴,使人听起来极富亲切感和音乐性"①。屯堡话的源头是否为明代官话和江淮官话?根据社会语言学观点,语言接触必然导致语言演变,那么导致这种演变的因素是什么?演变的结果如何?这些都需要通过语言田野调查和历史语料的收集来分析说明。

---

① 贵州省民族研究所,贵州民族研究学会.贵州民族调查卷十三:屯堡人(内部资料)[M].1995:81;孙兆霞,等.屯堡乡民社会[M].北京:社会科学文献出版社,2005:190;俞宗尧,帅学剑,刘涛志.屯堡文化研究与开发[M].贵阳:贵州民族出版社,2005:29.

二、研究目的意义

1. 通过语言比较,证明贵州屯堡话与明代官话的传承关系,使屯堡话成为明代官话的活化石

音韵学家陈第曾提出"时有古今,地有南北,字有更革,音有转移"的观点。语言会随着时间的推移和各地语言之间的接触而发生变化。然而由于封闭的地理环境、强烈的民族认同感和自豪感,600年前的江南移民至今仍保留迁移时的文化传统和语言系统。本书对贵州屯堡话和明代官话进行比较研究,证实两者间的传承关系,既为屯堡话找到了"源",也为明代官话和江淮官话找到了"流"。同时,在现代文明的冲击下,屯堡话也面临危机。有学者认为,"屯堡方言濒临灭绝,操此方言者多为中老年人,屯堡后代课堂用语多为普通话或英语。屯堡年轻人面临着更强大而富有的社群时,会对弱小贫穷的屯堡社群的方言乃至文化产生信任危机,从而拒绝融入古老的传统文化。随着贵州的开发,媒体用语、街道标识语与超市用语皆为普通话或英语,很有可能100年后,这种方言会退出历史舞台"[①]。因此本研究不仅证明贵州屯堡话与明代官话的传承关系,而且以明代官话为参照,从语音、词汇等方面对贵州安顺地区的屯堡话进行实录,并将之系统化,这在一定程度上保存了屯堡话,使之成为明代官话的活化石。

2. 描写明代官话、屯堡话、江淮官话、西南官话的语音、词汇系统

本书在屯堡话与明代官话比较研究中,不是随意选择一些语言实例进行比较,而是将屯堡话与明代官话的语音、词汇系统进行了比较。为全面了解屯堡话与明代官话的共同性与差异性及其产生的原因,本书还把比较的平台拓展到明代官话的基础方言江淮官话和深刻影响屯堡话的西南官话。在贵州"屯堡话"这一背景框架下对屯堡话、明代官话、江淮官话、西南官话的语言构架、语言实例进行研究,从而描写了这四种语言的语音系统、词汇系统。本研究虽属历史语言学的研究范畴,但研究方法却以具体的语料为突破口,这些语料是从历史文献检索及在田野调查中获得的。同时,本研究意在通过比较时间、空间、类型不同的四种语言,以实例和

---

① 周爱琴. 建立屯堡方言实验基地的探索与研究[J]. 佳木斯教育学院学报,2010(5):355.

实证的方式完善历史比较语言学研究的理论和方法,为其今后的研究提供新的个案。

3. 梳理南方官话的发展脉络

多年来,一些学者如刘勋宁,认为中国汉语区存在着三大语言系统——北方官话、中原官话和南方官话。北方官话包括胶辽官话、东北官话、北京官话、冀鲁官话,中原官话包括中部官话、兰银官话,南方官话包括江淮官话、西南官话。南方官话的源头可追溯到晋室南渡时期。[①] 还有一些学者如张卫东,把南方官话等同于江淮官话,认为江淮方言虽然身在南方,却是直接承袭了北方雅言,相对于变了样的北方汉语,更具正统资格,故而后人称之为"江淮官话""下江官话"或"南方官话",甚至一仍其旧,称为"中原之正音"。张卫东还认为南方官话这个相对稳定的语音系统,历代皆有量变,然而直到明初洪武年间仍未发生质的变化。《西儒耳目资》一书表明,南方官话在明末仍是通行全国的官话,仍以江淮官话为基础方言,以南京音为标准。[②] 本书对屯堡话、明代官话、江淮官话、西南官话的比较研究,无疑是在更纵深、更广阔的时空中梳理了明代官话发展的来龙去脉,在一定程度上也呈现出南方官话的发展脉络。

三、本研究亮点

1. 研究方法的创新

从已有的研究资料来看,将明代官话与屯堡话、江淮官话、西南官话,屯堡话与江淮官话、西南官话进行比较的研究还没有出现过。官话是汉民族的共同语,方言则是共同语的语言变体。学术界历来对"方言"一词有不同的理解,本研究的"方言"主要指与"官话"相对应的汉语方言。在汉语中,由于层次与视角的变化,官话与方言也随之变化,例如,相对于普通话,东北官话、北京官话、冀鲁官话、胶辽官话、中原官话、兰银官话、西南官话、江淮官话等八大官话就变成了方言,所以普通话才有"以北京音为标准音,以北方话为基础方言"的说法。但北方官话相对于其

[①] 刘勋宁.再论汉语北方话的分区[J].中国语文,1995(6):447-454.
[②] 张卫东.试论近代南方官话的形成及其地位[J].深圳大学学报(人文社会科学版),1998(3):73-78.

区域的其他语言,它又是这一区域的官话。在李葆嘉给明清官话下的定义中,他也把江淮官话当作一种方言。可见,官话与方言的联系是密不可分的。本研究将"官话"——明代官话及其"方言"——屯堡话、江淮官话、西南官话作为研究平台,通过屯堡话与明代官话、江淮官话、西南官话的比较研究,找到它们的异同点,从而证明屯堡话与明代官话、江淮官话的传承关系及与西南官话的亲属关系。

2. 研究意义的创新

屯堡话是指贵州省安顺地区明代洪武年间主体为南京地区移民的居住地特有的一种语言现象①,它是这一地区移民共同使用的语言,属于汉语方言的一种。屯堡话之所以成为研究明代官话的重要路径之一,是因为屯堡移民在明代官话已经形成且尚未变异时便离开南京地区迁徙到贵州安顺地区,并使明代官话在贵州安顺的屯堡地区中得到了较好使用、保留。在现实生活中已经消失的历史上的语言,我们只能从史书等资料上才看到它们,但是明代官话却是十分的庆幸,在贵州安顺屯堡的现实生活中,我们还能"看"到它。本书通过这一现象研究明代官话和屯堡话的关系,这使得屯堡话成为研究明代官话最有价值的研究路径之一。

3. 研究结果的创新

笔者尽可能详细描写了明代官话、屯堡话、江淮官话、西南官话的语言系统,比较了它们之间的相同点与相异性,梳理了它们之间的关系。同时这几种语言同属于南方官话,所以在一定程度上也梳理了南方官话的发展过程。这种通过比较的方式得出的明代官话、屯堡话、江淮官话、西南官话各自的"你中有我,我中有你"的语言系统特点是十分鲜明、有特色的。

第二节 研究的概况

一、屯堡话研究

屯堡话研究已取得一定的成果,其研究呈现出一定的系统性。由贵州省民族

---

① 朱伟华,等.建构与生成:屯堡文化及地戏形态研究[M].桂林:广西师范大学出版社,2008:46.

研究所、贵州省民族研究学会于1995年内部编印成册的《贵州民族调查卷十三：屯堡人》是研究屯堡话的最早资料之一。蒋立松在《贵州汉族的特殊群体屯堡人——安顺地区屯堡人及其社会历史文化调查》中提到，在调查中发现屯堡人的语言与贵州周边其他汉族语言有明显的区别，他把这种语言称为"堡子声"①。孙兆霞在其著作《屯堡乡民社会》一书中认为，屯堡人通用的语言自成系统，特征突出，被称为"二铺话"或屯堡话②。此后，屯堡话研究逐步形成规模，研究的内容不断深入。伍安东、吕燕平的《屯堡方言初探》③一文中将普通话与屯堡话比较，考察屯堡话的语音和词汇的特点及屯堡话同屯堡文化的密切关系。袁本良的《安顺屯堡方言研究之我见》④一文中提出安顺屯堡话的研究应该包含本体性研究和投射性研究两个层面，而目前相关的研究还比较薄弱，有待进一步加强和深化。吴伟军的《屯堡方言声调系统共时历时比较》⑤研究了屯堡话的声调系统。李丰的《贵州九溪音与北京音的声韵调比较概况》⑥以图表方式比较屯堡话九溪音与北京音的声韵调，力图了解二者相互间的语音对应关系和对应规律。吴伟军的《屯堡方言岛地名的比较研究及其文化内涵透视》⑦以屯堡方言岛为研究视角，通过对屯堡村寨和云贵地区其他村寨的地名的比较研究，透视其文化内涵。周爱琴的《建立屯堡方言实验基地的探索与研究》⑧从屯堡话现状以及其研究现状入手，指出屯堡话研究的重要性和迫切性，并给出屯堡话研究的具体方案。张彤霞的《屯堡岛方言的形成及其对安顺城区方言的影响》⑨论述屯堡话方言岛的形成，同时通过调查"去"字音在屯堡话及安顺城区方言中的来源、发展、变化，分析方言语音变化的原因。吴伟军在《屯堡方言岛历史文化成因探析》⑩一文中认为，清代移民所带来的方言对贵州早期汉语方

---

① 蒋立松.贵州汉族的特殊群体屯堡人——安顺地区屯堡人及其社会历史文化调查[C]//贵州省民族研究所，贵州省民族研究学会.贵州民族调查卷十三：屯堡人(内部印刷),1995:81.
② 孙兆霞.屯堡乡民社会[M].北京：社会科学文献出版社,2005:190.
③ 伍安东,吕燕平.屯堡方言初探[J].安顺师范高等专科学校学报,2004(1):17-20.
④ 袁本良.安顺屯堡方言研究之我见[J].安顺师范高等专科学校学报,2006(1):6-7.
⑤ 吴伟军.屯堡方言声调系统共时历时比较[J].贵州师范大学学报(社会科学版),2007(5):38-42.
⑥ 李丰.贵州九溪音与北京音的声韵调比较概况[J].现代语文,2009(5):13-18.
⑦ 吴伟军.屯堡方言岛地名的比较研究及其文化内涵透视[J].毕节学院学报,2010(1):93-98.
⑧ 周爱琴.建立屯堡方言实验基地的探索与研究[J].佳木斯教育学院学报,2010(5):355-356.
⑨ 张彤霞.屯堡岛方言的形成及其对安顺城区方言的影响[J].文学与艺术,2010(3):26.
⑩ 吴伟军.屯堡方言岛历史文化成因探析[J].前沿,2011(16):176-178.

言的重叠覆盖和土著民族语言的包围是屯堡话方言岛形成的内部原因。屯堡话对早期贵州汉语方言的形成以及今天贵州汉语方言的区划和格局有着重要影响。杨明的《屯堡言旨话的语言特点及语言技巧来源初探》①首先分析了屯堡言旨话的话语言特点,然后通过与汉语普通话歇后语的比较,分析言旨话语言技巧的来源。蒋筱的《安顺市天龙镇屯堡方言声韵调系统初探》②描写了安顺天龙镇屯堡方言音系和音韵特点。杨眉的《屯堡方言词汇与普通话词汇的对比》③以天龙屯堡语料为基础,分析了屯堡话词汇与普通话词汇之间的差异。吴伟军的《从屯堡方言看屯堡人的族群来源及内部分化》④认为屯堡人的族群来源地是今湖北东部、江西北部、鄱阳湖周边一带。同时,屯堡话的内部差异反映了屯堡人不同历史层次的来源及内部分化。

不过最具有代表性的研究是贵州省安顺市地方志编纂委员会编写的,于1995年由贵州人民出版社出版的《安顺市志》⑤,贵州省地方志编纂委员会编写的,于1998年由方志出版社(北京)出版的《贵州省志·方言志》⑥和龙异腾、吴伟军、宋宣、明生荣编撰的专著《贵州黔中屯堡方言研究》⑦。《安顺市志》第二十篇第三章第二节"二铺话语音"部分以及《贵州省志·方言志》"二铺话语音"部分对屯堡话的语音系统进行了详细的描写:屯堡话语音在使用上具有独特的特点,如声母 n、l 不分;有一个喉音声母 ng 与 an、ai、ei、en、in、o、ou 等韵母相拼合而构成音节,这是普通话里所没有的;屯堡话的韵母只有前鼻音 en 和 in,没有后鼻音 eng 和 ing;普通话里含有韵母 e 的字在屯堡话中一律读成 o;屯堡话有少量的儿化音,最常见的是表示时间的"今儿天""昨儿天"和"明儿天",分别指今天、昨天和明天,其最显著的特点,就是毫无例外儿化都在词中,"儿"不是出现在词尾。声调方面,屯堡话属于北方方言语系,与普通话、安顺话一样,有四个语调。屯堡话的语调从总的情况来看,屯堡话是一种高调值的方言:第一声是高平调,调值最高;第二声是低平调;第

---

① 杨明. 屯堡言旨话的语言特点及语言技巧来源初探[J]. 铜仁学院学报,2012(1):35-37.
② 蒋筱. 安顺市天龙镇屯堡方言声韵调系统初探[J]. 北方文学(下),2013(5):126.
③ 杨眉. 屯堡方言词汇与普通话词汇的对比[J]. 南都学坛:南阳师范学院人文社会科学学报,2014(1).
④ 吴伟军. 从屯堡方言看屯堡人的族群来源及内部分化[J]. 贵州民族研究,2014(3).
⑤ 安顺市地方志编纂委员会. 安顺市志[M]. 贵阳:贵州人民出版社,1995.
⑥ 贵州省地方志编纂委员会. 贵州省志·方言志[M]. 北京:方志出版社,1998.
⑦ 龙异腾,吴伟军,宋宣,等. 贵州黔中屯堡方言研究[M]. 成都:西南交通大学出版社,2011.

三声犹如猛虎下山,很有力度;第四声往上扬,类似于普通话的第二声。

龙异腾、吴伟军、宋宣、明生荣撰写的《贵州黔中屯堡方言研究》较为全面地介绍了屯堡话形成的历史背景、屯堡话的语音、词汇系统以及语法特点,是一本研究屯堡话的基础性著作。最有价值的是,该书从音韵学的视角对屯堡话5000多个常用字进行了梳理和注音,又从词汇学的角度对屯堡话4500多个常用词进行了注音和分类,整部著作具有字典、词典的结构,为研究屯堡话的学者提供了基础性的资料。

二、明代官话研究

明代官话的研究比较多,这里仅列举一二。这些研究中,有研究明代官话的音系的,如叶宝奎《〈洪武正韵〉与明初官话音系》[1]、董建交《〈洪武正韵〉音系研究》[2]、李雪《〈洪武正韵〉韵类考》[3]、高龙奎《〈洪武正韵〉及相关韵书研究》[4]、童琴《〈中原音韵〉与〈洪武正韵〉比较研究》[5]等;有研究《洪武正韵》的影响的,如赵安杰《从语音规范的角度看明代官话"标准音"》[6]、张志云《国家意志与社会选择——〈洪武正韵〉在明代的实际功用》[7]、张志云《〈洪武正韵〉在明代的传播及其效用》[8]等。

其中,研究得比较系统的是叶宝奎先生的《明清官话音系》[9]和李葆嘉先生的《中国语言文化史》[10]。

《明清官话音系》共有五章,其中专门论述明代官话的有两章,即第一章《明代前期官话音》和第二章《明代后期官话音》,论及明代官话的也有两章,即《绪论》《明代官话音的历史沿革》。鲁国尧先生、李如龙先生为该书作的序言。叶宝奎先生在

---

[1] 叶宝奎.《洪武正韵》与明初官话音系[J].厦门大学学报(哲社版),1994(1).
[2] 董建交.《洪武正韵》音系研究[D].复旦大学,2004.
[3] 李雪.《洪武正韵》韵类考[D].华中科技大学,2005.
[4] 高龙奎.《洪武正韵》及相关韵书研究[D].苏州大学,2007.
[5] 童琴.《中原音韵》与《洪武正韵》比较研究[D].华中科技大学,2009.
[6] 赵安杰.从语音规范的角度看明代官话"标准音"[J].语文学刊(高等教育版),2013(3):15-16.
[7] 张志云.国家意志与社会选择——《洪武正韵》在明代的实际功用[J].中国典籍与文化,2006(2).
[8] 张志云.《洪武正韵》在明代的传播及其效用[J].中国文化研究,2006.
[9] 叶宝奎.明清官话音系[M].厦门:厦门大学出版社,2001.
[10] 李葆嘉.中国语言文化史[M].南京:江苏教育出版社,2003.

《明代前期官话音》中指出:"《正韵》(《洪武正韵》——笔者注)把当时的读书音和五方之人皆能通解的共同语标准音(官话音系)统一进来了。编纂《正韵》的目的在于确定新的统一的语音标准,《正韵》记录和保存了 14 世纪书面语读书音,而明代官话音系则借这一官韵的权威得以传播普及。"在这一章中,他还详细描写了《洪武正韵》的声母、韵母、声调系统。鲁国尧先生在序言中指出,"从共时的角度看,官话音声韵调系统与基础方言口语音相比,相同或相似部分多于差异,即同大于异,这种大同足以证明二者的同源关系,而差异的部分则表明它们又是相互区别的不同音系"。李如龙先生在序言中认为,"明清官话是现代普通话的前身"①。

李葆嘉先生在《中国语言文化史》中论及了明代官话:第七章《明清官话的文化内涵:市民社会 江淮风情》,第八章《西洋学者的官话课本:泰西字母 南省音系》,第九章《官话国语的继往开来:南都古韵 北燕新声》,第十五章《江苏方言的沟通古今:吴风晋骨 宋音遗响》。李葆嘉先生在第七章中,考证了"官话"的来源,提出了"明清官话的基础音系是明清时期的南京话"的观点;在第八章中,系统地描写了明代官话(南京官话)的声母系统、韵母系统、声调系统;在第九章中,论述了北京音代替南京音成为现代官话(普通话)的过程和原因;最后在第十五章《江苏方言的沟通古今:吴风晋骨 宋音遗响》中概括出明(清)代官话的定义,即明代官话"就是以江淮方言为基础方言,以南京语言为标准音,以白话小说为其语法楷模的市民社会语言"②。

三、江淮官话、西南官话研究

江淮官话研究的重点是描写江淮官话各片区的语音系统、词汇系统、语法系统及其特点,历来学者对连云港地区江淮官话区语言的研究不多,主要有王萍的《连云港方言语音研究》、闫安阳的《连云港方言区普通话教学与测试中常见的语音缺陷分析》、杨静的《连云港人学习普通话语音难点分析》、苏晓青和万连增的《赣榆方言研究》等,这些研究描写了江淮官话洪巢片的语音系统和词汇系统。

---

① 叶宝奎.明清官话音系[M].厦门:厦门大学出版社,2001:29.
② 李葆嘉.中国语言文化史[M].南京:江苏教育出版社,2003:492.

西南官话使用的人数最多,在汉语八种方言中研究成果也较多,但西南官话桂柳片的研究成果比较少,其中西南官话桂柳片河池小片的研究成果则更少。主要的研究有:杨彧《从比较中看桂柳官话的历史形成》、杨焕典《桂林方言词汇》、张辉《桂林话新派与老派语音差异的调查及研究》、陈秀泉《音韵学在柳州方言区普通话教学中的运用》、李荣主编《柳州方言词典》①、韦扬波《宜州官话语音》、韦馨《宜州官话与普通话的对比研究》、黄丽群《广西罗城话声母系统与中古音声母系统比较》等,这些研究描写了西南官话桂柳片的语音系统和词汇系统。

第三节　研究的方法

一、田野调查

本研究对屯堡话、江淮官话、西南官话的语音与词汇的结构特点进行描写和分析,寻找它们的关系及异同点。具体操作步骤如下:

1. 编写田野调查大纲

(1) 本研究改变了通常以中古语音系统的例字来调查的做法,而是以普通话语音系统的例字来调查。普通话有声母 21 个,韵母 35 个,声调 4 类(不含轻音)。本研究的语音调查大纲以声母为经,以韵母为纬,以声调为序,列举了 1 227 个比较常用的汉字作为本次田野调查例字。具体的编排方式为:声母按照双唇音、唇齿音、舌尖前音、舌尖中音、舌尖后音、舌面音、舌根音及零声母,分成七组进行排列,分别与韵母相拼。韵母则按照 a、o、e、i、u、ü,以这六个元音开头的韵母进行排序。相拼的音节为四声,每声取一个常用字。在方言中另有读音的,取两个,如"jie"的阴平、阳平、去声的个别字在西南官话中读音与普通话读音不同,这三声即取两个常用字:接(jiē)—街(gāi)、节(jié)—届(gái)、借(jiè)—解(gài)。

(2) 重新拟定词汇调查大纲。本研究的词汇调查大纲以《汉语方言词汇》为基础,吸收了《汉语方言词语调查条目表》中的部分例词,共收基本词 1 019 个,其中名

---

① 李荣. 柳州方言词典[M]. 南京:江苏教育出版社,1999:4-7.

词537个,动词228个,形容词124个,代词33个,量词50个,数词10个,副词28个,介词7个,连词2个。这些词目以现实生活中的常用词为主,以旧词为主同时兼顾新词,以实词为主但虚词也占一定的比例。所选词目在整体上体现了汉民族的词汇特点,能为笔者研究词汇构成特征、词汇变化发展特点提供必要的素材。

2. 选择田野调查地点

第一,屯堡话调查点的选择。屯堡话调查地点是贵州省安顺地区。安顺地区以安顺市为中心,东起平坝县城以西及长顺县西北部,南迄紫云县交界,西抵镇宁县城,北达普定县城,方圆约134平方公里。本研究的语言田野调查主要在安顺市的西秀区七眼桥镇雷屯和平坝县天龙镇天龙村进行,这是屯堡人聚居最集中的地方。第二,江淮官话调查点的选择。江淮官话调查的地点是江苏省连云港市灌云县小伊乡赵沟村。这里属于江淮官话洪巢片海州小片,较好保留了江淮官话的特色。第三,西南官话调查点的选择。西南官话调查地点是广西壮族自治区河池市宜州市怀远镇。这里毗邻广西的柳州、桂林和贵州的安顺、黔南,属于西南官话桂柳片河池小片,其语言鲜明体现着桂柳官话的特点。

本研究的屯堡话语音调查合作人一人,即贵州省安顺市西秀区七眼桥镇雷屯村民;词汇调查合作人一人,即贵州省安顺市平坝县天龙镇天龙村村民。江淮官话田野调查的语音调查合作人一人,即江苏省灌云县小伊乡赵沟村村民;词汇调查合作人一人,即江苏省灌云县小伊乡赵沟村人。西南官话田野调查的语音、词汇调查合作人一人,即广西壮族自治区宜州市怀远镇人。

二、语料收集

本课题涉及的书面资料主要有:《洪武正韵笺》,冯梦龙的《喻世明言》《警世通言》《醒世恒言》,凌濛初的《初刻拍案惊奇》《二刻拍案惊奇》,李时珍的《本草纲目》,宋应星的《天工开物》,徐光启的《农政全书》等。

《洪武正韵笺》。《洪武正韵》是明代乐韶凤、宋濂等十一人奉诏编成的一部官方韵书。1375年(明太祖洪武八年)成书刊印。1379年(洪武十二年),朱元璋又命汪广洋牵头对其进行了修订。《洪武正韵》有七十六韵本和八十韵本两种。《洪武正韵笺》是明代杨时伟编纂的一部韵书。该书以明洪武八年(1375年)的《洪武正韵》为基础,增注补笺。同时取《韵补》《古音考》等古书之音,附于各韵之后,称之"古音",又取《韵会举要》《丹铅录》等书所收字,增附于韵后,称之为"逸字"。《洪武正韵笺》基本保持了《洪武正韵》的音韵体系,修改多在释义、字序处。本研究所检索的明代官话例字均来自"韵典网"(网址:http://ytenx.org/tcyts/)。"韵典网"是一个韵书查询工具综合网站,包含《广韵》《中原音韵》《洪武正韵笺》《分韵撮要》和《上古音系》。

冯梦龙《喻世明言》《警世通言》《醒世恒言》,凌濛初《初刻拍案惊奇》《二刻拍案惊奇》(简称"三言"[①]"二拍"[②])。本研究认为"三言""二拍"的语言基础是明代官话。因此,本研究中明代官话的词语绝大多数来自冯梦龙、凌濛初的"三言""二拍"。"三言""二拍"是明代著名的白话小说集,其语言为"通过'说话'艺人的艺术实践,在当时口语的基础上提炼出的一种新的文学语言,以口语为主,也融合了一些文言成分,并穿插一些诗词、对句、骈语"。这些著作的语言基本反映了明代官话的实际面貌[③]。一些学者也认为,"'三言''二拍'的语言基础是官话,同时也带有一定的方言色彩"[④]。有学者从语音学的角度,以《广韵》为参照点,用统计、比较的方法,对"三言"中的谐音异文材料以及诗词韵文材料进行分析后,认为"通过对'三言'声、韵、调特点的总结归纳,得出'三言'是以江淮官话区洪巢片方言为基础写成的"[⑤]。

李时珍《本草纲目》、宋应星《天工开物》、徐光启《农政全书》。李时珍的《本草纲目》是一部医药专著,宋应星的《天工开物》是一部关于农业和手工业生产的综合性著作,徐光启的《农政全书》是一部农业著作。这些著作是用当时的官话写成的。

三、语言研究方法

1. 历史比较法

描写与比较是汉语方言研究的两种重要方法,"描写的是实际调查得来的口

---

① 冯梦龙.《喻世明言》《警世通言》《醒世恒言》,呼和浩特:远山出版社,2005.
② 凌濛初.《初刻拍案惊奇》《二刻拍案惊奇》,哈尔滨:黑龙江人民出版社,2006.
③ 上海教育学院.中国古代文学读本(四)[M].北京:教育科学出版社,1982:146.
④ 柳苗苗.近二十年"三言二拍"的语言学研究[J].现代语文,2012(8):4.
⑤ 李雪.冯梦龙"三言"语音研究[D].温州大学,2012.

语,比较的是纵横两个方面:方言、共同语和古汉语"①。本研究的比较方法吸收和采用历史比较法的一些观点和方法。"历史比较法的基本内容是通过两种或几种方言或亲属语言的差别的比较,找出相互间的语音对应关系,确定语言间的亲属关系和这种关系的亲疏远近,然后拟测或重建它们的共同源头——原始形式。这是研究语言发展规律的一种有效方法"②。徐通锵先生认为,运用历史比较法要经过"收集和选择材料""确定同源成分""确定年代顺序""拟测原始形式"等四个阶段。

"收集和选择材料"是进行历史比较法的第一步。运用历史比较法的第一步是要大量收集第一手材料,掌握的材料越多,比较得出的结论越可靠。但不是收集到的所有的语言材料都可以比较,只有那些有对应关系的材料才可以互相比较,因此要格外重视对掌握的第一手材料的选择。本研究比较系统与全面地收集对比材料,共拟出语音、词汇两个调查大纲。"语音调查大纲"中有1 227个例字,覆盖现代汉语400个基本音节的阴阳上去四声。"词汇调查大纲"中的1 019个例词都经过认真地挑选,除注意基本核心词的结构外,还注意词的时代性。为了反映出屯堡话与江淮官话、屯堡话与西南官话的异同,这些词语的选择是慎重的,选择出的数量并不多,因为这些词不能说明几种官话、方言之间的必然联系。

"确定同源成分"是进行历史比较法的第二步,也是本研究运用历史比较法的重要环节。"如果两种语言里这一类的词发音相同,而且是如此常见,因此可以归纳出一些彼此间字母转移的规则来,那么二者间一定有基本的关系"③。这种相同关系和基本关系就是对应关系。有了这种对应关系就可以确定它们的同源成分,"能用来进行历史比较研究的必须是同源成分。确定同源成分的原则主要是:语义上相同或相近,语音上存在完整、成系统的对应关系"④。本研究之所以能把明代官话、江淮官话、西南官话、贵州屯堡话及现代普通话进行比较,是因为

---

① 李如龙.汉语方言的比较研究[M].北京:商务印书馆,2012.
② 徐通锵.历史语言学[M].北京,商务印书馆,2008:80.
③ 周及徐.历史比较法和汉语—印欧语比较[J].四川师范大学学报(社会科学版),2003(1):105.
④ 徐通锵.历史语言学[M].北京,商务印书馆,2008:84.

他们在语音、词汇上存在完整、成系统的对应关系。例如普通话与西南官话声调形成如下对应：

普通话上声(214)与西南官话去声(51)对应关系

普通话上声(214)： 榜 本 匕 贬 表 丙 簸 堡 靶 板 宝 苯
　　　　　　　　　 ｜ ｜ ｜ ｜ ｜ ｜ ｜ ｜ ｜ ｜ ｜ ｜
西南官话去声(51)： 榜 本 匕 贬 表 丙 簸 堡 靶 板 宝 苯

普通话声调与西南官话(桂柳片)声调对应关系

	阴平	阳平	上声	去声
普通话声调：	55	35	214	51
	｜	｜	｜	｜
西南官话(桂柳片)声调：	35	21	53	24

"确定年代顺序"是进行历史比较法的第三步。明代官话与贵州屯堡话孰先孰后，贵州屯堡话与江淮官话、西南官话孰先孰后，江淮官话与西南官话孰先孰后，不同的结果都会影响到笔者的研究结论。明代官话是一种成熟、系统性的语言，从《洪武正韵》以及"三言""二拍"等典型的明代官话著作中都可以体现出来。贵州屯堡话是以南京为中心的江南地区的人们在明清时移民贵州后仍使用的语言，江淮官话是北方雅言与吴语融合渗透而形成的，而西南官话则是元明清移民的结果。我们可以利用历史文献提供的线索确定它们的出现顺序。

"拟测原始形式"与确定年代顺序是相互交织在一起的，彼此不分先后。"拟测原始形式的主要方法还是比较方言或亲属语言之间的差异，从差异中寻找音变线索和发展年代层次，最后拟测出原始形式(原始语——引者注)"[①]。

本研究正是按照这一原则，通过田野调查等方式把活态语言贵州屯堡话与江淮官话、西南官话进行共时比较分析，通过语料收集等方式把明代官话各个阶段的语言事实进行历时比较，同时把明代官话与屯堡话、江淮官话、西南官话进行历时与共时相结合的比较，以揭示它们之间的复杂关系。

2. 统计法

语言学家梅耶说，"统计学的长处就在于能用图表来说明事实，使人一目了然。

---

① 徐通锵.历史语言学[M].北京：商务印书馆，2008：102.

语言学家能够在一张地图上,或者在两三张可以拿来对比的地图看到与一个问题有关的事实,解决这个问题的那些要领就一下子都出现在眼前了",所以他认为统计学是"比较方法在这些调查中找到的一个工具"[①]。本研究通过统计方法的应用,使语言比较的内容清晰,比较的效果突出。

本书的统计方法为语言计量法。计量语言学是以真实语料为基础,用计量的方法研究语言的结构和发展规律的科学方法,其目的在于探索语言的数学面貌并发现隐藏在语言现象中的内在数学规律。计量的方法通常包括概率论、统计学、微积分、随机过程等数学定量方法[②]。由于本书所研究的屯堡话、明代官话、江淮官话、西南官话的词目多达几千条,因此主要通过 Excel 软件的函数公式来计算这几种方言的词汇、语音异同率。

本书所研究方言的词汇、语音比较统计步骤如下:

第一,建立数据库。将 Word 文档词汇数据导入 Excel 表格中以方便计算统计,部分数据示例见表 1-1。

表 1-1 普通话、明代官话、屯堡话、江淮官话、西南官话的词条统计

A	B	C	D	E	F	G
编号	小类	普通话	明代官话	屯堡话	江淮官话	西南官话
1	天象地理	太阳	日	太阳	太阳	太阳
2	天象地理	月亮	月	月亮	月亮	月亮
3	天象地理	星	星	仙宿	星星	星星
4	天象地理	风	风	风	风	风
5	天象地理	雨	雨	雨	雨	雨

第二,计算屯堡话与其他方言的词汇异同情况,公式为:Fx=A2=B2(A 列和 B 列是要计算的列)。例如,比较屯堡话与明代官话词汇的异同,可将 E 列与 D 列套入公式 Fx=A2=B2,得到:Fx=D2=E2,运算后部分结果见表 1-2。

---

① 梅耶.历史语言学中的比较方法[M].岑麒祥,译.北京:世界图书出版公司,2006:67.
② 刘颖.统计语言学[M].北京:清华大学出版社,2014:2.

表 1-2　明代官话与屯堡话的词汇异同比较

明代官话	屯堡话	F
日	太阳	FALSE
月	月亮	FALSE
星	仙宿	FALSE
风	风	TRUE
雨	雨	TRUE

明代官话与屯堡话相同的词用 TRUE 表示,不同的词则用 FALSE 表示。然后通过求和函数公式 Fx=COUNTIF(F2:F1019,"TRUE")计算整个数据库中 F 列 TRUE 和 FALSE 重复的次数。运算部分结果见表 1-3。

表 1-3　明代官话与屯堡话的词汇异同计算结果

D	E	F	G
明代官话	屯堡话		
日	太阳	FALSE	472
月	月亮	FALSE	
星	仙宿	FALSE	
风	风	TRUE	547
雨	雨	TRUE	
雾	雾	TRUE	

从表 1-3 中我们可看出共有 547 个 TRUE,472 个 FALSE;这说明了明代官话和屯堡话之间有 547 个相同词,472 个差异词。

第三,计算相同词、差异词所占总词数的百分比。例如,要比较屯堡话与明代官话相同词和差异词所占的百分比,公式分别为:

Fx=COUNTIF(F2:F1018,"TRUE")/1018*100&."%",

Fx=COUNTIF(F2:F1018,"FALSE")/1018*100&."%"。

运算后得出结果,见表1-4。

表1-4 明代官话与屯堡话异同词汇所占百分比

D	E	F	G
明代官话	屯堡话		
日	太阳	FALSE	46.32%
月	月亮	FALSE	
星	仙宿	FALSE	
风	风	TRUE	53.68%
雨	雨	TRUE	
雾	雾	TRUE	

从表1-4中,我们可见TRUE占总数的53.68%,FALSE占总数的46.32%,即屯堡话与明代官话相同词占总数的53.68%,差异词占总数的46.32%。多数词条呈现一致性说明了屯堡话与明代官话存在极近的亲属关系。屯堡话与江淮官话、西南官话的语音、词汇比较方法与上述运算方法相同,这里不再赘述。

第二章 屯堡话调查

本章描写了屯堡话的语音系统和词汇系统，主要论述屯堡话形成的原因，为比较屯堡话与明代官话、江淮官话、西南官话之间的关系奠定内容基础。

第一节 屯堡地区概述

一、屯堡地区的文化渊源

屯堡是屯堡人居住的村寨。"屯堡"一词最早出现在明代官修的一部以行政法为内容的法典——《大明会典》中，其记载："洪武十二年，置贵州都司卫所，开设屯堡。"[①]安顺屯堡源于明初朱元璋的"调北征南"。洪武十四年（1381年），本已归顺明朝并被封为梁王的原元朝藩王把匝剌瓦尔密与当地土司势力举兵造反，明太祖朱元璋以傅友德为征南将军，蓝玉为左副将军，沐英为右副将军，派他们率领从南京及江南地区调集的三十万大军挥军南下，前往征讨，于洪武十五年（1382年）占领了云贵，平定了叛乱。为了防止元朝残余势力和土司势力再次反叛，巩固中央政府对西南地区统治，征南大军就地屯田驻防，在滇黔古驿道两侧产粮区和关隘广设"屯堡"，"三分操备，七分耕种"。为了让将士们安心戍边，又迁去将士的家眷。之后，由于战乱频繁，明朝又陆续调派了大批明军进入云贵地区作战。其中大多都以军屯的形式驻扎下来，留在了当地。大量的屯军分布于交通沿线，并占据大量农耕条件较好的河槽坝子地区，这些地方逐渐形成了比较密集的聚居区。

屯堡人即世居于600年前明王朝军队屯兵之地而形成的村寨的明代江南汉

---

① 万历《明会典》卷一八《户部》五《屯田》，北京：中华书局1988年影印本.

人后裔。《平坝县志》中记载:"屯堡者,屯军居住之地名也","迨制既废,不复能再以军字呼此种人,惟其住居地名未改,于一遂以其居名而名之屯堡人。"清代咸丰元年(1851年)安顺府署编撰的《安顺府志·地理志·风俗》其中也记载:"郡民皆寄籍,唯寄籍有先后。其可考据者,屯军堡之子,皆奉洪武敕调北征南。"①"从历史的考据看,这些屯军堡子并非当地土著民而是明洪武年间卫所屯田的裔嗣。他们在装束、语言、风俗以及居住的环境、建筑、生产、生活方式与周边少数民族大异其趣"。"这些屯堡人经过六百余年的沧桑巨变仍未能改变其征南入黔时的装束、语言和生活习俗,没有被其他文化所影响、所同化,他们始终以江南文化为主导"②。

二、屯堡地区的地域特征

据史料记载,从明初至宣德八年(1443年),经过60余年经营,在贵州就有700余处屯堡,屯田数量相当可观。而安顺地区至清咸丰年间还留有200余处屯堡,分布范围包括以安顺为中心,东起平坝县城以西及长顺县西北部,南迄紫云县交界,西抵镇宁县城,北达普定县城,方圆约1 340平方公里的区域,人口数十万。③ 又据有关资料统计,目前屯堡地区约有人口二十万,其中安顺市境内约有十八万。④ 安顺市位于贵州省中西部,素有"黔之腹、滇之喉、粤蜀之唇齿"之称。目前屯堡历史特征保存较完整的主要是安顺市西秀区大西桥镇九溪村、西秀区七眼桥镇和平坝县天龙镇。本书语言调查的地点是七眼桥镇云峰屯和平坝县天龙镇。

七眼桥镇是贵州省安顺市西秀区所管辖的一个镇,位于安顺城东郊15公里处,管辖50个村、87个自然村寨、340个村民小组。全镇人口除3 515人为苗族、仡佬族等少数民族外,其余59 033人均为汉族,这些汉族人分布于除王家村、大石村两村之外的48个村内,这些汉族人多数是"屯堡移民"。在七眼桥镇境内的村名

---

① 贵州省民族研究所,贵州省民族研究学会.贵州民族调查卷十三,内部资料,1995年12月,第1页.
② 俞中尧,等.屯堡文化研究与开发[M].贵阳:贵州民族出版社,2005:3.
③ 王海宁.传承与演化——贵州屯堡聚落研究[J].城市规划,2008(1):89.
④ 贵州省民族研究所,贵州省民族研究学会.贵州民族调查卷十三,内部资料,1995年12月,第75页.

中,有的村名明显带有屯堡的性质,如曹屯、汤官屯、左蒋屯、时家屯、郑家屯、任岗屯、夏官屯、雷屯、吴屯等,这些屯大都因当年驻军官员的姓氏而得名。如时家屯,是因为调北征南时期建屯时驻扎这里的军官姓时而得名。曹屯也同样是因为建屯时驻扎在这里的军官姓曹而得名。左蒋屯是因为建屯时驻扎在这里的军官姓左和姓蒋而得名。汤官屯则是因建屯时这里的军官姓汪和姓杨,取名时双方争持不下,最后经过协商,两姓各取姓字的半边,汤姓取前半部分,杨姓取后半部分,因而而得名"汤官屯"。① 云峰屯位于安顺市以东15公里的西秀区七眼桥镇,由山屯、本寨、雷屯、小山寨等8个屯堡村寨组成,这里密布着保存完好的明代屯堡村寨40余个,是明初征南大军屯驻的核心区。在云峰屯方圆11平方公里的青山绿水间,8个村寨分布有序,疏密得当,既可各自为战又能彼此为援,堪称军事防御体系的杰作。每个寨子都建有寨墙、碉楼,石头外墙包裹着具有江南民居风格的四合院,鳞次栉比,巷巷相通、户户相连,既宜人居又利巷战,被学者誉为"冷兵器时代的最后堡垒"。

平坝县是贵州屯堡文化最具代表性的地区之一。全县屯堡村寨遍布6个乡镇,至今仍保留有明代古城堡30多座,明代风格的民居村寨200余个。平坝县天龙古镇、城关镇等地是屯堡人的重要聚居区,屯堡居民占黔中屯堡总人口的57%,这些地方保留了屯堡文化丰富的历史遗存,各类屯堡文化类型齐全,在黔中屯堡文化中具有鲜明的特色和个性,天龙镇则是屯堡文化集中体现和典型代表地区。② 天龙屯堡是一个村寨名,全寨共有5 000余人口,共有16条石板巷。天龙屯堡古镇是西进云南的咽喉要塞,在元朝时名"饭笼驿",由于军事地理位置的重要,明朝时期在这里及周边大量屯兵。民国初年,由乡绅商议,取天台山的"天"与龙眼山的"龙"字,合二为一取名为天龙镇。该镇人在语言、服饰、建筑、宗教信仰、生活风俗、饮食文化等方面,极具屯堡文化代表性③。

---

① 贵州省民族研究所,贵州省民族研究学会.贵州民族调查卷十三,内部资料,1995年12月,第15页.
② 陈廷菜.《平坝县志民生志》,民国二十一年(1932)铅印本.
③ 李钢涛.贵州屯堡文化资源开发利用研究——以贵州平坝县为个案[D].济南:山东大学,2008:27.

第二节　屯堡话田野调查

一、调查任务

1. 调查屯堡话的语音系统

屯堡话的语音系统包括声母、韵母、声调三部分。屯堡话的田野调查是根据笔者编写的《汉语官话方言语音调查条目表》，对表中1 319个字进行录音、记音。

2. 调查屯堡话的词汇系统

此次词汇调查的目的是找出屯堡话与明代官话在词汇方面的异同点。笔者按照《汉语官话方言词汇调查条目表》，对表中1 019个例词（字）按"名词→动词→形容词→代词→量词→数量→副词→介词"的顺序进行调查。

3. 调查屯堡话的语言环境

屯堡话作为一个言语社区，其周边还有其他言语社区，如西南官话言语社区以及当地的少数民族言语社区。就语言接触而言，屯堡话的形成和演变与周边这些语言有着密切关系。因此，研究西南官话言语社区以及当地的少数民族言语社区的情况，对研究屯堡话与其他方言、语言的接触而受到影响的过程起到重要作用。

二、调查地点

屯堡话田野调查的地点是贵州省安顺市平坝县天龙镇天龙村和贵州省安顺市西秀区七眼桥镇云峰雷屯。选择这两地作为调查地点的原因如下：

第一，安顺市平坝县天龙镇与平坝县城距离13公里，南邻安顺市西秀区大西桥镇。天龙镇是明朝朱元璋"调北征南"而形成的屯兵之地，至今仍然保留着明代遗风古俗和语言特色。天龙镇现在已经开发为旅游地。天龙屯堡虽然现已完全开放，屯堡的语言文化逐渐淡去，但由于它是贵州最早被人们发现和研究的屯堡，现在仍然是屯堡语言文化研究的热点地。

第二，安顺市的西秀区七眼桥镇位于安顺城东郊15公里处，其辖区云峰雷屯始建于明洪武十四年（1381年）。明朝时，朱元璋的30万"调北征南"大军平定云南战争结束后,大部分"调北征南"军人携带家属,在云南、贵州远征沿线实行军屯。云峰雷屯就是其中的一个军屯,至今仍然保存着明代的历史建筑、民俗民风、语言特色,是屯堡文化的典型代表,也是屯堡文化至今保存得最为完好的屯堡,其现在仍然以村落的形式存在,语言文化尚未受到破坏,在此进行语言调查不但能获得第一手屯堡话语料,还能一览民风习俗,从中窥见屯堡话的历史发展轨迹。

因此,贵州省安顺市平坝县天龙镇天龙村和贵州省安顺市西秀区七眼桥镇云峰雷屯是最具代表性的屯堡,也是进行方言田野调查的最佳选择点。

三、调查过程

调查日程:2014年8月3日至8月7日,笔者在贵州省安顺市平坝县天龙镇天龙村、西秀区七眼桥镇云峰雷屯,分别对两位发音合作人进行了为期四天的语言调查。

录音合作者一:女,1945年生,69岁,汉族,初中文化,务农,贵州省安顺市平坝县天龙镇天龙村人,未离开过天龙村,平时说屯堡话。

录音合作者二:男,1964年生,50岁,汉族,高中文化,务农,贵州省安顺市西秀区七眼桥镇云峰雷屯人,未离开过云峰雷屯,平时说屯堡话和普通话。

记音过程:发音合作人读每一页的所有例字时须先念页码以防混淆,然后从头到尾依次读完所有例字。笔者通过录音笔直接将语音记录在调查大纲上,选择宽式音标进行记音。由于屯堡话与笔者母语桂柳话非常相似,因此笔者较容易区分两者的字词读音和意义;在确定屯堡话音位时,能够在发音人发音后将音位记录并确定下来。只有少部分笔者母语桂柳话里不存在的音位需要反复辨音核实。

第三节　屯堡话的形成

屯堡话处于西南官话区域,其周边还遍布其他少数民族的语言。在这样的语言环境中,屯堡话仍保留了明代江南地区的语言特色,形成了一个既有别于明代江南地区的语言又异于周边语言的言语社区。笔者将运用言语社区理论描写屯堡话的形成过程。

言语社区理论是社会语言学的重要理论和重要研究方法,由语言学家布龙菲尔德和甘柏兹等人提出。布龙菲尔德认为,"言语社区是一群以言语方式互动的人群"[①]。甘柏兹认为,"凭借共用的语言符号进行常规性互动的人类集合体,并且与其他类似集合体在语言使用上迥然相异的就是一个言语社区"[②]。根据布龙菲尔德和甘柏兹的论述,一个言语社区的形成和存在应满足两个条件:一是形成一个人类集合体;二是用同一种但区别于其他语言的语言进行互动。贵州屯堡人是一个集合体,他们之间使用屯堡话进行互动,这就形成了屯堡言语社区。

言语社区理论认为,言语社区是一个可衡量的实体,也就是说可以用实证的方法来确认一个言语社区,然后再用客观的标准来测量和发现社区中存在的语言变体[③],确认的方法可从人口、地域、设施、互动、认同等言语社区理论五个要素进行。下面笔者将从人口、地域、设施、互动、认同描写屯堡话的形成。

一、屯堡言语社区的人口

人口指社区内语言成员,它是构成言语社区的基础性要素,没有聚集在一个地区的人口就不能构成言语社区,因此人口是决定一种语言能否存在的首要因素。对于屯堡言语社区来说,屯堡话的使用人数远远超过了其他语言的使用人数,而且屯堡言语社区的人口具有单一性特征,这是形成屯堡言语社区的重要原因。人口的单一性体现在如下方面。

1. 迁移性的人口

屯堡言语社区的人口是迁移性人口,是由以南京为中心的江南人(明代的南京是一个幅员辽阔,地跨长江南北、淮河两岸,包括今日江苏、安徽、上海两省一市的大行政区)于600年前迁移到这些地区的,这种移民具有很强的集团性,因此屯堡言语社区的人口具有明显的单一性。明洪武十五年(1382年),朱元璋在平定了云南、贵州的叛乱后,把平叛的军队留下来,以后又将将士的家属也迁来,建立卫所,屯田驻守,垦荒戍边。洪武四年(1371年)至洪武三十年(1397年)的27年间,明王

---

① [美]布龙菲尔德.语言论[M].袁家骅,赵世开,甘世福,译.北京:商务印书馆,2008:45.
② 徐大明.约翰·甘柏兹的学术思想[J].语言教学与研究,2002(4):5.
③ 徐大明.社会语言学研究[M].上海:上海人民出版社,2007:259.

朝在贵州境内设有18个卫、100个千户所。据一些学者统计,这27年间进入贵州的卫所官兵不下20万人,再加上家属,共计人口约有70万人。① 这种集体性的移民使得贵州屯堡的居民是清一色的江南人。

2. 封闭性的婚姻

作为军事移民的屯堡人,由于历史、风俗、文化、特殊地位使然,他们的婚姻大多在屯堡人内部之间进行。不少家族世代通婚,结为密切的姻亲关系,使得固有的伦理和价值观念得以保存。如章家庄等地的金氏和梁氏,"其先人世为婚姻,自江南同时来黔,亦世代婚娅。入黔后同寓郡城曹家街,后卜住章家庄……数百年两姓婚姻相继,尊卑不紊"(《金氏家谱》)。② 这种世代通婚不仅是个别家庭、家族的观念和行为,而且是整个屯堡人的观念和行为。屯堡人在历史上对于其通婚范围有着明确的界限划分,通婚只能在屯堡人之间进行而不与周边少数民族的人建立婚姻关系。甚至屯堡人也不与当地其他汉族人通婚。如界于安顺九溪与平坝天龙之间的石板房就是汉族村寨,在历史上石板房寨这些被屯堡人称为"客家"的汉族与屯堡人之间就不曾通婚。这种婚姻习俗保持了屯堡人的单一性。

3. 纯洁性的家族

从现有屯堡文化以及保持较为明显和完整的村落来看,屯堡人都是聚族而居,大多以一姓为主建成村落,间杂有多姓。从文献上考证,明初的军屯和以后政府办的一些民屯,多是以一个家族、一个地域的集体移屯为主。《安顺府志》记:"当时之官如汪可、黄寿、陈彬、郑琪作四正,领十二操屯军安插之类,散处屯堡各乡,家口随之至黔……故多江南大族。"③ 七桥眼镇的方姓主要居住在曹屯。据85岁老人方正介绍:方姓是明代洪武年间从南京而来,最先驻屯安顺西屯,四代后迁到七桥眼镇的曹屯,从来时的先祖到现在已经是十九代了。④ 屯堡人不仅聚族而居,而且十分强调本族的家族纯洁性。屯堡人在历史上有禁止收养外姓养子的习惯。如安顺鲍姓屯立于清光绪二年(1876年)的《饬纪敦伦》碑就以族长的名义做出不准收养外

---

① 黄才贵.独特的社会经纬——贵州制度文化[M].贵阳:贵州教育出版社,2000:349.
② 贵州省民族研究所,贵州省民族研究学会.贵州民族调查卷十三,内部资料,1995年12月,第93页.
③ 贵州省民族研究所,贵州省民族研究学会.贵州民族调查卷十三,内部资料,1995年12月,第93页.
④ 贵州省民族研究所,贵州省民族研究学会.贵州民族调查卷十三,内部资料,1995年12月,第16页.

姓为子的禁令:盖闻五伦教于《尚书》,五服垂于典礼,纲纪伦常,自古迄今,莫能曲也。况我鲍氏,籍肇南京,祖父以来,世崇礼教,讵得今弁帽视乎,顾欲重人,不先杜弊则伦终丧,族长惶恐,争列条陈,愿我族人无别老幼胥宜谨守,庶自无保祐之吉无不利,有违者是灭弃天伦,送官究治:一禁接外姓螟蛉……①鲍姓的这一规定将禁止收养外姓养子上升到维护封建礼教常理的高度,其真正原因是为了维护屯堡宗族的纯洁性。

总之,迁移性的人口、封闭性的婚姻、纯洁性的家族,保持了屯堡人群的单一性,而单一性的人群又使屯堡言语社区的语言互动主要是单语互动,从而使明代官话在贵州这个"异域他乡"保存下来,并形成了屯堡言语社区。

二、屯堡言语社区的地域

言语社区既然是一个社区,那么就必然有一个空间作为语言集合体活动的区域,这就是地域。地域对言语社区的存在和变异是至关重要的,汉语有很多的方言变体,主要就是地域影响的结果。因为一种语言的使用场合都会直接影响到该语言能否世代相传,从而影响这一言语社区的存在、发展。而地域所具有的特征又影响到语言使用,屯堡话由明代官话演变为明代官话的一种变体,就是贵州安顺屯堡这一地域特征影响的结果之一。屯堡言语社区地域的特征体现在如下方面。

1. 防御性的区域

屯堡驻军作为一种军事制度,目的是为了防范、钳制各民族的反抗斗争,确保边疆稳定,维护封建统治,因此屯堡地区实际是一个庞大的军事基地,具有明显的防御功能。屯堡人居住最密集的安顺,地理位置在中国西南,为边鄙都会、滇黔要区,历来是兵家必争之地,在军事、政治上,不仅能控制当地的少数民族,而且可以西挺云南,北进川南,南下广西,控制整个西南局面。安顺地区土地肥沃,水热良好,可以生产大量粮食供给军用。因此洪武十五年(1382年),征南大军扫荡云南梁王势力后便按照朱元璋的命令,以安顺作为南征大军的大本营,置卫、所,广设屯军据点,设置了普定(安顺市)、安庄(镇宁县)、平坝、威清(清镇市)四卫和关岭守御

---

① 李建军,吕燕平,张定贵.屯堡文化研究[M].北京:社会科学文献出版社,2016.

千户所。① 之后朱元璋又下令,自江北、江南向西南移民。移民较多集中在安顺一带。设置农屯农堡和商屯商堡,生产军粮和贩运粮、盐、油、布,以供军队需要。这些移民往往是一个地区的百姓合族而来,被集中安排在一个或几个屯堡据点。因此安顺一带,不仅军屯军堡据点密集,而且农屯农堡和商屯商堡据点的密度更高,成为中国西南屯堡高度密集的地区。② 这样就形成了以安顺为中心,数百个屯堡村寨连成一片,密集分布的、封闭的屯堡区域。屯堡人在区域内聚族而居,连片集中,世代相守,自成体系,因而对于屯堡话的保存与传承起了重要的作用。历史上贵州其他地区也有众多的卫、所、屯、堡,但由于缺乏分布密集的特点,没有形成一定规模的区域结构,故不可能为屯堡点的形成、屯堡话的保存提供较好的外部条件。从地理环境而言,安顺屯堡多处平旷沃壤处,自然条件较好。但在多山的贵州,屯堡人分屯而居,散处各点,仅靠开辟的驿道和乡间小路与外界联系,仍不免道路阻厄,交往不便,受到外界的各种文化影响较少,因此能够保持原有的语言文化。

2. 防御性的村落

屯堡村落最初就是根据一定的军事目的进行布局的,防御的特点十分鲜明。此后民族矛盾加剧,民族斗争尖锐,屯堡人身处危险境地,生存的需要更迫使他们在居所的营造上将防御作为首位。屯堡人的村寨大致可分为依山据险建堡和平地建堡两类。第一种如安顺市七眼桥镇的云山屯。云山屯建在云鹫山的峡谷中,寨前两山夹峙,山势险峻,仅有一条盘山石阶可进入屯门。屯门由坚固的条石垒砌而成,上有箭楼据守。屯门两侧依据山岩地势砌成高六米、长十数里的石墙来连接悬崖,在两侧陡峭的高山上蜿蜒合围;在显要位置分布十四个碉堡,一条东西向的石头主街纵贯全村,数条弯曲的小巷将各家各户串联起来;住宅、碉楼等大部分建筑依山势的起伏呈阶梯状分布于两侧山腰,整个村落布局、道路设施和院落结构绝妙地完成了三重封闭性防御体。第二种如七眼桥镇的本寨。村子背靠云鹫山峰,左右两边分别是姊妹山:项山和青龙山,寨前的三汊河成为本寨正面的天然屏障。村

---

① 贵州省民族研究所,贵州省民族研究学会.贵州民族调查卷十三,内部资料,1995 年 12 月,第 82 页.
② 贵州省民族研究所,贵州省民族研究学会.贵州民族调查卷十三,内部资料,1995 年 12 月,第 31,32 页.

中以村中央空坝为点,向外辐射出纵横交错的巷道(线),巷道把居民区分割成一片一片(面),构成一个点、线、面相结合的整体。在狭长深邃的巷两端有可供御敌的门,每条巷既能单独防御又可互相形成整体防御,使敌人进入巷中就如进入了迷宫一般。①

3. 防御性的民居

屯堡民居也具有防御性的特点,每一个屯堡民居都是一座坚固的作战堡垒。屯堡民居一般采用合院式布局,这与江南民居相同。但屯堡民居布局紧凑,院落中的天井很小,虚实空间所占的比例远远小于江南民居,较小的天井加强了民居内部的防护,避免外来者在高处窥视。民居内的房间均围绕天井布置,所有房间均不对外开窗,房间的采光通风主要依靠天井。有的民居在住宅院角落部设置碉楼,碉楼的入口处设置极为隐蔽,多与堂房或厢房相连,外人入侵时,便于屯堡居民能够迅速进入碉楼躲避。碉楼是最能体现屯堡村落防御性功能的建筑类型之一。民居的入口处设有坚固的石门,在石门设有用于防护的射击孔。民居的外墙材料主要使用不易被外敌攻克的石材,在冷兵器时代,石材无疑是最好的外部防护材料。② 屯堡民居是构成屯堡防御整体的个体细胞,既保证每家每户的私密性和安全感,又维系邻里之间必要的联系。

语言的变异是通过两种或多种语言接触来实现的。变异的程度与变异的形式与语言接触的过程、接触的深度直接相关。防御性的区域、防御性的村落、防御性的民居,在一定程度上影响了屯堡地区居民与周边其他民族的深度接触。如云山屯,面积约两平方公里,四周建有七八米高的封闭式屯墙。大约在清咸同年间,由于战乱关系,大批黄平苗族曾来到云山屯附近居住,人口最多时约百户,时间长达数十年之久。在这么长的时间内,云山屯内的居民与仅一墙之隔的苗族并无任何来往。③ 没有深度的民族接触,也就没有深度的语言接触,从而没有深度的语言变化。这是明代官话在贵州这个"异域他乡"保存下来并形成了屯堡言语社区的另一个因素。

---

① 彭丽莉,龙彬. 贵州屯堡民居文化内涵浅析[J]. 南方建筑,2006(1):47-48.
② 魏皎,汪永平,王盈. 贵州安顺屯堡聚落防御性分析[J]. 华中建筑,2010(3):159-160.
③ 贵州省民族研究所,贵州省民族研究学会. 贵州民族调查卷十三,内部资料,1995年12月,第84页.

三、屯堡言语社区的设施

"言语社区理论的设施指一个社区中一种(或多种)成熟、完备的语言文字系统,它就像社会社区中为人们提供活动的场所、道路一样,是生活在这一言语社区的人们交流的主要工具。言语社区的设施是物态化的,包括社区的语言文字系统、词典、课本以及社区文化。言语社区的设施也与社区设施一样,要完备、方便"。① 甘柏兹认为,言语社区的设施还应该包括社会规范:"在一个言语社区中使用的语言变体之所以构成一个系统,是因为这些变体与一套社会规范相关。"作为交际活动的语言运用受到社会规范的制约。换言之,世界上的人之所以能被划分为属于不同的言语社团,主要是因为他们的言语行为受到不同的社会规范制约。② 因此,屯堡言语社区的设施包括语言设施、文化设施和规范设施。

1. **语言设施**

屯堡话具有独立的语音系统和词汇系统,既与明代官话有所区别,又不同于西南官话,更不同于现代普通话。在声母方面,屯堡话 n、l 不分,同时鼻音声母 ŋ 可以与 an、ai、ei、en、in、o、ou 等韵母相拼合而构成音节,这是明代官话和普通话里所没有的;在韵母方面,屯堡话的韵母只有前鼻音 en 和 in,没有后鼻音 eng 和 ing,而明代官话和普通话里含有韵母 e 的字在屯堡话中一律读成[o]或[ei]。屯堡话舌尖后音声母只能跟 $-i[ʅ]$、$-i[ʅ]$、ua、uei、uan、uen、uang 等几个韵母相拼,而西南官话舌尖后音却能与更多韵母相拼。屯堡话没有撮口呼韵母,但西南官话却有撮口呼韵母。在词汇方面,屯堡话与普通话的表现形式有所不同,如:鸡犬不宁(普通话)——鸡飞狗跳墙(屯堡话);滔滔不绝(普通话)——流二水(屯堡话);断章取义(普通话)——捞头不捞尾(屯堡话);连篇累牍(普通话)——重三遍四(屯堡话);不计其数、数不胜数(普通话)——找个结巴来(屯堡话);士可杀而不可辱(普通话)——宁可输个头颅,不愿输只耳朵(屯堡话);门当户对(普通话)——不是那家人,不进那家门(屯堡话);鸡鸣狗盗(普通话)——偷鸡摸狗(屯堡话);自顾不暇(普

---

① 邓彦.论濒危言语社区的形成——以巴马言语社区为例[C]//中国语言战略研究.南京:南京大学出版社,2015:75.
② 徐大明.约翰·甘柏兹的学术思想[J].语言教学与研究,2002(4):5.

通话)——自己的稀饭还没吹冷(屯堡话);理屈词穷(普通话)——粑粑搭住嘴(屯堡话)。正是这一语言设施使屯堡人不使用屯堡周边地区的语言设施也能交际,成为"单语人",形成了屯堡言语社区。

2. 文化设施

屯堡话之所以能保持自己的特征,不仅有独立的语言设施,而且还有具有物化符号的社区文化设施的支持。屯堡文化作为一种规制性的文化建构,有着发展得比较完整、成熟的外显文化事象和标识符号系统,它从物态文化的角度时刻规范和提示屯堡人的语言行为。屯堡文化设施主要有屯堡建筑、屯堡服饰、屯堡习俗、屯堡艺术(如地戏),这些文化符号既保留了江南文化的特点,又独具屯堡文化的内涵。如安顺屯堡居民因地制宜地采取内木外石的建筑方式,房子靠木屋架承重,构架均为穿斗式木结构,内部间隔和门窗装修也都为木板。外墙则选用随处可取的石头,采来天然石根据其大小、形状、纹理分类,然后进行叠砌加工,使墙坚固而美观。老门窗的构件中,古代匠师们以刀代笔,运用象征、会意、谐音等手法,把"富禄满堂""平安是福""麒麟送瑞""琴棋书画""必定如意""年年有余"等美好的人生愿望,用由蝙蝠、麋鹿、寿桃、祥云、古瓶、莲花、鲤鱼等组成的形象的"物迷"方式来表达,这些凝聚着江南文化精华的内部木刻,与具有高原山川特色的外部石郭相结合,极富象征意蕴地呈现了屯堡建筑外刚内秀的文化特色。① 正是这些具有特色的屯堡文化才促进和支撑了屯堡言语社区的形成和留存。

3. 规范设施

规范设施即社会规范。社会规范指人们社会行为的规矩,是社会活动的准则。贵州屯堡的社会规范具有鲜明的宗法制度特色。屯堡人讲究"血脉崇拜",由此而衍化形成具有相对聚合、相对权力的社会组织和宗族管理机制。这种宗族管理机制,从一些族谱记载中可略窥一二。云峰乡《金氏族谱》中记载了宗族缘起、家训、家戒、家法,祖茔所在,甚至包括祭文、乐章等,活脱脱的一套家族管理制度。吉昌屯《胡氏族谱》的"家训"中就要求以忠孝为本,守伦尊礼:"无非尊宗敬祖,父慈子孝,兄友弟恭,夫义妇顺焉。后世子孙,读书明礼者,将此一一讲明,以教合族之父

---

① 朱伟华,等.建构与生成:屯堡文化及地戏形态研究[M].桂林:广西师范大学出版社,2008:125.

子兄弟夫妇,则善者可以感发,志者可以惩创,更有子孙之愚顽者,谆谆教之,孝之不听,以家法治之,治之亦不改,虽逐出亦可也。由是一堂乐和,家道兴盛,易所谓各善之家,必有余庆,岂为我哉。"这实际上是屯堡族人的社会行为的规矩和社会活动的准则。正是这些无数的屯堡人"家训",制约着屯堡人语言的运用,促进了屯堡言语社区的形成。①

四、屯堡言语社区的互动

在社区中,有了相当数量的人,并不必然意味着他们组成了一个社区。社区不仅是一群人的集合,而且是这些人构成的一个"社会生活共同体"。这些复杂多样的人之间要有比较密切的相互交往和社会互动,他们彼此影响,才构成真正的社区。互动作为言语社区的要素,是衡量一种语言在一个言语社区中的语言价值和语言活力的重要标识。因此,对于甘柏兹来说,语言的最实质的部分并不是语法学家所概括出来的语言结构系统,而是讲话人利用语言的有关知识和非语言的知识以互动的方式所进行的交际实践。互动是语言的最重要特性,一切语音、语法规则的价值只存在于具体的交际活动传情达意的实际作用之中。通过使用语言而产生了交际效果,那些实现了的语言形式才是语言事实。②

从互动的形式上看,主要有单语互动、双语互动、多语互动。根据社会语言学理论,一旦社区内语言形成良好互动,语言接触现象必然会发生。特别是刚刚开始发展起来的言语社区,由于社区内还没有形成统一的言语规范和语码,社区内通常存在几种语码以便社区成员交流时变换使用。这样就产生了双语互动或多语互动,这样的言语社区很容易发生语言变化,最终是一种语言变成了强势语言,而其他语言则被这一强势语言代替。屯堡话处于西南官话区域,又深受普通话的影响,却仍能保持自身的语言特点,这是因为屯堡言语社区内的语言互动是单语互动。

屯堡人与当地少数民族之间的隔阂和矛盾是存在的,最根本的原因是屯堡人

---

① 陈顺祥.贵州屯堡聚落社会及空间形态研究[D].天津大学,2005:31.
② 徐大明.约翰·甘柏兹的学术思想[J].语言教学与研究,2002(4):2.

屯田驻堡,侵占了当地人原有的土地。为了夺回土地,当地人经常攻击屯堡人,乃至发生大小规模不等的起义。明代时,安顺少数民族反明的起义就达20余次,平均每13.5年就发生一次。在这样尖锐的民族矛盾和频繁的民族起义中,屯堡人很难与周边的少数民族交往,因此屯堡言语社区的语言互动主要是单语互动,屯堡言语社区与周围其他言语社区形成了一种"共存而不融合"的语言格局。

五、屯堡言语社区的认同

一个特定人类集合体被称为"社区"的又一要素是其成员间拥有某种互连的关系纽带,进而形成对社区强烈的情感依附和共享的社群意识。这种情感依附和社群意识往往表现为集合体成员把自己的身份同这个集合体相联系,还表现为某些时候对集合体及对集合体中其他成员的某种担当意识。这种情感依附和社群意识就是认同。"认同是发现和鉴定言语社区的要素之一,它与人口、地域、互动和设施一起构成言语社区的特定结构。与其他要素相比,认同是言语社区最重要的特性之一。认同不但反映了人们对自我的认同的改变,而且也体现了社会对某一个体或群体的态度的变化。通过对语言态度的研究可以发现社区成员的语言认同情况。"[1]

认同是使一种语言保持生命活力的重要因素。如果一种语言不被人们认可,人们就不使用它交流,家庭就不把它作为母语来习得,代际间的语言传承就会断裂。言语社区的认同包括情感、认识和意向三个方面。情感是对某种语言喜欢或厌恶、尊重或轻视的感情态度。认识是对某种语言赞成或反对、理解或否定的理性态度。意向是在学习、掌握、使用语言上的行为倾向。屯堡话不仅语音独特,而且词汇丰富,在语言表达上也幽默风趣,屯堡人十分擅长运用言子话。言子话是汉语中的隐语,即用日常生活中熟悉的四字成语或俗语,隐去最后一个字,以其义或谐音表示所指。如把"喝水"说成是"喝青山绿(水)"。屯堡人的语言表达能力极强,四字词语运用较为普遍,如"大白天"说成"大白之天","富态"说成是"富富态态",

---

[1] 王玲.言语社区内的语言认同和语言使用——以厦门、南京、阜阳三个"言语社区"为例[J].南京社会科学,2009(2):125.

"年三十"是"大年三十","古代"说成是"古老古代"。屯堡人还善于使用歇后语来加强语言的表达效果,"跛脚牛下田——犁(离)不得"。大量四字词语、言子话、歇后语在生活中的频繁运用,使不识字的妇孺也能在潜移默化中理解和运用。可见,屯堡人使用屯堡话的娴熟程度是来自于屯堡人对屯堡话的高度认同。

屯堡人高度认同屯堡话主要有三个因素:一是政治因素。屯堡人是以"官军"的身份进入贵州安顺地区的,并且成为这一地区的征服者、占领者和主宰者,他们具有浓厚的"官本位"意识。如屯堡地区的许多村名、屯名都带有"官"字;许多家族的家谱在记述时,均以自己是"调北征南"之后人为荣。政治、军事上的优越感必然带来语言上的优越感,因此他们十分推崇自己的语言。二是经济因素。屯堡人来自经济发达的江南地区,掌握先进的农耕技术,又占据大片的良田好土,加上明朝政府给屯军许多照顾措施,如配给种子、农具、耕牛,修造水塘、灌渠等,因此屯堡人经济比较发达,生活丰衣足食。经济上的优势使他们的物质生活水平远远高于当地其他民族,造成他们语言心理上的优越感,因而对周边其他社区的语言采取拒斥态度是必然的。三是文化因素。屯堡人有庞大而稳定的儒家文化作基础,同时以在中国流行很广的释道文化作为补充,形成了稳定结构的思想文化体系,与历朝官府的思想文化体系相吻合,并认为自己的思想文化是"正统"的,因此他们拒绝接受周边其他社区的文化,仍然保持古朴的江南文化。如屯堡人演地戏、玩花灯、对山歌,自娱自乐,却无意模仿周边的布依族赛马,苗族的芦笙舞、板凳舞和"上刀山"的杂技表演,不使用铜鼓这种当地少数民族地区特征明显的乐器。[①] 在这种思想文化的熏陶下,屯堡人对屯堡话的认同很高。

第四节　屯堡话的语音系统

一、屯堡话声母系统

(一) 屯堡话的声母

经屯堡话的田野调查后,笔者认为屯堡话有辅音声母22个,零声母1个,共23

---

① 郑正强.最后的屯堡[M].贵阳:贵州人民出版社,2003:142.

个。与普通话相比,辅音声母多了1个,即 ŋ。具体见表2-1。

表2-1 屯堡话声母表

	塞音		塞擦音		擦音		鼻音	边音
	清音		浊音		清音	浊音	浊音	浊音
	不送气	送气	不送气	送气				
唇音	p	pʻ			f		m	
舌尖中音	t	tʻ					n	l
舌根音	k	kʻ			x		ŋ	
舌面音			tɕ	tɕʻ	ɕ			
舌尖后音			tʂ	tʂʻ	ʂ	ʐ		
舌尖前音			ts	tsʻ	s			
零声母	ø							

（二）屯堡话声母的特点

1. 关于声母 n

龙异腾等在《黔中屯堡方言研究》一书中提到,屯堡话的声母系统中没有声母 n[①],但是笔者在此次田野调查中却发现屯堡话中有大量声母为 n 的字,如"内、嫩、能、泥、你、年、碾、念、娘、鸟、尿、凝、拧、宁、妞、扭、农、努、怒、女、暖、糯"等。也有将 n 念成 l 的字,如"拿、纳、奶、耐、难、曩、恼、闹、逆"等。产生这种现象有两个原因:一是屯堡话不断被普通话和周边的西南官话逐步同化;二是屯堡话本身的语音系统原来就有声母 n,因为持屯堡话的人是明代以南京为中心的江南一带的移民,而明代官话声母系统中是存在 n 声母的。

屯堡话中同样存在 n、l 不分的问题,但只有当屯堡话的 n 声母与 a 开头的韵母相拼时才会出现此现象,而与 u、i 开头的韵母相拼时不会出现该现象。需要注意的是声母 l 与四呼相拼时未出现 n、l 不分现象。

2. 关于声母 ŋ

ŋ 来自中古疑母和影母,在普通话中仅作韵尾,如 ang、eng、ing、ong。在广州

---

① 龙异腾,吴伟军,宋宣,等.黔中屯堡方言研究[M].成都:西南交通大学出版社,2011:38.

话中可作声母,如我[ŋo],亦可作韵母(尾),如清[qiŋ]、昂[ŋaŋ],还可作零声母,如吴[ŋu]、五[ŋu]。西南官话也存在这样的现象,如饿[ŋo]、昂[ŋaŋ]("愚蠢"的意思)。屯堡话亦如此,不过,ŋ在老派屯堡话中作声母,在新派屯堡话中作零声母,见表2-2。

表2-2 屯堡话声母 ŋ 新老派读音字表

o	老派	ŋo	窝莴蜗涡屙阿倭齷喔握幄幹恶噩遏鄂鳄谔腭沃讹俄蛾娥我卧饿
	新派	o	窝莴蜗涡屙阿倭齷喔握幄幹恶噩遏鄂鳄谔腭沃讹俄蛾娥卧饿
ai	老派	ŋai	哀埃挨唉癌矮蔼霭爱碍隘艾
	新派	ai	哀埃挨唉崖岩呆癌矮蔼霭爱碍隘艾
ei	老派	ŋei	厄扼遏额
	新派	ei	厄扼遏额
ɑu	老派	ŋɑu	凹熬翱鳌鏊袄咬傲奥懊澳拗坳
	新派	ɑu	凹熬翱鳌鏊袄咬傲奥懊澳拗坳
ou	老派	ŋou	区欧讴殴偶藕呕怄
	新派	ou	区欧讴殴偶藕呕怄
an	老派	ŋan	安鞍庵淹严案按岸暗晏
	新派		
nɛ	老派	ŋɛn	恩樱鹦硬
	新派	ɛn	恩樱硬
ɑŋ	老派	ŋɑŋ	肮昂
	新派	ɑŋ	肮昂

注:空白行表示新派无此字。

3. 关于声母 z̩

龙异腾等人认为,屯堡话的声母中不仅有声母 z̩,而且还有声母 z[①]。z 是一个全浊声母,与普通话声母系统中的 s 对应。笔者认为,在屯堡话的声母系统还是将 z 归入声母 z̩ 为宜,原因如下:第一,近代、现代的声母都是从中古声母系统演变而

---

① 龙异腾,吴伟军,宋宣,等.黔中屯堡方言研究[M].成都:西南交通大学出版社,2011:38.

来的,现代声母(包括方言)z_l是来自中古日母。最早用z_l给日母标音的是高本汉[1],其后王力先生在《汉语音韵学》中也用z_l给日母标音[2],罗常培在《汉语音韵学导论》中也用z_l给日母标音[3]。第二,汉语从中古音发展到近代音,再发展到现代音,中间发生两大变化:一是全浊声母的消变,即中古音的"并奉定澄群从邪床禅匣"诸母并入相应的清声母;二是由全浊声母消变引起的声调格局的大变动,即"平分阴阳、浊上归去、入派三声"。也就是说,全浊声母在现代声母系统中已经消失(极个别方言除外),如果屯堡话声母系统中还保持声母 z,不符合汉语声母的变化规律。综上所述,笔者还是将 z 归入z_l类。

4. 关于舌尖后音声母

与普通话比较,以老派屯堡话舌尖后音 tʂ、tʂ'、ʂ 为声母的部分字保持原来的读音,部分字则转为舌尖前音 ts、ts'、s 的读音。表2-3中的普通话"知"字在屯堡话中只保留了舌尖后音,而普通话"炸"字在屯堡话中只保留了舌尖前音,具体见表2-3(表内空白处表示无此读音)。

表2-3 屯堡话舌尖后音声母与普通话舌尖后音声母比较表

序 号	字	普通话	屯堡话	
1	知	tʂʅ¹	tʂʅ¹	
2	直	tʂʅ²	tʂʅ²	
3	纸	tʂʅ³	tʂʅ³	
4	志	tʂʅ⁴	tʂʅ⁴	
5	吃	tʂ'ʅ¹	tʂ'ʅ¹	
6	迟	tʂ'ʅ²	tʂ'ʅ²	
7	耻	tʂ'ʅ³	tʂ'ʅ³	
8	翅	tʂ'ʅ⁴	tʂ'ʅ⁴	
9	湿	ʂʅ¹	ʂʅ¹	

---

① 高本汉.中国音韵学[M].罗常培,等译.北京:商务印书馆,1995.
② 王力.汉语音韵学[M].北京:中华书局,1981.
③ 罗常培.汉语音韵学导论[M].北京:中华书局,1956.

(续表)

序　号	字	普通话	屯堡话	
10	食	ʂʅ²	ʂʅ²	
11	始	ʂʅ³	ʂʅ³	
12	是	ʂʅ⁴	ʂʅ⁴	
13	朱	tʂu¹	tʂu¹	
14	竹	tʂu²	tʂu²	
15	主	tʂu³	tʂu³	
16	住	tʂu⁴	tʂu⁴	
17	出	tʂ'u¹	tʂ'u¹	
18	锄	tʂ'u²	tʂ'u²	
19	楚	tʂ'u³	tʂ'u³	
20	处	tʂ'u⁴	tʂ'u⁴	
21	炸	tʂA²		tsA²
22	榨	tʂA⁴		tsA⁴
23	插	tʂ'A¹		ts'A¹
24	茶	tʂ'A²		ts'A²
25	衩	tʂ'A³		ts'A³
26	岔	tʂ'A⁴		ts'A⁴
27	杀	ʂA¹		sA¹
28	啥	ʂA²		sA²
29	厦	ʂA⁴		sA⁴
30	抓	tʂuA¹	tʂuA¹	
31	刷	ʂuA¹	ʂuA¹	
32	耍	ʂuA³	ʂuA³	
33	桌	tʂuo¹		tso¹
34	着	tʂo²		tso²
35	说	ʂuo¹		so¹
36	斋	tʂai¹		tsai¹
37	筛	ʂai¹		sai¹

(续表)

序　号	字	普通话	屯堡话
38	晒	ʂai⁴	sai⁴
39	窄	tʂai³	tsei¹
40	蔗	tʂɤ⁴	tsei⁴
41	车	tʂ'ɤ¹	ts'ei¹
42	锤	tʂ'uei²	ts'ei²
43	扯	tʂ'ɤ³	ts'ei³
44	奢	ʂɤ¹	sei¹
45	哲	tʂɤ²	tsei²
46	蛇	ʂɤ²	sei³
47	社	ʂɤ⁴	sei⁴
48	招	tʂau¹	tsau¹
49	着	tʂau²	tsau²
50	找	tʂau³	tsau³
51	照	tʂau⁴	tsau⁴
52	抄	tʂ'au¹	ts'au¹
53	潮	tʂ'au²	ts'au²
54	炒	tʂ'au³	ts'au³
55	晃	tʂ'au²	ts'au⁴
56	烧	ʂau¹	sau¹
57	韶	ʂau²	sau²
58	少	ʂau³	sau³
59	潲	ʂau⁴	sau⁴
60	周	tʂou¹	tsou¹
61	肘	tʂou²	tsou²
62	咒	tʂou³	tsou³
63	抽	tʂ'ou¹	ts'ou¹
64	愁	tʂ'ou²	ts'ou²

(续表)

序　号	字	普通话		屯堡话
65	丑	tṣʻou³		tsʻou³
66	臭	tṣʻou⁴		tsʻou⁴
67	收	ṣou¹		sou¹
68	守	ṣou³		sou³
69	售	ṣou⁴		sou⁴
70	沾	tṣan¹		tsan¹
71	展	tṣan³		tsan³
72	站	tṣan⁴		tsan⁴
73	掺	tṣʻan¹		tsʻan¹
74	蝉	tṣʻan²		tsʻan¹
75	产	tṣʻan³		tsʻan¹
76	孱	tṣʻan²		tsʻan¹
77	山	ṣan¹		san¹
78	善	ṣan⁴		san⁴
79	枕	tṣən³		tsən³
80	正	tṣəŋ⁴		tsən⁴
81	成	tṣʻəŋ²		tsʻən²
82	逞	tṣʻəŋ³		tsʻən³
83	声	ṣəŋ¹		sən¹
84	沈	ṣən³		sən³
85	胜	ṣəŋ⁴		sən⁴
86	张	tṣɑŋ¹		tsɑŋ¹
87	涨	tṣɑŋ³		tsɑŋ³
88	昌	tṣʻɑŋ¹		tsʻɑŋ¹
89	长	tṣʻɑŋ²		tsʻɑŋ²
90	敞	tṣʻɑŋ³		tsʻɑŋ³
91	唱	tṣʻɑŋ⁴		tsʻɑŋ⁴

（续表）

序号	字	普通话	屯堡话
92	伤	ʂaŋ¹	saŋ¹
93	赏	ʂaŋ³	saŋ³
94	上	ʂaŋ⁴	saŋ⁴
95	中	tʂuŋ¹	tsuŋ¹
96	种	tʂuŋ⁴	tsuŋ⁴
97	春	tʂʻuŋ¹	tsʻuŋ¹
98	虫	tʂʻuŋ²	tsʻuŋ²
99	宠	tʂʻuŋ³	tsʻuŋ³
100	冲	tʂʻuŋ⁴	tsʻuŋ⁴

注："着"读音不同，意义不同。

（三）屯堡话声母的来源

1. 唇音组

屯堡话声母系统中唇音组的声母有：p、pʻ、m、f。这一组声母来自中古声母的"帮滂并明"和"非敷奉微"两组声母。帮滂两声母是清声母，它们在屯堡话中变为p和pʻ，帮母如"爸白颁杯辈"，滂母如"爬排攀拼婆"。并母[b]本来是浊塞音，在屯堡话中一部分字合流为p，如"倍婢病白"；一部分合流为pʻ，如"平蒲蓬培"。演变的规律是：平声字变成送气清声，仄声字变成不送气清音。明母是次浊声母，在屯堡话中念m，如"妈埋慢妹米"。屯堡话的f是轻唇音，来源于中古声母非[f]、敷[fʻ]、奉[v]、微[ɱ]组。中古声母非、敷、奉、微是唇齿音，是从双唇音分化出来的，也就是从重唇音里分出轻唇音，分化的初期是这样的：

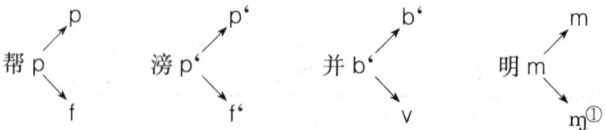

分化是有条件的：在合口的三等韵前变为轻唇，在其他韵前仍然为重唇。根据

---

① 王力.汉语史稿[M].北京：中华书局，2004:135.

《韵镜》等韵图,中古韵(《广韵》)的合口三等韵有:东韵(风丰冯凤)、屋韵(福幅腹覆服伏)、钟韵(封峰逢奉)、微韵(非妃肥匪尾费翡)、虞韵(夫肤敷俘芙扶符府甫斧父腐辅付赋赴附)、废韵(废肺吠)、文韵(分芬焚坟粉粪奋)、物韵(绋佛)、元韵(蕃番翻藩烦繁反贩饭)、月韵(发伐罚)、阳韵(方芳房纺放)、乐韵(缚)、凡韵(凡帆泛范犯)、乏韵(法乏)、尤韵(浮否妇负富副)。①

屯堡话声母 f 的来源也符合这一规律,因此在屯堡话中 x 和 f 分别清晰,而周边官话中大都混合为一或自由变读,例如"红"与"缝"同音,"飞"与"灰"同音,"虎"与"斧"同音,"户"与"富"同音。②

2. 舌尖中音组

屯堡话声母系统中舌尖中音组的声母有:t、tʻ、n、l。这一组声母来自中古声母的"端透定泥(娘)来"组声母。端透两声母是清声母,它们在屯堡话中变为 t 和 tʻ,端母如"东低都多",透母如"通梯土拖"。定母[d]本来是浊塞音,在屯堡话中一部分字声母念 t,如"定段荡毒";一部分字的声母念成 tʻ,如"同徒堂田"。演变的规律是:平声字变成送气清音,仄声字变成不送气清音。

泥母(娘)是次浊声母,在屯堡话中念[n],如"哪你嫩娘鸟"。屯堡话的 l 母是由中古的来母变来的,十分稳定,从上古到现在没有发生变化。例如"良"字的读音,上古、中古为[liaŋ],现代读音也为[liaŋ]。

3. 舌根音组

屯堡话声母系统中舌根音组的声母有:k、kʻ、x、ŋ。这一组声母主要来自中古声母的"见溪群疑"以及"晓匣影喻"组中晓母和匣母、疑母和影母。见母和溪母是清声母。见母在屯堡话中分化为 k 和 tɕ:与开口呼、合口呼韵母相拼变为 k,如"公各拐古";与齐齿呼韵母相拼变为 tɕ,如"见俱吉居",但也有例外。溪母在屯堡话中分化为 kʻ 和 tɕʻ:与开口呼、合口呼韵母相拼变为 kʻ,如"康客楷空";与齐齿呼韵母相拼变为 tɕʻ,如"牵谦亲轻去"。

晓母是清声母,匣母是全浊声母。晓母在屯堡话中分化为声母 x 和 ɕ,如"海荒呼虎花火"和"熙虚洗香兴喜"。匣母在屯堡话中也分化为声母 x 和 ɕ,如"寒回何胡

---

① 唐作藩. 音韵学教程[M]. 北京:北京大学出版社,2002:122-123.
② 龙异腾,吴伟军,宋宣,等. 黔中屯堡方言研究[M]. 成都:西南交通大学出版社,2011:39.

黄怀"和"贤悬匣下陷协"。演变规律为：与开口呼、合口呼韵母相拼时变为x，与齐齿呼韵母相拼时变为ɕ。影母是全清声母，疑母是次浊声母，它们在屯堡话中分化为ŋ和零声母。

4. 舌面音组

屯堡话声母系统中舌面音组的声母有：tɕ、tɕ'、ɕ。这一组声母主要来自中古声母的"见溪群疑"和"精清从心邪"组中的精母、清母、从母。群母是全浊声母，它在屯堡话中分化为四个声母，即与齐齿呼韵母相拼时，仄声为tɕ，如"巨具俭菌"，平声为tɕ'，如"其奇求强"；与合口呼韵母相拼时，仄声为k，如"拐"，平声为k'，如"狂"。精母是清声母，在屯堡话中分化为两种声母：与开口呼、合口呼韵母相拼时变为ts，如"走则增遵"；与齐齿呼韵母相拼时变为tɕ，如"及将借尖"。清母也是清声母，在屯堡话中分化为两种声母：与开口呼、合口呼韵母相拼时变为ts'，如"凑仓采崔"；与齐齿呼韵母相拼时变为tɕ'，如"清七千亲"。从母是全浊声母，在屯堡话中分化为四种声母：与开口呼、合口呼韵母相拼时仄声变为ts，如"昨在仄脏"；与开口呼、合口呼韵母相拼时平声变为ts'，如"曹曾材淙"；与齐齿呼韵母相拼时仄声变为tɕ，如"渐净家就"；与齐齿呼韵母相拼时平声变为tɕ'，如"情秦前囚"。

心母是清声母，在屯堡话中分化为两种声母：与开口呼韵母、合口呼韵母相拼时变为s，如"桑斯晒收"；与齐齿呼韵母相拼时变为ɕ，如"心息先相"。邪母是全浊声母，在屯堡话中主要分化为两种声母，与开口呼韵母、合口呼韵母相拼时变为s，如"似寺随诵"；与齐齿呼韵母相拼时变为ɕ，如"邪降袖旬"。极少数变为ts'和tɕ'。

5. 舌尖后音组

屯堡话声母系统中舌尖后音组的声母有：tʂ、tʂ'、ʂ、ʐ。这一组声母主要来自中古声母的知组（知彻澄）、庄组（庄初崇生）、章组（章昌船书禅日）。

音韵学家唐作藩指出，《广韵》的'知'[t]、'章'[tɕ]、'庄'[tʃ]三组音合流为现代卷舌音[tʂ]、[tʂ']、[ʂ]，这也是发音部位的变化。从《广韵》声母和普通话声母比较表中可知，普通话[tʂ]、[tʂ']两个声母来自知组的知彻澄、庄组的庄初崇和章组的章昌船禅。而[ʂ]来自庄组的生、章组的书和船禅。具体地说，[tʂ]来自舌上清音知母（'中转帐摘'），舌上全浊音澄母仄声字（'柱阵浊'），正齿清音庄母（'筝盏壮捉'），正齿全浊音崇母仄声字（'撰助铡'），正齿清音章母（'长煮照粥'），以及正齿全浊音'禅'母仄声个别字('植');[tʂʻ]来自彻母('抽超椿撑'),澄母平声('茶除潮沉呈'),初母('初雏钗抄窗'),崇母平声('锄柴愁床'),昌母('嗤吹川春赤'),船母平声('船唇纯'),禅母平声('垂蝉臣常承成');[ʂ]来自生母('沙梳师山霜'),船母('蛇神顺绳'),书母('舒诗烧深身商')和禅母('社时受善')"。①"大约在南宋(十三世纪)时候,知、庄、章三组就已经合流。"②屯堡话与明代官话是传承关系,屯堡话舌尖后音声母的来源也是如此。日母是次浊声母,在屯堡话中演变为ʐ,如"然惹如软";少数变为er,如"儿尔而二"。这是知、庄、章三组和日母在屯堡话中的演变规律。

"在屯堡话中,tʂ、tʂʻ、ʂ、ʐ与开口呼相拼者仅限于舌尖元音韵母ɿ,而与合口呼韵母相拼的,又只能是tʂ、tʂʻ、ʂ、ʐ,而不可能是ts、tsʻ、s、z,也就是说,合口呼韵母的字,不论其来自精组、知组、庄组、章组还是日母,其声母均为舌尖后音tʂ、tʂʻ、ʂ、ʐ和ts、tsʻ、s、z,两组声母在舌尖前的分化是一致的,尤其是老派。"③

6. 舌尖前音组

屯堡话声母系统舌尖前音组声母有:ts、tsʻ、s。这一组声母大部分来自中古声母的精组(精清从心邪),少部分来自庄组(庄初崇生)。来自精组的ts、tsʻ、s已在上文论述,这里介绍来自庄组的ts、tsʻ、s的变化情况。庄组的"庄初崇生"母在现代声母中大多数变化为tʂ、tʂʻ、ʂ,而较少一部分相应变化为ts、tsʻ、s,如阻测色。

表2-4 屯堡话声母与中古声母关系表

序号	中古声母		屯堡话声母	分化条件	例字
	名称	拟音			
1	帮	p	p		爸白颁杯辈
2	滂	pʻ	pʻ		爬排攀拼婆
3	并	b	p	仄声	倍婢病白
			pʻ	平声	平蒲蓬培

---

① 唐作藩.音韵学教程[M].北京:北京大学出版社,2002:124-125.
② 唐作藩.音韵学教程[M].北京:北京大学出版社,2002:126.
③ 龙异腾,吴伟军,宋宣,等.黔中屯堡方言研究[M].成都:西南交通大学出版社,2011:47.

(续表)

序号	中古声母		屯堡话声母	分化条件	例字
	名称	拟音			
4	明	m	m		妈埋慢妹米
5	非	f'	f		非府方斧
6	敷	f	f		敷芳峰泛
7	奉	v	f		奉房妇扶
8	微	m	ø		文武晚忘
9	端	t	t		东低都多
10	透	t'	t'		通梯土拖
11	定	d	t	仄声	定段荡毒
			t'	平声	同徒堂田
12	泥	n	n		泥奶暖嫩
13	知	ȶ	tʂ		知竹
14	彻	ȶ'	tʂ'		耻痴褚
15	澄	ȡ	tʂ	仄声	直侄
			tʂ'	平声	除
16	娘	ȵ	n		娘女尼
17	见	k	k	开口、合口	公格改古
			tɕ	齐齿	见俱吉居
18	溪	k'	k'	开口、合口	康客楷空
			tɕ'	齐齿	牵谦去轻
19	群	g	tɕ	齐齿仄声	暨巨具菌
			tɕ'	齐齿平声	其奇求强
			k	合口仄声	拐
			k'	合口平声	狂
20	疑	ŋ	ø		五玉牙
			ŋ		傲额岸
			n	齐齿	逆凝牛倪

(续表)

序号	中古声母		屯堡话声母	分化条件	例字
	名称	拟音			
21	精	ts	ts	开口、合口	走则增遵
			tɕ	齐齿	及将借尖
22	清	ts'	ts'	开口、合口	凑仓采崔
			tɕ'	齐齿	清七千亲
23	从	dz	ts	开口、合口仄声	昨在仄脏
			ts'	开口、合口平声	曹曾材淙
			tɕ	齐齿仄声	渐净家就
			tɕ'	齐齿平声	情秦前因
24	心	s	s	开口、合口	桑斯晒收
			ɕ	齐齿	心息先相
25	邪	z	s	开口、合口	似寺随诵
			ɕ	齐齿	邪降袖旬
26	照章	tɕ	tʂ		之职诸
			ts		邹争
			ts'		侧
27	穿昌	tɕ'	tʂ'		初出
			ts'		测
			ʂ		枢
28	床船	dz	ʂ	开口、合口	食实士
			tʂ	开口、合口仄声	助撰
			tʂ'	开口、合口仄声	床锄
29	审书	ɕ	ʂ		书
			s		所色
30	禅	ʐ	ʂ		时是殊蜀
			tʂ		殖植

(续表)

序号	中古声母		屯堡话声母	分化条件	例字
	名称	拟音			
31	影	o	ø		矮恩欧英
			ŋ		安殴
32	晓	x	x	开口、合口	海荒呼虎花火
			ɕ	齐齿	熙虚洗香兴喜
33	匣	ɣ	x	开口、合口	寒回何胡黄怀
			ɕ	齐齿	贤悬匣下陷协
34	喻	y	ø		以羊于云
			ʐ		锐
35	来	l	l		来良力林
36	日	ʐ	ʐ		日仍如人
			ø	少数止摄字	而儿耳

二、屯堡话韵母系统

(一) 屯堡话韵母

屯堡话的韵母有27个,其中开口呼韵母有11个:A、o、ɚ、ai、ei、ɑn、ou、ɑu、ən、ɑŋ、uŋ;齐齿呼韵母有9个:i、iA、io、iɑu、iou、iɛn、in、iɑŋ、yŋ;合口呼韵母有7个:u、uA、uai、uei、uan、uən、uɑŋ;屯堡话的韵母系统中还有韵母 ɿ、ʅ,为了便于比较,笔者将它们并入韵母 i,但在具体分析中有时还将它们单独分出。

与普通话韵母相比,屯堡话中少了"ɤ、əŋ、iɛ、iŋ、uo、uəŋ、y、yɛ、yan、yn"等10个韵母,多出"io、ɚ"2个韵母。普通话中也有韵母 ɚ,但在《新华字典》《现代汉语词典》中没有列出此韵母,而且屯堡话中的"ɚ"与普通话中的"ɚ"也不同。屯堡话与普通话韵母的比较具体见表2-5。

表 2-5 屯堡话与普通话韵母比较表

开口呼（开口一、二等）		齐齿呼（开口三、四等）		合口呼（合口一、二等）		撮口呼（合口三、四等）	
普通话	屯堡话	普通官话	屯堡话	普通官话	屯堡话	普通官话	屯堡话
		i	i	u	u	y	
A	A	iA	iA	uA	uA		
o	o		io	uo			
ɤ		iɛ				yɛ	
	ɚ						
ai	ai			uai	uai		
ei	ei			uei	uei		
au	au	iau	iau				
ou	ou	iou	iou				
an	an	iɛn	iɛn	uan	uan	yɛn	
ən	ən	in	in	uən	uən	yn	
aŋ	aŋ	iaŋ	iaŋ	uaŋ	uaŋ		
əŋ		iŋ		uəŋ			
uŋ	uŋ	yŋ	yŋ				

（二）撮口呼韵母辨析

龙异腾等人认为,屯堡话中没有撮口呼韵母 y、yɛ、yɛn、yn,y 在屯堡话中一般都念 i[①]。但笔者认为,屯堡话中是有撮口呼韵母的。

第一,根据专家学者的论证,韵母 y 在 13 世纪时就开始出现。成书于 1269—1292 年间的《蒙古字韵》和成书于 1292 年的《古今韵会举要》分有孤 u、居 y 两类韵。成书于 1329 年的《中原音韵》把鱼模部中的小韵分为两类:一类是模韵一等字,鱼虞韵唇音和齿音三等字,以及侯韵、尤韵唇音字。另一类是鱼韵、虞韵三等字。赵荫棠先生在《中原音韵研究》中提出四呼,拟有 u 和 y[②]。王力先生也认为

---

① 龙异腾,吴伟军,宋宣,等.黔中屯堡方言研究[M].成都:西南交通大学出版社,2011:54.
② 赵荫棠先生把东锺、江阳、真文等韵部都构拟成撮口呼韵母,赵荫棠.中原音韵研究[M].北京:商务印书馆,1956:114-298.

《中原音韵》一书里已有四呼,但在他的《汉语语音史》一书里,把鱼模和东锺两部的细音标作 u 和 iu①。李新魁先生认为:"这个 iu,还没有发展到单元音 y 的程度。只是元音 u 之前的 i 介音由于受圆唇元音 u 的影响略带圆唇的倾向。因此更精确的标音当是 yu,这个 yu 音一直保留到 17 世纪初年。"②在成书于 1375 年的《洪武正韵》中也有大量的韵母为 y 或 y 开头的字。通过反切法,鱼部的大部分韵母、先部的部分韵母及阳部的极少数韵母可拟音为 y、yε、yεn、yn,迂吁于与予俞愉鱼雨语区(鱼部)/元园远愿捐圈权犬劝(先部)/觉爵(阳部)。《洪武正韵》东部的少部分也可拟为 yu,如"郁育昱或浴鹆粥煜毓鬻掬鞠曲蛐"。有学者也认为 y 类韵在明代已经出现:"《中原音韵》里,鱼模韵合并,《洪武正韵》二者已分开,鱼韵独立,来自中古的三等韵,而《洪武正韵》的模韵主要来自中古一等韵、三等非组庄组。《广韵》鱼、虞、模三韵分立,主要区别在于主要元音和洪细的不同,《中原音韵》合并归一,说明差异已经缩小为同一元音洪细的不同,《洪武正韵》进一步将鱼与模分立,又说明二者的音质也有了相应的变化,把鱼韵拟为 y,正可以突出这种变化。"③可见,y 类韵在明代就已经存在。

第二,毗邻贵州的西南官话分支桂柳话存在大量的 y 类韵母字,而且韵母 u 有时也念成韵母 y,如"诸著除处书树"。西南官话江夏片(北片)"韵系最大的特点是撮口呼韵母较多,出现了四个普通话里没有的撮口呼韵母[yɑ]、[yai]、[yei]、[yaŋ]。普通话中舌尖后音[tʂ]组声母合口呼的字,在江夏北片话中大部分转化为[ts]组声母撮口呼或零声母撮口呼的字,如:诸著除处书树儒乳抓爪刷耍拽揣踹摔甩砖传钏喘闩栓阮软桩状疮闯霜爽坠缀水睡谆准唇蠢舜瞬闰润"④。可见,y 类韵母在西南官话的部分片区中也存在。

第三,笔者在调查中发现,屯堡话中也有 y 类韵母,如"虚徐许旭"。语音调查合作人读"i 类韵母时,会读为"iu"韵母,即介于 i 和 u 之间。显然屯堡话韵母系统中存在撮口呼韵母或者说存在过撮口呼韵母。那么在现代屯堡话韵母系统中为什么没

---

① 王力先生的元代韵部(1)东锺,撮口表 i,(5)鱼模,撮口表 iu. 参见《汉语语音史》,中国社会科学出版社,1985 年,第 321,341 页.
② 李新魁.《中原音韵》音系研究[M].郑州:中州书画社,1983:97.
③ 高龙奎.《洪武正韵》及相关韵书研究[D].苏州:苏州大学,2007:34.
④ 郑梦娟.江夏方音考察报告(摘要)[J].江汉大学学报,2001(18)5:47.

有撮口呼韵母呢？笔者认为：一是受西南官话的影响，出现 i、y 混淆不分的现象。二是屯堡话不是以读书音为标准音，人们日常说话较随意，不注重发音形式，随口而出，所以容易造成 i、y 不分。三是因为对屯堡话的研究资料缺少，特别是一些语音资料，其研究成果主要是来自田野调查，因人、因时、因地都会影响到记音的准确性。由于缺乏充足的语言实例，所以本研究没有把撮口呼韵母列入屯堡话韵母系统。

（三）"ɤ"等韵母的演化

以普通话作为参照，屯堡话中不存在"ɤ、iɛ、əŋ、iŋ、ou、uo"韵母；屯堡话中的"io、ɚ"也有自己的特点。

1. 韵母 ɤ

龙异腾等人认为屯堡话没有韵母 ɤ。"普通话的 ɤ 韵母在屯堡话中因声母来源不同而分别归入 o 韵母和 ei 韵母。"[①]在屯堡话中，当与声母见组、日母相拼时，ɤ 分化为 o 和 ei；当 ɤ 与声母知组、庄组、章组、日母相拼时，ɤ 分化为 ei。具体见表 2-6。

表 2-6 屯堡话韵母 ɤ 变异表

序 号	普通话	屯堡话	
		o	ei
1	kɤ	哥歌戈各搁胳割鸽葛个	胳格骼阁疙革隔膈蛤嗝
2	k'ɤ	科蝌苛柯棵颗磕瞌壳渴可课	咳克刻客恪去
3	ɤ	恶噩阿遏鄂谔腭讹俄蛾鹅峨娥饿	厄扼遏额
4	xɤ	喝鹤禾和河何荷合盒	核
5	tʂ(ts)ɤ		遮褶浙则责仄折哲辙滴泽择者蔗这
6	tʂ'(ts')ɤ		车彻撤澈掣侧测策册厕扯
7	s(ʂ)ɤ		赊奢设涉摄慑涩色瑟啬穑佘蛇舌舍射麝社赦
8	z̩ɤ		热惹

2. 韵母 iɛ

普通话韵母 iɛ 来自于中古韵母系统的麻韵、戈韵、月韵、薛韵、屑韵、业韵、叶

[①] 龙异腾，吴伟军，宋宣，等.黔中屯堡方言研究[M].成都：西南交通大学出版社，2011：50.

韵、帖韵。普通话中有韵母 iɛ，但屯堡话中没有 iɛ。屯堡话在形成过程中，iɛ 分别演化为 i 和 ɑi。具体见表 2-7。

表 2-7 屯堡话韵母 iɛ 变异表

序 号	普通话	屯堡话	
		i	ɑi
1	tiɛ	爹跌碟牒堞谍叠迭	
2	tʻiɛ	贴帖	
3	l(n)iɛ	捏涅聂镊蹑孽列冽烈裂咧猎劣	
4	tɕiɛ	节接揭疖杰结洁秸捷婕截姐	
5	tɕʻiɛ(yɛ)	切窃怯妾茄缺瘸	
6	ɕiɛ(yɛ)	薛血雪携偕斜邪协胁挟穴械懈卸泻谢	
7	iɛ	椰噎爷液掖腋叶页业月阅越粤冶野	
8	k(j)iɛ		街皆阶介界疥届戒诫
9	x(ɕ)iɛ		鞋偕谐蟹

3. 韵母 iŋ 和 əŋ

明代官话和普通话韵母都有前、后鼻韵母，iŋ 来自中古韵母系统中的庚、耕、清、青、蒸韵，əŋ 来自中古韵母系统中的东、钟、庚、耕、清、蒸、登韵。屯堡话的鼻韵母只有前鼻音 ən 和 in，没有后鼻音 əŋ 和 ne，屯堡人习惯将后鼻音韵母读为前鼻音韵母。具体变化见表 2-8、表 2-9。

表 2-8 屯堡话韵母 iŋ→in 变异字表

序号	声母	普通话	屯堡话
		iŋ	in
1	p	冰并兵屏拼病禀	冰兵槟丙柄秉病并禀
2	pʻ	平评苹萍凭瓶屏	平评苹萍凭瓶屏
3	m	名明冥溟瞑茗命	名明冥溟瞑茗命
4	t	丁叮钉订酊顶鼎定锭	丁叮钉订酊顶鼎定锭
5	tʻ	听亭庭停蜓渟婷霆艇	听亭庭停蜓渟婷霆艇

(续表)

序号	声母	普通话 iŋ	屯堡话 in
6	n	宁咛狞凝佞	宁咛狞凝佞(声母为 l)
7	l	令伶灵苓玲铃聆岭凌陵绫零	令伶灵苓玲铃聆岭凌陵绫零
8	tɕ	经荆旌惊晶睛兢精井颈景儆警劲竞敬靖静境镜鲸	经荆旌惊晶睛兢精井颈景儆警劲竞敬靖静境镜鲸
9	tɕʻ	青倾卿清蜻情晴擎请磬亲	青倾卿清蜻情晴擎请磬亲
10	ɕ	兴星猩腥惺刑邢形型省	兴星猩腥惺刑邢形型省
11	∅	英蝇鹰婴缨鹦莺嬴迎萤莹营映	英蝇鹰婴缨鹦莺嬴迎萤莹营映

表 2-9 屯堡话韵母 əŋ→ən 变异字表

序号	声母	普通话 əŋ	屯堡话 ən
1	pʻ	烹彭澎	烹彭澎
2	t	灯登凳瞪等瞪邓	灯登凳瞪等瞪邓
3	tʻ	疼腾誊藤	疼腾誊藤
4	n	能	能
5	l	棱冷	棱冷
6	k	更庚耕羹	更庚耕羹
7	kʻ	坑	坑
8	x	亨哼恒衡	亨哼恒衡
9	tʂ(ts)	正征争挣睁筝蒸整拯政症证增憎曾	正征争挣睁筝蒸整拯政症证增憎曾
10	tʂʻ(tsʻ)	称成丞呈诚城乘盛程惩澄逞秤层	称成丞呈诚城乘盛程惩澄逞秤层
11	ʂ(s)	升生牲笙甥绳省胜盛晟僧	升生牲笙甥绳省胜盛晟僧
12	ʐ	仍扔	仍扔

4. 韵母 uo

普通话韵母 uo 来自中古韵母系统中的戈韵、侯韵、尤韵,屯堡话没有现代韵母 uo,uo 韵母的字读音在屯堡话中大部分变为韵母 o,少部分变为韵母 uei,极个别变为韵母 uA。具体变化见表 2-10。

表 2‑10　屯堡话韵母 uo 变异表

序号	普通话	屯堡话		
		o	uei	uɑ
1	tuo	多哆夺咄掇铎朵躲剁跺舵驮惰堕		
2	t'uo	拖托脱驼坨鸵陀佗沱砣跎拓妥椭唾		
3	nuo	诺懦糯挪		
4	luo	罗锣箩萝逻漯骡螺胴裸		
5	kuo	果裹过	国	括
6	ŋuo	窝莴蜗涡倭龌喔握幄斡沃我卧		
7	xuo	豁霍活火伙祸货		
8	tʂuo(ts)	桌捉拙茁卓擢作佐啄浊灼倬镯着琢昨左坐座做		
9	tʂ'uo(ts')	搓磋锉挫戳绰辍啜龊措错		
10	ʂuo(s)	唆梭娑蓑硕烁铄缩说索所锁琐		

5. 韵母 uəŋ

中古韵母系统没有 uəŋ，屯堡话和明代官话亦没有这个韵母。在屯堡话中，uəŋ 演变成为 uŋ。在明代官话中，翁、滃、塕、蓊、瓮的读音分别为乌红切、乌孔切、乌孔切、乌红切、乌贡切，与 uəŋ 相似但仍不同。在普通话中为零声母，韵母为 u，完整的音节为 uəŋ。

6. 韵母 ɚ、io

屯堡话 ɚ 韵母字的读音在中古韵母及系统中，当声母为日母 ʐ 时，韵母演变为 ɿ，如 ʐɿ，相对应的字为：而二耳儿饵尔迩贰。而屯堡话韵母 io 分别与普通话中韵母"iau"(如"脚角嚼削")、"yɛ"(如"掠觉爵却确鹊雀曰约岳学虐疟略")、"uo"对应。另外，io 与明代官话韵母系统的三个韵母对应如下，io-ou：掠虐疟略、io-yu：脚角嚼觉爵却确鹊雀曰约岳学、io-ian：悄削乐。

三、屯堡话声调系统

（一）屯堡话的声调

屯堡话有阴平、阳平、上声、去声四个声调，阴平的调值为 33，阳平的调值为

21,上声的调值为 42,去声的调值为 35。

(二) 屯堡话声调来源

"现代普通话的阴平来自古代的平声和入声,现代普通话的阳平来自古代的平声和入声,现代普通话的上声来自古代的上声和入声,现代普通话的去声来自古代的上声、去声、入声。""所以归纳起来主要有三条:平分阴阳、浊上变去、入派四声。"① 屯堡话的四声来源与普通话一样,但也有一些差异。具体见表 2-11。

表 2-11 广韵与普通话、屯堡话四声比较表

广韵		阴平		阳平		上声		去声	
		普通话	屯堡话	普通话	屯堡话	普通话	屯堡话	普通话	屯堡话
平	清	边飞知尊	高初飞安						
	浊			扶唐才陈	人难穷床				
上	其他					粉体武女	古好五老		
	全浊							倍妇坐似	近坐社父
去	全部							盖变正对	盖唱世放
入	清	积出桌郭	搭接尺隔	急德菊觉		笔百谷角		必惕设作	
	次浊		药月六肉					灭物麦袜	
	全浊			杂盒族毒					

(三) 屯堡话入声字

中古入声字在屯堡话中的演变规律为:全浊入声归阳平,部分归去声,清声母入声字归阴平、阳平、上声、去声。屯堡话中,中古全浊声母入声字也归阳平,但也有部分归阴平。次浊声母入声字除个别归阳平外,其余归阴平,清声母入声字也归阴平②。

---

① 唐作藩. 音韵学教程[M]. 北京:北京大学出版社,2002:171.
② 龙异腾,吴伟军,宋宣,等. 黔中屯堡方言研究[M]. 成都:西南交通大学出版社,2011:72.

第五节　屯堡话的词汇系统

一、方言词汇的差异性

方言词汇是汉语方言词语的总和。在一般情况下,各方言词汇系统中的词语与普通话词汇系统中的词语大部分是相同的,但仍然有些存在一定的差异。例如"粥"在不同汉语方言中就有不同说法,北京话叫"粥",济南话叫"稀饭",厦门话叫"糜"。屯堡话词汇与普通话词汇亦有不同,如把普通话的"谁""破""丢""虹""女人""蚯蚓""干活""垃圾"分别说成是"哪个""烂""落""龙杠""婆娘""曲蟮""做活""渣渣"。这就是汉语方言词汇的差异性。

方言差异主要表现在口语中。"中国文化传统中,书面语都是用统一的民族共同语,而且书面语早有分道扬镳之势。在古代社会里,书面语以秦汉唐宋的通语为正统,文人们写诗作文运用方言是要被非议的,因而方言进入书面语的极少",大量的方言词语都存在于日常生活用语之中,"这些用语是人们一天到晚的生活、一年到头的各种活动都离不开的。世代相因,老方言词传承下来了,口口相传,新方言词也流行开来了,于是形成了越是常用的口语用词方言差异越大的局面。"[①]

方言词汇差异主要有词源差异(即汉民族从迁移地带来的词语形成的方言差异和居住地原有的词语形成的方言差异)、词根差异(如"吃——喫——食""茶杯——茶盅——茶瓯")、词形差异(如"公鸡——生鸡——雄鸡")、词义差异、词频差异(使用频度差异)、词音差异(如"玉米",普通话称"玉米",屯堡话称"苞谷")等六种类型。

二、屯堡话词汇的基本特征

(一)多源性

屯堡话是明代官话在西南官话地区的一种语言变体,西南官话区内还有其他

---

① 李如龙.汉语方言学[M].第2版.北京:高等教育出版社,2007:146-147.

当地少数民族语言,因此屯堡话词汇系统是多源性的。屯堡话词汇系统多源性的原因有三:首先,屯堡话作为一种移民性语言,保持了明代官话词汇特征,它的许多词语都继承了明代官话词汇。其次,屯堡话吸收了西南官话的部分词汇。2002年出版的由涂光禄先生编著的《贵阳市志·社会志·汉语方言分志》收录了包括离合词在内的,不含特色词语的贵阳方言特征词2 060个,笔者通过与之比较,屯堡方言中词汇与之完全一致的有1 174个[①]。再次,屯堡话吸收了当地少数民族语言的部分词汇,如寨、塘、坝、冲、坪、湾等词语均来源于少数民族语言词汇系统。

(二)历史性

词汇演变跟社会发展的历史进程十分密切。在屯堡话言语社区内,以屯、堡、所、哨、关、旗命名的村子就比较多,这与明代的军事屯田有关。这些村子的名称体现出极强的历史时期层次感,"屯、堡、旗、关、官、哨、庄、营、所"等村名产生于明代,"寨、塘、坝、冲、院、湾、坪、洞、井"等村名产生于清代。

(三)含蓄性

方言词语大多通俗易懂,但屯堡话的一些词语却有例外,因为屯堡话是明代官话的变体,因此带有明代官话这一共同语词汇的一些特点。屯堡话词汇中有大量具有成语结构的四字言子语、歇后语。所谓四字言子语,就是只说前面三个字,把要表达的意思放在第四个字,屯堡话中有的四字语干脆不用第四个字,有的四字语第四个字用谐音替代。前者如:两面三(刀)、三战吕(布)、开门见(喜)、山青水(秀)、高头大(马)、穿针引(线)、八仙过(海)。后者如:天长地久(酒)、四马投塘(糖)、上满下流(牛)、太子登基(鸡)、颠三倒四(事)、张冠李戴(带)、雷公火闪(伞)、大田大坝(霸)。歇后语,如:半天云里的口袋——装风(疯)、电线杆掏耳屎——大材小用、瞎子养儿——无望、学生打架——为笔(未必,不一定)、杀猪匠拉二胡——油(游)手好弦(闲)、背婆娘看戏——力也费来丑也丢。

三、屯堡话词汇的基本结构

屯堡话词汇是一个系统,是一个"一系列具有一定形式、意义和功能特征的互

---

① 龙异腾,吴伟军,宋宣,等.黔中屯堡方言研究[M].成都:西南交通大学出版社,2011:226.

相对立、互相制约的词语单位(包括词以及和词具有同等功能的固定词组)构成的完整体系"①。研究屯堡话较为系统的专著《黔中屯堡方言研究》(龙异腾等著)中收集了3 000多个屯堡话词语。这3 000多个词语是按照词汇的一般结构规律而存在和"流通"的,体现如下:

第一,拥有基本词汇系统和一般词汇派生系统。基本词汇是共同语和屯堡话共有的,如"天、地、山、水、红、白、上、下";有些是屯堡话特有的,如"绊(倒)、擦(抹)、掉(落)、浮(漂)、凉(冷)、晚(迟)、藏(躲)、破(烂)"。这些基本词汇在屯堡话中都有派生能力,如"凉"可派生出:凉水、凉粉、凉菜、凉鞋等。第二,多层级的义类系统。屯堡话词汇是一个多层级的义类系统,"义类的区分有大类、小类,大类套小类。例如名词中有'时空'类又有'方位''处所'等小类。有关'人'的就有人称、人体、称谓等小类,称谓之中又有亲属称谓、社会称谓、职业称谓以及自称、他称、谦称、蔑称等"②。第三,具有语法意义的词类系统。屯堡话词汇是一个具有语法意义的词类系统,在构词的类型与方式上,有单纯词、合成词以及词素之间的陈述、支配、附加、联合、补充等关系。

四、屯堡话词汇常用字(词)

记录在涂光禄编著的《贵阳志·社会志·汉语方言志》和龙异腾等人著的《黔中屯堡方言研究》中的屯堡话词汇有4 000多个。本书附录中收词1 019个,并将在后面陆续分析,本节不再赘述。

第六节 本章小结

屯堡话是明代以南京为中心的江南移民及后裔在贵州屯堡言语社区使用的语言。这些移民是集团性的移民,他们的到来改变了贵州安顺地区"夷多汉少"的人口结构。汉人在安顺地区成了多数,他们征讨者与胜利者的身份以及"官本位"的

---

① 李如龙.汉语方言学[M].第2版.北京:高等教育出版社,2007:155.
② 李如龙.汉语方言学[M].第2版.北京:高等教育出版社,2007:157.

思想，使其不屑与当地土著居民为伍，从而把自己封闭在"屯堡王国"中，因此他们的语言仍保持明代官话的特点。

屯堡话的语音系统十分完整。有 23 个声母（含零声母 ø），除比普通话声母多出 ŋ 外，其余的声母与普通话基本相同。屯堡话的韵母有 27 个，与普通话相比，屯堡话少了"ɤ、əŋ、iɛ、iŋ、ou、uəŋ、y、yɛ、yan、yn"10 个韵母，多出"io、ɚ"2 个韵母。屯堡话有阴平、阳平、上声、去声四个语调，阴平的调值为 33，阳平的调值为 21，上声的调值为 42，去声的调值为 35。

屯堡话的词汇系统具有多源性、历史性、含蓄性的特点。记录在书中的屯堡话常用词有 4 500 多个。这些词语构成了屯堡话的词汇系统，包括基本词汇系统、一般词汇的派生系统、多层级的义类系统和语法意义的词类系统。

第三章 屯堡话与明代官话的比较

明代官话是明代以江淮方言（官话）为基础方言，以《洪武正韵》等韵书的音系为标准音，以明代白话小说的词语为词汇系统的汉民族的共同语。本章主要描写明代官话的语音系统和词汇系统，并将明代官话与屯堡话的语音系统、词汇系统进行比较，以找到两者的传承关系及差异。

第一节 明代官话概述

一、明代官话的含义、渊源及发展

1. 官话的含义

官话是中国语言的一种特殊形式。源于陕甘的汉语随着汉族人的东移南迁，逐步遍布在中国各地，因此形成了多个语言区。在人流、物流、信息流相对凝固或发展缓慢的社会里，这些极具地域性的语言不断被完善与规范，并得到了很好的传承。这些语言即是方言。汉代扬雄的《方言》乃是汉代各地方言的可靠记录。在政治、军事、经济等因素的不断推动下，各方言区间的人际交流日益频繁，方言的原有格局不断被打破，在一个方言区或多个方言区之中出现了一种以某种语言为基础的超越一个或多个语区语言之上的普遍通用的语言（共同语），这就是官话。

李葆嘉先生认为，"明代初年，朱元璋诏修《洪武正韵》即以当时南京语音为主体，并以此成为官话的基础音系。官话之'官'，在明代并不仅指'官场''官司'，或西洋传教士所说 Mandanrin，即'官吏'之官。宋代有一定地位的男子皆可敬称为官人，'当时殆无不官人者矣'。江南商业经济蓬勃发展，市民社会形成，致使普通百姓也被称为'看官''客官'，至今江淮方言有些地区仍如此称呼。'官'的称呼在当时已经完全市民化，它的形成及通行地区与宋元明以来江南商业繁荣密切相关。

宋代的话本、元代的戏曲、明代的小说、清代的评话,这些与老百姓忧乐与共的市民文艺,对官话的提炼、流行和传播起着巨大的作用。明代的官话与雅言、通语、正音的性质不完全相同,它不再局限于朝廷用语、公文辞章与吟诗作赋。作为被社会各界使用的通行语,官话有着广泛的市民社会基础,包含着丰富的市民文化内涵"[1]。这说明官话的另一个特点,即官话是一种应用范围极广的市民语言。

"官话"一词出现在元代。元代南戏《荆钗记》第四十八出"团圆"中就有"官话"一词出现:

> (外)请坐。年兄,福建好地方。(净)年兄,你可省得他说话?(外)我从在那里,不曾听得这话。(净)我学生头一年在那里,半句也不省,后来就省得了。一日在船上,只见岸上一簇人在那里啼哭,我问那门子那些人为何哭,那门子说"没有了个脸儿"。我说打官话说来,他说道,"没有了个儿子,在那里啼哭"。我方才晓得"脸"就是"儿子"。

2. 古代官话

官话的出现大约与方言同时。王力先生认为,"在方言分歧的同时,也有共同语的存在",共同语在先秦时期叫作"雅言",在汉代叫作"凡语""通语"。[2] 先秦、汉代的"雅言""凡语""通语"可以被视为官话的先河,或称之为古代官话,它是一种通用的文言文书面语。《论语·述而》记载:"子所雅言,《诗》、《书》、执礼,皆雅言也。"孔子有时讲雅言,读《诗》、念《书》、赞礼时,用的都是雅言。孔子作为"三千弟子七十二贤人"的老师,学生来自四面八方,彼此间语言、语音各不相同,因此孔子必须用雅言来讲课,才能使听者听明白。这便说明三千多年前周朝国都丰镐地区(今陕西西安)所使用的语言,即为标准语,当时叫"雅言",也就是我们通常所说的普通话。通语是扬雄在《方言》中所解释,指与"方言"相对的、当时的共同语。扬雄的《方言》中存在着雅言(书面共同语)和方言两个语言体系,对一个词语的注释,先作雅语解释,再列出各方言区的说法,最后才列出通语的说法。如,"嫁、逝、徂、适,往

---

[1] 李葆嘉.中国语言文化史[M].南京:江苏教育出版社,2003:500.
[2] 王力.汉语史稿[M].北京:中华书局,1980:45.

也。自家而出谓之嫁,由女而出为嫁也。逝,秦晋语也,徂,齐也,适,宋鲁语也,往,凡语也"(扬雄《方言》卷一,第14条);"釥、嫽,好也。青徐海岱之间曰釥,或谓之嫽。好,凡通语也"(扬雄《方言》卷二,第1条);"㥟、胎,逗也。南楚谓之㥟,西秦谓之胎。逗,其通语也"(扬雄《方言》卷七,第34条)。这里的通语、凡语其实是雅语,也就是以文言文书面语为特征的共同语,即古代官话。隋唐时期,在北方方言的基础上,产生了一种接近口语的书面语——白话。汉族人长期用"文言",其最初是建立在口语基础上的,但后来与口语差距越来越远,学习困难,使用人数很少。因此,"白话"就产生了,并在宋元以后取得了书面语言的地位。同时又出现了用白话写成的文学作品,如宋元话本。隋唐时期的"白话"介于古代官话与近代官话之间,起着桥梁的作用。

3. 近代官话

近代官话是与古代官话相对而言的,近代官话是一种在具有人民群众口语特征的唐宋白话文的基础上提炼而成的一种规范化的、不同于文言文书面语的共同语。近代官话出现在宋元时期,当时流行于市井间的话本小说和极度繁荣的南戏主要是用近代官话创作的。"官话"之名也出现在此时期创作的戏剧《荆钗记》第四十八出"团圆"中。笔者目前尚未查阅到从宋元到明代关于官话准确含义的资料,但从宋元明的文学作品中得知,此时期确实有一套与文言文不同的书面语存在。如宋元明的一些短篇小说中,官府的布告、诉状判词用文言文(古代官话)陈述,而故事情节用通俗晓畅的现代官话来陈述。如冯梦龙《醒世恒言》卷八"乔太守乱点鸳鸯谱"、凌濛初《初刻拍案惊奇》卷十"韩秀才乘乱聘娇妻 吴太守怜才主姻簿"、《二刻拍案惊奇》卷二"小道人一着饶天下 女棋童两局注终身"。

4. **承前启后的明代官话**

官话发展到现在,已经形成包括东北官话、北京官话、冀鲁官话、胶辽官话、中原官话、兰银官话、西南官话、江淮官话八大官话区(见李融、熊正辉、张振兴主编的《中国语言地图集》)。刘勋宁在《再论汉语北方话的分区》一文中,又把这八大官话分为北方官话、中原官话、南方官话。从发展过程看,南方官话与中原官话有承接关系,南方官话与北方官话有渊源关系,江淮官话与西南官话有同源联系。八大官话的分类是横向划分的,如果纵向而论,官话又可以分为古代官话、近代官话、现代官话。

明代官话属于近代官话的范畴,是中国官话发展史上一种特殊的语言现象。无论是从时间还是从地域上看,明代官话都应该具有承上启下、纳北汇南的历史地位和作用。首先,明代官话是连接古代官话和现代官话的桥梁,它上承中原官话和南方官话,以江淮官话为基础方言,受西南官话的影响,由于明朝后来迁都北上,明代官话又与北方官话融合,共同开启了新时代的语言体系,成为现代官话的先河。其次,明代官话形成地是北方官话、中原官话、南方官话三大官话交汇之处的南京。明代官话的形成地和使用地是以南京为中心的江淮官话地区。据史料记载,"南京话属于吴语。晋室南渡,为建康带来大量士族和平民,建康城内外设侨郡侨县达二十多个,北人数量甚至超过土著。从此南京方言逐步由吴语渡变为北方方言。南朝萧梁武帝时,建康发生'侯景之变',历时三年,城池遭毁,居民二十八万户,十死八九。隋兵灭陈,隋文帝下令'荡平'建康都城,改作耕地。建炎三年(1129年)金兵侵犯建康,次年金兵北撤,火烧全城,居民十去八九。明初明太祖从南方九省及附近府州迁来大量工匠富户,充实京师"。① 十朝建都,屡经战乱,这使南京成为北纳中原官话、南汇南方官话的地方,使得明代官话能够吸收南北官话和各地方言的精华,明代官话成为一种包容性、跨地区性的官话,为现代官话(现代汉语)的形成打下了坚实的基础。

二、明代官话与《洪武正韵》

明代官话是明代时期的共同语,是中国近代官话成熟的标志,它上承中国古代官话,下启普通话。而明代官话成熟的标志是《洪武正韵》的编撰与推广应用。《洪武正韵》是明代初期乐韶凤、宋濂等11人奉诏编写的一部官方韵书,于公元1375年(明太祖洪武八年)成书刊印。公元1379年(洪武十二年),朱元璋又命汪广洋牵头对其进行了修订。"历代王朝编撰官韵,都是为了语言规范,以达到巩固政权、维护统一、安定社会的目的。具体说来,则在于为全国各地的士子读书、写诗规定一种标准的字音。明代《洪武正韵》的编撰,目的亦在于此。"② 事实上,《洪武正韵》这部官方编撰的字书并非仅仅是一部规范文人作诗的韵书,而且它所起的作用主要

---

① 李荣,刘丹青.南京方言词典[M].南京:江苏教育出版社,1995:4.
② 张志云.《洪武正韵》在明代的传播及其效用[J].中国文化研究,2006年夏之卷.

在于用"反切"的方式对明代官话的字进行了标音定调、规范读音[①],并构建起明代官话的语音系统[②],它是明代时期一部很有社会影响的辞书,也是记录明代官话的一部字典。《洪武正韵》得到广泛传播,在官方文书与科举考试、学校教育等方面发挥了重要的作用,对后来辞书内容编写也影响很大。具体体现如下:

第一,对官方文书与科举考试的影响。从明代学者的一些文章中可知,明代官方文书和科举考试的用字是以《洪武正韵》的字为准的。如明代湖广督学乔世宁在《丘隅意见》中说,"《洪武正韵》又止用于章奏"[③]。又如明代经学家、史学家、文字学家焦竑在《俗书刊误·序》中说,"近世《洪武正韵》为国制书,唯章奏稍稍施用"[④]。再如明代学者钱谦益在《洪武正韵牋·序》说,"至于《洪武正韵》,高皇帝命儒臣纂修,一变沈约、毛晃之旧,实于正音之中昭揭同文之义。而今惟章奏试院耕用正字,馆选一取叶而已"[⑤](《牧斋初学集》卷二十九)。官方文书所具有的权威性,必然会产生"上行下效"的社会效果,使《洪武正韵》得以在社会上广泛被使用。而将《洪武正韵》作为明代科举考试的用字标准,更使《洪武正韵》在学校教育中得以推行,因为明代科举应试考生也以官办学校里的生员为主体,到明后期甚至几乎完全来源于各级官办学校,清初修《明史·选举志》时开篇就说,"科举必由学校"。

第二,对学校教育的影响。我们从明代一些学者的文章中可知,《洪武正韵》还作为儿童习字的标准教材。黄佐《泰泉乡礼·卷三·乡校》中说:

> 食后施午学之教,歌诗或书数。凡复午学,升堂如平旦仪。就位立听云板命坐。不必作对句。用颜鲁公字体点画,照《洪武正韵》楷书《诗经·鹿鸣》《菁莪》《关雎》《四牡》《伐木》《棠棣》《蓼莪》《采蘩》《采苹》《南山有

---

① 关于"标音定调"这一观点,许多学者都曾论及.如张志云所写的《国家意志与社会选择——〈洪武正韵〉在明代的实际功用》《〈洪武正韵〉在明代的传播及其效用》;董建交《〈洪武正韵〉音系研究》;高龙奎《〈洪武正韵〉及相关韵书研究》;童琴《〈中原音韵〉与〈洪武正韵〉比较研究》。
② 叶宝奎在《〈洪武正韵〉与明初官话音系》中所写的,"《正韵》记录保存了明初官话音的实况"。(该论文见厦门大学学报哲社版,1994年,第1期)。
③ (明)乔世宁.丘隅意见[M].上海:商务印书馆,1936:1.
④ 李晓英.《俗书刊误》研究[D].西安:陕西师范大学,2003:4.
⑤ (明)钱谦益.《牧斋初学集》卷二十九[M].上海:上海古籍出版社,2009.

台》《缁衣》《淇奥》《抑》诸篇有关系可歌者,各一篇。①

黄佐(1490—1566),明代广东香山(今中山)人,以翰林外调,历任江西佥事、广西提学佥事。《泰泉乡礼》是黄佐辞广西提学佥事后所著,其中记述了他在广西推行乡村教化的事迹。从《泰泉乡礼·卷三·乡校》记载中得知,儿童的习字是以《洪武正韵》为准的。明朝户部郎中叶春及(1532—1595)在《惠安政书·社学篇》中也引用了上述文字,在记述他任福建惠安任知县时推行地方教化的情况中也提及了《洪武正韵》:

食后,施午学之教歌诗,习书数。凡复午学,升堂如平旦仪,就位立,听云板命挫。不必作对句,用颜鲁公字体点画,照《洪武正韵》楷书《诗经》:《鹿鸣》《菁莪》《关雎》《四牡》《伐木》《棠棣》《蓼莪》《采蘩》《采苹》《南山有台》《缁衣》《淇奥》《抑》诸篇有关系可歌者各一篇;或古体律诗绝句、情性正音律和者各二篇。②

可见,叶春及在当地推行儿童识字教育所使用的教材用字也是以《洪武正韵》为准的。

第三,对后来辞书的影响。《洪武正韵》对后世音韵学著作也产生了重要影响。中国历史上规模最大的类书——《永乐大典》,由解缙、姚广孝等奉旨修撰于永乐元年(1408年),其凡例云:"用韵以统字,用字以系事",其中的分韵就是按照《洪武正韵》七十六韵来分类编排的。除此外,还有明代吕维祺《音韵日月灯》、袁子让的《五先棠字学元元》、叶秉敬的《韵表》、吕坤的《交泰韵》、濮阳淶的《韵法直图》等,清代的《康熙字典》中的注音,也收录有《洪武正韵》的反切。③

此外,雕版印刷术的运用给《洪武正韵》的广泛传播提供了条件。明初,朱元璋非常善于利用印刷术服务他的政权统治。当时对于书籍税是免收的,要求将有利于维护其统治的书籍大量刊行,以便于"颁行天下"。《洪武正韵》正是通过朝廷刊

---

① (明)黄佐.泰泉乡礼[R/OL].汉典古籍网,http://gj.zdic.net/.
② (明)叶春及.惠安政书[M].福州:福建人民出版社,1987.
③ 赵安杰.从语音规范的角度看明代官话"标准音"[J].语文学刊,2013(3):16.

印并向全国发行,再到地方政府、宗藩和各地儒学又对其进行翻刻、复制,以供应学校教育、读书阶层的需求。此外,还有通过书坊的刊刻,进一步推动了《洪武正韵》在社会上的销售与普及。正是在这样一个由国家整体主导的出版传播网络中,《洪武正韵》得以"颁行天下"①。

三、明代官话的声母系统

明代官话声母系统主要体现在《洪武正韵》之中。《洪武正韵》的声母系统深受唐宋代以来语音系统的影响,体现为受守温三十六字母、《广韵》等中古声母系统的影响极大。中古音系统共有36个声母,即:帮滂并明,端透定泥,非敷奉微,知彻澄娘,见溪群疑,精清从心邪,照穿床审禅,影晓匣喻,来日。刘文锦先生参照中古声母系统,将《洪武正韵》的声母系统归纳为31类,即:

(1)古类(见母);(2)苦类(溪母);(3)渠类(群母);(4)五类(疑母);(5)呼类(晓母);(6)胡类(匣母);(7)乌类(影母);(8)以类(喻及疑母一部分);(9)陟类(知照);(10)丑类(彻穿);(11)直类(澄床及禅一部分);(12)所类(审母);(13)时类(禅母);(14)而类(日母);(15)子类(精母);(16)七类(清母);(17)昨类(从及床4字澄1字);(18)苏类(心母);(19)徐类(邪母);(20)都类(端母);(21)佗类(透母);(22)徒类(定母);(23)奴类(泥娘);(24)卢类(来母);(25)博类(帮母);(26)普类(滂母);(27)蒲类(并母);(28)莫类(明母);(29)方类(非敷);(31)符类(奉母);(31)武类(微母)②。

刘文锦先生运用反切系联法把《洪武正韵》的声母系统归纳为31个声部。在刘先生的归类和《广韵》的基础上,笔者以普通话21个声母及零声母为类,对《洪武正韵》6 000多个字进行检测,具体步骤如下:

第一,按音序将普通话例字逐个输入洪武正韵网,查看普通话例字在《洪武正韵》中的反切上、下字及韵部。

第二,某些普通话例字在《洪武正韵》中找不到对应的例字,则不记录。如"吧"

---

① 赵安杰.从语音规范的角度看明代官话"标准音"[J].语文学刊,2013(3):16.
② 叶宝奎.明清官话音系[M].厦门:厦门大学出版社,2002:29-30.

在《洪武正韵》中并不存在,而只在普通话中才出现。

第三,将查询结果进行记录,可知《洪武正韵》中与普通话中的有可比性的例字有6 000多个。其结果见表3-1至表3-7。

表3-1 《洪武正韵》唇齿音组反切上字声母归类表

普通话声母	拟音	反切上字	中古声母
b	p	布帮補必北薄博补逋搏卑班边彼壁兵悲波陂伯奔	帮
		铺普脯匹	滂
		步备弼部婢避蒲皮毗裴	并
		甫房(敷非奉)没(明)	其他
p	p'	披普匹滂铺浦篇僻丕	滂
		布帮逋兵补彼逼必博	帮
		蒲毗纰步比婢	并
		谟(明)方(敷非奉)	其他
m	m	莫谟眉母末弥忙觅绵美弭靡密	明
f	f	方扶房孚符甫敷妃芳撫冯俯逢斐防	方奉

并母是全浊声母,仄声念p,平声念p',奉母是全浊声母,读[v]。王力先生认为,"到了十二三世纪浊音清代化的时代,v变了f,于是非敷奉合流了"①。据此及表3-1,《洪武正韵》唇齿音组的声母为5个(其中浊声母2个),即帮母、滂母、并母(浊)、明母(次浊)、方母。

表3-2 《洪武正韵》舌尖中音组反切上字声母归类表

普通话声母	拟音	反切上字	中古声母
d	t	都当得达荡丁多典大德东董	端
		托託他吐	透
		度杜独待堂徒唐	定
		直除(澄)	其他

---

① 王力.汉语史稿[M].北京:中华书局,2004:135.

(续表)

普通话声母	拟音	反切上字	中古声母
t	t'	汤托他土惕天吐通	透
		达敌	端
		堂唐徒田同杜待	定
		悉(心)侧(照)昌(丑)	其他
n	n	奴乃囊尼那年弩倪宁农	奴
		忍日(日)鱼乙(喻疑)	其他
l	l	落郎洛离卢鲁历力邻良灵龙连犁凌两劣	来
		居各(见)女(泥娘)	其他

定母是全浊声母，仄声念 t，平声念 t'。从表 3-2 得知，《洪武正韵》舌尖中音组的声母为 5 个(其中浊声母 3 个)，即端母、透母、定母(浊)、奴母(次浊)、来母(次浊)。

表 3-3 《洪武正韵》舌根音组反切上字声母归类表

普通话声母	拟音	反切上字	中古声母
g	k	古沽姑各葛拱公	见
		柯	溪
		居举嘉(群)鱼(影)活曷五乌(疑晓)	其他
k	k'	柯可空口克康枯孔苦乞丘祛驱曲渠犬居具	溪
		古公	见
		胡虎寒何遏虚乌吾许(疑晓)于(喻)	其他
h	x	何呼湖河侯户虎寒曷黑洪荒火霍乎华枯忽获下雄许虚	晓匣
		古(见)柯可(溪)居(群)密(明)于(喻)乌(影)	其他

晓母 x 是清声母，匣母 ɣ 是全浊声母，它们分别与开口呼、合口呼的韵母相拼时念 x，与齐齿呼、撮口呼相拼时念 ɕ。王力先生认为，"由于浊音清化的发展规律，中古的浊音 ɣ 不能再维持了，它发展为 x，因此，匣母(除云母)和晓母合流了。到后来，齐齿和撮口的舌根音变了 tɕ、tɕ'、ɕ，而开合口不变"①。据此及表 3-3，《洪武正

---

① 王力. 汉语史稿[M]. 北京：中华书局，2004：142.

韵》舌根音组的声母为3个(其中浊声母1个),即见母、溪母、匣母(浊)。

表3-4 《洪武正韵》舌面音组反切上字声母归类表

普通话声母	拟音	反切上字	中古声母
j	tɕ	坚笺节津忌居激吉巨即举具将经九疾即齐涓斤白竭厥	群精从
		七渠讫秦奇前其求情	溪群清从邪
		在作资兹咨祖族昨侧则子	精
		古(见)才(清)郎(来)蝎弦下徐形(晓匣心邪)胡何户(晓匣)于(喻)圭规(见)逵(溪)	其他
q	tɕʻ	戚千七牵渠前才欺袪去黑乞丘其驱祁弃求曲逵区且讫	溪群清从邪
		坚激即居白巨诘	群精从
		弦墟徐许(晓匣心邪)黑胡(晓匣)资子(精从)逵苦枯窥口(溪)此仓慈(清)夷(喻)所(心邪)	其他
x	ɕ	祥许虚弦相息先席刑想徐形晓下奚翾休新雪象须馨雄悉旬辖	晓匣心邪
		思似苏桑司斯私松色(心邪)始疏申师(审禅)牵乞丘且区(溪群清)黑胡何呼火户呼毁(晓匣)吉坚居(见群从)辞词(清)吁(喻)昌(丑)之(陟)	其他

舌面音 tɕ、tɕʻ、ɕ 和舌根音 k、kʻ、x 重叠在中古声母系统的"见溪群晓匣"这一组中古声母之中,区分其是 tɕ、tɕʻ、ɕ,还是 k、kʻ、x,与后面的韵母有关。一般认为,"中古字音的韵母是细音,即齐齿呼,韵母的第一个音素是 i 的,或撮口呼,韵母的第一个音素是 ü 的,那么,声母就演化成 j、q、x"。而"舌面音 j、q、x 有时和舌尖前音 z、c、s 依次对应,这两组声母的来源,重叠在中古声母的'精清从心邪'一组。对应关系表现在形声字里:沮咀狙趄疽龃读 ju,组阻租诅俎祖读 zu,两组声符一致,j 对应 z,枪抢跄戗炝呛读 qiang,苍舱沧伧读 cang,q 对应 c,勋埙读 xun,损读 sun,x 对应 s,'逊'的声符字'孙',也是 x 与 s 对应的说明。"① 王力先生认为,"由于浊音清化,从邪两母(dz、z)不能再保持了,于是从母平声并入清母,念 tsʻ,仄声并入精母,念 ts。邪母不分平仄,一律并入心母,念 s"②。从母(dz)是全浊声母,在演变中,从母分别变为 c[tsʻ](洪音)、j[tɕ](细音)。因此,《洪武正韵》舌面音组的声母为3个

---

① 高怀志.中古声母系统在现代汉语中的踪迹[J].广播电视大学学报(哲学社会科学版),2006(3):56.
② 王力.汉语史稿[M].北京:中华书局,2004:143.

(其中浊声母 2 个),即从母(浊)、群母(浊)、晓母。

表 3-5 《洪武正韵》舌尖后音组反切上字声母归类表

普通话声母	拟音	反切上字	中古声母
zh	tʂ	庄助之诸章丈止知陟质朱株柱竹支职珍征专肿治呈抽旨锄蛊丞尺昌持除妯	知组
		侧(清)祖在甾(精从)尚食实(审禅)延(喻)	其他
ch	tʂʻ	初锄丑耻床昌楚呈鉏除齿陈尺驰敕称池持丞抽辰长敞创蛊之直仲止陟职重朱	庄组
		测从(清)所(心邪)时升诗式书枢殊(审禅)激(见)渠(溪)	其他
sh	ʂ	山师申式失时诗尸舒始实食石神视升疏矢书寔施善是尚商赏殊上数朔输裳	章组
		色桑所苏(心邪)初式常丞辰承(丑)质丈职(陟)亥(晓匣)相休虚相先(晓匣心邪)七且(溪)俎(清)他(透)	其他
r	ʐ	而尔如汝忍人日儒	日
		尼(泥娘)于以(喻)胡(匣)殊(禅)	其他

唐作藩先生认为,"知组、庄组、章组合流为卷舌音[tʂ]、[tʂʻ]、[ʂ]"①。

表 3-6 《洪武正韵》舌尖前音组反切上字声母归类表

普通话声母	拟音	反切上字	中古声母
z	ts	侧昨则子作祖在宗兹才咨资足纵总租臧	精从
		仓俎	清
		将疾津即靖(见)庄直壮竹(陟直)初除(穿)士(床)七千(群)先(心)	其他
c	tsʻ	此仓财采雌丛苍村	清
		祖作子	精从
		七墙千取秦(见群从)津(见)桑(心)锄初蛊(丑)相祥息须(晓匣心邪)	其他
s	s	桑苏所色思似孙松筜	心邪
		沙疏申山师(审禅)先写相详息徐须旬弦昔(晓匣心邪)	其他

---

① 唐作藩.音韵学教程[M].第 3 版.北京:北京大学出版社,2002:115.

根据上文及表 3-6，《洪武正韵》舌尖前音组的声母为三个，即精母、清母、心母。正如王力先生所说的，"ts、ts'、s 有两个来源：大部分的字来自精清从心邪，小部分的字来自庄初崇山"①。

表 3-7 《洪武正韵》零声母组反切上字声母归类表

字母	拟音	反切上字	中古声母
a	a	阿爱哀矮安案肮昂盎袄	喻影
		皑熬奥	微疑
e	ɣ	讹恶恩儿	喻影
			微疑
i	i	压雅亚烟严厌央扬仰腰摇咬要也液业一仪因银引印英迎影硬拥永用优油有右	喻影
		眼	微疑
ü	y	淤余宇玉育冤元院曰月跃晕云允孕	喻影
		远	微疑
u	u	娃外弯晚万汪亡网忘伟温文稳问翁瓮我乌无务	微疑
		韦卫五为	喻影

王力先生认为，"十四世纪影母和喻母在北方话里也只平声一类有声调上的差别，上、去声就完全相混了。至于微母，它经历了和喻母不同的发展历程，也终于和喻母合流，而成为 u 类的零声母了。至于微母，它经历了和喻母不同的发展过程，也终于与喻疑合流，而成为 u 类的零声母"②。而在《中原音韵》中喻影合一，疑母大部分也与它们合并，章黼在《韵学集成》凡例中声称，"内有角次浊音（即疑母）与羽次浊音（即喻母）两音声相似，依《洪武正韵》并之，如宜移是也。"③根据上述说法和表 3-7，《洪武正韵》零声母组的声母为一个，即喻母。

根据前述，推出《明代官话声母总表》如下：

---

① 王力.汉语史稿[M].北京：中华书局，2004：143.
② 王力.汉语史稿[M].北京：中华书局，2004：153.
③ 高龙奎.《韵学集成》音系初探[D].山东师范大学，2001：16.

表 3-8　明代官话声母总表(24 个)

			唇音	舌尖前音	舌尖中音	舌尖后音	舌面音	舌根音
塞音	清音	不送气	帮 p		端 t			见 k
		送气	滂 pʻ		透 tʻ			溪 kʻ
	浊音		并 b		定 d			
塞擦音	清音	不送气		精 ts		知 tʂ	从 tɕ	
		送气		清 tsʻ		庄 tʂʻ	群 tɕʻ	
	浊音							
擦音	清音		方 f	心 s		章 ʂ	晓 ɕ	
	浊音					日 ʐ		匣 x
鼻音			明 m		奴 n			
边音					来 l			
零声母							喻 y	

在普通话中,并母仄声字为不送气,平声字为送气;定母仄声字为不送气,平声字为送气。

四、明代官话的韵母系统

明代官话的韵母系统继承了中古汉语韵母系统,但有所不同。《广韵》共有 206 个韵类,如果不计算声调的区别则只有 61 个韵类。而《洪武正韵》有 76 个韵类,如果不计算声调的区别则只有 22 个韵类。这是《洪武正韵》根据"其音谐韵协者并入之,否则析之"的原则重新归类,如将东、冬、钟三类并"东"类,将支脂之三类并为"支"类,将删山二类并为"删"类,将微类分别拆入"支"类和"灰"类,同时增加了"遮"类。笔者通过对《洪武正韵》6 000 多个字的检索,得出《〈洪武正韵〉反切下字韵母归类表》,具体如下:

表 3-9　《洪武正韵》反切下字韵母归类表

韵 \ 调		平	上	去	入
东	uŋ	红冬隆中忠钟宏洪公宗容	孔陇动总董竦陇	弄贡仲众送	u:谷木卜竹秃毒禄
	yŋ	容	永	用	y:欲玉

(续表)

韵	调	平	上	去	入
支	i	迷糜夷持资兹知之宜皮咨西	比弭似几氏绮绩子止里	意弊四义例智制寄季吏渍至史戏益计臂昔	
齐	i	黎溪私鸡西衣题奚兮	礼兮里以	利计例诣器冀齐地	
鱼	y	虚俱居于庾鱼	语许吕举	御豫遇虑据	
模	u	胡夫苏徂租都徒乎无孤	古五鲁土补	故暮慕父	
	uo			祚	
皆	ai	来才开哀	买亥宰骇改楷	迈代卖耐盖奈拜带	
	uai	怀乖		坏夬	
	iɛ	邪谐嗟皆	野	戒	蔑列结协叶屑接
灰	ei	杯枚		昧妹佩	
	uei	追回垂佳魁妫	贿蕊轨	遂瑞醉罪对税芮锐恚	
	iɛn	廉兼嫌盐严炎	检点添险俺	验念剑艳欠	
真	yn	殒云	陨	峻运闰愠	i:悉乞质吉密乙日栗七笔栉室 u:五拂忽骨勿 y:律
	uən	昆仑纶尊孙浑春		困顺问	
	ən	人珍真痕奔深詵臻针森岑分恩恩	忍很茌稔轸枕	刃恨闷振	
	in	民宾银辛巾邻金邻斤	敏饮尽谨	禁吝晋仅进	
寒	uan	官欢	管缓阮绾	算乱患贯玩暖换	ɣ:葛曷合葛/A uo:括活 o:末
	an	寒干南	览	干半漫汗旱汉	
删	an	班山阑感丹	产版亶	滥烂	A:拔八达伐奋 uA:滑
	uan	还关		贯	
	iɛn	前颜闲艰	演限简	苋念晏	

(续表)

韵	调	平	上	去	入
先	yɛn	权圆员缘绢	渊泫愿远	圆眷掾怨	iɛ:歇结蔑列结 yɛ:月雪决绝 厥
	uan		转		
	iɛn	眠连年天衔焉先坚延田肩	典免殄辇辨浅塞	面见练甸电监线建陷谏涧	
萧	iɑu	遥聊肴尧消交妖条镰彪雕骄	小了巧皎杳	庙啸吊效肖笑教孝	
	ɑu	招			
爻	ɑu	刀毛劳遥曹高	皓浩少早老	到报照导号	
歌	ɤ	何禾歌戈		个荷	
	uo		果	卧佐	
麻	A	巴		骂	iɛ:蔑列结协叶 屑接
	uA	华瓜	瓦	画挂寡	
	iA	牙加	下	亚讶驾架	
	iɛ	谐嗟			
遮	ɤ	遮者			ɤ:各涉
	yɛ	约却			
	iɛ	邪	野	夜谢	
阳	uɑŋ	庄霜光王	滉广柱	况	yɛ:岳约雀觉 虐却 ɤ:各鹤 uo:灼郭
	ɑŋ	郎刚旁房方当堂	囊曩掌	浪党宕	
	iɑŋ	良羊娘江	两项仰奖讲	亮巷向降	
庚	yŋ		迥		i:昔益逼载只亦历逆狄石迹力时职 ɤ:格革德则额得 o:陌 uo:虢 ɑi:窄
	əŋ	耕登成庚征腾衡更	赓呈	更盛邓正凤孟证	
	uŋ	宏			
	iŋ	明经丁盈卿京情营陵兵青平轻	鼎领郢影颖静挺井顶顷丙	病命定庆应	
尤	ou	侯周钩	口后厚斗	候透奏豆	六
	iou	尤由秋求留	有酉九久纠	又僦救谬	

(续表)

韵\调		平	上	去	入
侵	ən	沈斟深		甚鸩	i:立讫戠及积执 u:入
	an	含			
	in	吟音金林心禽	锦	阴禁	
覃	an	含三甘	感敢襑览啖	滥绀暗泛瞰	ɤ:阖盍合 ɑ:答
盐	an	占	感冉	赡	iɛ:怯协叶 ɤ:涉

根据表3-9得出了表3-10《〈洪武正韵〉韵母与普通话韵母对应表》。表3-10《〈洪武正韵〉韵母与普通话韵母对应表》采用王力先生的观点。王力先生说,"所谓'四呼',就是开口呼、齐齿呼、合口呼、撮口呼。上面说过,在宋代的韵图中只有开口、合口两呼。'四呼'是把开口呼分为两类(开口和齐齿),合口呼分为两类(合口和撮口)。照传统的说法,开口一二等是开口呼,开口三四等是齐齿呼,合口一二等是合口呼,合口三四等是撮口呼。这种说法是可以基本上承认的,只是在二等字上,宋代的等呼和明代的四呼稍有出入"[①]。

表3-10 《洪武正韵》韵母与普通话韵母对应表

开口呼 (开口一、二等)		齐齿呼 (开口三、四等)		合口呼 (合口一、二等)		撮口呼 (合口三、四等)	
普通话	明代官话	普通话	明代官话	普通话	明代官话	普通话	明代官话
A	删覃麻(A)	i	支齐真庚侵(i)	u	模东真侵(u)	y	鱼东真(y)
ai	皆庚(ai)	iA	麻(iA)	uai	皆(uai)		
au	萧爻(au)	iau	萧(iau)	uA	麻删(uA)		
an	寒删侵覃盐(an)	iɛn	删盐(iɛn)	uan	寒删先(uan)	yɛn	先(yɛn)
ɑŋ	阳(ɑŋ)	iɑŋ	阳(iɑŋ)	uɑŋ	阳(uɑŋ)		

---

① 王力.汉语史稿[M].北京:中华书局,2004:70.

(续表)

开口呼 (开口一、二等)		齐齿呼 (开口三、四等)		合口呼 (合口一、二等)		撮口呼 (合口三、四等)	
普通话	明代官话	普通话	明代官话	普通话	明代官话	普通话	明代官话
o	寒庚(o)			uo	模歌寒 阳庚(uo)		
ou	尤(ou)	iou	尤(iou)				
uŋ	东庚(uŋ)	yŋ	东庚(yŋ)				
ɤ	遮阳庚 覃盐(ɤ)	iɛ	皆麻遮 先盐(iɛ)			yɛ	遮先阳 (yɛ)
uei	灰(uei)			uei	皆 uai		
ən	真侵(ən)	in	真侵(in)	uən	真 uən	yn	真(yn)
əŋ	庚(əŋ)	iŋ	庚(iŋ)	uəŋ	无对应		

根据表 3-10，得出表 3-11《明代官话韵母总表》，具体如下：

表 3-11　明代官话韵母总表(34 个)

开口呼 (开口一、二等)	齐齿呼 (开口三、四等)	合口呼 (合口一、二等)	撮口呼 (合口三、四等)
	i	u	y
A	iA	uA	
o		uo	
ɤ	iɛ		yɛ
ai		uai	
ei		uei	
ɑu	iɑu		
ou	iou		
an	ian	uan	yɛn
ən	in	uən	yn
ɑŋ	iɑŋ	uɑŋ	
əŋ	iŋ		
uŋ	yŋ		

表 3-11 中有 y 类韵母。王力先生认为,明代的韵母系统中,y 类韵母是存在的①。有学者也认为 y 类韵母在明代已经出现:"《中原音韵》里,鱼模韵合并,《洪武正韵》二者已分开,鱼韵独立,来自中古的三等韵,而《洪武正韵》的模韵主要来自中古一等韵、三等非组庄组。《广韵》鱼、虞、模三韵分立,主要区别在于主要元音和洪细的不同,《中原音韵》合并归一,说明差异已经缩小为同一元音洪细的不同,《洪武正韵》进一步将鱼与模分立,又说明二者的音质也有了相应的变化,把鱼韵拟为 y,正可以突出这种变化。"②

根据表 3-11,笔者运用统计法对《洪武正韵》的 6 809 个字进行检索,得出的结果如下:与普通话读音相同的有 5 130 个,相同率 75.34%。其中开口呼的字 2 253 个,相同的有 1 462 个,相同率 64.90%;齐齿呼的字有 2 583 个,相同的有 2 272 个,相同率 87.96%;合口呼的字有 1 427 个,相同的有 989 个,相同率 69.31%;撮口呼的字有 546 个,相同的有 407 个,相同率 74.54%。

五、明代官话的声调系统

明代官话的声调有平声、上声、去声、入声,根据"平分阴阳"(清声母字归阴平,浊声母字归阳平)的原则,本书把平声分为阴平和阳平,这样明代官话实际就有五个声调。在调值方面,曾晓渝先生认为,明代官话的调值依次为阴平 33、阳平 21、上声 42、去声 35、入声 34。③

"相传沈约发明'四声'。语言里的声调不是任何人所能发明的,只不过是沈约发现这一语言事实,把它运用到韵文上去罢了。但是,由此可见,平上去入四声的分别,至少在第五世纪以前已经存在了。""现代普通话平声分为阴平和阳平两种,这是由中古的平声分化出来的,这种分化在十四世纪以前就完成了。""入声在十四世纪已经消失了。"④可见,中古汉语声调即有平、上、去、入四种,但是,"到元代时候,声调开始分化,其中最显著的是阴阳和入声的消失。元代周德清的《中原音韵》

---

① 王力.汉语史稿[M].北京:中华书局,2004:203.
② 高龙奎.《洪武正韵》及相关韵书研究[D].苏州大学,2007:34.
③ 董建交.明代官话语音演变研究[D].复旦大学,2007:104.
④ 王力.汉语史稿[M].北京:中华书局,2004:227,229,231.

首先把平声分为阴平和阳平两种,明代范善溱的《中州全韵》则将平、去两声都各分为阴阳两调。这种阴阳调的出现,主要是根据声母的清浊而分化出来的。例如清声母的平声字就是阴平调,浊声母的仄声调就阳平调。以此类推,清声母的上声、去声、入声就成为阴上、阴去、阴入,浊声母的上声、去声、入声就成为阳上、阳去、阳入。"①作为记录明代官话的《洪武正韵》仍然沿袭中古汉语的声调,且保留入声。因为屯堡话声调与中古声调的对应规律和普通话声调与中古声调对应规律一样,所以笔者将明代官话与普通话声调作了比较,整理出两者对应情况与规律,以便将明代官话声调与贵州屯堡话声调比较。

通过对《洪武正韵》6 686个字进行检索,明代官话与普通话的声调对应关系一般规律为:明代官话中的平声与普通话的阴平、阳平对应(明代官话全清声母的平声对应普通话的阴平,如 p、t、k,明代官话次清声母的平声对应普通话的阳平,如 p'、t'、k');明代官话的上声对应普通话的上声,明代官话的去声对应普通话的去声,明代官话中的入声分别与普通话的阴平、阳平、上声、去声对应。需要注意的是,在检索的6 686个字中,有入声字1 184个。从这1 184个字看,明代官话入声变为阴平、阳平、上声、去声几乎集中在6个单元音韵母和7个复元音韵母上,而带鼻音韵母的则很少。1 184个入声字主要集中在如下韵母:ɑ韵母70个,o韵母42个,ɤ韵母138个,i韵母288个,u韵母174个,y韵母50个,iɛ韵母110个,ou韵母112个,yɛ韵母76个,iA韵母36个,ɑu韵母11个,uA韵母9个,ei韵母9个。如表3-12:

表3-12 明代官话与普通话声调对应表

明代官话	普通话
平声	阴平(清声母)、阳平(浊声母)
上声	上声(清、次浊声母)、去声(少量、浊声母)
去声	去声
入声	阴平(清声母)、阳平(全浊声母)、上声(清声母)、去声(清、次浊声母)

---

① 吴福熙.古代汉语[M].兰州:甘肃人民出版社,1980:20-21.

六、明代官话的词汇系统

本书统计的明代官话的词汇主要来自明代的文学作品和一些科技书籍，包括明代作家冯梦龙的"三言"和凌濛初的"二拍"中的词汇，以及《本草纲目》《天工开物》《农政全书》等中的用词。

"三言""二拍"是中国文学史上重要的白话小说集，即明代的通俗文学，是明代民众喜爱的艺术形式。作为通俗文学的经典之作，其语言迎合当时世俗民众的口味，在很大程度上反映了明代百姓的语言习惯和心理定势，体现出明代语言词汇的基本特点，是研究明代官话的重要资料。"由于编著者冯梦龙与凌濛初籍贯江苏苏州和浙江湖州都属吴方言区，因而书中的语言常常被部分学者误认为是吴语，这是不正确的。产生这种错误的原因有两个：一是不了解这些作品语言成分的复杂性；二是忘记"三言""二拍"的作者总体上是力求用当时官话来写作，其中不少词语其实是当时南方与北方皆使用的'通语'。"[1]这说明"三言""二拍"等作品是用明代通语（明代官话）写成的。

在屯堡话中有一种"言子话"，言子话又称作藏词式歇后语，与屯堡话周边方言明显不同。"所谓藏词式，就是说话时把表达应该说的词隐藏起来，以包含这个词在内有的一句俗语的前几个字来代替……藏词式歇后语在元明时期的市民俗文学尤其是话本、戏曲和白话小说文学中亦出尽风头……话本如冯梦龙的'三言'（《喻世明言》《警世通言》《醒世恒言》）和凌濛初的'二拍'（《初刻拍案惊奇》《二刻拍案惊奇》）中，藏词式歇后语都随处可见。"[2]可见冯梦龙的"三言"和凌濛初的"二拍"的词汇可视为明代官话词汇的代表。

李时珍的《本草纲目》、徐光启的《农政全书》、宋应星的《天工开物》以及徐霞客的《徐霞客游记》，这些著作的语言体现出明代官话词汇系统的特点。如《农政全书》，除"农本""田制""荒政"等卷帙外，其他章节的语言大都带有很浓厚的口语色彩。从《诗经·豳风·七月》《诗经·周南·苤苢》到《吕氏春秋·上农》等篇，再到

---

[1] 朱全红."三言""二拍"俗语词释义[J].绍兴文理学院学报,2006(2):51.
[2] 龙异腾,吴伟军,宋宣,等.黔中屯堡方言研究[M].成都：西南交通大学出版社,2011:119.

《氾胜之书》《齐民要术》《陈旉农书》《四时纂要》《王祯农书》等有关农业生产的篇什和著述,无一不体现了这种语言风格。尤其是书中标以"玄扈先生曰"的部分,语言通俗易懂。其中"用穰草起火,将草根煨过。约用浓粪,搅和如河泥。复堆起,项上作窝,如井口。"语言通俗晓畅,朴质无华,是明代人们口语的语言风格。而"白露前""秋冬间""立夏后"等表示时令和"粪三水七""菜栽"等词语和表达方式,一直沿用到现代汉语中①。

第二节 屯堡话与明代官话语音比较

一、声母系统比较

本节运用历史比较法和统计法(方法见表3-13)分别从声母、韵母、声调将屯堡话与明代官话作比较,找出两者的异同点,证明屯堡话对明代官话的传承。

(一)声母数比较

明代官话中有辅音声母23个,加零声母共24个,屯堡话中有辅音声母22个,加零声母共23个。它们之异同见表3-13。

表3-13 屯堡话与明代官话声母比较表

		塞音		塞擦音		擦音	鼻音	边音
		不送气	送气	不送气	送气			
唇音	屯堡话	帮 p	滂 pʻ				明 m	方 f
	明代官话	帮并 p	滂并 pʻ				明 m	方 f
舌尖前音	屯堡话			精 ts	清 tsʻ	心 s		
	明代官话			精 ts	清 tsʻ	心 s		
舌尖中音	屯堡话	端 t	透 tʻ				奴 n	来 l
	明代官话	端定 t	透定 tʻ				奴 n	来 l

---

① 韩忠治.《农政全书》词汇研究[D].河北师范大学,2014:7-8.

（续表）

		塞音		塞擦音		擦音	鼻音	边音
		不送气	送气	不送气	送气			
舌尖后音	屯堡话			知 tʂ	庄 tʂʻ	章 ʂ 日 ʐ		
	明代官话			知 tʂ	庄 tʂʻ	章 ʂ 日 ʐ		
舌面音	屯堡话			从 tɕ	群 tɕʻ	晓 ɕ		
	明代官话			从 tɕ	群 tɕʻ	晓 ɕ		
舌根音	屯堡话	见 k	溪 kʻ			匣 x	ŋ	
	明代官话	见 k	溪 kʻ			匣 x		
零声母	屯堡话	乌 ø						
	明代官话	喻 y						

从表 3-13 中得知，屯堡话声母有 23 个，而明代官话声母有 24 个。零声母都是 1 个，而且都涵盖了所有的零声母，如屯堡话：应药牙蛙五，明代官话：应要压蛙无。辅音声母稍有差异，明代官话有 23 个，比屯堡话多了并母、定母，在屯堡话中，这两个声母都分别并入 p、pʻ、t、tʻ。而屯堡话比明代官话多了"ŋ"。这是明代官话演变的一种结果。

ŋ 属于舌根音，在发音方法上属于鼻音。属于 ŋ 的字主要有：阿压（以上的字念 ŋA），窝芮涡蜗屙阿倭龌喔握幄斡恶噩遏鄂谔沃讹俄蛾鹅峨娥我卧（以上的字念 ŋo），哀埃挨唉崖呆癌矮蔼霭爱碍隘艾（以上的字念 ŋai），厄扼遏额（以上的字念 ŋei），凹敖熬翱鳌鳌袄咬傲奥懊澳拗坳（以上的字念 ŋau），区欧讴偶藕呕怄（以上的字念 ŋou），安鞍庵淹严案按岸暗晏（以上的字念 ŋan），恩樱鹦硬（以上的字念 ŋən），肮昂（以上的字念 ŋaŋ）。

龙异腾等的《黔中屯堡方言研究》认为 z 属于尖前音，如"若弱热惹饶娆绕挠柔揉扰然燃染冉苒扔人仁壬任仍忍刃韧纫认妊瓤壤嚷酿让攘戎绒茸冗"等字的声母都是 z 母。但如前面所述，本书认为 z 是介于前音与后音之间，所以笔者仍然将它归入 ʐ。龙异腾等人认为，屯堡话的声母中没有声母 n[①]。但如前面所述，笔者认为屯堡话声母系统中应该有 n。

---

① 龙异腾，吴伟军，宋宣，等. 黔中屯堡方言研究[M]. 成都：西南交通大学出版社，2011：38.

（二）帮组及方母比较

帮组及方母共有四个，即"p、p'、m、f"，相同率94.04%。

p母（相同率89.13%）

相同（41个）：巴把百白拜颁班半帮包薄饱报杯北辈奔本笨崩绷逼笔闭边贬变标表别宾鬓冰禀拨博跛簸卜补不。以上这些都念p，属于中古声母帮母。

不同（5个）：拔傍鼻病憋。"拔傍鼻病"在明代官话中念p，在屯堡话中念p'，但它们都属于中古声母并母。

p'母（相同率88.64%）

相同（39个）：爬怕拍派攀盘判旁胖抛庖跑炮胚陪沛盆喷烹朋批皮匹僻偏片漂瓢票贫品聘平泼婆破扑朴瀑。以上这些都念p'，属于中古声母滂母。

不同（5个）：排仆迫拼捧。"排仆"在明代官话中念p'，在屯堡话中念p，但它们都属于中古声母并母。"捧"在明代官话中念f，在屯堡话中念p'。王力先生认为，在唐代时，帮母就分化为帮母p和方母f，滂母分化为滂母p'和方母f。"闽方言（闽北闽南）直到现代还没有唇齿音，凡普通话念f的字在闽方言里是p，p'或h。"①因此，"捧"也属于中古声母帮母。

m母（相同率100%）

相同（48个）：麻马骂埋买麦瞒满慢忙莽猫毛卯冒没美妹闷门蒙盟猛梦眯迷米密棉免面苗秒妙灭民敏名命谬摸模抹末谋某母木。以上这些字的声母都念m，属于中古声母明母。

不同：（无）。

f母（相同率100%）

相同（30个）：发罚法帆凡反饭方防仿放飞肥匪肺分焚粉奋丰逢讽凤佛否夫扶浮府父。以上这些字的声母都念f，属于中古声母方母。

不同：（无）。

（三）端组及来母比较

端组及来母共有四个，即t、t'、n、l，相同率91.48%。

---

① 王力.汉语史稿[M].北京：中华书局，2004：135-136.

1. t母(相同率 87.23%)

相同(41)：打大代单胆当党刀得的灯等邓低敌底地颠典电雕爹丁顶订东懂兜豆都毒赌度端短段堆对盾多朵。以上这些字的声母都念t，属于中古声母端母。

不同(6)：达荡地动夺叨。"达荡地动"在明代官话中念t'，在屯堡话中念t，但它们都属于中古声母定母。

2. t'母(相同率 93.61%)

相同(44)：他塔胎态贪谈叹汤唐涛逃讨梯体替天田挑条跳贴铁帖厅庭挺通同统痛偷头透突图土兔团推退吞屯驼妥。

不同(3)：踏特提。"踏特提"在明代官话中念t，在屯堡话中念t'，但它们都属于中古声母定母。

3. n母(相同率 80.64%)

相同(25个)：纳恼呢馁内嫩能泥你逆年碾念娘鸟宁扭农努怒女暖糯虐酿。"纳恼呢馁内嫩能泥你逆年碾念娘鸟宁扭农努怒女暖糯虐酿"在明代官话和屯堡话中都念n，它们都属于中古声母奴母(泥母和娘母)。"虐酿"两字的声母来自日母，而不是像普通话那样来自奴母，这说明屯堡话与明代官话的传承关系。

不同(6个)：耐南难囊凝牛。"耐南难囊"在明代官话中念n，在屯堡话中念l，这说明屯堡话在发展过程中也受到了西南官话的影响。"凝牛"的声母在明代官话中是疑母ŋ，在屯堡话是n。疑母是次浊声母，后来大多数转化为各种零声母，如岸、傲、额、牙、宜、五、元，少部分转化为n，如逆、凝、牛等字。可见"凝牛"在中古时，声母是n。

4. l母(相同率 98.41%)

相同(62个)：拉蜡来赖蓝懒烂郎浪捞劳老烙肋乐勒雷垒泪棱冷离礼力连练良两亮聊料裂猎林灵领另溜留柳六隆龙弄楼篓漏卢鲁陆驴吕律卵乱抡轮论罗裸骆。以上这些字的声母在明代官话和屯堡话中都念l，都属于中古声母来母。

不同(1个)：脸。"脸(ian)"在明代官话与屯堡话中读音不同。

(四) 见组比较

见组共有三个，即k、k'、x，相同率76.92%。

1. k母(相同率71.73%)

相同(33个):干赣港高告戈革个根耕耿更工姑古固瓜寡卦乖拐怪关馆贯光广轨桂棍国果过。以上这些字的声母在明代官话和屯堡话中都念k,属于中古声母见母。

不同(13):该改盖刚杠给巩共沟狗构归锅。"该"明代官话是送气声母k',而屯堡话是不送气,念k。"改盖刚杠给巩共沟狗构归"在明代官话是送气声母,念k',而屯堡话是不送气,念k。无论是送气还是不送气,它们都属于中古声母的"见"母。"锅"在明代官话中念k,在屯堡话念ŋ。ŋ在屯堡话中是舌根音,与k同属于一部发音部位,比较接近明代官话声母k。

2. k'母(相同率67.50%)

相同(27个):凯坎抗考科可肯空孔控口叩哭苦库夸快宽款旷亏奎傀坤捆困扩。以上这些字的声母在明代官话和屯堡话中都念k',属于中古声母溪母。

不同(13个):开忾刊看康扛咳克坑抠筐狂匮。"开忾刊看康咳克坑抠筐狂",以上这些字明代官话念tɕ',屯堡话念k',但在中古声母中属于同一个声母溪母。"扛"在明代官话念tɕ',在屯堡话念k',但在中古声母中都是同一个声母见母。"匮"明代官话念tɕ',屯堡话念k',但在中古声母中都是同一个声母群母。总之,这些字的声母在明代官话和屯堡话中有所不同,但它们来自同一声母,也就是说它们是同源的。

3. x母(相同率87.03%)

相同(47个):孩海害醋含喊航巷蒿毫号合贺黑恒横轰红哄猴后呼胡虎护花华化怀坏欢环缓幻荒皇晃灰回悔会婚魂混活火货。以上这些字的声母在明代官话和屯堡话中都念x,属于中古声母匣母。

不同(7个):汉好喝恨亨吼很。"汉好喝恨亨吼"在明代官话中念ɕ,在屯堡话中x,但它们都是来自中古声母晓母。"很"在明代官话中念ɕ,在屯堡话中念x,但它是来自中古声母匣母。

(五)从群晓母比较

群从晓母共有三个,即tɕ、tɕ'、ɕ,相同率65.10%。

1. tɕ母(相同率63.45%)

相同(33个):机及几计家价尖检建江匠交娇叫接街今紧近经敬窘纠舅居举巨眷撅决角蹶倔。以上这些字的声母在明代官话和屯堡话中都念tɕ,属于中古声母从母。

不同(19个):讲颊假角节姐借井酒局卷觉捐君俊捐解介扃。"颊讲君"的声母在明代官话中念k,在屯堡话中念tɕ,但它们来自中古声母见母。"觉局假卷"的声母,在明代官话中念tɕ',在屯堡话中念tɕ。"角"的声母在明代官话中念k',"解介"的声母在明代官话中念tɕ,在屯堡话中念k,但它们都是来自中古声母从母。"节姐借井酒俊"的声母在明代官话中念ts,在屯堡话中念tɕ,但它们都是来自中古声母精母。"捐"的声母在明代官话中是零声母,在屯堡话中念tɕ。"扃"的声母在明代官话中念ts,在屯堡话中念ŋ,这是明代官话在屯堡话的声母演变,这种演变是受西南官话影响的结果。

2. tɕ'母(相同率68.75%)

相同(33个):妻欺齐启气弃浅欠枪强抢桥切且窃侵琴寝沁轻请庆穷区渠去劝缺瘸确茄群雀。以上这些字的声母在明代官话和屯堡话中都念tɕ',属于中古声母群母。

不同(15个):掐恰谦敲巧拳犬千前钳情秋囚取全。"掐恰谦敲巧拳犬"的声母在明代官话中念k',在屯堡话中念tɕ',但它们都来自中古声母溪母。"千前钳情秋囚取全"的声母在明代官话中念ts',在屯堡话中念tɕ',但它们都来自中古声母清母。

3. ɕ母(相同率63.26%)

相同(31个):西习喜戏先乡祥享消小孝鞋写兴行醒性凶休朽秀虚徐许旭宣选绚学寻训。以上这些字的声母在明代官话和屯堡话中念ɕ,属于中古声母晓母。

不同(18个):虾狭下闲显县浠协雄悬靴血象些谢心信雪。"虾狭下闲显县浠协雄悬靴血"的声母在明代官话中念x,在屯堡话中念ɕ,但它们都是来自中古声母晓母和匣母。"象些谢心信雪"的声母在明代官话中念s,在屯堡话中念ɕ,但它们都是来自中古声母邪母。

(六)知组、庄组、章组及日母的异同比较

知组(知、彻、澄、娘)、庄组(庄照、初穿、崇床、生审)、章组(章照、昌穿、船床、书审、禅)及日母归为四个,即tʂ、tʂ'、ʂ、ʐ,相同率33.51%。

1. ʦ母(相同率 28.84%)

相同(15)：之直止志朱竹主住拽专转篆追坠准。以上这些字的声母在明代官话和屯堡话中都念 ʦ,属于中古声母知组。

不同(37)：扎诈斋宅窄债沾斩占张长丈招着赵遮哲者蔗着这针枕阵争整正中肿众周轴宙桌卓抓爪。"斋宅沾占张长招着赵遮哲者蔗着这针枕阵整正中肿众周轴宙桌卓"的声母,明代官话念 ʦ,屯堡话念 ʦ,但它们都属于中古声母照母。不过笔者在此次屯堡话田野调查中发现,这些声母 ʦ 由于受普通话的影响逐步向声母 ʈʂ 转化,介于 ʈʂ、ʦ 之间。"扎诈窄债斩抓爪庄壮争"的声母明代官话念 ʦ,屯堡话念 ʈʂ,但它们都属于中古声母照母。"丈"的声母明代官话念 ʦʰ,屯堡话念 ʦʰ,但它们都属于中古声母照母。

2. ʦʰ母(相同率 30.76%)

相同(16 个)：插出除楚触穿船喘窗闯创吹垂春唇蠢。"插"的声母在明代官话和屯堡话中都念 ʦʰ,"出除楚触穿船喘窗闯创吹垂春唇蠢"的声母在明代官话和屯堡话中都念 ʦʰ,属于中古声母庄组。

不同(36 个)：茶拆柴搀谗产颤昌长厂畅超朝车扯撤陈趁称成逞秤吃池尺赤冲虫宠抽仇丑臭串床绰。"茶拆柴搀谗产昌厂畅超朝车扯撤陈称逞秤池尺赤冲虫宠抽丑绰"的声母明代官话念 ʦʰ,屯堡话念 ʦʰ,但它们都属于中古声母穿母。"颤长"的声母明代官话念 ʦ,屯堡话念 ʦʰ,"床垂"的声母明代官话念 ʦ,屯堡话念 ʦʰ,但它们都同属于中古声母照母。"春唇"的声母明代官话念 s,屯堡话念 ʦʰ,但它们都属于同中古声母穿母。

3. ʂ母(相同率 42.58%)

相同(22 个)：杀色晒省谁师石使世熟书塾鼠树刷衰帅双爽水睡顺。"杀色晒省"的声母明代官话与屯堡话都念 s,属于中古声母审母。"谁师石使世熟书塾鼠树刷衰帅双爽水睡顺"的声母明代官话、屯堡话念 ʂ,属于中古声母审母。

不同(31 个)：厦筛山闪善伤赏上裳烧勺少哨赊舌舍社身神婶肾升绳胜匙收手寿刷说硕。"厦筛山闪善伤赏上烧勺少赊舌舍身婶肾升绳胜收手寿说硕"的声母明代官话念 s,屯堡话念 ʂ,但它们都属于中古声母审母。"裳社"和"神匙"的声母明代官话念 ʦʰ,屯堡话分别念 s 和 ʂ,但它们都属于中古章组声母。

4. ʐ母（相同率29.16%）

相同（7个）：日柔肉如乳蕊闰。"日柔肉如乳蕊瑞闰"的声母在明代官话和屯堡话中都念ʐ。

不同（17个）：染瓤壤让娆扰绕惹热人忍认扔仍容入若。"染瓤壤让娆扰绕惹热人忍认扔仍容入若"的声母在明代官话中念ʐ，在屯堡话中念z，但它们都来自中古声母日母（nʑ）。王力先生认为，"声母的基本来源是nʑ（日），也相当单纯，如'人'nʑĕn→ʐən。但是从nʑ到ʐ的过程需要一番解释。nʑ是一个破裂摩擦音……当摩擦成分占优势的时候，破裂成分消失，就剩下一个ʑ，后来变成z，成为今天吴方言文言的z（'人'zən）"①。"瑞"明代官话中念ʂ，在屯堡话中念ʐ。

（七）精清心组比较

精清心组共有三个，即"ts、tsʻ、s"，相同率72.32%。

1. ts母（相同率76.92%）

相同（30个）：扎杂咋载在簪暂赃遭凿早造则贼增赠子宗总纵走奏租足组钻纂尊昨左。

不同（9个）：灾姿自最作藏仄邹奏。"灾姿自最作"的声母在明代官话念tɕ，屯堡话念ts，但它们都属于中古声母精母。"藏仄邹奏"的声母明代官话念tsʻ，屯堡话念ts，但它们都属于中古声母照母。

2. tsʻ母（相同率67.64%）

相同（23个）：猜菜参残灿藏曹草层蹭疵此次匆从粗徂催璀村存寸磋。

不同（11个）：才惨仓糙凑窜错册参岑词。"才惨仓糙凑窜错"的声母明代官话念tɕʻ，屯堡话念tsʻ，但它们都属于中古声母清母。"册参岑"的声母明代官话念tsʻ，屯堡话念tsʻ，但它们都属于中古声母穿母。"词"的声母明代官话念ɕ，屯堡话念tsʻ，但它们都属于中古声母邪母。

3. s母（相同率71.79%）

相同（28个）：撒洒萨三伞散桑嗓丧骚扫臊色僧丝送搜叟苏俗素酸算虽孙损溲梭。

---

① 王力.汉语史稿[M].北京：中华书局，2004：152.

不同(11个):赛死四松耸嗽随髓岁森所。"赛死四松耸嗽随髓岁"的声母明代官话念 ɕ,屯堡话念 s,但它们都属于中古声母心母。"森所"的声母明代官话念 ʂ,屯堡话念 s,但它们都属于中古声母审母。

(八) 零声母组比较

零声母组共有一个,即"y"(屯堡话为 ø),相同率 83.06%。

1. ɑ(相同率 75%)

相同(9个):阿哀矮爱安肮熬袄奥。"阿哀矮爱安肮熬袄奥"的声母在明代官话和屯堡话都是零声母,属于中古声母喻母 y(屯堡话为乌母 ø)。

不同(3个):皑案昂。"皑案昂"的声母在明代官话中是零声母 y,在屯堡话是 ŋ 母。

2. o(相同率 100%)

相同(3个):哦欧偶。"哦欧偶"在明代官话和屯堡话都是零声母,属于中古声母喻母 y(屯堡话为乌母 ø)。

3. ɤ(相同率 42.85%)

相同(3个):儿耳二。"儿耳二"在明代官话中是零声母 y,在屯堡话中是零声母 ø。

不同(4个):讹恶扼恩。"讹恶扼恩"在明代官话中是零声母 y,在屯堡话中是 ŋ 母。

4. i(相同率 92.68%)

相同(38个):压牙雅亚呀烟岩眼厌央扬仰腰摇要椰爷也液业一仪宜义因银引印英迎影拥永用优油有右。"压牙雅亚呀烟岩眼厌央扬仰腰摇要椰爷也液业一仪宜义因银引印英迎影拥永用优油有右"在明代官话和屯堡话中都是零声母,属于中古声母喻母 y(屯堡话为乌母 ø)。

不同(3个):严咬硬。"严咬硬"在明代官话中是零声母,在屯堡话中是 ŋ 母。

5. y(相同率 100%)

相同(18个):"淤余宇玉育冤元远院约曰哕月跃晕云允孕"。在明代官话和屯堡中都是零声母。不过在屯堡话中,没有 y 类韵母,这些字都属于 i 类韵母。

6. u(相同率 87.87%)

相同(29个):挖娃瓦袜哇歪外弯晚万汪亡网忘威韦伟卫温文稳问翁蓊瓮乌无

五务。"挖娃瓦袜哇歪外弯晚万汪亡网忘威韦伟卫温文稳问翁嗡瓮乌无五务"在明代官话和屯堡话中都是零声母,属于中古声母喻母 y(屯堡话为乌母 ∅)。

不同(4 个):完窝我卧。"完"在明代官话中,声母念 x,而在屯堡话中声母是零声母。"窝我卧"在明代中是零声母,而在屯堡话中声母是 ŋ。

通过以上七个声母组 1 059 个具有可比性的字例,可得出如下结果:声母相同的字为 776 个,相同率为 73.27%,声母不相同的字为 283 个,不相同率为 26.72%。73.27%的相同率说明屯堡话与明代官话是同源的,屯堡话对明代官话的继承,而 26.72%的不同率又说明了明代官话在屯堡话中部分已经发生演变。因此屯堡话与明代官话在声母方面的这一相同、相异的事实,证实了屯堡话是明代官话的一种语言变体。

二、韵母系统比较

(一)韵母总体比较

明代官话的韵母有 34 个,屯堡话的韵母有 27 个(见表 3-14)。

表 3-14　屯堡话与明代官话韵母比较表

开口呼（开口一、二等）		齐齿呼（开口三、四等）		合口呼（合口一、二等）		撮口呼（合口三、四等）	
明代官话	屯堡话	明代官话	屯堡话	明代官话	屯堡话	明代官话	屯堡话
		i	i	u	u	y	
ɑ	ɑ	iɑ	iɑ	uɑ	uɑ		
o	o		io	uo			
	ɚ	iɛ				yɛ	
ɣ							
ai	ai			uai	uai		
ei	ei			uei	uei		
ɑu	ɑu	iɑu	iɑu				
ou	ou	iou	iou				

(续表)

开口呼 (开口一、二等)		齐齿呼 (开口三、四等)		合口呼 (合口一、二等)		撮口呼 (合口三、四等)	
明代官话	屯堡话	明代官话	屯堡话	明代官话	屯堡话	明代官话	屯堡话
an	an	iɛn	iɛn	uan	uan	yɛn	
ən	ən	in	in	uən	uən	yn	
ɑŋ	ɑŋ	iɑŋ	iɑŋ	uɑŋ	uɑŋ		
əŋ		iŋ					
uŋ	uŋ	yŋ	yŋ				

从表3-14中可知,明代官话比屯堡话多了9个韵母,即ɤ、əŋ、iŋ、iɛ、uo、y、yɛ、yɛn、yn,少了2个,即ɚ、io。

(二) 韵母ɤ比较

如前面内容所述屯堡话没有韵母ɤ,韵母ɤ在屯堡话中分别归入o韵母和ei韵母。在中古韵母体系中,ɤ韵母是存在的,而且分布相当广。韵母ɤ在《广韵》中分布在牙音(见溪群疑)、喉音(晓匣影喻)、齿音(庄初崇生章昌船书禅)[①]。明代官话分布在端母组(如"得德忒特慝乐仂芳勒")、见母组(如"戈哥葛割歌革各阁各隔膈个苛轲珂嗑窠咳搿渴克刻恪客呵喝禾合何各劾河曷盍荷核盒涸貉閤翮贺和荷鹤壑")、知庄章母组、日母(如"遮辙轫谪摺车唓扯坼奢赊畲佘蛇阇社涉赦摄愶歃若惹热")、精母组(如"则责择咋泽啧连帻笮侧仄昃册侧策筴塞")、零声母组(如"阿婀婴讹吧俄莪哦峨鹅蛾额恶厄扼呃恶饿鄂谔遏愕噩鳄")。在西南官话中,同样有韵母ɤ存在,如kɤ:疙圪格咯胳革鬲隔塥嗝镉骼,k'ɤ:刻客咳氪恪克,xɤ:核褐赫阂吓劾纥,tsɤ:则择责泽仄啧舴,ts'ɤ:册侧策测厕恻,sɤ:色涩瑟塞啬穑,tʂɤ:这者折遮哲蔗浙滴褶赭,tʂ'ɤ:车撤扯彻澈坼,ʂɤ:社射蛇设舌摄舍涉赊奢麝慑[②]。不过,韵母在发展过程中也有演变,这种演变在《广韵》、明代官话(《洪武正韵》)已经出现。这种演变主要是ɤ→uo;ɤ→o;ɤ→a;ɤ→ei;ɤ→ai[③]等;由此而论,屯堡话也像明代官话一

---

① 陈玉.下字韵母为e的反切雏议[J].东京文学,2010(5).
② 王蜀苏.从普通话诊断看四川方言区的韵母难点——论普通话韵母e[ɤ]、uo[uo]在四川话中的对应[J].西华大学学报(哲学社会科学版),2005(4):40-41.
③ 陈玉.下字韵母为e的反切雏议[J].东京文学,2010(5).

样应该有韵母 ɤ，只是发生演变罢了。

（三）韵母 uo 比较

明代官话韵母系统中是有韵母 uo 的，如端母组的"咄剟夺朵驮剁堕埵惰跺拖拕脱佗妥椭唾"、见母组的"过裹扩括栝阔廓豁活火和或货获祸惑霍镬"、章母的"说烁铄"、精母组的"作撮坐锁琐"。但 uo 在明代时也开始分化，在知组(tʂ)全部变为 iau(捉倬浊琢镯)、iɛ(拙)、yɛ(酌)。在庄组(tʂʻ)全部变为 iau(婥)、iɛ(踔辍惙婥绰)、yɛ(趠)。在章组(ʂ)部分变为 yɛ(妁)、iau(朔槊)。在日母(ʐ)个别变为 yɛ(婼)。在端母组(t、tʻ)、来母(l)部分变为 ɤ(多哆夺铎佗陀沱驮罗萝络珞烙落摞)。在见母组(k、kʻ)部分变为 o(郭国掴帼虢)、ɤ(锅)。在精母组(ts、tsʻ、s)部分变为 u(咋昨酢厝错措所)、ɤ(左佐作搓磋嵯鄀唆娑梭簑索)。

根据分析，明代官话韵母 uo 已有部分演变为韵母 o、u、ɤ、iau、iɛ、yɛ 等韵母。屯堡话没有韵母 uo，普通话 uo 韵母的字在屯堡话中大部分变为韵母 o，有少部分变为韵母 uei，极个别字变为韵母 uA。屯堡话没有韵母 uo 这是明代官话韵母 uo 演变的结果，这种演变与明代官话演变是一致的，体现了屯堡话与明代官话之间的传承性。

在西南官话中也有把 uo 念成 o 的现象，如 to(多朵夺舵剁跺惰堕躲咄铎)、tʻo(拖脱托妥驮拓唾沱陀驼跎)、no(挪诺懦娜喏糯傩)、lo(落罗锣裸骡箩洛逻珞萝)、tso(作坐左座昨佐唑琢)、tsʻo(错撮搓挫措嵯磋锉蹉)、so(所缩锁琐索梭蓑唆嗦挲)、tʂo(捉桌啄拙灼浊卓苗酌啄)、tʂʻo(戳辍啜龊绰)、ʂo(说硕烁朔铄妁)、ʐo(若弱偌)、ko(过果裹锅郭猓掴)、xo(活火伙货和祸豁霍)、o(我握窝卧挝沃蜗涡斡龌渥龌喔)。这说明了屯堡话在继承明代官话过程中受到西南官话的影响，与西南官话是亲属关系。

（四）韵母 iŋ、əŋ 比较

"屯堡话的韵母只有前鼻音 en 和 in，但是没有后鼻音 eng 和 ing，例如 tən²('屯')、ngən⁴('硬')、din⁴('定')等，其中前两个字是在普通话里找不到音节。"[1] 而明代官话的韵母系统中是有韵母 iŋ、əŋ 的，且绝大部分保持原来的读音，但也有 iŋ 变

---

[1] 伍安东，李燕平.屯堡方言实探[J].安顺师范高等专科学校学报，2004(3):2.

为 in,如"禀"(piŋ→pin),əŋ 变为 ən。如蹬、等(təŋ→tən),赠(tsəŋ→tən)。

从明代官话 in、iŋ、ən、əŋ 的独立到屯堡话 iŋ 与 in,əŋ 与 ən 的合流,反映了二者的差异,是明代官话在屯堡话中的一种演变。这种演变现象说明了屯堡话由 əŋ→ən 的演变是在明代官话演变的基础上进行的,体现屯堡话与明代官话的传承关系。

（五）韵母 ɚ、io 比较

韵母 ɚ、io 是明代官话韵母系统所没有的,但它们与明代官话形成对应。屯堡话韵母 ɚ 的字在明代官话中声母的对应为日母 zʅ,如"而二耳儿饵尔迩贰耳"。屯堡话 io 与明代官话的三个韵母对应,如:io→ou:掠虐疟略;io→yu:脚角嚼觉爵却确鹊雀曰约岳学;io→iɑn:悄削乐。

（六）韵母 uəŋ 比较

与普通话比较,明代官话和屯堡话都没有韵母 uəŋ。在明代官话中,与韵母 uəŋ 相对应的字有五个,即翁、滃、塕、蓊、瓮。在屯堡话中,与 uəŋ 对应的字也有五个,即翁、嗡、瓮、蕹、齆。这些字都是零声母,体现了屯堡话与明代官话之间的传承关系。

（七）开口呼韵母比较

明代官话和屯堡话可比较的开口呼韵母有 10 个,即 A、o、ai、ei、ɑu、ou、an、ən、ɑŋ、uŋ。明代官话与屯堡话可比的字有 334 个,其相同的有 212 个,相同率为 63.47%。

1. A(29 个)

相同(7 个):葩爬打扎杂发杀。

不同(22 个):巴把怕搭塔法撒洒萨厦拔达罚大插茶他踏咋拉蜡阿。"巴把怕搭塔法撒洒萨厦"在明代官话中念 iA,在屯堡中念 A。"达罚"在明代官话中念 uA,在屯堡中念 A。"拔"在明代官话中念 o,在屯堡中念 A。王力先生认为,A、iA、uA 韵都是从中古的假摄（麻）、蟹摄（佳）、山摄（月曷辖黠）、咸摄（合盍洽狎乏）韵类发展而来,而 o 也是从 A 发展而来的。这种发展在十四世纪（或较早）就完成了[①]。可见,"葩爬打扎杂发杀巴把怕搭塔法撒洒萨厦拔达罚大插茶他踏咋拉蜡阿"的韵母虽然在明代官话和屯堡话中不相同,但是在中古时,它们是同一个韵部的。它们

---

① 王力.汉语史稿[M].北京:中华书局,1980:171-172.

的变化是长期以来受到西南官话影响的缘故。

2. o(6个)

相同(1个)：卜。

不同(5个)：跛簸泼叵破。"婆博"在明代官话中念 ɤ，在屯堡话中念 o。屯堡话没有韵母 ɤ 的，韵母 ɤ 根据与之相拼声母的来源分别归入韵母 o 和韵母 ei，这是明代官话韵母 o 在屯堡话的演变。"跛簸泼叵破"在明代官话中念 uo，在屯堡话中念 o。王力先生认为，o、uo 是同源的，都来自果摄（歌戈）、梗摄（陌）、麦摄（麦）、德摄（德）、山摄（末薛）、臻摄（没）和乐韵、觉韵。①

3. ai(38个)

相同(28个)：拜排代胎态该改开凯忾灾载在宅债才菜柴赛晒孩海害耐来赖哀皑爱。

不同(10个)：白百拍盖宅窄拆筛买矮。"白百拍"的韵母在明代官话中念 o，在屯堡话中都念 ei。"麦"韵母在明代官话中念 ai，在屯堡话中念 ei。王力先生认为，这是文言（读书声）白话（说话声）的异读，例如"'陌麦职'的白话音，读 ai，'德'的白话音，读 ei。不但文言读 ə 的，白话念 ai 或 ei，连文言读 o 的（如'百''北'），白话也念 ai 或 ei。"②"宅窄拆"韵母在明代官话中念 ɤ，在屯堡话中念 ei。因为屯堡话韵母没有 ɤ，ɤ 念 ei。这说明它们韵母的来源是一致的。"派盖买矮"韵母在明代官话中念 ɑ、i、iɛ，在屯堡话中念 ɑi。

4. ei(18个)

相同(7个)：北辈胚陪沛妹垒。

不同(11个)：给得贼谁黑美馁内勒雷泪。"给"韵母在明代官话中念 i，在屯堡话中念 ei。王力先生说，"有一个很特别的情况，就是'给'的白话音(kei)。'给'字缉韵的字，文言音的 tɕi 是正常的变化。它的白话音保存着舌根音 k。依北京话的语音系统，k 不能在 i 前存在，所以韵母变为开口呼。"③"给"在明代官话和屯堡话读音不同是文白两种读法，其实它的读音是一样的。"美馁内勒雷泪谁"韵母在明代

---

① 王力.汉语史稿[M].北京:中华书局,1980:176.
② 王力.汉语史稿[M].北京:中华书局,1980:185.
③ 王力.汉语史稿[M].北京:中华书局,1980:189.

官话中念 uei，在屯堡话中念 ei。这是屯堡话受西南官话影响的结果。在西南官话中，往往会出现丢失韵头的现象，把 uei 念成 ei，例如把堆（tuei）、退（tʻuei）念成 tei、tʻei。"得贼黑"韵母在明代官话中念 ɤ，在屯堡话中念 ei。也是受西南官话影响的结果。

5. au(51 个)

相同(40 个)：刀叨岛到涛逃讨高告考遭早造赵糙曹草超朝骚扫臊烧少蒿毫好号娆扰绕卯冒恼捞劳老袄熬奥。"猫"韵母在明代官话和屯堡话中都念 iau。

不同(11 个)：包饱报抛庖跑炮招哨毛挠。"包饱报抛庖跑炮招哨毛挠"韵母在明代官话中念 iau，在屯堡话中念 au，这是韵头丢失现象。这种现象在西南官话和江淮官话中不同程度地存在。"薄"韵母在明代官话中念 ɤ，在屯堡话中念 o。这一现象在前面已经说明，即屯堡话没有韵母 ɤ，念成 o。

6. ou(28 个)

相同(16 个)：口叩周宙仇嗽收谋某楼蒌漏欧偶熟肉。

不同(12 个)：剖抠轴抽丑臭否搜叟手柔寿。"轴抽丑臭否搜叟手柔"韵母在明代官话中念 iou，在屯堡话中念 ou，这也是韵头丢失现象。"剖"韵母在明代官话中念 ou，在屯堡话中念 o，在中古时期是同一韵母。"抠"韵母在明代官话中念 y，在屯堡话中念 ou。

7. an(52 个)

相同(27 个)：半攀判胆贪谈干刊坎看暂簪沾参惨山闪善酣含喊汉满南难安案。

不同(25 个)：班颁盘瞒单斩占残灿搀谗产颤帆凡反饭三伞散慢蓝懒烂赣。"班颁盘瞒"韵母在明代官话中念 uan，在屯堡话中念 an。"单斩占残灿搀谗产颤帆凡反饭三伞散慢蓝懒烂"韵母在明代官话中念 iɛn，在屯堡话中念 an。这也是受西南官话的影响而出现的韵头丢失现象。"赣"韵母在明代官话中念 uŋ，在屯堡话中念 an。

8. ən(30 个)

相同(22 个)：盆根针枕阵参陈分焚粉奋身神婶肾很恨人忍认门恩。这些韵母相同的字，其声母大多是舌尖后音知组、庄组和章组及唇齿音方母类。

不同(8个):奔本笨喷闷肯嫩岑。"奔本笨喷闷"的韵母在明代官话中念 uən,在屯堡话中念 ən。这是韵头、韵尾丢失现象。而"肯嫩"的韵母在明代官话中念 əŋ,在屯堡话中念 ən,这是丢失韵尾。

9. ɑŋ(48个)

相同(30个):帮傍当党荡汤唐刚杠康扛抗赃藏仓方防放桑丧上航忙莽囊郎朗浪昂肮。"帮傍当党荡汤唐刚杠康扛抗赃藏仓方防放桑丧上航忙莽囊郎朗浪昂肮"的韵母在明代官话和屯堡话中都念 ɑŋ。这些韵母相同的字,其声母大多是舌根音、舌尖前音见母组、精母组以及带有鼻音的方母、泥母、来母。

不同(18个):旁胖港张长丈昌长厂畅仿伤赏裳巷瓢壤让(两个"长"读音不同)。"港张长丈昌长厂畅仿伤赏裳巷瓢壤让"的韵母在明代官话中念 iɑŋ,在屯堡话中念 ɑŋ,这是韵头丢失现象。这些字韵母的改变大多是由于与知组、庄组类、审母等声母相拼造成的。

10. uŋ(34个)

相同(34个):东动懂通同统痛工巩共空孔控宗总纵中肿众匆从冲虫宠松耸送轰红哄容隆龙弄。其声母主要是舌尖音端母组、从母组类和尖面音见母组以及来母。

不同:无。

(八)齐齿呼韵母比较

明代官话和屯堡话可相互比较的开口呼韵母有8个,即 i、iA、iɑu、iou、iɛn、in、iɑŋ、yŋ。明代官话与屯堡话可比的字有203个,相同的有180个,相同率88.66%。

1. i(66个)

相同(64个):逼鼻笔闭批皮匹僻低敌底地梯提替体之直止志疵词此次吃尺池赤机计及几妻欺齐启气弃四死丝师石使世匙西喜戏日眯迷米密你泥逆离礼力一仪宜义。

不同(2个):自习。"自"的韵母在明代官话中念 ɚ,在屯堡话中念 ʅ。"习"的韵母在明代官话中念 u,在屯堡话中念 i。

2. iA(13个)

相同(12个):家假掐恰虾狭下压牙雅亚呀。韵母 iA 在明代官话和屯堡话中只与从母、群母、晓母等声母相拼。

不同(1个):颊。"颊"的韵母在明代中念 ie,在屯堡话中念 iA。

3. iɑu(31个)

相同(25个):标表票雕挑条窕跳交娇叫桥巧窍消淆小孝妙聊料了腰咬要。韵母 iɑu 只与帮母组、见母组、群母组及明母、来母相拼。

不同(6个):角瓢漂敲秒摇。"角"的韵母在明代官话中念 yɛ,在屯堡话中念 o;"瓢漂敲"的韵母在明代官话中念 ɑu,在屯堡话中念 iɑu;"秒摇"的韵母在明代官话中念 iɑu,在屯堡话中念 ɑu。

4. iou(13个)

相同(13个):纠酒舅秋因休朽秀牛优油有右。韵母 iou 在明代官话和屯堡话中只与舌面音从母、群母、晓母及晓母相拼。

不同:无

5. iɛn(37个)

相同(35个):边贬变偏片颠典电天田尖检建千谦前钳浅欠先闲显免面拈年碾念连脸练烟严眼厌。韵 iɛn 只与帮母组、端母组和从母、群母、晓母、明母、奴母、来母相拼。

不同(2个):岩县。"岩"的韵母在明代官话中念 iɛn,但在屯堡话中,因其声母为 ŋ,所以韵母念 an。

6. in(18个)

相同(10个):宾品贫琴侵心信民敏银。

不同(8个):鬓拼聘紧林因引印。"鬓紧林因引印"的韵母在明代官话中念 ən,在屯堡话中念 in;"拼聘"的韵母在明代官话中念 əŋ,在屯堡话中念 in。

7. iɑŋ(15个)

相同(14个):江讲匠枪强抢乡祥享象娘酿两良。韵母 iɑŋ 在明代官话和屯堡话中只与从母、群母、晓母、奴母、来母相拼。

不同(1个):亮。"亮"的韵母在明代官话中念 ɑŋ,在屯堡话中念 iɑŋ。

8. yŋ(10个)

相同(7个):穷兄凶匈汹胸雄。在明代官话和屯堡话中韵母 yŋ 的声母均是从母、群母、晓母。

不同(3个)：焖迥窘。"焖迥窘"的韵母在明代官话中念 iŋ，在屯堡话中念 yŋ。其声母均是从母。

(九)合口呼韵母比较

明代官话和屯堡话可比较的开口呼韵母有 7 个，即 u、uA、uai、uei、uan、uən、uaŋ。明代官话与屯堡话可比的字有 177 个，相同的有 139 个，相同率 78.53%。

1. u(59个)

相同(47个)：补不扑仆朴都毒赌度图土兔姑古固苦库租足组竹粗殂楚触夫扶父府苏俗素塾呼胡虎护母木怒努卢陆乌无五务。

不同(12个)：入突哭扶朱主住出除书树鼠。"入"的韵母在明代官话中念 i，在屯堡话中念 u。"突哭扶"的韵母在明代官话中念 ɤ，在屯堡话中念 u。"朱主住出除书树鼠"的韵母在明代官话中念 y，在屯堡话中念 u。明代的这种读音在西南官话桂柳片中也普遍存在，如"邾侏诛珠株诸猪蛛主助贮注驻柱炷祝铸著初除厨处储抒纾枢姝输暑曙术述竖墅"。这种读音一般出现在知庄章的遇摄三等韵"鱼""虞"之中，即当韵母 u 与 tʂ、tʂ'、ʂ 相拼时，部分字的韵母 u 变成 y，这说明西南官话桂柳片的韵母深受明代官话的影响。西南官话的区域十分宽广，有六个片，其中的川黔片的黔中小片是没有撮口呼韵母的。因此笔者认为，屯堡话与桂柳话起初都有撮口呼韵母，后来在西南官话黔中小片的影响下逐步消失，这是明代官话在屯堡话中的演变。

2. uA(13个)

相同(11个)：瓜寡卦夸抓爪刷挖娃哇。

不同(2个)：抓爪。"抓爪"的韵母在明代官话念 iau，在屯堡话念 uA。

3. uai(8个)

相同(5个)：乖怪快怀坏。

不同(3个)：拐衰帅。"拐衰帅"的韵母在明代话中分别念 ai、uei、ei，在屯堡话中念 uai。

4. uei(29个)

相同(22个)：堆推亏奎傀匮灰回悔会吹垂水谁睡瑞最催璀随髓岁。

不同(7个)：对归轨桂追坠蕊。"对归轨桂追坠蕊"的韵母在明代官话中念 ei，在屯堡话中念 uei。王力先生认为 uei 是来自 ei,①它们是同源的。

5. uan(28 个)

相同(22 个):端短段团关馆贯宽款欢缓幻专钻纂窜酸算弯完晚。

不同(6 个):转篆喘穿船万。"转篆喘"的韵母在明代官话中念 iɛn,在屯堡话中念 uan。"穿船"的韵母在明代官话中念 yɛn,在屯堡话中念 uan。"万"在屯堡话中念 an,在明代官话中念 uan。

6. uən(28 个)

相同(21 个):抡轮论棍坤婚魂谆准春唇蠢顺闰村寸存损温文稳。"损温文稳"的韵母在明代官话和屯堡话中念 ən 而非 uən。这说明了明代官话和屯堡话之间的亲缘关系。

不同(7 个):吞屯尊问捆困混。"吞屯尊问"的韵母在明代官话中念 uən,在屯堡话中念 ən,"捆困混"的韵母在明代官话中念 ən,在屯堡话中念 uən。这种读音互换("互读"),说明它们存在着亲缘关系。

7. uaŋ(12 个)

相同(11 个):光广筐狂庄壮窗床创双爽。

不同(1 个):旷。"旷"的韵母在明代官话中念 ɑŋ,在屯堡话中念 uan。

从以上比较可知,明代官话与屯堡话可比的字有 714 个,韵母相同的有 531 个,相同率为 74.36%,不同的有 183 个,不同率为 25.63%。相同率这一数据证实了明代官话和屯堡话之间的传承关系。

三、声调系统比较

(一) 声调比较表

明代官话有五个声调,屯堡话与普通话一样没有入声,只有四个声调。在调值方面,除没有入声外,屯堡话的调值与明代官话的调值全部一样,这说明了明代官话与屯堡话的亲缘关系,如表 3-15。

---

① 王力.汉语史稿[M].北京:中华书局,1980:185-187.

表3-15 明代官话、屯堡话、普通话声调比较表

调 号	调 类	明代官话	屯堡话	普通话
1	阴平	33	33	55
2	阳平	21	21	35
3	上声	42	42	214
4	去声	35	35	51
入	入声	34		

为了便于区别,我们采用表格比较的方式,如表3-16。在比较中采用调号标记法,即阴平1、阳平2、上声3、去声4,入声为括弧内加调号,如"拔"的调号为"2"。根据"平分阴阳"的原则,把明代官话中的平声字分别派入"阴平"和"阳平"之中,根据"入派三声"(普通话是入派四声)的原则,把明代官话中的入声字分别派入"阴平""阳平""上声""去声"之中。《明代官话与屯堡话声调比较表》中的字按声母发音部位唇音、舌尖中音、舌根音、舌面音、舌尖后音、舌尖前音、零声母来排列。

表3-16 明代官话与屯堡话声调比较表(唇音)

序 号	汉 字	明代官话	屯堡话
1	巴	piA^1	piA^1
2	把	pA^3	pA^3
3	百	pai^1	pai^1
4	班	puan^1	pan^1
5	半	pan^4	pan^4
6	帮	paŋ^1	paŋ^1
7	傍	paŋ^4	paŋ^4
8	包	piɑu^1	pɑu^1
9	饱	piɑu^3	pɑu^3
10	杯	puei^1	pei^1
11	辈	pei^4	pei^4

(续表)

序　号	汉　字	明代官话	屯堡话
12	奔	pən⁴	pən⁴
13	绷	pəŋ¹	puŋ¹
14	逼	pi¹	pi¹
15	闭	pi⁴	pi⁴
16	边	piɛn¹	piɛn¹
17	变	piɛn⁴	piɛn⁴
18	表	piɑu³	piɑu³
19	憋	piɛ⁽¹⁾	pi¹
20	别	piɛ²	pi²
21	宾	pin¹	pin¹
22	冰	piŋ¹	pin¹
23	病	piŋ⁴	pin⁴
24	博	pɤ¹	po¹
25	簸	puo³	po³
26	补	pu³	pu³
27	不	pu¹	pu¹
28	爬	pʻA²	pʻA²
29	怕	pʻiA⁴	pʻA⁴
30	派	pʻuai⁴	pʻai⁴
31	排	pʻai²	pʻai²
32	攀	pʻan²	pʻan¹
33	判	pʻan⁴	pʻan⁴
34	旁	pʻɑŋ²	pʻɑŋ²
35	胖	pʻɑŋ⁴	pʻɑŋ⁴
36	抛	pʻiau²	pʻau¹
37	跑	pʻau²	pʻau²
38	陪	pʻei²	pʻei²

(续表)

序 号	汉 字	明代官话	屯堡话
39	沛	p'ei⁴	p'ei⁴
40	盆	p'ən²	p'ən²
41	喷	p'ən⁴	p'ən⁴
42	朋	p'uŋ²	p'uŋ²
43	捧	p'uŋ³	p'uŋ³
44	批	p'i²	p'i¹
45	皮	p'i⁽²⁾	p'i²
46	偏	p'iɛn²	p'iɛn¹
47	片	p'iɛn⁴	p'iɛn⁴
48	漂	p'au²	p'iau²
49	瓢	p'au²	p'iau²
50	拼	p'iŋ¹	p'in¹
51	品	p'in³	p'in³
52	平	p'in²	p'in²
53	婆	p'ɤ²	p'o²
54	破	p'ɤ⁴	p'o⁴
55	剖	p'ou³	p'o⁴
56	扑	p'u²	p'u¹
57	朴	p'u¹	p'u¹
58	麻	miA²	mA²
59	马	miA³	mA³
60	埋	mai²	mai²
61	买	miɛ³	mai³
62	满	man⁴	man²
63	慢	miɛn⁴	man⁴
64	忙	maŋ²	maŋ²
65	莽	maŋ³	maŋ³

(续表)

序　号	汉　字	明代官话	屯堡话
66	毛	miau²	mau²
67	卯	miau³	mau³
68	美	muei³	mei³
69	妹	mei⁴	mei⁴
70	闷	mən²	mən²
71	们	mən²	mən²
72	盟	məŋ²	muŋ²
73	猛	məŋ³	muŋ³
74	迷	mi²	mi²
75	米	mi³	mi³
76	面	miɛn⁴	miɛn⁴
77	苗	miau²	miau²
78	妙	miau⁴	miau⁴
79	灭	miɛ²	mi¹
80	民	min²	min²
81	敏	min³	min³
82	命	min⁴	min⁴
83	摸	mu²	mo¹
84	抹	mɤ⁴	mo³
85	谋	mou²	mou²
86	某	mou³	mou³
87	母	mu³	mu³
88	发	fA²	fA¹
89	罚	fuA²	fA²
90	帆	fiɛn²	fan²
91	饭	fiɛn⁴	fan⁴
92	方	faŋ¹	faŋ¹

(续表)

序 号	汉 字	明代官话	屯堡话
93	仿	faŋ³	faŋ³
94	飞	fei¹	fei¹
95	匪	fei³	fei³
96	焚	fən¹	fən²
97	粉	fən³	fən³
98	丰	fuŋ¹	fuŋ¹
99	凤	fun⁴	fuŋ⁴
100	府	fu³	fu³
101	佛	fu²	fu²

表 3-17 明代官话与屯堡话声调比较表（舌尖中音）

序 号	汉 字	明代官话	屯堡话
102	达	tuA¹	tA¹
103	打	tA³	tA²
104	代	tai⁴	tai⁴
105	单	tan¹	tan¹
106	胆	tan³	tan³
107	当	taŋ¹	taŋ¹
108	党	taŋ³	taŋ³
109	刀	tau¹	tau¹
110	到	tau⁴	tau⁴
111	得	tɤ¹	tei¹
112	灯	təŋ¹	tən¹
113	邓	təŋ⁴	tən⁴
114	低	ti¹	ti¹
115	敌	ti³	ti³
116	颠	tiɛn¹	tiɛn¹

(续表)

序 号	汉 字	明代官话	屯堡话
117	电	tiɛn⁴	tiɛn⁴
118	雕	tiɑu¹	tiɑu¹
119	爹	tiɛ¹	ti¹
120	丁	tiŋ¹	tin¹
121	顶	tiŋ³	tin³
122	东	tuŋ¹	tuŋ¹
123	懂	tuŋ³	tuŋ³
124	兜	tou¹	tou¹
125	豆	tou⁴	tou⁴
126	毒	tu⁽²⁾	tu²
127	度	tu⁴	tu⁴
128	端	tuan¹	tuan¹
129	堆	tuei¹	tei¹
130	盾	tən³	tən³
131	夺	tuo¹	to¹
132	朵	tuo³	to³
133	他	tʻA¹	tʻA¹
134	胎	tʻai¹	tʻai¹
135	态	tʻai⁴	tʻai⁴
136	贪	tʻan¹	tʻan¹
137	叹	tʻan⁴	tʻan⁴
138	唐	tʻɑŋ¹	tʻɑŋ²
139	涛	tʻɑu¹	tʻɑu¹
140	讨	tʻɑu³	tʻɑu³
141	梯	tʻi¹	tʻi¹
142	体	tʻi³	tʻi³
143	田	tʻiɛn¹	tʻiɛn²

(续表)

序　号	汉　字	明代官话	屯堡话
144	挑	tʻiau¹	tʻiau¹
145	跳	tʻiau²	tʻiau⁴
146	贴	tʻiɛ¹	tʻi¹
147	厅	tʻiŋ¹	tʻin¹
148	庭	tʻiŋ²	tʻin²
149	同	tʻuŋ²	tʻuŋ²
150	统	tʻuŋ³	tʻuŋ³
152	偷	tʻou¹	tʻou¹
153	头	tʻou¹	tʻou²
154	兔	tʻu⁴	tʻu⁴
155	团	tʻuan²	tʻuan²
156	退	tʻuei⁴	tʻei⁴
157	吞	tʻuən¹	tʻən¹
158	驼	tʻɤ²	tʻo²
159	妥	tʻuo³	tʻo³
160	耐	nai⁴	lai⁴
161	南	nan²	lan¹
162	囊	naŋ²	naŋ²
163	恼	nau³	nau³
164	内	nuei⁴	nei⁴
165	能	nəŋ²	nən²
166	泥	ni²	ni²
167	年	niɛn²	liɛn²
168	念	niɛn⁴	niɛn⁴
169	娘	niaŋ²	niaŋ²
170	鸟	niau³	niau³
171	凝	niŋ²	nin²

(续表)

序　号	汉　字	明代官话	屯堡话
172	牛	niou²	niou²
173	弄	nuŋ⁴	nuŋ⁴
174	努	nu³	nu³
175	女	ny³	ni³
176	糯	nɤ⁴	no⁴
177	来	lai²	lai²
178	懒	lan³	lan³
179	朗	laŋ³	laŋ³
180	捞	lau²	lau¹
181	乐	lɤ²	lo²
182	雷	luei²	lei²
183	棱	ləŋ²	lən²
184	离	li²	li²
185	礼	li³	li³
186	连	liɛn²	liɛn²
187	良	liaŋ²	liaŋ²
188	亮	liaŋ⁴	liaŋ⁴
189	聊	liau²	liau²
190	了	liau³	liau³
191	猎	liɛ²	li¹
192	林	lən²	lin²
193	领	liŋ³	lin³
194	留	liou²	liou²
195	柳	liou³	liou³
196	龙	luŋ²	luŋ²
197	楼	lou²	lou²
198	卢	lu²	lu²

(续表)

序　号	汉字	明代官话	屯堡话
199	鲁	lu³	lu³
200	吕	ly³	li³
201	律	ly²	li²
202	峦	luan²	luan²
203	乱	luan⁴	luan⁴
204	掠	luo²	lio¹

表3-18　明代官话与屯堡话声调比较表（舌根音）

序　号	汉字	明代官话	屯堡话
205	该	kai¹	kai¹
206	干	kan⁴	kan⁴
207	刚	kɑŋ¹	kɑŋ¹
208	港	kɑŋ³	kɑŋ³
209	高	kɑu¹	kɑu¹
210	戈	kɤ¹	ko¹
211	给	kei¹	ko¹
212	根	kən¹	kən¹
213	耿	kiŋ³	kən³
214	更	kəŋ¹	kən¹
215	工	kuŋ¹	kuŋ¹
216	巩	kuŋ³	kuŋ³
217	沟	kou¹	kou¹
218	构	kou³	kou³
219	姑	ku¹	ku¹
220	固	ku⁴	ku⁴
221	瓜	kuA¹	kuA¹
222	乖	kuai¹	kuai¹

(续表)

序　号	汉　字	明代官话	屯堡话
223	怪	kuai⁴	kuai⁴
224	关	kuan¹	kuan¹
225	广	kuɑŋ³	kuɑŋ³
226	归	kuei¹	kuei¹
227	棍	kuən³	kuən⁴
228	国	ko¹	ko¹
229	开	k'ai¹	k'ai¹
230	刊	k'an¹	k'an¹
231	看	k'an⁴	k'an⁴
232	扛	k'ɑŋ¹	k'ɑŋ²
233	考	k'ɑu³	k'ɑu³
234	科	k'ɤ¹	k'o¹
235	肯	k'əŋ³	k'ən³
236	坑	k'əŋ¹	k'ən¹
237	控	k'əŋ⁴	k'uŋ⁴
238	哭	k'u³	k'u³
239	夸	k'uA¹	k'uA¹
240	快	k'uai⁴	k'uai⁴
241	狂	k'uɑŋ¹	k'uɑŋ²
242	奎	k'uei¹	k'uei²
243	坤	k'uən¹	k'uən¹
244	捆	k'uən³	k'uən³
245	孩	xai²	xai²
246	海	xai³	xai³
247	含	xan¹	xan²
248	航	xɑŋ²	xɑŋ²
249	蒿	xɑu¹	xɑu¹

(续表)

序　号	汉字	明代官话	屯堡话
250	好	xɑu³	xɑu³
251	喝	xɤ¹	xo¹
252	黑	xɤ¹	xei¹
253	恨	xən⁴	xən⁴
254	恒	xəx¹	xən²
255	轰	xuŋ¹	xuŋ¹
256	红	xuŋ²	xuŋ²
257	猴	xou²	xou²
258	胡	xu²	xu²
259	虎	xu³	xu³
260	华	xuA²	xuA²
261	坏	xuai⁴	xuai⁴
262	欢	xuan¹	xuan¹
263	荒	xuɑŋ¹	xuɑŋ¹
264	回	xuei²	xuei²
265	会	xuei²	xuei²
266	婚	xuən¹	xuən¹
267	火	xuo³	xo³

表 3-19　明代官话与屯堡话声调比较表（舌面音）

序　号	汉　字	明代官话	屯堡话
268	机	tɕi¹	tɕi¹
269	及	tɕi²	tɕi²
270	几	tɕi³	tɕi³
271	计	tɕi⁴	tɕi⁴
272	假	tɕiA³	tɕiA³

(续表)

序　号	汉　字	明代官话	屯堡话
273	建	tɕiɛn⁴	tɕiɛn⁴
274	江	tɕiaŋ¹	tɕiaŋ¹
275	娇	tɕiɑu¹	tɕiɑu¹
276	街	tɕiɛ¹	tɕai¹
277	姐	tɕiɛ³	tɕi³
278	近	tɕin⁴	tɕin⁴
279	窘	tɕyŋ³	tɕyŋ³
280	经	tɕiŋ¹	tɕin¹
281	酒	tɕiou³	tɕiou³
282	居	tɕy¹	tɕi¹
283	举	tɕy³	tɕi³
284	卷	tɕyɛn³	tɕiɛn³
285	君	tɕyn¹	tɕin¹
286	妻	tɕʻi¹	tɕʻi¹
287	启	tɕʻi³	tɕʻi³
288	弃	tɕʻi⁴	tɕʻi⁴
289	恰	tɕʻiA¹	tɕʻiA¹
290	千	tɕʻiɛn¹	tɕʻiɛn¹
291	前	tɕʻiɛn²	tɕʻiɛn²
292	强	tɕʻiaŋ³	tɕʻiaŋ³
293	桥	tɕʻiɑu²	tɕʻiɑu²
294	切	tɕʻi¹	tɕʻi¹
295	窃	tɕʻiɛ¹	tɕʻi¹
296	侵	tɕʻin¹	tɕʻin¹
297	沁	tɕʻən⁴	tɕʻin⁴
298	情	tɕʻiŋ²	tɕʻin²
299	穷	tɕʻyŋ²	tɕʻyŋ²

(续表)

序 号	汉 字	明代官话	屯堡话
300	秋	tɕ'iou¹	tɕ'iou¹
301	渠	tɕ'y²	tɕ'i²
302	拳	tɕ'yɛn¹	tɕ'iɛn²
303	犬	tɕ'yɛn³	tɕ'iɛn¹
304	缺	tɕ'yɛ¹	tɕ'i¹
305	群	tɕ'yn²	tɕ'in²
306	西	ɕi¹	ɕi¹
307	喜	ɕi³	ɕi³
308	狭	ɕiA¹	ɕiA¹
309	下	ɕiA⁴	ɕiA⁴
310	显	ɕiən¹	ɕiən¹
311	乡	ɕaŋ¹	ɕiɑŋ¹
312	详	ɕiɑŋ²	tɕ'iɑŋ²
313	消	ɕiɑu¹	ɕiɑu¹
314	小	ɕiɑu³	ɕiɑu³
315	鞋	ɕiɛ²	xai²
316	谢	ɕiɛ⁴	ɕi⁴
317	心	ɕin¹	ɕin¹
318	信	ɕin⁴	ɕin⁴
319	兴	ɕiŋ¹	ɕin¹
320	凶	ɕyŋ¹	ɕyŋ¹
321	休	ɕiou¹	ɕiou¹
322	朽	ɕiou³	ɕiou³
323	虚	ɕy¹	ɕi¹
324	宣	ɕyɛn¹	ɕiɛn¹
325	雪	ɕyɛ¹	ɕi¹
326	训	ɕyn⁴	ɕin⁴

表 3-20　明代官话与屯堡话声调比较表（舌尖后音）

序　号	汉字	明代官话	屯堡话
327	扎	tʂA¹	tsA¹
328	斋	tʂai¹	tsai¹
329	债	tʂai⁴	tsai⁴
330	沾	tʂan¹	tsan¹
331	占	tʂan⁴	tsan⁴
332	长	tʂiaŋ³	tsaŋ³
333	招	tʂiɑu¹	tsiɑu¹
334	赵	tʂɑu³	tsɑu³
335	哲	tʂɤ¹	tsei²
336	蔗	tʂiɛ⁴	tsei⁴
337	针	tʂən¹	tsən¹
338	争	tʂəŋ¹	tsən¹
339	整	tʂəŋ³	tsən³
340	直	tʂʅ⁴	tsʅ¹
341	中	tʂuŋ¹	tsuŋ¹
342	周	tʂiou¹	tsou¹
343	朱	tʂy¹	tsu¹
344	主	tʂy³	tʂu³
345	专	tʂuan¹	tʂuan¹
346	庄	tʂuɑŋ¹	tʂuɑŋ¹
347	坠	tʂei⁴	tʂuei⁴
348	准	tʂuən³	tʂuən³
349	卓	tʂiɑu¹	tso¹
350	插	tʂ'A¹	ts'A¹
351	柴	tʂ'ai²	ts'ai²
352	谗	tʂ'an¹	ts'an¹

(续表)

序　号	汉　字	明代官话	屯堡话
353	产	tʂʻan³	tʂʻan³
354	厂	tʂʻiɑŋ³	tʂʻɑŋ³
355	畅	tʂʻiɑŋ⁴	tʂʻɑŋ⁴
356	超	tʂʻɑu¹	tʂʻɑu¹
357	车	tʂʻɤ¹	tʂʻei¹
358	陈	tʂʻən²	tʂʻən²
359	成	tʂʻəŋ²	tʂʻən²
360	秤	tʂʻəŋ⁴	tʂʻen⁴
361	吃	tɕi⁴	tʂʻʅ¹
362	尺	tʂʻʅ²	tʂʻʅ²
363	冲	tʂʻuŋ¹	tʂʻuŋ¹
364	宠	tʂʻuŋ⁴	tʂʻuŋ⁴
365	仇	tʂʻou²	tʂʻou²
366	丑	tʂʻiou³	tʂʻou³
367	出	tʂʻy¹	tʂʻu¹
368	除	tʂʻy²	tʂʻu²
369	楚	tʂʻu³	tʂʻu³
370	穿	tʂʻuan¹	tʂʻuan¹
371	喘	tʂʻuan³	tʂʻuan³
372	串	tʂʻuan⁴	tʂʻuan⁴
373	床	tʂʻuɑŋ²	tʂʻuɑŋ²
374	创	tʂʻuɑŋ⁴	tʂʻuɑŋ⁴
375	吹	tʂʻuei¹	tʂʻuei¹
376	春	tʂʻuən¹	tʂʻuən¹
377	蠢	tʂʻuən³	tʂʻuən³
378	绰	tʂʻyɛ¹	tsʻo¹
379	杀	ʂA¹	sA¹

(续表)

序　号	汉　字	明代官话	屯堡话
380	厦	ʂiA³	sA⁴
381	筛	ʂai¹	sai¹
382	晒	ʂai⁴	sai⁴
383	山	ʂan¹	san¹
384	闪	ʂan³	san³
385	善	ʂan⁴	san⁴
386	伤	ʂiaŋ¹	ʂɑŋ¹
387	上	ʂɑŋ³	ʂɑŋ⁴
388	烧	ʂau¹	sɑu¹
389	少	ʂau⁴	sɑu³
390	赊	ʂɤ¹	sei¹
391	舌	ʂɤ¹	sei²
392	社	ʂɤ³	sei⁴
393	神	ʂən¹	sən²
394	婶	ʂən³	sən³
395	升	ʂəŋ¹	sən¹
396	绳	ʂəŋ¹	sən²
397	胜	ʂəŋ⁴	sən⁴
398	师	ʂʅ¹	ʂʅ¹
399	石	ʂʅ¹	ʂʅ²
400	世	ʂʅ⁴	ʂʅ⁴
401	收	ʂou¹	sou¹
402	手	ʂou³	sou³
403	书	ʂy¹	ʂu¹
404	鼠	ʂy⁴	ʂu⁴
405	树	ʂy⁴	ʂu⁴
406	刷	ʂuA¹	ʂuA¹

(续表)

序 号	汉 字	明代官话	屯堡话
407	衰	ʂuai¹	ʂuai¹
408	帅	ʂuai⁴	ʂuai⁴
409	双	ʂuɑŋ¹	ʂuɑŋ¹
410	水	ʂuei⁴	ʂuei³
411	睡	ʂuei²	ʂuei⁴
412	顺	ʂuən²	ʂuən⁴
413	说	suo¹	so¹
414	染	ʐiɛn³	tsan³
415	瓤	ʐiɑŋ¹	ʐɑŋ¹
416	壤	ʐiɑŋ³	tsɑŋ³
417	娆	ʐɑu²	tsɑu²
418	绕	ʐɑu³	tsɑu³
419	热	ʐɤ⁴	tsei¹
420	人	ʐin²	tsən²
421	忍	ʐən³	tsən³
422	认	ʐən²	tsən²
423	仍	ʐiŋ¹	ʐɿ¹
424	日	ʐɿ²	ʐɿ¹
425	容	ʐuŋ²	yŋ²
426	肉	ʐu²	ʐu¹
427	乳	ʐu³	ʐu³
428	若	ʐuo²	tso²

表 3-21 明代官话与屯堡话声调比较表(舌尖前音)

序 号	汉 字	明代官话	屯堡话
429	杂	tsA¹	tsA¹
430	灾	tsai¹	tsai¹

(续表)

序 号	汉 字	明代官话	屯堡话
431	在	tsai⁴	tsai⁴
432	簪	tsan¹	tsan¹
433	赃	tsɑŋ¹	tsɑŋ¹
434	藏	tsɑŋ⁴	tsɑŋ⁴
435	遭	tsɑu¹	tsɑu¹
436	早	tsɑu³	tsɑu³
437	则	tsɤ¹	tsei²
438	贼	tsɤ²	tsei²
439	增	tsəŋ¹	tsən¹
440	赠	tsəŋ⁴	tsən⁴
441	子	tsɿ³	tsɿ³
442	宗	tsuŋ¹	tsuŋ¹
443	邹	tsou¹	tsou¹
444	走	tsou³	tsuŋ³
445	足	tsy¹	tʂu²
446	钻	tsuan¹	tsuan¹
447	最	tsuei⁴	tsei⁴
448	尊	tsuən¹	tsei¹
449	昨	tsuo²	tso²
450	作	tsuo¹	tso¹
451	猜	ts'ai²	ts'ai¹
452	菜	ts'ai⁴	ts'ai⁴
453	惨	ts'an³	ts'an³
454	仓	ts'ɑŋ¹	ts'ɑŋ¹
455	曹	ts'ɑu¹	ts'ɑu²
456	草	ts'ɑu³	ts'ɑu³
457	册	ts'ɤ¹	ts'ei¹

(续表)

序　号	汉　字	明代官话	屯堡话
458	参	tsʻən¹	tsʻən¹
459	层	tsʻən²	tsʻən²
460	次	tsʻɿ⁴	tsʻɿ⁴
461	从	tsʻuŋ²	tsʻuŋ²
462	粗	tsʻu¹	tsʻu¹
463	窜	tsʻuan⁴	tsʻuan⁴
464	催	tsʻuei¹	tsʻei¹
465	村	tsʻuən¹	tsʻən¹
466	寸	tsʻuən⁴	tsʻən⁴
467	错	tɕʻɤ⁽¹⁾	tsʻo¹
468	洒	ɕi³	sA³
469	赛	sai⁴	sai⁴
470	三	san¹	san¹
471	伞	sian³	san³
472	桑	sɑŋ¹	sɑŋ¹
473	骚	sɑu¹	sɑu¹
474	扫	sɑu³	sɑu³
475	森	sən¹	sən¹
476	僧	səŋ¹	sən¹
477	丝	ɕi¹	sɿ¹
478	四	ɕi⁴	sɿ⁴
479	松	suŋ¹	suŋ¹
480	送	suŋ⁴	suŋ⁴
481	搜	sou¹	sou¹
482	嗽	sou⁴	sou⁴
483	苏	su¹	su¹
484	素	su¹	su¹

（续表）

序 号	汉字	明代官话	屯堡话
485	酸	suan^1	suan^1
486	算	suan^4	suan^4
487	髓	suei^3	sei^3
488	孙	suən^1	sən^1
489	损	suən^3	sən^3
490	所	suo^3	so^3

表3-22 明代官话与屯堡话声调比较表（零声母）

序 号	汉字	明代官话	屯堡话
491	哀	ai^2	ai^1
492	爱	ai^4	ai^4
493	安	an^2	an^1
494	案	an^4	an^4
495	昂	ɑŋ^2	ŋɑŋ^2
496	熬	ɑu^2	ɑu^2
497	奥	ɑu^4	ɑu^4
498	欧	ou^2	ou^1
499	偶	ou^3	ou^3
500	讹	ɤ^2	o^2
501	而	zʅ^2	ɚ^2
502	耳	zʅ^3	ɚ^3
503	二	zʅ^4	ɚ^4
504	压	iA^2	iA^1
505	雅	iA^3	iA^3
506	严	iɛn^2	iɛn^2
507	厌	iɛn^4	iɛn^4
508	扬	iɑŋ^2	iɑŋ^2

(续表)

序 号	汉 字	明代官话	屯堡话
509	摇	$iɑu^2$	$iɑu^2$
510	也	$iɛ^3$	$iɛ^3$
511	液	$iɛ^2$	i^3
512	银	$iɛ^2$	$iɛ^1$
513	引	$ən^3$	in^3
514	英	$iŋ^2$	in^1
515	迎	$iŋ^4$	in^4
516	优	iou^2	$iəu^1$
517	有	iou^3	$iəu^3$
518	淤	y^2	i^1
519	玉	y^4	i^4
520	元	$yɛn^2$	$iɛn^2$
521	远	$yɛn^3$	$iɛn^3$
522	云	yn^2	in^1
523	允	yn^3	in^3
524	娃	uA^2	uA^1
525	瓦	uA^3	uA^3
526	歪	uai^2	uai^1
527	外	uai^4	uai^4
528	弯	uan^2	uan^1
529	万	uan^4	uan^4
530	汪	$uɑŋ^2$	$uɑŋ^1$
531	网	$uɑŋ^3$	$uɑŋ^3$
534	威	uei^2	uei^1
535	伟	uei^3	uei^3
536	温	$uən^2$	$uən^1$
537	问	$uən^4$	$uən^4$

(续表)

序号	汉字	明代官话	屯堡话
538	窝	uo^2	ηo^1
539	我	u^3	ηo^3
540	务	u^4	u^4

从表3-16、表3-17、表3-18、表3-19、表3-20、表3-21、表3-22中可知，明代官话与屯堡话的声调可比的字有540个字，其中473个字的声调相同，占87.59%。67个字的声调不同，占12.40%。这不同的67个字为：喻母(零声母)17个(哀安欧压液银英优游云娃歪弯汪威温窝)，章母组9个(上舌社神绳石水睡顺)，滂母6个(扑攀抛偏批剖)，明母4个(摸满灭抹)，透母5个(唐庭同头跳)，溪母3个(扛狂奎)，来母3个(猎捞掠)，群母3个(情拳犬)，庄母组3个(成床吃)，日母3个(热肉日)，精母2个(则足)，清母2个(猜曹)，方母2个(发焚)，奴母1个(南)、晓母1个(厦)，端母1个(打)，知母2个(哲直)。其中清声母37个，浊声母30个。

从明代官话与屯堡话声韵调的比较中发现：相同率最高的为声调，达87.59%，其次是韵母，相同率达74.36%，再次是声母，相同率达73.27%。如果将三者平均，那么屯堡话与明代官话的相同率为78.41%，不同率为21.59%。从这一数据可看出屯堡话与明代官话之间的传承关系。

(二) 明代官话、屯堡话声调的演变规律

根据上表，屯堡话声调的演变规律为：

1. 平声的演变

王力先生认为，"现代普通话平声分阴平和阳平两种，这是由中古的平声分化出来的，这种分化在十四世纪以前就完成了。《中原音韵》是把平声分阴阳的第一部书。声调的阴阳和声母的清浊是有对应关系的，清音平声字发展为阴平，浊音平声字发展为阳平"[①]。但也有例外的，从这540个字的声调变化情况来看，由阴平变阳平或阳平变阴平的有67个。而这67个字的声调变化是"平分阴阳"的原则造成的，即在屯堡话中，许多中古浊声母的"平声"字(含以喻为开头的零声母的字)念阴

---

① 王力.汉语史稿[M].北京：中华书局，1980：229.

平,按照"平分阴阳"的原则应该念阳平,屯堡话许多中古清声母的"平声"字念阴平,按照"平分阴阳"的原则应该念阳平。这是与中古声调演变为普通话声调规律不完全相同之处。这说明了明代官话演变为屯堡话有着自己的规律与特点,这是由它们的传承关系所决定的。

2. 上声的演变

从表3-16、表3-17、表3-18、表3-19、表3-20、表3-21、表3-22中可知,明代官话的上声在屯堡话中变为其他声调是很少见的。在列举的540个字中,只有"剖""满""抹"3个字不是上声,其中"剖"是上声变去声,"满"是去声变阳平,"抹"是去声变上声。"浊上变去"全浊上声变去声,是中古声调到现代声调的一项音变规律,但在明代官话与屯堡话的变化关系中却很少存在这种现象,这说明了明代官话与屯堡话在声调上的传承关系是十分明显的。

3. 去声的演变

在屯堡话声调演变中,少见去声变为其他声调,这一现象即次浊声母的去声字绝大部分念原来的去声,如,让认瑞(日母)、耐内嫩碾念弄努糯(奴母)、骂慢冒妹闷梦面妙命(明母)、赖浪泪练料乱(来母)。这说明了在明代官话发展过程中,屯堡话也像普通话一样完成了"浊音清化"。王力先生说,"从中古到近代,汉语普通话的声母趋向于简化,最普遍存在的一个简化规律就是浊音清化,除了次浊音(m、n、l)之外,所有的浊音声母都变成了清音,于是它们和清音合流了,有一部分在声调上保留着浊音的痕迹,另一部分字(去声字)就和原来的清音字在读音上完全没有区别了。"[1]"浊音清化"使屯堡话区别于明代官话,也符合明代官话发展的必然规律。

4. 入声的归类

从《中原音韵》时代起,古代的入声逐渐消失,分别演变派入到平(古平,今已分化为阴平、阳平两个声调)、上、去三个声调中,叫作"入派三声"。但在明代官话中还存在平、上、去、入四个声调,平调没有分为阴阳。而屯堡话的声调分类也与普通话一样分为阴平、阳平、上声、去声四调。那么明代官话的入声是如何归入其他声调之中?从《汉语官话方言语音调查条目表》的例字中可知,明代官话中的入声字

---

[1] 王力.汉语史稿[M].北京:中华书局,1980:130-131.

在屯堡话中几乎变为阴平和阳平,变为上声和去声的很少,如表 3-23。

表 3-23 明代官话入声字在屯堡话中变化情况表

声母	阴平	阳平	上声	去声
帮母	百博不	拔薄北憋别拔		
滂母	拍迫匹皮泼扑仆朴			
端母	达得的	敌毒夺		
透母	塔特铁帖贴突			
见母	革给国			告
溪母	哭克			
精母	作	扎作则仄贼足昨		
清母	册			错
心母	色	萨俗		撒
明母	麦密灭抹			
奴母	逆纳			
来母	拉腊烙肋勒力猎六陆掠略			
方母	发法	罚佛		

关于中古入声字在普通话和方言中变调问题,吴福熙先生认为,清声母变阴平,全浊声母变阳平,部分清声母变上声,部分清声母和次浊声母变去声①。李荣先生按照古入声调的不同演变把官话区分为七个次方言,并说明各次方言的分区条件,见表 3-24②。

表 3-24 八大官话入声情况表

	江淮官话	西南官话	中原官话	兰银官话	冀鲁官话	北京官话	胶辽官话
清入声	入声	阳平	阴平	去声	阴平	阴阳上去	上声
次浊入声			阴平	去声	去声	去声	去声
全浊入声			阳平	阳平	阳平	阳平	阳平

---

① 吴福熙. 古代汉语[M]. 兰州:甘肃人民出版社,1980:23.
② 董建交. 明代官话语音演变研究[D]. 上海:复旦大学,2007:131.

龙异腾等认为,"屯堡方言中,中古全浊声母入声字一般也归入阳平,但也有少部分归阴平;古次浊声母入声除个别外,其余归阴平;清声母入声字也归阴平"。

从表3-23中的例字来看,明代官话入声字在屯堡话中的变化,主要是变为阴平和阳平,而且不受声母的清浊限制。屯堡话入声字的发展既受中古音演变为普通话、各次方言(官话)演变规律的影响,但又不完全遵循这种规律,而是体现出自己的特点,这说明了屯堡话与明代官话之间的传承是十分紧密的。

第三节 屯堡话与明代官话词汇比较

李如龙先生认为,"在方言形成和发展的历史过程中,方言词汇逐渐地出现和叠加,不断地演变和替换,有时骤增和扩展,有时也萎缩和消亡,其过程是一个动态的过程,其系统是一个动荡的系统","从历时的角度看纷繁复杂的方言词汇,无非是承传词、变异词、创新词和借用词四大类"[①]。屯堡话与明代官话之间是传承关系,屯堡话的大部分词语都保持了明代官话词语的意义,这是承传词,但也有部分词语发生了变异,这是变异词,同时随着社会的发展和交际的需要也出现一些不同的词,这是创新词。因此我们从承传词、变异词、创新词三个方面对屯堡话与明代官话词汇进行比较。

根据《汉语官话方言词汇调查条目汇总表》(见附录C)中的1 019个词语的词义分类,承传词为547个,变异词为404个,创新词为68个。

一、承传词

"所谓承传词是从古代汉语直接承传下来的,其中又包含着自古代通语承传下来的和古代方言承传下来的两种。"[②]本书在屯堡话与明代官话词汇比较中,承传词体现为形同、音同、义同、语法功能基本相同的词。在笔者编写的《汉语官话方言词汇调查条目表》中,明代官话与屯堡话的承传词一共有547个,占明代官话与屯

---

① 李如龙.汉语方言学[M].第2版.北京:高等教育出版社,2007:184.
② 李如龙.汉语方言学[M].第2版.北京:高等教育出版社,2007:184.

堡话可比词语总数(1 019个)的53.68%。其中名词224个,动词149个,形容词98个,代词22个,数量词38个,虚词16个。

明代官话是历史上的语言,在现实生活中已经不复存在了,这些承传词只能在明代的语料库中才能找到。为了佐证这些承传词在明代官话中确实存在,并非无中生有,本书特意标出它们的出处和例句。屯堡话是现实生活中活生生的语言,它的承传词是笔者在贵州屯堡进行语言田野调查录音采写的,已收入本书的附录C《汉语官话方言词汇调查条目表》,所以不再举例。

下面是547个明代官话和屯堡话承传词的比较,编排方式为编号词目:明代官话词=屯堡话承传词,明代官话例句。

编号4 风:风=风。昨夜一天风色,今朝百道帆飞。(《二刻拍案惊奇》,第二十七卷)。

编号5 雨:雨=雨。正走间,电光闪烁,大雨如泻。(《初刻拍案惊奇》,第七卷)。

编号6 雾:雾=雾。程元玉抬头看高处,恰似在云雾里;及到得高处,云雾又在下面了。(《初刻拍案惊奇》,第四卷)。

编号8 霜:霜=霜。自言节操凛如霜,做不得二夫烈女。(《初刻拍案惊奇》,第十卷)。

编号9 雪:雪=雪。这一首诗,单道世间人周急者少,继富者多。为此,达者便说:"只有锦上添花,那得雪中送炭?"只这两句话,道尽世人情态。(《初刻拍案惊奇》,第二十卷)。

编号10 冰:冰=冰。《诗》云:"哀哀父母,生我劬劳。欲报之德,昊天罔极。"说到此处,就是卧冰、哭竹、扇枕温衾,也难报答万一。(《初刻拍案惊奇》,第十三卷)。

编号13 雷:雷=雷。霎时间雷雨大作,几个霹雳,震得屋宇都是动的。(《初刻拍案惊奇》,第九卷)。

编号18 海:海=海。开得船来,渐渐出了海日,只见银涛卷雪,雪浪翻银。(《初刻拍案惊奇》,第一卷)。

编号19 湖:湖=湖。那湖是昔年秦始皇开掘的,故名秦淮湖。(《初刻拍案惊奇》,第一卷)。

编号 22 堤:堤＝堤。那差人来到卢家园中,只见园林织锦,堤草铺茵,莺啼燕语,蝶乱蜂忙,景色十分艳丽。(《醒世恒言》,第二十九卷)。

编号 23 河:河＝河。元来孟河过东去,就是大海,日里也有强盗的,惟有空船走得。(《初刻拍案惊奇》,第八卷)。

编号 24 山:山＝山。过了两个冈子,前见一山陡绝,四周并无联属,高峰插于云外。(《初刻拍案惊奇》,第八卷)。

编号 25 水:水＝水。至期,于水边作一小坑,深才一尺,去江岸丈余,引江水入来。刺史与郡人毕集,见有一白鱼,长五六寸,随流至坑中,跳跃两遍,渐渐大了。(《初刻拍案惊奇》,第七卷)。

编号 29 今年:今年＝今年。李老卜了一卦,笑道:"今年求之不得,来年不求自得。"(《初刻拍案惊奇》,第五卷)。

编号 30:明年:明年＝明年。便教媒人回复裴家,约定明年三月初三到定州成亲。(《初刻拍案惊奇》,第五卷)。

编号 32:去年:去年＝去年。老儿道:"我女儿去岁独自在家,遇你来觅水。去后昏昏如醉,不离床席。昨日忽说道:'去年今日曾遇崔郎,今日想必来也。走到门前,望了一日,不见。(《警世通言》,第三十卷)。

编号 33:前年:前年＝前年。今日见说,却记得你前年间曾言苏州所遇,果非虚话了。(《初刻拍案惊奇》,第八卷)。

编号 34:日子:日子＝日子。今将拣个好日子分与尔等,每人一对,做个镇家之宝。"(《初刻拍案惊奇》,第一卷)。

编号 47:下午:下午＝下午。今日早间上楼,直到下午,中饭也不安排我吃。(《喻世明言》,第三十八卷)。

编号 51:端阳节:端阳节＝端阳节。一日遇着端阳节近,别了主人家回来,住在家里了数日。(《初刻拍案惊奇》,第十卷)。

编号 53:重阳节:重阳节＝重阳节。小学生见过了二位尊客,才到父亲跟前唱喏,立起身来,禀道:"告爹爹,明日是重阳节日,先生放学回去了,直过两日才来。(《醒世恒言》,第九卷)。

编号 55 金:金＝金。世上有这一伙烧丹炼汞之人,专一设立圈套,神出鬼没,哄那贪夫痴客,道能以药草炼成丹药,铅铁为金,死汞为银。名为"黄白之术",又叫得"炉火之事"。(《初刻拍案惊奇》,第十八卷)。

编号 56 银:银＝银。看官,你道药末可以变化得铜铅做银,却不是真法了? 元来这叫得"缩银之法",他先将银子用药炼过,专取其精,每一两直缩做一分少些。(《初刻拍案惊奇》,第十八卷)。

编号 57 铜:铜＝铜。玄宗大惊道:"铜瓶在此,却在那里来?"(《初刻拍案惊奇》,第七卷)。

编号 58 铁:铁＝铁。一日,又有个丹士到来,与他谈着炉火,甚是投机,延接在家。告诉他道:"前日有一位客人,真能点铁为金,当面试过,他已此替我烧炼了。"(《初刻拍案惊奇》,第十八卷)。

编号 59 钢:钢＝钢。洪炉鼓鞲,火力到时,生钢先化,渗淋熟铁之中,两情投合,取出加锤。再炼再锤,不一而足。俗名团钢,亦曰灌钢者是也。(《天工开物》,五金)。

编号 60 铅:铅＝铅。其次者,修真炼性,吐故纳新,筑坎离以延年,煮铅汞以济物。(《初刻拍案惊奇》,第十七卷)。

编号 61 锡:锡＝锡。凡锡中国偏出西南郡邑,东北寡生。古书名锡为"贺"者,以临贺郡产锡最盛而得名也。今衣被天下者,独广西南丹、河池二州居其十八,衡、永则次之。(《天工开物》,五金)。

编号 62 煤:煤＝煤。不如你舍着嫂子与我往来,我公道使些钱钞,帮你买煤买米,若要扎火囤,别寻个主儿弄弄,须靠我不着的。(《二刻拍案惊奇》,第十四卷)。

编号 65 石头:石头＝石头。见他奔得慌张,却去拾起一块石头,尽力打将去,正打在腿上。(《初刻拍案惊奇》,第十七卷)。

编号 67 土:土＝土。少年心性,好的是那歌楼舞榭,倚翠偎红,绿水青山,闲茶浪酒,况兼身伴有的是东西,只要撞得个乐意所在,挥金如土,毫无吝色。(《二刻拍案惊奇》,第八卷)。

编号 68 灰尘:灰尘＝灰尘。寒荆惊出了一身冷汗,身体爽快了。及至移床,灰尘中得银八大锭,多用红绒系腰,不知是那里来的。(《初刻拍案惊奇》,第一卷)。

编号 70 狮子:狮子＝狮子。门阃上贴着两片不写字的桃符,坐墩边列着一双不吃食的狮子。(《二刻拍案惊奇》,第六卷)。

编号72 狼:狼＝狼。出言如虎啸,声撼半天风雨寒;行步似狼奔,影摇千尺龙蛇动。(《初刻拍案惊奇》,第十九卷)。

编号73 鹿:鹿＝鹿。玄宗笑道:"鹿甚多矣,焉知即此鹿？且时迁代变,前鹿岂能保猎人不擒过,留到今日？"(《初刻拍案惊奇》,卷七)。

编号77 燕子:燕子＝燕子。红绳画板柔荑指,东风燕子双双起。(《初刻拍案惊奇》,第九卷)。

编号82 喜鹊:喜鹊＝喜鹊。老史只得去收拾酒饭,待了公人,又送了些辛苦钱,打发儿子起身到州里来。正是:乌鸦喜鹊同声,吉凶全然未保。(《二刻拍案惊奇》,第七卷)。

编号84 鸽子:鸽子＝鸽子。那一班闲汉,晓得七郎得了个刺史,没一个不来贺喜撮空。大吹大擂,吃了一日的酒。又道是:"苍蝇集秽,蝼蚁集膻,鹁鸽子旺边飞。"(《初刻拍案惊奇》,第二十卷)。

编号95 驴:驴＝驴。那隐娘姓聂,魏博大将聂锋之女。幼年撞着乞食老尼,摄去教成异术。后来嫁了丈夫,各跨一蹇驴,一黑一白。蹇驴是卫地所产,故又叫作"卫"。(《初刻拍案惊奇》,第四卷)。

编号96 骡子:骡＝骡。一日,遇着一个少年手执皮鞭,赶着一个骏骡,骡背负了两个大袋。(《初刻拍案惊奇》,第三十卷)。

编号97 羊:羊＝羊。十人自来吃酒,主人安排些鸡、豚、牛、羊肉来做下酒。(《初刻拍案惊奇》,第三卷)。

编号98 猫:猫＝猫。是日师徒正在门首闲站,忽见个美貌妇人,走进来避雨。正似老鼠走到猫口边,怎不动火？(《初刻拍案惊奇》,第二十六卷)。

编号99 公鸡:公鸡＝公鸡。这一日,忽见戚汉老左手上横着一把行秤,右手提了一只大公鸡、一个猪头回来。(《喻世明言》,第二十一卷)。

编号103 鸭:鸭＝鸭。有诗为证:打鸭惊鸳鸯,分飞各异方。天生应匹耦,罗列自成行。(《二刻拍案惊奇》,第九卷)。

编号104 鹅:鹅＝鹅。自来拿个篮秤,到市上用自己的碎银子,买些东西,无非是鸡鹅鱼肉,时鲜果子点心回来。(《初刻拍案惊奇》,第三十一卷)。

编号105 鲤鱼:鲤鱼＝鲤鱼。二官人道:"小弟申春,今日江上获得两个二十斤来重的大鲤鱼,不敢自吃,买了一坛酒,来与大哥同享。"(《初刻拍案惊奇》,第十九卷)。

编号 106 鲫鱼:鲫鱼＝鲫鱼。仆人道:"前日分明在此,与我吃的是湖州香稻米饭,苕溪中鲜鲫鱼,乌程的酒。"(《二刻拍案惊奇》,第六卷)。

编号 107 黄花鱼:黄花鱼＝黄花鱼。石首鱼,释名:石头鱼、江鱼、黄花鱼。(《本草纲目》,第十一卷)。

编号 108 螃蟹:螃蟹＝螃蟹。此虽是一个笑话,正合着古人云:常将冷眼观螃蟹,看你横行得几时?(《初刻拍案惊奇》,第二十二卷)。

编号 109 虾:虾＝虾。每日张鱼又捕虾,花街柳陌是生涯。古昨宵赊酒秦楼醉,今日帮闲进李家。(《初刻拍案惊奇》,第三十一卷)。

编号 116 蚕:蚕＝蚕。原来洪恭向来娶下个小老婆,唤做细姨,最是帮家做活,看蚕织绢,不辞辛苦,洪恭十分宠爱。(《喻世明言》,第三十九卷)。

编号 118 蝴蝶:蝴蝶＝蝴蝶。一个还认蝴蝶梦中寻故友,一个正在海棠枝上试新红。(《初刻拍案惊奇》,第二十三卷)。

编号 118 蜻蜓:蜻蜓＝蜻蜓。琴娘无计奈何,坐在和尚身边,用尖尖玉手去摇那和尚时,一似蜻蜓摇石柱,蝼蚁撼太山。(《初刻拍案惊奇》,第二十三卷)。

编号 120 蝉:蝉＝蝉。人心不足蛇吞象,世事到头螳捕蝉。(《初刻拍案惊奇》,第三十三卷)。

编号 122 蟋蟀:蟋蟀＝蟋蟀。蟋蟀悲鸣,孤灯半灭;凄风萧飒,铁马叮珰。曙星东升,银河西转。(《二刻拍案惊奇》,第三十七卷)。

编号 123 蚂蚁:蚂蚁＝蚂蚁。宣教此时如热地上蚂蚁,不知是怎的才是。(《二刻拍案惊奇》,第十四卷)。

编号 124 苍蝇:苍蝇＝苍蝇。那一班闲汉,晓得七郎得了个刺史,没一个不来贺喜撮空。大吹大擂,吃了一日的酒。又道是:"苍蝇集秽,蝼蚁集膻,鹁鸽子旺边飞。"(《初刻拍案惊奇》,第二十二卷)。

编号 128 蜈蚣:蜈蚣＝蜈蚣。那边地方里居民,家家蓄养蜈蚣,有长尺余者,多放在枕畔或枕中。若有蛇至,蜈蚣便喷喷作声。(《初刻拍案惊奇》,第三卷)。

编号 129 蛇:蛇＝蛇。岭南多大蛇,长数十丈,专要害人。(《初刻拍案惊奇》,第三卷)。

编号131 翅膀:翅膀=翅膀。正是:有翅膀飞腾天上,有鳞甲钻入深渊。既无窜地升天术,目下灾殃怎得延?(《二刻拍案惊奇》,第二十七卷)。

编号133 爪:爪=爪。坟旁尸首,掘起验时,手爪有沙,是个失水的。(《初刻拍案惊奇》,第十一卷)。

编号135 鳞:鳞=鳞。正是:有翅膀飞腾天上,有鳞甲钻入深渊。(《二刻拍案惊奇》,第二十七卷)。

编号136 梅花:梅花=梅花。诗毕,恰好蜚英到书房里来采梅花,幼谦折了一枝梅花,同二词一诗,递与他去,又密瞩蜚英道:"此花正盛开,你可托折花为名,递个回信来。"(《初刻拍案惊奇》,第二十九卷)。

编号137 杏花:杏花=杏花。严蕊应声成一阕,词云:"道是梨花不是,道是杏花不是。白白与红红,别是东风情味。曾记,曾记,人在武陵微醉。"(《二刻拍案惊奇》,第十二卷)。

编号138 桃花:桃花=桃花。虽然也颠鸾倒凤喜非常,觑形容不由心内慌。总不过匆匆完帐,须不是桃花洞里老刘郎。(《初刻拍案惊奇》,第二十四卷)。

编号139 荷花:荷花=荷花。史生领下拜谢而去。看见丹墀之下荷花正开,赋诗一首,以见感恩之意。(《二刻拍案惊奇》,第七卷)。

编号140 桂花:桂花=桂花。桂花浮玉,正月满天街,夜凉如洗。风泛须眉透骨寒,人在水晶宫里。(《初刻拍案惊奇》,第七卷)。

编号142 棉花:棉花=棉花。吕玉气闷,在家里坐不过,向大户家借了几两本钱,往大仓嘉定一路,收些棉花布匹,各处贩卖,就便访问儿子消息。(《警世通言》,第五卷)。

编号144 稻谷:稻谷=稻谷。那道士是个异人,替他右项上刺着几个雀儿,左项上刺几根稻谷。(《喻世明言》上,第十五卷)。

编号146 糯米:糯米=糯米。教八老买两个猪肚磨净,把糯米连肉灌在里面,安排烂熟。(《喻世明言》,第三卷)。

编号153 高粱:高粱=高粱。凡粟与粱统名黄米。黏粟可为酒,而芦粟一种,名曰高粱者,以其身高七尺如芦、荻也。(《天工开物》,乃粒篇)。

编号156 向日葵:向日葵=向日葵。万历丙午年,忽有向日葵自外域传至。其树直耸无枝,一如蜀锦开花,一树一朵或旁有一两小朵。其大如盘,朝暮向日,结子在花面,一如蜂窝。(姚旅《露书》)。

编号161南瓜:南瓜=南瓜。南瓜,气味:甘、温、无毒。主治:补中益气。(《本草纲目》,菜部)。

编号162冬瓜:冬瓜=冬瓜。冬瓜一枚,削皮,埋湿地中一日,取出破开,饮其汁水。或将瓜烧熟,绞汁饮服亦可。(《本草纲目》,菜部)。

编号163黄瓜:黄瓜=黄瓜。吴氏听得声音,却是日里的知观,轻轻道:"多蒙娘子秋波示意,小道敢不留心?趁此夜深人静,娘子作成好事则个。"就将黄瓜般一条玉茎塞将过去,吴氏并不推辞,慨然承受。(《初刻拍案惊奇》,第十七卷)

编号164萝卜:萝卜=萝卜。两个唱了喏,老儿道:"哥哥,这禁魂张员外,不近道理,不要共他争。我与你二两银子,你一文价卖生萝卜,也是经纪人。"(《喻世明言》,三十六)。

编号165茄子:茄子=茄子。王婆便走过来道:"你这蛮子,真个悫懒?自古道:茄子也让三分老。怎么一个老人家,全没些尊卑,一般样与他争嚷。"(《醒世恒言》,三十四)。

编号165桃子:桃子=桃子。那桃树上结下许多桃子,红得可爱。(《喻世明言》,十三)。

编号177樱桃:樱桃=樱桃。恰恰莺声,不离耳畔;津津甜唾,笑吐舌尘。杨柳腰脉脉春波;樱桃口微微气喘。星眼朦胧,细细汗流香玉体,酥胸荡漾,涓涓露滴牡丹心。(《喻世明言》,三十)。

编号177葡萄:葡萄=葡萄。宗奭曰:段成式言,葡萄有黄、白、黑三种。《唐书》言:波斯所出者,大如鸡卵。此物最难干,不干不可收。不问土地,但收皆可酿酒。(《本草纲目》,果部)。

编号179橄榄:橄榄=橄榄。时珍曰:橄榄名义未详。此果虽熟,其色亦青,故俗呼青果。(《本草纲目》,果部)。

编号181枣子:枣子=枣子。梢工便说:"邻船上有一贩枣子客人,要娶一个二娘子,特命小人来与夫人说知。"(《警世通言》,第三十三卷)。

编号185荔枝:荔枝=荔枝。早退禾朝宠责妃,谏章争敢傍丹择。蓬莱殿里迎薄驾,花尊楼前进荔枝。(《警世通言》,第十九卷)。

编号186 龙眼:龙眼＝龙眼。时珍曰：食品以荔枝为贵,而资益则龙眼为良。盖荔枝性热,而龙眼性和平也。严用和《济生方》,治思虑劳伤心脾有归脾汤,取甘味归脾、能益人智之义。(《本草纲目》,果部)。

编号187 西瓜:西瓜＝西瓜。众人看那四边花草甚多,惟有牡丹最盛。那花不是寻常玉楼春之类,乃五种有名异品。那五种？黄楼子、绿蝴蝶、西瓜穰、舞青猊、大红狮头。(《醒世恒言》,第四卷)。

编号189 果皮:果皮＝果皮。只见满街上篾篮内盛着卖的(红橘):红如喷火,巨若悬星。皮未皱,尚有余酸。(《醒世恒言》,第四卷)。

编号193 米饭:米饭＝米饭。你道他如何弄法？他秋时出去,取田间稻花,放好在石柜中了,每日只将花合余拳起,开锅时满锅多是香米饭。(《初刻拍案惊奇》,二十四卷)。

编号196 馒头:馒头＝馒头。虽然有个把行童解馋,俗语道"吃杀馒头当不得饭",亦且这些妇女们,偏要在寺里来烧香拜佛,时常在他们眼前,晃来晃去。(《初刻拍案惊奇》,二十六卷)。

编号197 包子:包子＝包子。爹进屋里来,向床背阁抽替内翻一回去了,谁知道那包子放在那里。(《金瓶梅》,五十回)。

编号199 馄饨:馄饨＝馄饨。舍却家常慕友妻,谁知背地已偷期？卖了馄饨买面吃,怎样心肠痴不痴！(《初刻拍案惊奇》,三十二卷)。

编号201 糕:糕＝糕。摆上一台好些时新果品,多救不得饿,只有热腾腾的一大盘好糕。(《初刻拍案惊奇》,六卷)。

编号203 菜:菜＝菜。明日,又见小童拿了几瓶精致小菜走过来道:"县君昨日蒙惠过重,今见官人在客边,恐怕店家小菜不中吃,手制此数瓶送来奉用。"(《二刻拍案惊奇》,十四卷)。

编号204 荤菜:荤菜＝荤菜。约了五六个伙伴,到王林店中来买酒吃。吃得半阑,大叫道:"店主人！有鱼肉回些我们下酒。"王妻应道:"我店里只是腐酒,没有荤菜。"(《二刻拍案惊奇》,二十一卷)。

编号205 素菜:素菜＝素菜。只见两个丫鬟轮番的走动,摆了两副杯箸,两碗腊鸡,两碗腊肉,两碗鲜鱼,连果碟素菜,共一十六个碗。(《二刻拍案惊奇》,二十一卷)。

编号206 汤:汤=汤。天明起来,外边钟鼓响,叫丫鬟担汤运水,出去伏侍道士。那两个道童倚着年小,也进孝堂来讨东讨西,看看熟分了。(《初刻拍案惊奇》,十七卷)。

编号207 猪肉:猪肉=猪肉。瑕猪肉:酸、冷、无毒。凡猪肉:苦、微寒、有小毒。屯堡话:猪肉。(《本草纲目》,第十四卷)。

编号208 猪肝:猪肝=猪肝。恰待奔入这店里来,见个男女:头上裹一顶牛胆青头巾,身上央一条猪肝赤肚带,旧瞒裆裤,脚下草鞋。(《警世通言》,十四卷)。

编号210 鸡蛋:鸡蛋=鸡蛋。叫声:"我儿!做小娘的,不是个软壳鸡蛋,怎的这般嫩得紧?似你恁地怕羞,如何赚得大主银子?"(《醒世恒言》上,第三卷)。

编号216 醋:醋=醋。且是弄得兴头,不匡老无知,见他与我相好,只管吃醋捻酸,搅得没收场。(《初刻拍案惊奇》,第二十六卷)。

编号217 糖:糖=糖。高愚溪只是冷笑,心里道:"见我有了东西,又来亲热了。"接着几番,高愚溪立得主意定,只是不去。正是:自从受了卖糖公公骗,至今不信口甜人。(《二刻拍案惊奇》,第二十六卷)。

编号219 酒:酒=酒。滕生满斟着一杯酒,笑嘻嘻的唱个肥诺,双手捧将过来安席。狄氏不好却得,只得受了,一饮而尽。慧澄接着酒壶,也斟下一杯。(《初刻拍案惊奇》,第六卷)。

编号220 茶:茶=茶。文若虚满心欢喜,同众人走归本店来。主人讨茶来吃了,说道:"文客官今晚不消船里,就在铺中住下了。(《初刻拍案惊奇》,第一卷)。

编号230 衣服:衣服=衣服。文若虚处另是粗些的珠子四串,缎子八匹,道是:"权且做几件衣服。"文若虚同众人欢喜作谢了。(《初刻拍案惊奇》,第一卷)。

编号233 汗衫:汗衫=汗衫。蚩英去后,幼谦将金钱系在着肉的汗衫带子上,想着惜惜时节,便解下来跌卦问卜,又当耍子。(《初刻拍案惊奇》,第二十九卷)。

编号237 裤子:裤子=裤子。楼上、楼下丫鬟一齐起身,也有寻着裙子不见布衫的,也有摸了布衫不见裤子的,也有两只脚穿在一个裤管里的,也有反披了衣服摸不着袖子的,东扯西拽,你夺我争,纷纷乱嚷。(《醒世恒言》中,第二十卷)。

编号238 裙子:裙子=裙子明代官话:徐氏止摸了一条裙子,却没有上身衣服。

只得把一条单被,卷在身上,到拖着王员外的鞋儿,随后一步一跌,也哭上来。(《醒世恒言》(中),第二十卷)。

编号240 帽子:帽子=帽子。"我且藏过帽子,我身子不怕他怎地。"遂将手去头上除下帽子来,揣在袖中,也不言语,也不慌张,任他驮着前走,却像不晓得什么的。(《二刻拍案惊奇》,第五卷)。

编号241 鞋:鞋=鞋。王婆道:"为着秀才官人,鞋子都走破了。方才问得一家,乃是县前许秀才的女儿,年纪十六岁。"(《初刻拍案惊奇》,第十卷)。

编号248 袜子:袜子=袜子。见他奔得慌张,却去拾起一块石头,尽力打将去,正打在腿上。把腿一缩,一只履鞋,早脱掉了。那里还有工夫敢来拾取,拖了袜子走了。(《初刻拍案惊奇》,第十七卷)。

编号252 袖子:袖子=袖子。秀才笑道:"这几行字值得甚么?我却受你银子!"再三不接,拂着袖子,撇开众人,径自去了。(《初刻拍案惊奇》,第二十卷)。

编号254 房子:房子=房子。赵尼姑道:"这有何难!二月十九日观音菩萨生辰,街上迎会,看的人,人山人海,你便到他家对门楼上,赁门房子住下了。"(《初刻拍案惊奇》,第六卷)。

编号256 正房:正房=正房。挨近看时,只见进了门,便是一大空地,空地上有三四块太湖石叠着。正中有三间正房,有两间厢房。(《初刻拍案惊奇》,第三卷)。

编号257 厢房:厢房=厢房。挨近看时,只见进了门,便是一大空地,空地上有三四块太湖石叠着。正中有三间正房,有两间厢房。(《初刻拍案惊奇》,第三卷)。

编号258 厨房:厨房=厨房。这谢家民户人家,没甚人力,谢翁与谢三郎只好陪客在外边,里头妈妈率了一二个养娘,亲自厨房整酒;(《二刻拍案惊奇》,第二十五卷)。

编号261 房梁:梁=梁。汪大尹看这子孙堂,也是三间大殿,雕梁绣柱,画栋飞甍,金碧耀目。(《醒世恒言》,第三十九卷)。

编号262 墙:墙=墙。明日绝早,只见一个人斗蓬眼肿,走到坑中来,见有人在里头。看一看壁间,吃了一惊道:"东西已不见了,如何回去得?"将头去坑墙上乱撞。(《初刻拍案惊奇》,第二十一卷)。

编号265 阳台:阳台=阳台。露摘野塘秋,下帘笼不上钩,徒劳明月穿窗牖。

鸳衾远丢,孤身远游,浮槎怎得到阳台右?(《初刻拍案惊奇》,第十六卷)。

编号 268 楼梯:楼梯＝楼梯。晴云已自报知主母。三巧儿把婆子当个贵客一般,直到楼梯口边迎他上去。(《喻世明言》,第一卷)。

编号 270 天井:天井＝天井。元来是一间地窖子,四围磨砖砌着,又有周围栅栏,一面开窗,对着石壁天井,乃是人迹不到之所。(《初刻拍案惊奇》,第二十六卷)。

编号 272 楼房:楼房＝楼房。原来蒋家住宅前后通连的两带楼房,第一带临着大街,第二带方做卧室,三巧儿间常只在第二带中坐卧。(《喻世明言》,第一卷)。

编号 277 灶:灶＝灶。赵尼姑故意谦逊了一番,走到房里一会,又走到灶下一会,然后叫徒弟本空托出一盘东西、一壶茶来。(《初刻拍案惊奇》,第六卷)。

编号 282 书桌:书桌＝书桌。中间客坐,上面挂一幅名人山水,香几上博山古铜炉,烧着龙涎香饼,两旁书卓,摆设些古玩,壁上贴许多诗稿。(《醒世恒言》,第三卷)。

编号 286 箱子:箱子＝箱子。凤生开了箱子,取出一个白玉蟾蜍镇纸来,乃是他中榜之时,母舅金三员外与他作贺的,制作精工,是件古玩。(《二刻拍案惊奇》,第九卷)。

编号 287 皮箱:皮箱＝皮箱。玉定没奈何,只得来到下处,开了皮箱,取出五十两元宝四个,并尺头碎银,再到本司院说:"三叔有了。"(《警世通言》,第二十四卷)。

编号 288 床:床＝床。众养娘将软褥铺衬,抱他睡在床上,解看衣服,尽被树林荆刺抓破,且喜身体毫无伤痕。(《初刻拍案惊奇》,第五卷)。

编号 292 枕头:枕头＝枕头。想道:"我且在他床里眠他一眠,也沾他些香气,只当亲挨着他皮肉一般。"一躺躺下去,眠在枕头上,呆呆地想了一回。(《二刻拍案惊奇》,第三卷)。

编号 295 锅:锅＝锅。于良等听罢,当即押了大郊回家,将原劫杨化缠袋一条,内盛军装银二两八钱,于本家灶锅烟笼里取出。(《初刻拍案惊奇》,第十四卷)。

编号 299 调羹:调羹＝调羹。赵旭听了,心中焦躁,作诗一首。诗曰:"旅店萧萧形影孤,时挑野菜作羹蔬。村夫不识调羹手,问道:'能吹笛也无?'"(《喻世明言》,第十一卷)。

编号 301 瓢:瓢＝瓢。谁想厨房中锅灶俱无,止有些椰瓢棘匕之类。又有两个陶器的水缸,用笠篷盖着。(《二刻拍案惊奇》,第十八卷)。

编号 305 柴:柴=柴。话说唐乾符年间,上党铜辗县山村有个樵夫,姓侯名元,家道贫穷,靠着卖柴为业。(《初刻拍案惊奇》,第三十一卷)。

编号 310 针:针=针。盖是此辈功夫又闲,心计又巧,亦且走过千家万户,见识又多,路数又熟,不要说那些不正气的妇女,十个着了九个儿,就是一些针缝也没有的,他会千方百计弄出机关来。(《初刻拍案惊奇》,第六卷)。

编号 312 线:线=线。那娘子一手好针线绣作。曾绣一幅观音大士,绣得庄严色相,俨然如生。(《初刻拍案惊奇》,第六卷)。

编号 313 绳子:绳子=绳子。达生疑心,开了门,只见两个公人一拥入来,把条绳子望达生脖子上就套。(《初刻拍案惊奇》,第六卷)。

编号 314 锁:锁=锁。(1)丫鬟走去门边听听,只听得弹指响,轻轻将锁开了,拽开半边门。(2)吴氏领了丫鬟,故意点了火,把前后门关锁好了,叫达生去睡,他自进房去了。(《初刻拍案惊奇》,第十七卷)。

编号 315 钥匙:钥匙=钥匙。说罢,取了钥匙直开到厢房里一条黑弄中,指着一个皮匣,对陈秀才道:"这些东西,你可将去赎庄;余下的,可原还我。"(《初刻拍案惊奇》,第十五卷)。

编号 317 伞:伞=伞。七郎同老母进寺随喜,从人撑起伞盖跟后。寺僧见是官员,出来迎接送茶。(《初刻拍案惊奇》,第二十二卷)。

编号 320 蜡烛:蜡烛=蜡烛。轩辕翁起来开了门,将一张桌当门放了,点上两支蜡烛,朝天拜了四拜。(《二刻拍案惊奇》,第二十四卷)。

编号 322 肥皂:肥皂=肥皂。秦重原是洗过澡来的,不敢推托,只得又到浴堂,肥皂香汤,洗了一遍,重复穿衣入坐。(《醒世恒言》,第三卷)。

编号 325 扫帚:扫帚=扫帚。钟离义梳洗已毕,打点早衙理事,步出中堂,只见新来婢子呆呆的把着一把扫帚,立于庭中。(《醒世恒言》,第一卷)。

编号 327 簸箕:簸箕=簸箕。只见苍松翠柏,交植左右,中间龟背大路,显出一座山门,题着"碧落观"三个簸箕大的金字。(《醒世恒言》,第二十五卷)。

编号 335 酒杯:酒杯=酒杯。支助教浑家剥了一盘粽子,一碟糖,一碗肉,一碗鲜鱼,两双箸,两个酒杯,放在桌上。(《警世通言》,第三十五卷)。

编号337 算盘:算盘=算盘。别船上交易,也多有央他去拿算盘,登账薄。客人无不敬而爱之,都夸道好个宋小官,少年伶俐。(《警世通言》,第三十五卷)。

编号338 秤:秤=秤。沈一连声喊道:"快起来!快起来!我得一主横财在这里了,寻秤来与我称称看。"(《二刻拍案惊奇》,第三十六卷)。

编号343 斧头:斧头=斧头。赵聪只不作声,约莫来得切近,悄悄的床底下拾起平日藏下的斧头,趁着手势一劈,只听得扑地一响,望床前倒了。(《初刻拍案惊奇》,第十三卷)。

编号346 凿子:凿子=凿子。到次日起来,备了些柴米在家,吩咐浑家照看门户,同了两个儿子,带了斧凿锯子,进了闾门,来到天库前。(《醒世恒言》中,第二十卷)。

编号347 锯子:锯子=锯子。且说张权正愁没饭吃,今日揽了这大桩生意,心中好不欢喜!到次日起来,弄了些柴米在家,吩咐浑家照管门户,同了两个儿子,带了斧凿锯子,进了闾门,来到天库前。(《醒世恒言》中,第二十卷)。

编号349 钻:钻=钻。治书编之类用圆钻,攻皮革用扁钻。引钉合木者,用蛇头钻。治铜叶用鸡心钻,其通身三棱者名旋钻,通身四方而末锐者名打钻。(《天工开物》,锤锻)。

编号352 小刀:小刀=小刀。懒龙袖出小刀,看板上有节处一挖,那块木节囫囵地落了出来,板上老大一孔。(《二刻拍案惊奇》,第三十九卷)。

编号355 梯子:梯子=梯子。众人扶起小牛来看时,见他血流满面,说道:"梯子又不高,扒得两格,怎么就跌得这样凶?"(《初刻拍案惊奇》,第三十一卷)。

编号356 锄头:锄头=锄头。王生此时是情急的,正是得他心肯日,是我运通时。心中已自放下几分,又摆出酒饭与船家吃了。随即唤过两个家人,吩咐他寻了锄头、铁耙之类。(《初刻拍案惊奇》,第十一卷)

编号357 镰刀:镰刀=镰刀。因与隔县一个姓赵的人家争田,这一番要到田头去割稻,同着十来个家人,拿了许多扁挑、索子、镰刀,正来下舡。(《醒世恒言》,第三十四卷)。

编号358 扁担:扁担=扁担。个半老的人挑了两个盒子,竟进王家里来。放下扁担,对家僮问道:"相公在家么?"(《初刻拍案惊奇》,第十一卷)。

编号361 木头:木头=木头。慌忙跳起道:"不好了,不好了!中了贼僧计也!"

隐隐的闻得脚踪声近,急忙里用力去推那些醉汉,那里推得醒？也有木头般不答应的,也有胡胡卢卢说困话的。(《醒世恒言》,第二十一卷)。

编号363 石灰:石灰＝石灰。况爷道:"他埋藏只要朽烂,如何把石灰腌着?"(《警世通言》下,第三十五卷)。

编号367 玻璃:玻璃＝玻璃。于巅峰之下,见一洞门,门用玻璃为牌,牌上金书"玉虚尊者之洞"。(《初刻拍案惊奇》,第二十八卷)。

编号368 钱:钱＝钱。孙婆见了,埋冤道:"秀才,你却少了我房钱不还,每日吃得大醉,却有钱买酒吃!"(《警世通言》,第六卷)。

编号374 码头:码头＝码头。过了镇江、丹阳,风水顺溜,两日已到苏州,把船泊在胥门码头上。弟兄二人只做平人打扮,带了些银两,也不教仆从跟随,悄悄地来到司狱司前。(《醒世恒言》,第二十卷)。

编号383 桥:桥＝桥。法善就扶着玄宗,踱上桥去,且是平稳好走,随走过处,桥便随灭。(《初刻拍案惊奇》,第七卷)。

编号389 纸:纸＝纸。到了所在,住了脚,便把这驴似纸一般折叠起来,其厚也只比张纸,放在巾箱里面。(《初刻拍案惊奇》,第七卷)

编号393 信:信＝信。到得店中下轿,见了家人沈文,穿一身素净衣服,便问道:"娘子在家安否？谁着你来寄信？"沈文道:"不好说得,是管家李公着寄信来。官人看书便是。"(《初刻拍案惊奇》,第六卷)。

编号395 信纸:信纸＝信纸。掩了门,把来细细拆将开来,刚拆得领头,果然一张小小信纸缝在里面,却是一首诗。(《二刻拍案惊奇》,第六卷)。

编号401 故事:故事＝故事。小子如今引白乐天的故事说这一番话。只要有好根器的人,不可在火坑欲海恋着尘缘,忘了本来面目。(《初刻拍案惊奇》,第二十八卷)。

编号402 球:球＝球。你道如何叫得社火？凡一应吹箫打鼓、踢球放弹、够拦傀儡、五花爨弄诸般戏具,尽皆施呈,却像献来与神道观玩的意思,其实只是人扶人兴,大家笑耍取乐而已。(《二刻拍案惊奇》,第二卷)。

编号403 秋千:秋千＝秋千。每年春,宣徽诸妹诸女,邀院判、经历两家宅眷,于园中设秋千之戏,盛陈饮宴,欢笑竟日。(《初刻拍案惊奇》,第九卷)。

编号 404 风筝：风筝＝风筝。原来一年之中,惟有正二月的风是从地下起的,所以小儿们放纸鸢风筝,只在此时。(《二刻拍案惊奇》,第一卷)。

编号 408 书包：书包＝书包。那学生正是陈青的儿子,小名多寿,抱了书包,从外而入。跨进坐启,不慌不忙,将书包放下椅子之上,先向王三老叫声公公,深深的作了个揖。(《醒世恒言》,第九卷)。

编号 409 围棋：围棋＝围棋。话说围棋一种,乃是先天河图之数:三百六十一着,合着周天三百六十五度四分度之一,黑白分阴阳以象两仪,立四角以按四象。(《二刻拍案惊奇》,第二卷)。

编号 415 头发：头发＝头发。只见张果摇摇摆摆走将来,面貌虽是先前的,却是一头纯黑头发,须髯如漆,雪白一口好牙齿,比少年的还好看些。(《初刻拍案惊奇》,第七卷)。

编号 417 眼睛：眼睛＝眼睛。有一个多时辰,忽然张开眼睛,看见公堂虚敞,满前面生人众,打扮异样,大惊道:"吾李氏女,何故在此?"就把两袖紧遮其面。(《初刻拍案惊奇》,第十四卷)。

编号 418 鼻子：鼻子＝鼻子。于大郊将手去按杨化鼻子底下,已无气了。就于腰间搜动前银,连缠袋取来,缠在自己腰内。(《初刻拍案惊奇》,第十四卷)。

编号 419 耳朵：耳朵＝耳朵。丘三冷笑道:"你耳朵原来却怎地值钱?你家老儿牙齿怎地不值钱?不要慌!如今却真对你说话,你慢些只说如此如此,便自没事。"(《初刻拍案惊奇》,第十三卷)。

编号 421 舌头：舌头＝舌头。卜良急将口来亲着,将舌头伸过巫娘子口中乱搅巫娘子两手越抠得紧了,唼呦他舌头不住。(《初刻拍案惊奇》,第六卷)。

编号 425 左手：左手＝左手。坐定一会,只见北面左手坐的那一个少年把头上毡笠一掀,呼主人道:"东山别来无恙么?往昔承挈同行周旋,至今想念。"(《初刻拍案惊奇》,第三卷)。

编号 426 右手：右手＝右手。东山在骡上递将过来,少年左手把住,右手轻轻一拽就满,连放连拽,就如一条软绢带。(《初刻拍案惊奇》,第三卷)。

编号 428 大拇指：大拇指＝大拇指。陶铁僧叉大拇指不离方寸地道:"告员外,实不敢相瞒,是有四五十钱,安在一个去处。"(《警世通言》,第三十七卷)。

编号430 指甲:指甲＝指甲。去拽那门时,谁想是外边搭住了的。狠性子一拽,早把两三个长指甲一齐蹾断了。(《二刻拍案惊奇》,第九卷)。

编号431 屁股:屁股＝屁股。寄儿泪汪汪地走到草房中,摸摸臀上痛处道:"甚么九锡九锡,到打了九下屁股!"(《二刻拍案惊奇》,第九卷)。

编号436 老头:老者＝老者。老者道:"老汉是奉佛弟子,何不连尊师接了起来?"老者就叫小厮祖寿出来,同了辨悟到舟中,来接那一位师父。(《二刻拍案惊奇》,第一卷)。

编号438 小伙子:小伙子＝小伙子。有的说是这小伙子调喉,无过是他天性近这一家,又且耽在里头,所以转造转高,极穷了秘妙,却又撰出见神见鬼的天话哄着愚人。(《二刻拍案惊奇》,第九卷)。

编号443 瞎子:瞎子＝瞎子。瞽者道:"不成!不成!我是个瞎子,倘说完了,都一溜走开,那里来寻讨?"(《醒世恒言》,第三十八卷)。

编号446 麻子:麻子＝麻子。那潘华生得粉脸朱唇,如美女一般,人都称玉孩童。萧雅一脸麻子,眼眶齿龇,好似飞天夜叉模样。(《醒世恒言》,第一卷)。

编号450 疯子:疯子＝疯子。只是这疯子手里的状,不先停当得他,万一拗别起来,依着理断个平分,可不去了我一半家事?(《醒世恒言》,第一卷)。

编号455 强盗:强盗＝强盗。话说世人最怕的是个"强盗"二字,做个骂人恶语。(《初刻拍案惊奇》,第八卷)。

编号458 爹:爹＝爹。滴珠道:"今要到家里告诉爹娘一番,就在家里权避几时,待丈夫回家再处。"(《初刻拍案惊奇》,第二卷)。

编号458 妈:妈＝妈。月娥假作哽咽痛哭,免不得说道:"爹妈这几时平安么?"(《初刻拍案惊奇》,第二卷)。

编号461 伯父[长一辈,父亲的哥哥]:伯父＝伯父明代官话:李春郎道:"梦见父亲岳父俱已为神,口称伯父大德,感动天庭,已为延寿添子。"(《初刻拍案惊奇》,第二十卷)。

编号462 伯母[长一辈,父亲的哥哥的妻子]:伯母＝伯母。又吩咐春郎道:"汝当事刘伯父如父,事刘伯母如母。又当孝敬母亲,励精学业,以图荣显,我死犹生。"(《初刻拍案惊奇》,第二十卷)。

编号 463 叔叔[长一辈,父亲的弟弟]:叔叔=叔叔。杨氏道:"我的儿,'大胆天下去得,小心寸步难行。'苏州到南京不上六七站路,许多客人往往来来,当初你父亲、你叔叔都是走熟的路,你也是晦气,偶然撞这两遭盗。"(《初刻拍案惊奇》,第八卷)。

编号 467 外公[长二辈,母亲的父亲]:外公=外公。小姐道:"好教郎君得知。妾身前日行至成都,在客店内安歇。主人有个甥女窥见了妾身,对他外公说了,逼要相许。"(《二刻拍案惊奇》,第十七卷)。

编号 468 外婆[长二辈,母亲的母亲]:外婆=外婆。他三人竟走至外婆家来,见了外婆,说了缘故,老人家肉天肉地的叫,欢喜无极。(《初刻拍案惊奇》,第八卷)。

编号 469 舅舅[长一辈,母亲的弟弟]:舅舅=舅舅。兰孙左思右想,道:"只有个舅舅郑公见任西川节度使,带了家眷在彼,却是路途险远,万万不能搭救。真正无计可施。"(《初刻拍案惊奇》,第二十卷)。

编号 479 哥哥[平辈]:哥哥=哥哥。李将军问翠翠道:"你家里有个哥哥么?"翠翠心里想道:"我那得有甚么哥哥来?多管是丈夫寻到此间,不好说破,故此托名。"(《二刻拍案惊奇》,第六卷)。

编号 480 嫂[平辈,哥哥的妻子]:嫂=嫂。大王便教增了筵席,三人坐了客位,大王坐了主位,说道:"仁兄知道尊嫂在此之故否?旧岁冬间,孩儿每往崇明海岸无人处,做些细商道路,见一男一女傍晚同行,拿着前来。"(《初刻拍案惊奇》,第八卷)。

编号 482 姐姐[平辈]:姐姐=姐姐。糕儿道:"我看这哥哥也标致,我姐姐又没了姐夫,何不配与他了,也完了一件事,省得他做出许多馋劳喉急出相。"(《二刻拍案惊奇》,第三卷)。

编号 483 姐夫[平辈,姐姐的丈夫]:姐夫=姐夫。他只为姐姐、姐夫早亡,甚是爱重甥女,故此李氏一门在他府中,十分相得。(《初刻拍案惊奇》,第二十卷)。

编号 484 妹妹[平辈]:妹妹=妹妹。萧韶说:"姐姐嫁了个响马贼,我虽在被窝里,也只是伴虎眠,有何心绪?妹妹只当得丫头,我一家怨恨,在何处说?"(《初刻拍案惊奇》,第三十一卷)。

编号 485 妹夫[平辈,姐姐的丈夫]:妹夫=妹夫。瑞姐见他们冷淡,又笑道:

"再去看妹夫做戏!"即便下楼。(《醒世恒言》,第二十卷)。

编号490 儿子[晚辈,父母的孩子]:儿子＝儿子。曾氏道:"我去便要去,只是你岳父不在,眼下不得脱身。"便叫过女儿、儿子来,吩咐道:"外婆有病。你每姊弟两人,可到崇明去伏侍几日。"(《初刻拍案惊奇》,第八卷)。

编号495 侄女[晚辈,兄弟的孩子]:侄女＝侄女。殡葬事毕,王奉将侄女琼英接回家中,与女儿琼真做伴。(《醒世恒言》,第一卷)。

编号500 大舅[平辈,妻子的兄弟]:大舅＝大舅。只见张孝基说道:"多蒙岳父大恩,但岳父现有子在,万无财产反归外姓之理。以小婿愚见,当差人四面访觅大舅回来,将家业付之,以全父子之情。"(《醒世恒言》,第十七卷)。

编号501 小舅[平辈,妻子的兄弟]:小舅＝小舅。大王开言道:"动问仁兄,宅上有多少人口?"大郎道:"只有岳父母、妻子、小舅,并无他人。"(《初刻拍案惊奇》,第八卷)。

编号502 大姨[平辈,妻子的姐妹]:大姨＝大姨。从此遂续王氏之婚,恰应前日之梦。正是:旧女婿为新女婿,大姨夫做小姨夫。(《初刻拍案惊奇》,第二十三卷)。

编号503 小姨[平辈,妻子的姐妹]:小姨＝小姨。今日听罢叮咛之语,虽然悲切,明知是小姨身体,又在众人面前,不好十分亲近得。(《初刻拍案惊奇》,第二十三卷)。

编号508 娘家[长一辈,妻子的父母家]:娘家＝娘家。一日,也为有两句口角,走到娘家去,住了十来日。(《初刻拍案惊奇》,第二十六卷)。

编号510 前面:前面＝前面。听前面来的人,纷纷讲说道:"张尚书第二位小姐,昨夜在后花园中游赏,被虎扑了去,至今没寻尸骸处。"(《初刻拍案惊奇》,第五卷)。

编号511 后面:后面＝后面。他心里道:"前面不过家去的路,料无别事,也不必跟随得。"就住在后面了。(《初刻拍案惊奇》,第十七卷)。

编号512 里面:里面＝里面。林善甫见说,便道:"不要慌。物事在我处。我且问你则个,里面有甚么?"张客道:"布囊中有锦囊,内有大珠百颗。"(《初刻拍案惊奇》,第二十一卷)。

编号513 外面:外面＝外面。张都管道:"小人不敢忘他之恩,邀他同到此间拜见主人,见在外面。"郑指挥道:"正该如此,快请进来。"(《初刻拍案惊奇》,第二十一卷)。

编号514 上面:上面=上面。遥望石壁上面,悬绝二三丈,四傍又无攀缘,无从爬上,乃以所摘桃子,向上掷去。(《喻世明言》,第十三卷)。

编号515 下面:下面=下面。赵撺将双手拔起松根,看时,下面显出黄灿灿的一窖金子。(《喻世明言》,第十三卷)。

编号516 中间:中间=中间。左一间老婆婆做个卧房,右一间放些破家伙,中间虽则空下,傍边供两个灵位,开写着长儿苏云,次儿苏雨。厅侧边是个耳房,一个老婢在内烧火。(《警世通言》,第十一卷)。

编号518 隔壁:隔壁=隔壁。潘富翁在隔壁寓所,看得呆了。想道:"我家里也算是富的,怎能够到得他这等挥霍受用?此必是个陶朱、猗顿之流,第一等富家了。"(《初刻拍案惊奇》,第十八卷)。

编号521 东:东=东。行了一夜,来到青州府东门时,东方才动,城门也还未开。(《初刻拍案惊奇》,第三十一卷)。

编号522 南:南=南。原来卜良被咬断舌头,情知中计,心慌意乱,一时狂走,不知一个东西南北,迷了去向。(《初刻拍案惊奇》,第六卷)。

编号523 西:西=西。狄氏欲待起身,抬起眼来,原来是西池上曾面染过的。看他生得少年,万分清秀可喜,心里先自软了。(《初刻拍案惊奇》,第六卷)。

编号524 北:北=北。狄慧澄道:"其夫出使北边,他是个女人,在家那能凑得许多价钱?"(《初刻拍案惊奇》,第六卷)。

编号525 东西:东西=东西。自来拿个篮秤,到市上用自己的碎银子,买些东西,无非是鸡鹅鱼肉,时鲜果子点心回来。(《初刻拍案惊奇》,第三十一卷)。

编号526 粉:粉=粉。转到卖点心的王三郎店里,王三郎正蒸着一笼熟粉,摆一碗糖馅,要做饼子。(《警世通言》,第五卷)。

编号529 口水:口水=口水。富翁一眼估定这小娘子,恨不得寻口水来吞他下肚去,那里还管炉火的青红皂白?(《初刻拍案惊奇》,第十八卷)。

编号535 坟:坟=坟。当日既然买嘱船家,将尸首载到坟上,只该聚起干柴,一把火焚了,无影无踪,却不干净?(《初刻拍案惊奇》,第十一卷)。

编号539 下雨:下雨=下雨。到次早起身,外边却已下雨。吃过早饭,施复便要回家。(《醒世恒言》,第十八卷)。

编号547看:看=看。试看往古来今,一部十六史中,多少英雄豪杰,该富的不得富,该贵的不得贵。(《初刻拍案惊奇》,第一卷)。

编号548眨眼:眨眼=眨眼。越客恨不得肋生双翅,脚下腾云,一眨眼就到定州。(《初刻拍案惊奇》,第五卷)。

编号550听:听=听。举子听得,不觉双眉倒竖,两眼圆睁道:"天下有如此不平之事!恶妇何在?我为尔除之。"(《初刻拍案惊奇》,第三卷)。

编号551闻:闻=闻。(1)嗅的意思。赵尼姑道:"这娘子点酒不闻的,他执性不吃,也难十分强他。(《初刻拍案惊奇》,第六卷);只见那个人接上手,颠了一颠道:"好东西呵!"扑的就劈开来,香气扑鼻。连旁边闻着的许多人,大家喝一声彩。(《初刻拍案惊奇》,第一卷)(2)知道的意思。那人起身拱手道:"多谢兄长厚情,愿闻姓名乡贯。"(《初刻拍案惊奇》,第八卷)。

编号552吃:吃=吃。他亦自恃才能,不十分去营求生产,坐吃山空,将祖上遗下千金家事,看看消下来。(《初刻拍案惊奇》,第一卷)。

编号555咬:咬=咬。原来卜良被咬断舌头,情知中计,心慌意乱,一时狂走,不知一个东西南北,迷了去向。(《初刻拍案惊奇》,第六卷)。

编号556啃:啃=啃。卜良痛极,放手急挣,已被巫娘子啃下五七分一段舌头来。卜良慌了,望外急走。(《初刻拍案惊奇》,第六卷)。

编号557嚼:嚼=嚼。性好读书,手不释卷,肩上虽挑却柴担,手里兀自擒着书本,朗诵咀嚼,且歌且行。(《喻世明言》,第二十七卷)。

编号558舔:舔=舔。命取油涂其阴处,牵一只狗来舔食,那狗闻了油香,伸了长舌舔之不止。(《初刻拍案惊奇》,第三十四卷)。

编号559吞:吞=吞。富翁一眼估定这小娘子,恨不得寻口水来吞他下肚去,那里还管炉火的青红皂白?(《初刻拍案惊奇》,第十八卷)屯堡话:吞。

编号560含:明代官话:诗曰:昔年含泪别夫郎,今日悲啼送所欢。堪恨妇人多水性,招来野鸟胜文鸾。(《喻世明言》上,第一卷)。

编号561喷:喷=喷。"杜亮!我读了一世的书,不曾遇着个怜才之人,终身沦落。谁想你到是我的知己,却又有眼无珠,枉送了你性命,我之罪也!"言还未毕,口中的鲜血,往外直喷,自此也成了个呕血之疾。(《醒世恒言》下,第三十五卷)。

编号 562 吹:吹＝吹。玄宗大喜,接过手来,想着月中拍数,照依吹了一曲。(《初刻拍案惊奇》,第七卷)。

编号 563 尝:尝＝尝。赵尼姑见了春花,又见说请他,便暗道:"这雌儿想是尝着甜头,熬不过,转了风也。"(《初刻拍案惊奇》,第六卷)。

编号 564 拿:拿＝拿。拿些姜汤灌他,他微微开口,咽下去了。(《初刻拍案惊奇》,第五卷)。

编号 565 捏:捏＝捏。等了一会,料虎去远了,一齐捏把汗出来看时,却是一个人,口中还微微气喘。(《初刻拍案惊奇》,第五卷)。

编号 566 掐:掐＝掐。看着一个人性命,只当掐个虱子,不在心上。(《初刻拍案惊奇》,第十四卷)。

编号 567 摸:摸＝摸。袖中摸出细珠十数串,每送一串道:"轻鲜,轻鲜,备归途一茶罢了。"(《初刻拍案惊奇》,第一卷)。

编号 568 捞:捞＝捞。恰好渡口原有这个死尸在岸边浮着,小的因此生心要诈骗王家,特地买他白绢,又哄他竹篮,就把水里尸首捞在船上了。(《初刻拍案惊奇》,第十一卷)。

编号 569 找:找＝找。等了一会,只见一个后生走到墙边,低着头却像找寻甚么东西的,寻来寻去。(《初刻拍案惊奇》,第十二卷)。

编号 570 摘:摘＝摘。掷了又摘,摘了又掷;下边掷,上边接,把一树桃子,摘个干净。(《喻世明言》上,第十三卷)。

编号 572 搓:搓＝搓。便贬喝道:"个儿郎吃我家饭,穿我家衣,闲时搓些绳,打些索,也有用处,如何空坐?"(《警世通言》,第二十二卷)。

编号 573 提:提＝提。原来那人是湖州客人,姓吕,提着竹篮卖姜。(《初刻拍案惊奇》,十一卷)。

编号 574 举:举＝举。时寺门方开,塔户尚锁,只见他势如飞鸟,已在相轮上,举手示超,取了念珠下来,王超自去讨赏。(《初刻拍案惊奇》,第四卷)。

编号 575 托:托＝托。须臾之间,烫了一壶热酒,托出一个大盘来,内有热腾腾的一盘虎肉,一盘鹿脯,又有些腌腊雉兔之类五六碟。(《初刻拍案惊奇》,第三卷)。

编号 576 端:端＝端。林公偷眼看来,众僧虽然有些惊异,却只恭敬端立,不见慌张。(《初刻拍案惊奇》,第二十六卷)。

编号577 捧:捧=捧。只见吴大郎抬了一乘轿,随着两个俊俏小厮,捧了两个拜匣,竟到汪锡家来。(《初刻拍案惊奇》,第二卷)。

编号578 抬:抬=抬。王生抬头看时,不是别人,正是家人胡阿虎,已晓得是他怀恨在心出首的了。(《初刻拍案惊奇》,第十一卷)。

编号579 搬:搬=搬。归来与夫人说:"房子甚是好住,我明日先搬东西去了,临完,我雇轿来接你。"(《初刻拍案惊奇》,第二十七卷)。

编号580 按:按=按。老道着恼,喝叫猴形人四五个来揪采将来,按住在座上。夜珠到此无奈,只得坐了。(《初刻拍案惊奇》,第二十四卷)。

编号581 推:推=推。却说那观音庵左右邻,看见日高三丈,庵中尚自关门,不见人动静,疑心起来。走去推门,门却不拴,一推就开了。(《初刻拍案惊奇》,第六卷)。

编号582 挡:挡=挡。许宣道:"你是鬼怪,不许入来!"挡住了门不放他。(《警世通言》下,第二十八卷)。

编号583 撑:撑=撑。七郎从小在江湖边生长,贾客船上往来,自己也会撑得篙,摇得橹,手脚快便,把些饥餐渴饮之路,不在心上,不则一口到了。(《初刻拍案惊奇》,第二十二卷)。

编号585 拉:拉=拉。地方人一时哄动,走上了一堆人,围住他道:"杀人的不是他是谁?"不由分辨,一索子捆住了,拉到县里来。(《初刻拍案惊奇》,第六卷)。

编号586 拔:拔=拔。张果道:"衰朽之年,学道未得,故见此形相。可羞!可羞!今陛下见问,莫若把齿发尽去了还好。"说罢,就御前把须发一顿捋拔干净。(《初刻拍案惊奇》,第七卷)。

编号587 扶:扶=扶。春花道:"大娘吃了糕,呷了两口茶,便自倒在椅子上。是赵师父与小师父同扶上床去的。"(《初刻拍案惊奇》,第六卷)。

编号589 抱:抱=抱。汉武帝延和三年,西胡月支国献猛兽一头,形如五六十日新生的小狗,不过比狸猫般大,拖一个黄尾儿。那国使抱在手里,进门来献。(《初刻拍案惊奇》,第三卷)。

编号590 开:开=开。一日在山东路上,马跑得快了,赶过了宿头。至一村庄,天已昏黑,自度不可前进。只见一家人家开门在那里,灯光射将出来。(《初刻拍案惊奇》,第三卷)。

编号591 关:关=关。跳起身来就走,扑地把小门关上了。(《初刻拍案惊奇》,第六卷)。

编号592 封:封=封。(1)动词:三藏看见重重封锁,一毫未动,心下喜欢,及开到银盒,叫一声:"苦!"已不知袈裟所向,只是个空盒。(2)量词:笑对内官道:"官家非戏,忒没道理!"袖中出书一封道:"可以此上闻!"(《初刻拍案惊奇》,第七卷)。

编号593 塞:塞=塞。丫鬟见诗完,将第一幅花笺折做三叠,从窗隙中塞进,高叫道:"新郎交卷,第一场完。"(《醒世恒言》,第十一卷)。

编号594 盖:盖=盖。直待盖棺方事定,元来魔祟在禅裆。(《初刻拍案惊奇》,第十七卷)。

编号595 罩:罩=罩。赛儿不慌不忙,口里念起咒来,两面小皂旗招动,那阵黑气从寨里卷出来,把黎先锋人马罩得黑洞洞的,你我不看见。(《初刻拍案惊奇》,第三十一卷)。

编号596 套:套=套。说时迟,那时快,这贼徒奔近前,左手托起头儿,右手就将索子套上。(《醒世恒言》,第三十六卷)。

编号597 卷:卷=卷。玉郎起身携着灯儿,走到床边,揭起帐子照看,只见慧娘卷着被儿,睡在里床,见玉郎将灯来照,笑嘻嘻地道:"嫂嫂,睡罢了,照怎的?"(《醒世恒言》,第八卷)。

编号598 包:包=包。(1)动词:那九州四海之中,目所未见,耳所未闻,不载史册,不见经传,不知有多多少少——就是张华的《博物志》,也不过志其一二;虞世南的行书厨,也包藏不得许多。(《醒世恒言》,第四卷)(2)量词:内中有十来包珠子,又有几个小匣儿,都盛着新样簇花点翠的首饰,奇巧动人,光灿夺目。(《喻世明言》,第一卷)。

编号599 系:系=系。那韩子文头上戴了紫菜的巾,身上穿了腐皮的衫,腰间系了芋艿的绦,脚下穿了木耳的靴,同众生员迎接入城(《初刻拍案惊奇》,第十卷)。

编号600 解:解=解。唐卿道:"有烦娘子移船到静处一话何如?"说罢,便去解缆。(《初刻拍案惊奇》,第三十二卷)。

编号601 剥:剥=剥。乃寻个事故,将胡氏毒打一顿,剥去衣衫,贬他在使婢队里,一般烧茶煮饭,扫地揩台,铺床叠被。(《喻世明言》,第二十二卷)。

编号 602 折:折＝折。到了所在,住了脚,便把这驴似纸一般折叠起来,其厚也只比张纸,放在巾箱里面。(《初刻拍案惊奇》,第七卷)。

编号 603 叠:叠＝叠。姚乙欣然领回下处,等衙门文卷叠成,银子交库给主,及零星使用,多完备了,然后起程。(《初刻拍案惊奇》,第二卷)。

编号 604 铺:铺＝铺。太素道:"我见孝堂中有张魂床,且是帐褥铺设得齐整。此处非内非外,正好做偷情之所。"(《初刻拍案惊奇》,第十七卷)。

编号 605 装:装＝装。他家自有船只,都装好了。吃了饭,打点起身。(《醒世恒言》(下),第十八卷)。

编号 606 打:打＝打。明日要出咸阳打猎,就请张果同去一看。(《初刻拍案惊奇》,第七卷)。

编号 609 扯:扯＝扯。晴云领命,走过街去,把薛婆衣袂一扯,道:"我家娘请你。"(《喻世明言》(上),第一卷)。

编号 610 弹:弹＝弹。坐了更余,只听得外边推门响,又不敢重用力,或时把指头弹两弹。达生只不作声,看他怎地。(《初刻拍案惊奇》,第十七卷)。

编号 612 填:填＝填。从来仕宦官员、王孙公子要讨美妾的,都到广陵郡来拣择聘娶,所以填街塞巷,都是些媒婆撞来撞去。(《初刻拍案惊奇》,第十二卷)。

编号 613 埋:埋＝埋。乘此暮夜无人,就烦你船载到那里,悄悄地埋了。(《初刻拍案惊奇》,第十一卷)。

编号 614 走:走＝走。走至船边,船上人见他这等模样,都笑道:"文先生那里又跎跑了纤来?"(《初刻拍案惊奇》,第一卷)。

编号 615 跑:跑＝跑。侵晨未及梳洗,将一个罗帕兜头紧了,一口气跑到渡口来。(《初刻拍案惊奇》,第二卷)。

编号 616 跳:跳＝跳。文若虚便自一个抖擞精神,跳上岸来,只因此一去,有分交:十年败壳精灵显,一介穷神富贵来。(《初刻拍案惊奇》,第一卷)。

编号 618 跨:跨＝跨。妇人道:"妾在城西去探一个亲眷,少刻就到东来。"跨上驴儿,加上一鞭,飞也似去了。(《初刻拍案惊奇》,第四卷)。

编号 619 站:站＝站。这许多僮仆,都站立左右,也有站立在门外的。(《初刻拍案惊奇》,第五卷)。

编号 620 蹲:蹲＝蹲。住在人家门檐下,蹲了一夜。(《初刻拍案惊奇》,第六卷)。

编号 621 靠:靠＝靠。遂将十二字念了又念,把头点了又点,靠在窗槛上,把手在空中画了又画。(《初刻拍案惊奇》,第十九卷)。

编号 622 躺:躺＝躺。公子来到绣阁,只见牙床锦被上,直挺挺躺着个死小姐。(《喻世明言》,第二卷)。

编号 624 挤:挤＝挤。邻舍听得周妈妈哭,都走来看。张嫂、鲍嫂、毛嫂、刁嫂,挤上一屋子。(《醒世恒言》,第十四卷)。

编号 625 躲:躲＝躲。卜良恐怕有人见,不敢随来,元在房里躲着。(《初刻拍案惊奇》,第六卷)。

编号 626 挑:挑＝挑。个半老的人挑了两个盒子,竟进王家里来。放下扁担,对家僮问道:"相公在家么?"(《初刻拍案惊奇》,第十一卷)。

编号 627 背:背＝背。将到近边,仔细看去,却是一个猛虎背负一物而来。(《初刻拍案惊奇》,第五卷)。

编号 628 跟:跟＝跟。吴氏轿中看见了,问轿夫道:"我家小官人在后面么?"轿夫道:"跟不上,还有后头,望去不见。"(《初刻拍案惊奇》,第十七卷)。

编号 630 脱:脱＝脱。吴大郎是个精细的人,把门拴了,移灯到床边,揭帐一看,只见兜头睡着,不敢惊动他。轻轻地脱了衣服,吹熄了灯,衬进被窝里来。(《初刻拍案惊奇》,第二卷)。

编号 631 戴:戴＝戴。那韩子文头上戴了紫菜的巾,身上穿了腐皮的衫,腰间系了芋艿的绦,脚下穿了木耳的靴,同众生员迎接入城。(《初刻拍案惊奇》,第十卷)。

编号 632 洗:洗＝洗。次日天明,程朝奉早早梳洗,讨些朝饭吃了。(《初刻拍案惊奇》,第十卷)。

编号 633 刷:刷＝刷。一日寺中老僧出行,偶见沟中流水中有白物,大如雪片,小如玉屑。近前观看,乃是上白米饭,王丞相厨下锅里碗里洗刷下来的。(《警世通言》,第十七卷)。

编号 636 洗澡:洗澡=洗澡。看看天晚,吃了些夜饭,闻人生便让和尚洗澡,和尚只推是不消。(《初刻拍案惊奇》,第三十四卷)。

编号 637 晒:晒=晒。更有那荷插农夫,经商工役,辛勤陇陌,奔走泥涂,雨汗通流,还禁不住那当空日晒。(《初刻拍案惊奇》,第二十卷)。

编号 639 熨:熨=熨。把旧的脱将下来,用清水摆净,教婆子在邻舍家借个熨斗,吹些火来熨得直直的;有些磨坏的去处,再把些饭儿粘得硬硬的,墨儿涂得黑黑的。(《喻世明言》,第二卷)。

编号 640 染:染=染。胡生把些靛涂了面孔,将鬓发染红了,用绵裹了两只脚要走得无声,故意在铁生面前直冲而出。(《初刻拍案惊奇》,第三十二卷)。

编号 641 剪:剪=剪。丹士道:"是个头陀。今请足下略剪去了些头发,我辈以师礼事奉,径到彼处便了。"(《初刻拍案惊奇》,第十八卷)。

编号 642 裁:裁=裁。又问:'嫁的甚人?'刘氏道:'是班辈的裁缝,叫沈八汉。'(《喻世明言》上,第十卷)。

编号 643 切:切=切。揭开盒子拿一个肚子,教酒博士切做一盘,盼咐烫两壶酒来。(《喻世明言》,第三卷)。

编号 643 割:割=割。我们夫妻两口儿,只生这个小女,若远远的到北京去了,再无相会之期,如何割舍得下?(《初刻拍案惊奇》,第十卷)。

编号 646 杀:杀=杀。秀才把床头剑拔出来,在桌上一击道:"不杀尽此辈,何以为人!"(《初刻拍案惊奇》,第六卷)。

编号 647 宰:宰=宰。遍插菊花于瓶中,焚信香于座上,呼弟宰鸡炊饭,以待巨卿。(《喻世明言》,第十六卷)。

编号 648 泼:泼=泼。买臣命取水一桶,泼于阶下,向其妻说道:"若泼水可复收,则汝亦可复合。念你少年结发之情,判后园隙地,与汝夫妇耕种自食。"(《喻世明言》,第二十七卷)。

编号 649 浇:浇=浇。一路且行且哭,每到旅店,必置竹笼于上坐,将酒饭浇奠过了,然后与天祐同食。(《喻世明言》,第八卷)。

编号 650 扫:扫=扫。吴氏心生一计,对达生道:"你可先将纸钱到你爹坟上打扫,我随后备着羹饭,抬了轿就来。"(《初刻拍案惊奇》,第十七卷)。

编号 651 点:点＝点。任道元听见,即走将起来,点起灯烛写好了,封押停当,依然睡觉。(《初刻拍案惊奇》,第十七卷)。

编号 652 收拾:收拾＝收拾。忠父辞了越州太守的馆,回家收拾去赴约,就要带了幼谦到彼乡试。(《初刻拍案惊奇》,第二十九卷)。

编号 654 拌:拌＝拌。割猫儿尾拌着猫饭来,也落得与人用了些不疼的家财。(《初刻拍案惊奇》,第三十二卷)。

编号 659 问:问＝问。滕生尾着去,问路上人,乃是静乐院主慧澄,惯一在狄夫人家出入的。(《初刻拍案惊奇》,第六卷)。

编号 660 理:理＝理。灿若理了正事,天色傍晚,乘轿回寓。(《初刻拍案惊奇》,第十六卷)。

编号 661 叫:叫＝叫。卢生将李小姐灯下揭巾一看,吃了一惊,打一个寒噤,叫声"呵呵!"往外就走。(《初刻拍案惊奇》,第五卷)。

编号 662 喊:喊＝喊。当下各各受责,只为心里不打点得,未曾用得杖钱,一个个打得皮开肉绽,叫喊连天。(《初刻拍案惊奇》,第十卷)。

编号 663 笑:笑＝笑。那妇人都看在眼里,吃罢了饭,忽然举起两袖,抖一抖道:"适才忘带了钱来,今饭多吃过了主人的,却是怎好?"那店中先前看他这些人,都笑将起来。(《初刻拍案惊奇》,第四卷)。

编号 664 哭:哭＝哭。潘甲无奈,与妻滴珠说了,两个哭一个不住,说了一夜话。(《初刻拍案惊奇》,第二卷)。

编号 665 骂:骂＝骂。潘父潘母看见媳妇这般模样,时常急聒,骂道:"这婆娘想甚情人?害相思病了!"(《初刻拍案惊奇》,第二卷)。

编号 674 陪:陪＝陪。陆氏及邻舍妇女们惊来问信的,也不知陪了多少眼泪。(《初刻拍案惊奇》,第八卷)。且路上有伴,不至寂寞,心上也欢喜,道:"当得相陪。"(《初刻拍案惊奇》,第三卷)。

编号 679 买:买＝买。杨公说:"买一罐酱值得甚的,便有口舌?奶奶只是见贵了,不舍得钱,故如此说。"(《喻世明言》,第十九卷)。

编号 680 卖:卖＝卖。单说有一人,姓金,名孝,年长未娶。家中只有老母,自家卖油为生。(《喻世明言》,第二卷)。

编号 681 赚钱:赚钱＝赚钱。四妈道:"我们行户人家,到是养成个半低不高的丫头,尽可赚钱,又且安稳。"(《醒世恒言》,第三卷)。

编号 682 活:活＝活。若小姐果活了,放了出来,棺中所有,当与师辈共分。若是不活,也等我见他一面,仍旧盖上,谁人知道?(《初刻拍案惊奇》,第九卷)。

编号 683 死:死＝死。狄氏思想不过,成病而死。(《初刻拍案惊奇》,第六卷)。

编号 684 娶:娶＝娶。张果迎着坐下,忽然笑对二人道:"人生娶妇,娶了个公主,好不怕人!"(《初刻拍案惊奇》,第七卷)。

编号 685 嫁:嫁＝嫁。滴珠年方十六,生得如花似玉,美冠一方,凭媒说合,嫁与屯溪潘甲为妻。(《初刻拍案惊奇》,第二卷)。

编号 686 生:生＝生。娶得个夫人何氏,夫妻十分恩爱,生下三女一男。(《醒世恒言》中,第二十七卷)。

编号 687 请客:请客＝请客。假如要请一个客,做个东道,这家便嫌道:"何苦定要在我家请?"口里应承时,先不爽利了。(《二刻拍案惊奇》,第二十六卷)。

编号 688 送礼:送礼＝送礼。且说程万里送礼已过,思量要走,怎奈张进同行同卧,难好脱身,心中无计可施。(《醒世恒言》,第十九卷)。

编号 692 教:教＝教。这蒋世泽割舍不下,又绝不得广东的衣食道路,千思百计,无可奈何,只得带那九岁的孩子同行作伴,就教他学些乖巧。(《喻世明言》,第一卷)。

编号 693 学:学＝学。却说蒋兴哥跟随父亲做客,走了几遍,学得伶俐乖巧,生意行中,百般都会,父亲也喜不自胜。(《喻世明言》,第一卷)。

编号 697 赢:赢＝赢。如今说一个棋家在棋盘上赢了一个妻子,千里姻缘,天生一对,也是一段希奇的故事,说与看官每听一听。(《二刻拍案惊奇》,第二卷)。

编号 698 输:输＝输。又有那不伏气甘折本的小二哥与他赌赛,十两五两输与他的。(《二刻拍案惊奇》,第二卷)。

编号 699 上学:上学＝上学。老子见他伶俐,又忒会顽耍,要送他馆中上学。取个学名,哥哥叫善继,他就叫善述。(《喻世明言》上,第十卷)。

编号 700 放学:放学＝放学。小学生见过了二位尊客,才到父亲跟前唱喏,立起身来,禀道:"告爹爹,明日是重阳节日,先生放学回去了,直过两日才来。分付孩儿回家,不许顽耍,限着书,还要读哩!"(《醒世恒言》,第九卷)。

编号 701 读书:读书=读书。小人家住临淄,也是旧族子弟,幼年颇曾读书,只因性好弓马,把书本丢了。(《初刻拍案惊奇》,第三卷)。

编号 706 下棋:下棋=下棋。自此敬重法善,与张果一般,时常留他两人在宫中,或下棋,或斗小法,赌胜负为戏。(《初刻拍案惊奇》,第七卷)。

编号 711 休息:休息=休息。张禀生罄将房中箱笼搜过,并无踪迹。又道他埋在地下,或是藏在人家。胡猜乱嚷,没个休息。(《二刻拍案惊奇》,第四卷)。

编号 712 睡觉:睡觉=睡觉。他也不出来寻,心生一计,就把房门闩好,又掇张桌子顶住了,自上床去睡觉。(《初刻拍案惊奇》,第十七卷)。

编号 713 打呵欠:打呵欠=打呵欠。吃不到两三口,只见巫氏脸儿通红,天旋地转,打个呵欠,一堆软倒在椅子里面。(《初刻拍案惊奇》,第六卷)。

编号 714 打瞌睡:打瞌睡=打瞌睡。徐用见哥哥坐在椅上打瞌睡,只推出恭,提个灯笼,走出大门,从后门来,门却锁了。(《警世通言》,第十一卷)。

编号 716 寒颤:寒颤=寒颤。李勉听了这话,惊得身子犹如吊在冰桶里,把不住的寒颤,向着路信倒身下拜道:"若非足下仗义救我,李勉性命定然休矣!"(《醒世恒言》,第三十卷)。

编号 717 喷嚏:喷嚏=喷嚏。用细细干灰铺放余桶之内,却教女子解了下衣坐于桶上,用绵纸条栖入鼻中,要他打喷嚏。若是破身的,上气泄,下气亦泄,干灰必然吹动;若是童身,其灰如旧。(《喻世明言》,第二十八卷)。

编号 720 屙屎:屙屎=屙屎。一日,走到坑厕上屙屎,只见壁上挂着一个包裹,他提下来一看,乃是布线密紧,且是沉重。(《初刻拍案惊奇》,第二十一卷)。

编号 723 咳嗽:咳嗽=咳嗽。忽听得朝议里头大声咳嗽,急索唾壶,诸姬慌张起来,忙将三客推出阁外,把火打灭,一齐奔入房去。(《二刻拍案惊奇》,第八卷)。

编号 724 头晕:头晕=头晕。大尹因昨日头晕一事,亦疑其枉,到此心下豁然,还喜得不曾用刑。(《醒世恒言》,第四卷)。

编号 731 贴膏药:贴膏药=贴膏药。养娘道:"不是忘了,因右耳上环眼生了疳疮,戴不得,还贴着膏药哩。"刘妈妈道:"原来如此。"(《醒世恒言》,第八卷)。

编号 732 发汗:发汗=发汗。见那被儿单薄,说道:"可知道着了寒!如何这被恁薄?怎能发得汗出?"(《醒世恒言》,第十卷)。

编号 740 呕吐：呕吐＝呕吐。谁知有这样不作美的冤家够当,那妮子日逐觉得眉粗眼慢,乳胀腹高,呕吐不停。(《二刻拍案惊奇》,第十卷)。

编号 741 喜欢：喜欢＝喜欢。狄氏心里爱得紧,只怕他心上不喜欢,极意奉承。(《初刻拍案惊奇》,第六卷)。

编号 743 怪：怪＝怪。却为甚做贼偷自家的东西？却被儿子杀了,好蹊跷作怪的事！"(《初刻拍案惊奇》,第十三卷)。

编号 744 恨：恨＝恨。只去对着自绣的菩萨哭告道："弟子有恨在心,望菩萨灵感报应则个。"(《初刻拍案惊奇》,第六卷)。

编号 746 怕：怕＝怕。大郎道："果要千金,也不打紧。只是我大孺人狠,专会作贱人,我虽不怕他,怕难为这小娘子。"(《初刻拍案惊奇》,第二卷)。

编号 748 想：想＝想。到了京中,骑在高头骏马上,看见街道,想起旧日之事,不觉凄然泪下。(《初刻拍案惊奇》,第二十一卷)。

编号 748 思量：思量＝思量。你是必思量个妙计,作成我入马,救我残生。(《喻世明言》,第一卷)。

编号 752 小心：小心＝小心。又分付李氏道："我前日已分付了,你务要小心在意,不可托大。荣迁之日再会。"长老直看得开船去了方才转身。(《喻世明言》,第十九卷)。

编号 753 想念：想念＝想念。却说公子自到真定府为官,举利除害,吏畏民悦,只是想念玉堂春,无刻不然。(《警世通言》,第二十四卷)。

编号 755 要：要＝要。刘氏子道："大丈夫神钦鬼伏,就是黑夜,有何怕惧？你看我今日夜间,偏要到此处走一遭。"(《初刻拍案惊奇》,第九卷)。

编号 756 不要：不要＝不要。老人道："你不要管我,只交银子与我了,日后便见手段,而今不好先说得。"(《初刻拍案惊奇》,第十一卷)。

编号 758 值得：值得＝值得。刘公道："四海之内,皆兄弟也。这些小东西,值得几何,怎说这奉酬的话！"老汉方才举箸。(《醒世恒言》,第十卷)。

编号 759 是：是＝是。那李遐周是一个有道术的,开元年间,玄宗召入禁中,后来出住玄都观内。(《初刻拍案惊奇》,第七卷)。

编号 760 不：不＝不。从来世间有这一家道术,不论男女,都有习他的。(《初刻拍案惊奇》,第四卷)。

编号761 没有:没有=没有。欺他是个单身穷军,人生路不熟,料没有人晓得他来踪去迹。(《初刻拍案惊奇》,第十四卷)。

编号762 亲嘴:亲嘴=亲嘴。巫娘两脸红得可爱,就如一朵醉海棠一般,越看越标致了。卜良淫兴如火,先去亲个嘴,巫娘子一些不知。(《初刻拍案惊奇》,第六卷)。

编号763 上坟:上坟=上坟。成亲数日,看坟周义不见韩官人来上坟,自诣宅前探听消息。(《喻世明言》下,第二十四卷)。

编号765 浪费:浪费=浪费。如今交付你夫妻之手,置些产业,传与子孙,莫要又浪费了!(《警世通言》下,第三十一卷)。

编号766 大:大=大。那妇人走到程元玉跟前,再拜道:"公是个长者,愿闻高姓大名,好加倍奉还。"(《初刻拍案惊奇》,第四卷)。

编号767 小:小=小。程元玉道:"些些小事,何足挂齿!还也不消还得,姓名也不消问得。"(《初刻拍案惊奇》,第四卷)。

编号768 高:高=高。拣一个高大的健骡,腾地骑上,一鞭前走。(《初刻拍案惊奇》,第三卷)。

编号769 低:低=低。贾秀才低头一想道:"计在此了。"(《初刻拍案惊奇》,第十五卷)。

编号770 矮:矮=矮。左伯桃冒雨荡风,行了一日,见矮矮篱笆,围着一间草屋,乃推开篱障,轻叩柴门。(《喻世明言》,第七卷)。

编号771 长:长=长。岭南多大蛇,长数十丈,专要害人。(《初刻拍案惊奇》,第三卷)。

编号772 短:短=短。韶光短浅,赵聪因为娇养,直挨到十四岁上才读完得经书,赵六老还道是他出人头地,欢喜无限。(《初刻拍案惊奇》,第十三卷)。

编号773 粗:粗=粗。袖中摸出细珠十数串,每送一串道:"轻鲜,轻鲜,备归途一茶罢了。"文若虚处另是粗些的珠子四串,缎子八匹,道是:"权且做几件衣服。"(《初刻拍案惊奇》,第一卷)。

编号774 细:细=细。头戴一顶前一片后一片的竹简中儿,旁缝一对左一块右一块的蜜蜡金儿,身上穿一件细领大袖青绒道袍儿,脚下着一双低跟浅面红绫僧鞋儿。(《初刻拍案惊奇》,第二卷)细。

编号775 宽:宽＝宽。次日,陈禄穿了一身宽敞衣服,央了平日与主人家往来得好的陆三官做了媒人,引他望对湖去投靠卫朝奉。(《初刻拍案惊奇》,第十五卷)。

编号776 窄:窄＝窄。庭前有数种盆花,座内有几张素椅。壁间纸画周之冕,桌上砂壶时大彬。窄小蜗居,虽非富贵王侯宅;清闲螺径,也异寻常百姓家。(《初刻拍案惊奇》,第十五卷)。

编号777 厚:厚＝厚。李夫人平日极是信他的,就问他道:"你看我家女婿卢郎,官禄厚薄如何?"(《初刻拍案惊奇》,第五卷)。

编号778 薄:薄＝薄。王生不觉的大哭起来,道:"我直如此命薄!"(《初刻拍案惊奇》,第八卷)。

编号779 深:深＝深。抬眼看时,元来波斯胡住得在中华久了,衣服言动都与中华不大分别。只是剃眉剪须,深眼高鼻,有些古怪。(《初刻拍案惊奇》,第一卷)。

编号780 浅:浅＝浅。遂取文房四宝出来,写了一束:三月三日,不迟不疾。水浅舟胶,虎来人得。惊则大惊,吉则大吉。(《初刻拍案惊奇》,第五卷)。

编号781 空:空＝空。遂贾秀才大怒道:"叵耐这秃厮恁般可恶!僧家四大俱空,反要瞒心昧己,图人财利。"(《初刻拍案惊奇》,第十五卷)。

编号782 满:满＝满。小娥又满满斟了热酒,奉与申春道:"小人谢保,到此两年,不曾伏侍二官人,今日小人借花献佛,多敬一杯。"(《初刻拍案惊奇》,第十九卷)。

编号783 方:方＝方。时方修麟趾殿,有大方梁一根,长四五丈,径头六七尺,眠在庭中。(《初刻拍案惊奇》,第七卷)。

编号784 圆:圆＝圆。却有一件:破镜重圆,离而复合,因是好事。(《初刻拍案惊奇》,第二十七卷)。

编号785 平:平＝平。到得岭上,地却平宽。立定了脚,望下一看,只见山腰一个崎岖之处,有洞甚大。(《初刻拍案惊奇》,第二十四卷)。

编号786 正:正＝正。及至抬眼看时,倏忽转弯,不是正路,渐渐走到狭巷里来,轿夫们脚高步低,越走越黑。(《二刻拍案惊奇》,第五卷)。

编号787 反:反＝反。今日说一段话本,正与王奉相反,唤做"两县令竞义婚孤女"。(《醒世恒言》,第一卷)。

编号788 歪:歪＝歪。这些吃醉的举人,大家你称我颂,乱叫着某状元、某会元,东歪西倒,跌到房中,面也不洗,衣也不脱,爬上床磕头便睡,蒁蒁鼻息,响动如雷。(《醒世恒言》,第二十一卷)。

编号789 横:横＝横。所以吴彦高又有词云:"造化小儿无定据,翻来覆去,倒横直竖,眼见都如许。"(《初刻拍案惊奇》,第一卷)。

编号790 竖:竖＝竖。张大使与文若虚丢个眼色,将手放在椅子背上,竖着三个指头,再把第二个指空中一撇,道:"索性讨他这些。"(《初刻拍案惊奇》,第一卷)。

编号791 直:直＝直。十一娘道:"不然。虬髯之事寓言,非真也。就是报仇,也论曲直。若曲在我,也是不敢用术报得的。"(《初刻拍案惊奇》,第四卷)。

编号792 斜:斜＝斜。连连数了三件,划了三划,那太湖石便似锥子凿成一个"川"字,斜看来又是"三"字,足足皆有寸余,就象馋刻的一般。(《初刻拍案惊奇》,第三卷)。

编号793 陡:陡＝陡。再行过去,有陡峻高山遮在面前。(《初刻拍案惊奇》,第四卷)。

编号794 弯:弯＝弯。上得岸时,转弯抹角,到了一个去处。引进几重门户,里头房室甚是幽静清雅。(《初刻拍案惊奇》,第二卷)。

编号795 亮:亮＝亮。舱中养娘们各拿蜡烛点起,船中明亮。(《初刻拍案惊奇》,第五卷)。

编号796 暗:暗＝暗。讨个黑漆的盘,放在暗处,其珠滚一个不定,闪闪烁烁,约有尺余亮处。(《初刻拍案惊奇》,第一卷)。

编号797 黑:黑＝黑。玄宗命人验看,在左角下果得铜牌,有二寸长短,两行小字,已模糊黑暗,辨不出了。(《初刻拍案惊奇》,第七卷)。

编号798 轻:轻＝轻。只听得扑通的一响,一只右脚早端在尿桶里了,这一只左脚,做不得力,头轻脚重,又踩在屎缸里。(《初刻拍案惊奇》,第十七卷)。

编号799 重:重＝重。检尸有致命重伤,问成死罪,已是一年。(《初刻拍案惊奇》,第十四卷)。

编号 800 干:干＝干。赖得这家主人良善,将干衣出来换了,待了酒饭,过了一夜。(《初刻拍案惊奇》,第二十七卷)。

编号 801 湿:湿＝湿。伏在水底下多时,量他去得远了,然后爬上岸来,投一民家。浑身沾湿,并无一钱在身。(《初刻拍案惊奇》,第二十七卷)。

编号 802 稠:稠＝稠。这青州府人民稠密,钱粮广大,东据南徐之险,北控渤海之利,可战可守。(《初刻拍案惊奇》,第三十一卷)。

编号 804 稀:稀＝稀。那地方自遭兵火之后,道路荒凉,人民稀少;每日止给两餐稀汤薄粥,如做少了生活,打骂自不消说,连这稀汤薄粥也没有得吃了。(《醒世恒言》,第二十七卷)。

编号 805 硬:硬＝硬。何致定要害他性命?谁知北人手辣心硬,一不做,二不休,叫得先打后商量。(《初刻拍案惊奇》,第十四卷)。

编号 806 软:软＝软。举子按下剑入了鞘,道:"我生平专一欺硬怕软,替人出力……"。(《初刻拍案惊奇》,第三卷)。

编号 807 老(不嫩):老＝老。至于那强斯文,老脸皮,虽不成诗,押韵而已的,也偏不识廉耻,诮他娘两句出丑一番。(《初刻拍案惊奇》,第二十五卷)。

编号 808 嫩:嫩＝嫩。假如一个老苍男子娶了水也似一个娇嫩妇人,纵是千箱万斛尽你受用,却是那话儿有些支吾不过,自觉得过意不去。(《初刻拍案惊奇》,第二十卷)。

编号 809 脆:脆＝脆。林公又把智圆夹起,那小和尚柔脆,一发禁不得,套上未收,满口招承:"是师父杀的,尸见埋后园里。"(《初刻拍案惊奇》,第二十六卷)。

编号 811 生(不熟):生＝生。子春暗暗想道:"这硬石子怎生好吃?"原来煮熟的,就如芋头一般,味尤甘美。(《初刻拍案惊奇》,第二十六卷)。

编号 812 整齐:整齐＝整齐。天明起来,叫管家权忠,叮嘱停当了说话,结束整齐,一直问道徐家来;又闻得扑鼻馨香,回首看时,那绣帐牙床、锦衾角枕且是整齐精洁。(《二刻拍案惊奇》,第三卷)。

编号 813 乱:乱＝乱。一个养娘替他将乱发理清梳通了,挽起一髻,将一个手帕替他紧了。(《初刻拍案惊奇》,第五卷)。

编号 814 破:破＝破。走到庭前去掇一个尿桶,一个半破了的屎缸,量着跳下的所在摆着,自却去堂里睡了。(《初刻拍案惊奇》,第十七卷)。

编号 815 干净:干净=干净。马周道:"俺一路行来,没有洗脚,且讨些干净热水用用。"(《喻世明言上》,第五卷)。

编号 817 热闹:热闹=热闹。各宫以为盛事,你强我赛,又多多有赏赐,宫中好不喜欢热闹。(《二刻拍案惊奇》,第五卷)。

编号 818 明白:明白=明白。苍头道:"你姓甚名谁?你妹子叫名甚么?多少年纪?说得明白,我好替你查将出来回复你。"(《二刻拍案惊奇》,第六卷)。

编号 819 模糊:模糊=模糊。铁生道:"适才所见,分明是胡生,你们又说没甚人走过,难道病眼模糊,见了鬼了?"(《初刻拍案惊奇》,第三十二卷)。

编号 822 快(迅速):快=快。一日在山东路上,马跑得快了,赶过了宿头。(《初刻拍案惊奇》,第八卷)。

编号 823 早:早=早。次日,贾秀才起个清早,往库房中取天平,总勾了一百四十二两之数,着一个仆人跟了,径投李中外来。(《初刻拍案惊奇》,第十五卷)。

编号 825 好:好=好。唐之藩镇羡慕仿效,极力延致奇踪异迹之人,一时罔利之辈,不顾好歹,皆来为其所用。(《初刻拍案惊奇》,第四卷)。

编号 827 差:差=差。自古人心不同,尽道有如其面。假饶容貌无差,毕竟心肠难变。(《初刻拍案惊奇》,第四卷)。

编号 828 难:难=难。多保道:"而今的官有好些难做。"(《初刻拍案惊奇》,第二十二卷)。

编号 829 容易:容易=容易。况且一条水路,直到他家,极是容易。(《初刻拍案惊奇》,第二十三卷)。

编号 830 贵:贵=贵。杨公说:"买一罐酱值得甚的,便有口舌?奶奶只是见贵了,不舍得钱,故如此说。"(《喻世明言》,第十九卷)。

编号 831 便宜:便宜=便宜。众人道:"客人,你要紧脱货;这位梁大官,又是贪便宜的。"(《喻世明言》,第二卷)。

编号 832 热:热=热。此时天已晚了,刘氏便叫丫鬟摆上几样菜蔬,烫热酒与王生压惊。(《初刻拍案惊奇》,第十一卷)。

编号 833 冷:冷=冷。玄宗就叫他坐在法善之下,天气寒冷,团团围炉而坐。

(《初刻拍案惊奇》,第七卷)。

编号 835 温柔:温柔＝温柔。那妇人,生得:十相具足,是风流占尽无余;一味温柔,差丝毫便不厮称!(《初刻拍案惊奇》,第七卷)。

编号 836 温:温＝温。中大人吩咐从人,领他到自己入直的房内,与他果品吃着,被卧温着。(《二刻拍案惊奇》,第五卷)。

编号 837 凉:凉＝凉。小庵离城不远,且是僻静清凉,相公可到我庵中作寓,早晚可以攻书,自有道者在外打斋,不烦薪水之费,亦且可以相聚。(《初刻拍案惊奇》,第三十四卷)。

编号 838 香:香＝香。韶华迅速,不觉的换了一个年头,又早上元节过,渐渐的桃香浪暖。(《初刻拍案惊奇》,第十六卷)。

编号 839 臭:臭＝臭。兴儿道:"若要谢时,我昨夜连包拿了去不得?何苦在坑版上忍了臭气睡这一夜!不要昧了我的心。"(《初刻拍案惊奇》,第二十一卷)。

编号 840 馊:馊＝馊。做下饼食,常管五七日不发市,就是馊蒸气了,喂猪狗也不中。(《二刻拍案惊奇》,第十五卷)。

编号 841 咸:咸＝咸。且说王夫人当时年已四十岁了,只觉得喜食咸酸,时常作呕。(《初刻拍案惊奇》,第二十卷)。

编号 842 淡:淡＝淡。和尚道:"贫僧看官人相貌,生得福薄,无缘受享荣华;只好受些清淡,弃俗出家,与我做个徒弟。"(《喻世明言》,第三卷)。

编号 843 饿:饿＝饿。谁知黄知观是个色中饿鬼,观中一见吴氏姿容,与他说话时节,恨不得就与他做起光来。(《初刻拍案惊奇》,第十七卷)。

编号 845 累:累＝累。明日早上备一桌酒饭,请那烧炉的家僮,说道一向累他辛苦了,主翁特地与他浇手。(《初刻拍案惊奇》,第十八卷)。

编号 846 痒:痒＝痒。论常何官职,也该具奏,正欲访求饱学之士,倩他代笔,恰好王媼说起马秀才,分明是饥时饭,渴时浆,正搔着痒处。(《喻世明言》,第五卷)。

编号 848 忙:忙＝忙。道是:"阳羡许季长,耕读昼夜忙。教诲二弟俱成行,不是长兄是父娘。"(《醒世恒言》,第二卷)。

编号 849 闲:闲＝闲。忽一日,正与王夫人闲坐,不觉掉下泪来。(《初刻拍案惊奇》,第二十卷)。

编号850 胖:胖＝胖。闻人生想道:"这小长老,又不肥胖,如何有恁般一对好奶?"(《初刻拍案惊奇》,第三十四卷)。

编号851 肥:肥＝肥。乃是太湖中有一洞庭山,地暖土肥,与闽广无异,所以广橘福橘,播名天下。(《初刻拍案惊奇》,第一卷)。

编号852 瘦:瘦＝瘦。真是长有长妙,短有短强;壮的丰美,瘦的俊俏,无有不妙。(《初刻拍案惊奇》,第十七卷)。

编号853 老(不年轻):老＝老。此时胖妇人年纪约近五旬,孤老来得少了,恰好得女儿来接代,也不当断这样行业,索性大做了。(《喻世明言》,第三卷)。

编号858 傻:傻＝傻。你不要俺这一个,却要那等的,是个傻子!(《初刻拍案惊奇》,第一卷)。

编号859 老实:老实＝老实。这是我家雇工,极是老实勤紧可托的(《初刻拍案惊奇》,第十九卷)。

编号860 狡猾:狡猾＝狡猾。独有最狠毒、最狡猾、最短见的是那晚婆,大概不是一婚两婚人,便是那低门小户、减剩货与那不学好为夫所弃的这几项人。(《初刻拍案惊奇》,第二十卷)。

编号861 直性:直性＝直性。只因他是个直性汉子,不曾转这念头,遂听信了赵昂言语,点头道是。(《醒世恒言》中,第二十卷)。

编号866 乖:乖＝乖。王生自幼聪明乖觉,婶母甚是爱惜他,不想年纪七八岁时,父母两口相继而亡。(《初刻拍案惊奇》,第八卷)。

编号868 勤:勤＝勤。宋金自此朝夕小心,辛勤做活,并不偷懒,兼之写算精通,凡客货在船,都是他记账,出入分毫不爽。(《初刻拍案惊奇》,第八卷)。

编号869 懒:懒＝懒。你这丫头,教你做醒酒汤,则说道懒做便了,直装出许多兀模活样!莫做莫做,打灭厂火去睡!(《警世通言》,第十三卷)。

编号870 能干:能干＝能干。元来绍兴地方,惯做一项生意:凡有钱能干的,便到京中买个三考吏名色,钻谋好地方选一个佐贰官出来,俗名唤做"飞过海"。(《醒世恒言》,第三十六卷)。

编号874 满意:满意＝满意。卫朝奉称心满意,已无话说。(《初刻拍案惊奇》,

第十五卷)。

编号876可怜:可怜＝可怜。如春自思:"欲投岩涧中而死,万一天可怜见,苦尽甘来,还有再见丈夫之日。"(《喻世明言》,第二十七卷)。

编号881红:红＝红。昨寒荆病中,恍惚见八个白衣大汉,腰系红束,对寒荆道:"我等本在金家,今在彼缘尽,来投身宅上。"(《初刻拍案惊奇》,第一卷)。

编号882蓝:蓝＝蓝。你道他怎生打扮:头戴包巾,脚蹬方履。身上穿浅地深缘的蓝服,腰间系一坠两股的黄绦。(《二刻拍案惊奇》,第二卷)。

编号883绿:绿＝绿。有诗为证:国手惟争一着先,个中藏着好姻缘。绿窗相对无余事,演谱推敲思入玄。(《二刻拍案惊奇》,第二卷)。

编号884白:白＝白。法善指道:"这些仙女,名为'素娥',身上所穿白衣,叫作'霓裳羽衣',所奏之曲,名曰《紫云曲》。"(《初刻拍案惊奇》,第七卷)。

编号885灰:灰＝灰。黄草遮寒最不宜,况兼久敝色如灰。肩穿袖破花成缕,可奈金风蚤晚吹(《喻世明言》,第十一卷)。

编号886黄:黄＝黄。掇转马头,向北一道烟跑,但见一路黄尘滚滚,霎时不见踪影。(《初刻拍案惊奇》,第十三卷)。

编号887青:青＝青。身上穿一件细领大袖青绒道袍儿,脚下着一双低跟浅面红绫僧鞋儿。(《初刻拍案惊奇》,第七卷)。

编号888紫:紫＝紫。法善道:"法师已咒过了,而今该贫道还礼。"随取三藏紫铜钵盂,在围炉里面烧得内外都红。法善捏在手里,弄来弄去,如同无物。(《初刻拍案惊奇》,第七卷)。

编号889黑:黑＝黑。只见张果摇摇摆摆走将来,面貌虽是先前的,却是一头纯黑头发,须髯如漆,雪白一口好牙齿,比少年的还好看些。(《初刻拍案惊奇》,第七卷)。

编号890我:我＝我。我靠皇天覆庇,虽则劳碌一生,家事尽可度日。况我平日留心,有熔成八大锭银子永不动用的,在我枕边,见将绒线做对儿结着。(《初刻拍案惊奇》,第一卷)。

编号891你:你＝你。这等说,却渡你去不得。你起得没好意了,放你上岸,你或是逃去,或是寻死,或是被别人拐了去,后来查出是我渡你的,我却替你吃没头官司。(《初刻拍案惊奇》,第二卷)。

编号892 他:他=他。这滕生想道:"他平日岂无往来亲厚的女眷?若问得着时,或者寻出机会来。"(《初刻拍案惊奇》,第六卷)。

编号893 我们:我们=我们。儿子惊骇地道:"不该是我们手里东西,眼见得作怪。"(《初刻拍案惊奇》,第一卷)。

编号894 你们:你们=你们。提控立起身来道:"你们且慢慢细讲,我还要到衙门去谢谢官府去。"当下提控作别自去了。(《初刻拍案惊奇》,第一卷)。

编号895 他们:他们=他们。又寄封书与京中同年相好的,叫他们遣个马票,兼请逼勒他出京,不许耽延!王生不得已,与女子作别。(《初刻拍案惊奇》,第十二卷)。

编号897 大家:大家=大家。"我一时贪个松快,人闹里不看得仔细,及至寻时已不见了。你们难道不曾撞见?"府中人见说,大家慌张起来。(《二刻拍案惊奇》,第五卷)。

编号898 自己:自己=自己。朱重得了这些便宜,自己转卖与人,也放些宽,所以他的油比别人分外容易出脱。(《醒世恒言》,第三卷)。

编号899 人家:人家=人家。这篇言语,大抵说人家继母心肠狠毒,将亲生子女胜过一颗九曲明珠,乃稀世之宝,何等珍重。(《醒世恒言》,第二十七卷)。

编号901 你的:你的=你的。焦氏喝道:"小贱人!谁要你多言?难道我打不得的么?你的打也只就在头上滴溜溜转了,却与别人讨饶?"(《醒世恒言》,第二十七卷)。

编号902 他的:他的=他的。触着他的,风波立至,必要弄得那人破家荡产,方才罢手。(《醒世恒言》,第四卷)。

编号903 别个:别个=别个。子春道:"不是那老儿,难道还有别个?"(《醒世恒言》,第三十七卷)。

编号904 这个:这个=这个。女巫道:"若是这个人,不该是夫人的女婿。夫人的女婿,不是这个模样。"(《初刻拍案惊奇》,第五卷)。

编号905 那个:那个=那个。女巫道:"卢郎不是那个长须后生么?"李母道:"正是。"(《初刻拍案惊奇》,第五卷)。

编号906 这些:这些=这些。只见张大气忿忿走来,说道:"这些人好笑,说道你去,无不喜欢。说到助银,没一个则声。"(《初刻拍案惊奇》,第一卷)。

编号907 那些:那些=那些。那些家人见主人已自在岸上了,谁敢不上?一定就走了二十多人起来,那船早自轻了。(《初刻拍案惊奇》,第五卷)。

编号908 这里:这里=这里。施复问道:"约莫有多少?"那后生道:"起初在这里卖的丝银六两二钱。"(《醒世恒言》,第十八卷)。

编号909 那里:那里=那里。谢别了观察,连忙走回。远望见棚内家人多在那里注目看外边。(《初刻拍案惊奇》,第二十九卷)。

编号910 这边:这边=这边。不说他老口儿两下唧哝,且说这边立出牌来,早已有人报与妙观得知。(《二刻拍案惊奇》,第二卷)。

编号911 那边:那边=那边。且不说这边巫娘子烦恼。那边赵尼姑见巫娘子带着怒色,不别而行,晓得卜良着了手。(《初刻拍案惊奇》,第六卷)。

编号914 谁:谁=谁。那位神仙是谁?姓吕,名岩,表字洞宾,道号纯阳子。(《醒世恒言》,第二十二卷)。

编号915 什么:什么=什么。把女儿八字与婚期,教他合一合看,怕有什么冲犯不宜。(《初刻拍案惊奇》,第五卷)。

编号923 一个人:一个人=一个人。子春正在神前祷祝,忽然祠后走出一个人来,叫道:"郎君,你好至诚也!"(《醒世恒言》,第三十七卷)。

编号929 一朵花:一朵花=一朵花。王婆爬起来,扶起女儿,说道:"你好短见!二十多岁的人,一朵花还没有开足,怎做这没下梢的事?"(《喻世明言》,第一卷)。

编号930 一顿饭:一顿饭=一顿饭。卢楠恐家人们作弊,短少了众人的,亲自唱名亲发,还赏一顿酒饭,吃个醉饱,叩谢而出。(《醒世恒言》,第二十九卷)。

编号932 一壶酒:一壶酒=一壶酒。那时园中牡丹盛开,秋公刚刚浇灌完了,正将着一壶酒儿,两碟果品,在花下独酌,自取其乐。(《醒世恒言》,第四卷)。

编号934 一口水:一口水=一口水。崔生去叩门,觅一口水。立了半日,不见一人出来。(《警世通言》,第三十卷)。

编号935 一把刀:一把刀=一把刀。却说张员外打扮得一似军官:系一条乾红大䙡绦,挥一把玉靶压衣刀,穿一双□鞋。(《醒世恒言》,第三十一卷)。

编号937 一座桥:一座桥=一座桥。在万松岭下造石桥一座,名曰柳翠桥。

(《喻世明言》下,第二十九卷)。

编号938 一扇门:一扇门＝一扇门。许宣看时,见一所楼房,门前两(一)扇大门……挂四幅名人山水古画。(《警世通言》,第二十八卷)。

编号940 一只船:一只船＝一只船。吕玉父子吃罢,收拾行囊,作谢而别,唤了一只小船,摇出闸外。(《警世通言》,第五卷)。

编号941 一件事:一件事一件事。小娘子若要我相让时,须依得我一件事,无不从命。(《二刻拍案惊奇》,第二卷)。

编号942 一本书:一本书＝一本书。朱源又不好催逼,到走去书桌上,取过一本书儿观看,陪他同坐。(《醒世恒言》,第三十六卷)。

编号943 一匹马:一匹马＝一匹马。且去太虚顶上观看,只见一匹马飞来,到面前下马离鞍。(《醒世恒言》,第二十二卷)。

编号944 一封信:一封信＝一封信。明代官话:今番从军日久,思想家里,写下一封家书(信),把那一路掳掠下金银财宝,装做一车,又将掳到人口男女,分做两处,差帐前两个将校,押送回家。(《醒世恒言》,第十九卷)。

编号947 一盏灯:一盏灯＝一盏灯。遥见灯影中,一个丫鬟,肩上斜挑一盏彩鸾灯,后面一女子,冉冉而来。(《喻世明言》,第二十三卷)。

编号948 一张桌:一张桌＝一张桌。少顷之间,丫鬟掌灯过来,抬下一张八仙桌儿,六碗时新果子,一架攒盒佳肴美醖,未曾到口,香气扑人。(《醒世恒言》,第三卷)。

编号954 一床被窝:一床被窝＝一床被窝。正应着在下先前所言,做了没脊梁、惹羞耻的事,一床锦被可以遮盖了的说话。(《初刻拍案惊奇》,第二十九卷)。

编号957 一串:一串＝一串。袖中摸出细珠十数串,每送一串道:"轻鲜,轻鲜,备归途一茶罢了。"(《初刻拍案惊奇》,第二十九卷)。

编号959 一身棉衣:一身棉衣＝一身棉衣。王匠大喜,随即到了市上,买了一身袖帛衣服。(《警世通言》,第二十四卷)。

编号963 一对花瓶:一对花瓶＝一对花瓶。这里洞房中一对新人,真正佳人遇着才子,那一宵欢爱,端的是如胶似漆,似水如鱼。(《初刻拍案惊奇》,第二十卷)。

编号964 看一遍:看一遍＝看一遍。素梅接过手来,看了一遍,道:"写的是一首词。分明是他叫你拿来的,你却掉谎。"(《二刻拍案惊奇》,第九卷)。

编号 964 这一次:这一次＝这一次。吴山因灸火在家,一月不曾行事,见了金奴,如何这一次便罢?(《喻世明言》,第三卷)。

编号 967 打一顿:打一顿＝打一顿。你若执意不从,惹他性起,一时翻过脸来,骂一顿,打一顿,你待走上天去?(《醒世恒言》上,第三卷)。

编号 968 动一下:动一下＝动一下。也曾同着朋友武武人家走动两番,不过是遣兴而已。(《二刻拍案惊奇》,第二十九卷)。

编号 970 吃一口:吃一口吃一口。小师父把热茶冲上,吃了两口,又吃了几块糕,再冲茶来吃。(《初刻拍案惊奇》,第六卷)。

编号 971:闹一场:闹一场＝闹一场。欲待厮闹一场,因怕老婆嘴舌又利,喉咙又响,恐被邻家听见,反妆幌子。(《醒世恒言》,第三十卷)。

编号 972 谈(哭)一会:谈(哭)一会＝谈(哭)一会。欲不敢回言,只得忍着气,背地哽哽咽咽,哭了一会罢了。(《初刻拍案惊奇》,第二卷)。

编号 973 以前:以前＝以前。话说自汉以前,人才只是幸荐征辟,故有贤良、方正、茂才异等之名。(《初刻拍案惊奇》,第二十九卷)。

编号 977 预先:预先＝预先。马德称见了乡试录,已知黄胜得意,必然到京,想起旧恨,羞与相见,预先出京躲避。(《醒世恒言》,第十七卷)。

编号 983 更:更＝更。至于大宋妇人,出色的更多。(《醒世恒言》,第十一卷)。

编号 984 最:最＝最。那子弟多则住一二月,最少也住半月二十日,只有金二员外侵早出门,是从来未有之事。(《醒世恒言》,第三卷)。

编号 985 太:太＝太。到第四日,起个清早,便到王九妈家去,去得太早,门还未开,意欲转一转再来。(《醒世恒言》,第三卷)。

编号 988 都:都＝都。因他做人公平,一镇的人无不敬服,都称为刘长者。(《醒世恒言》,第十卷)。

编号 991 又:又＝又。其中只有一个出色的,姓王,乃云游来的,又美丽,又风月,年可二十来岁。(《初刻拍案惊奇》,第三十四卷)。

编号 992 再:再＝再。吴氏关了大门,接进堂中坐了。问道:"如何那夜一去了再无消息,直到昨日才着道童过来?"(《初刻拍案惊奇》,第三十四卷)。

编号 999 莫要：莫要＝莫要。众人齐赞："好花！"张委便踏上湖石去嗅那香气。秋先极怪的是这节,乃道："衙内站远些看,莫要上去！"(《醒世恒言》,第四卷)。

编号 1000 不用：不用＝不用。吴大郎次日果然打扮得一发精致,来汪锡家成亲。他怕人知道,也不用傧相,也不动乐人。(《初刻拍案惊奇》,第二卷)。

编号 1001 把：把＝把。后来被强不过,勉强略坐得一坐,推个事故走进房去,扑地把灯吹熄,先自睡了,却不关门。(《初刻拍案惊奇》,第二卷)。

编号 1003 替：替＝替。前日江家有一所花园空着,要典与人,老身替你问问看,如何？(《初刻拍案惊奇》,第二卷)。

编号 1004 在：在＝在。众人在屋缝里张着,看那放下的东西,恰像个人一般,又恰像在那里有些动。(《初刻拍案惊奇》,第五卷)。

编号 1005 从：从＝从。刚下口,只见酒从头顶涌出,把一个小道士冠儿涌得歪在头上,跌了下来。(《初刻拍案惊奇》,第七卷)。

编号 1006 到：到＝到。这样好吃懒做的淫妇,睡到这等一同才起来！(《初刻拍案惊奇》,第二卷)。

编号 1010 一：一＝一。不一日来到南京,往刑部衙门细细打听。(《初刻拍案惊奇》,第十一卷)。

编号 1011 二：二＝二。便思想道："我一两银子买得百斤有余,在船可以解渴,又可分送一二,答众人助我之意。"(《初刻拍案惊奇》,第一卷)。

编号 1012 三：三＝三。走了三四十里,来到良乡,只见后头有一人奔马赶来,遇着东山的骡,便按辔少驻。(《初刻拍案惊奇》,第三卷)。

编号 1013 四：四＝四。过了两个冈子,前见一山陡绝,四周并无联属,高峰插于云外。(《初刻拍案惊奇》,第四卷)。

编号 1014 五：五＝五。女儿到有一十五岁,生时因见天上有一条虹霓,五色灿烂,正环在他家屋上,蔡武以为祥瑞,遂取名叫作瑞虹。(《醒世恒言》,第三十六卷)。

编号 1015 初六：初六＝初六。金满听了这席话,就同陆有恩来寻张二哥不遇,其夜就留陆有恩过宿,明日初六,起个早,又往张二哥家,并拉了四哥,共四个人,伺到胡美家来。(《警世通言》,第十五卷)。

编号 1016 初七：初七＝初七。至四月初七日,尼姑又自到陈衙邀请,说道："因夫人小姐光临,各位施主人家,贫僧都预先回了。(《喻世明言》,第四卷)。

编号 1017 初八:初八＝初八。东山用尽平生之力,面红耳赤,不要说扯满,只求如初八夜头的月,再不能勾。(《初刻拍案惊奇》,第三卷)。

编号 1018 初九:初九＝初九。陆有恩道:"不该要金阿叔的,今日是初五、也得做兄弟的发个利市。"(《警世通言》,第十五卷)。

编号 1019 初十:初十＝初十。家人道:"今日是初十了,自那日初一出门,到晚不见回来,只道在轩辕翁庵里。"(《二刻拍案惊奇》,第二十四卷)。

二、变异词

一般认为,"变异词是在传承前代词语的过程中意义或用法发生了较大变异的方言词"[①]。本书中的变异词是指在承传过程中词形发生变化但意义不变的词。如"虎"变成"老虎","雹"变成"冰雹","傍晚"变成"擦黑","虹"变成"龙杠吃水",而且大多数变异词由单音词变为双音词或多音词。

明代官话与屯堡话变异词一共有 404 个,占明代官话与屯堡话可比词语总数(1 019 个)的 39.64%。其中名词 266 个,动词 68 个,形容词 26 个,代词 5 个,数量词 19 个,虚词 20 个。

下面是这 409 个明代官话和屯堡话变异词的比较。为了证实这些词的确是存在于明代官话中,笔者在比较时特列举例句。因屯堡话已收录在附录 C《汉语官话方言词汇调查条目表》,所以不举例句。结构方式编号词目:变异情况,明代官话例句。

编号 1 日:日→太阳。明代官话:家人道:"今日是初十了,自那日初一出门,到晚不见回来,只道在轩辕翁庵里。"(《二刻拍案惊奇》,第二十四卷)。

编号 2 月:月→月亮。明代官话:看那少年的弓,约有二十斤重,东山用尽平生之力,面红耳赤,不要说扯满,只求如初八夜头的月,再不能勾。(《初刻拍案惊奇》,第三卷)。

编号 3 星:星→仙宿。明代官话:秀才大喜,取了舌头,把汗巾包了,带了剑,趁

[①] 李如龙.汉语方言学[M].第 2 版.北京:高等教育出版社,2007:186.

着星月微明,竟到观音庵来。(《初刻拍案惊奇》,第六卷)。

编号 7 露:露→露水。明代官话:诗曰:青楼原有掌书仙,未可全归露水缘。知多少风尘能自拔,淤泥本解出青莲。(《初刻拍案惊奇》,第二十五卷)。

编号 11 雹:雹→冰雹。明代官话:唐朝牛僧孺任伊阙县尉时,有东洛客张生应进士举,携文往谒。至中路遇暴雨雷雹,日已昏黑,去店尚远,傍着一株大树下且歇。(《初刻拍案惊奇》,第三十六卷)。

编号 12 闪电:闪电→扯电。明代官话:楼窗看见间壁衣库亮光一闪,如闪电一般,情知有些尴尬,忙敲楼窗向铺里叫道:"隔壁仔细,家中敢有小人了!"(《二刻拍案惊奇》,第三十九卷)。

编号 13 虹:虹→龙杠吃水。明代官话:年纪尚小女儿到有一十五岁,生时因见天上有一条虹霓,五色灿烂,正环在他家屋上,蔡武以为祥瑞,遂取名叫作瑞虹。(《醒世恒言》,第三十六卷)。

编号 15 天气:天气→气候。明代官话:此时七月天气,船家对官舱里道:"官人,娘子在此闹处歇船,恐怕热闷。(《初刻拍案惊奇》,第二十七卷)。

编号 20 池塘:池塘→塘塘。明代官话:只见几个粗腿大脚的汉子赤剥了上身,手提着皮挽,牵着五七匹好马,在池塘里洗浴。(《二刻拍案惊奇》,第八卷)。

编号 21 风景:景致→风景。明代官话:一来祈求的观音报应;二来看些浙江景致,消遣闷怀,就便做些买卖。(《初刻拍案惊奇》,第八卷)。

编号 26 田:稻田→水田。明代官话:方才陆续的将典卖过盐场、客店、芦洲、稻田,逐一照了原价,取赎回来。果然本钱大,利钱也大,不上两年,依旧泼天巨富。(《醒世恒言》,第三十七卷)。

编号 27 旱地:田地→旱地。明代官话:阿寄道:"今日三娘买几亩田地,特请二位官人来张主。"(《醒世恒言》,第三十五卷)。

编号 28 时候:时节→时候。明代官话:这一首诗,乃是唐朝玄宗皇帝时节一个道人李遐周所题。(《初刻拍案惊奇》,第七卷)。

编号 31 后年:二年→后年。明代官话:妇人不肯,道:"我非宦家之女,门楣不对,他日必有悔,只可做妾。"遂随了慎思。二年,生了一子。又二年,将妾嫁同里郑氏子,母又转嫁了人去。(《初刻拍案惊奇》,第四卷)。

编号 35 今日:今日→今天。明代官话:今众人大家说道:"这是我们好朋友,到海外要去的。身边有银子,却不曾肯置货。今日没奈何,只得屈他在末席坐了。"(《初刻拍案惊奇》,第一卷)。

编号 36 明天:明日→明天。明代官话:众人都起身道:"酒勾了,天晚了,趁早上船去,明日发货罢。"(《初刻拍案惊奇》,第一卷)。

编号 37 后天:后日→后天。明代官话:小童道:"请待后日。"至期,……见一大白龙起于江心,头与云连,有顿饭时方灭。(《初刻拍案惊奇》,第一卷)。

编号 38 大后天:大后日→万天。明代官话:你且到大后日来看。还有句话,这几日你且不要来我家卖油,预先留下个体面。(《醒世恒言》,第三卷)。

编号 39 昨天:昨日→昨天。明代官话:徽商道:"我昨日与伙计算账,我多出三十两一项银子来。我就舍在此处,修好了阁,一来也是佛天面上,二来也在此间留个名。"(《初刻拍案惊奇》,二十四卷)。

编号 40 前天:前日→前天。明代官话:慧澄道:"是夫人前日所托寻取珠子,今有两囊上好的,送来夫人看看。"(《初刻拍案惊奇》,第六卷)。

编号 41 大前天:几日前→大前天。明代官话:州牧几日前曾见这张失事的报单过,晓得是真情。(《初刻拍案惊奇》,第二十二卷)。

编号 42 白天:日里→白天。明代官话:元来孟河过东去,就是大海,日里也有强盗的,惟有空船走得。(《初刻拍案惊奇》,第八卷)。

编号 43 夜间:夜来→夜晚。明代官话:约得百两,便熔成一大锭,把一综红线结成一绦,系在锭腰,放在枕边。夜来摩弄一番,方才睡下。(《初刻拍案惊奇》,第一卷)。

编号 44 早晨:早晨→大老早。明代官话:赵尼姑道:"起经以后,但是早晨未念之先,吃些早素,念过了吃荤也不妨的。"(《初刻拍案惊奇》,第一卷)。

编号 45 上午:早间→晌午前。明代官话:今日早间上楼,直到下午,中饭也不安排我吃。(《喻世明言》,第三十八卷)。

编号 46 中午:正午→中午。明代官话:汪知县已受了些暑气,这时却又在正午,那轮红日犹如一团烈火,热得他眼中火冒,口内烟生。(《醒世恒言》,第二十九卷)。

编号 48 傍晚:傍晚→擦黑。明代官话:到得傍晚,已自在贾家门首探头探脑,恨不得就将那话儿拿下来,望门内撩了进去。(《初刻拍案惊奇》,第六卷)。

编号49 晚上:晚夕→夜晚。明代官话:少不得朝晨起早,晚夕眠迟,睡醒来,千思想,万算计,拣有便宜的才做。(《初刻拍案惊奇》,第一卷)。

编号50 正月初一:正月初一→大年初一。明代官话:道是:"腊尽愁难尽,春归人未归。朝来嗔寂寞,不肯试新衣。"明日正月初一日,是个岁朝。(《喻世明言》上,第一卷)。

编号52 中秋节:中秋→八月十五。明代官话:是年八月中秋之夜,月色如银,万里一碧(《初刻拍案惊奇》,第七卷)。

编号54 除夕:除夜→除夕。明代官话:刘妪见老儿口重,便来收科道:"再等女儿带过了残岁,除夜做碗羹饭起了灵,除孝罢。"(《警世通言》,第二十二卷)。

编号66 泥:泥→泥巴。明代官话:你爹爹困在囹固,受尽鞭榜,还要时手镣足,这般时节,拘于那不见天日之处,休说冷水,便是泥汁也不能勾。(《初刻拍案惊奇》,第二十卷)。

编号69 老虎:虎→老虎。明代官话:只见拿到虎圈边放下,群虎一见,皆缩做一堆,双膝跪倒。(《初刻拍案惊奇》,第三卷)。

编号71 豹子:豹→豹子。明代官话:西壁下铺着一张豹皮。(《醒世恒言》,第三十七卷)。

编号74 猴子:猴→猴子。明代官话:公主曰:"不然,非尔辈所知。侯王天下豪杰,父王昔曾梦狝猴升御榻,正应今日。"(《喻世明言》,第三十七卷)。

编号75 兔子:兔→兔子。明代官话:他不习女工针指,每日午饭已毕,便空身走去山里寻几个獐鹿兽兔还家,腌腊起来,卖与客人,得几贯钱。(《初刻拍案惊奇》,第三卷)。

编号76 老鼠:老鼠→耗子。明代官话:大凡做贼的见了做公的,就是老鼠遇了猫儿,见形便伏。(《二刻拍案惊奇》,第五卷)。

编号78 猫头鹰:猫头儿→夜猫子。明代官话:妈妈子成日影儿不见,干的什么猫头儿差事。(《金瓶梅》,第三十七卷)。

编号79 雁:雁→大雁。明代官话:左右就在席上,如鹰拿雁雀,揪了下来听令。(《初刻拍案惊奇》,第三十卷)。

编号 81 乌鸦:乌鸦→老鸦。明代官话:储白粉墙,尽是杀人染就。尸骸没主,乌鸦与蝼蚁相争;鸡犬无依,鹰隼与豺狼共饱。(《初刻拍案惊奇》,第二十二卷)。

编号 83 麻雀:雀→麻雀。明代官话:原来贵人幼时曾遇一道士,那道士是个异人,替他右项上刺着几个雀儿,左项上刺几根稻谷,说道:"若要富贵足,直待雀衔谷。"从此人都唤他是郭雀儿,到登极之日,雀与谷果然凑在一处。(《喻世明言》,第十五卷)。

编号 85 八哥:八哥→八儿。明代官话:乃岸上更夫倡和山歌,歌云:"雨落沉沉不见天,八哥飞入画堂前。燕子无棠梁上宿,阿姨相伴姐夫眠。"(《醒世恒言》,第二十三卷)。

编号 86 牲口:畜生→牲畜。明代官话:冤倒不辩得,和我连累了,如何出豁?只因一个畜生,明明屈杀了一条性命。(《喻世明言》,第二十六卷)。

编号 87 公牛:牡牛→牲牡。明代官话:想道:"这银两若是富人掉的,譬如牡牛身上拔根毫毛,打什么紧,落得将来受用。"(《醒世恒言》,第十八卷)。

编号 88 母牛:牛→牛母。明代官话:恰斗有两个时辰,甘、施二人蹑迹而至,正见二牛相斗,黄牛力倦之际,施岑用剑一挥,正中黄牛左股。(《警世通言》,第四十卷)。

编号 89 公马:骏马→叫马。明代官话:杜子春到明日绝早,就去买了一匹骏马,一付鞍辔,又做几件时新衣服,便去夸耀众亲眷,说道:"据着你们待我,我已饿死多时了。"(《醒世恒言》,第三十七卷)。

编号 90 母马:马→t'o⁴ 马。明代官话:须臾之间,只见仪门大开,桂迁在庭前乘马而出。(《警世通言》,第二十五卷)。

编号 91 公猪:猪→伢猪。明代官话:须明代官话:猪羊入屠户之家,一步步来寻死路。(《初刻拍案惊奇》,第十四卷)。

编号 92 母猪:猪→母猪。明代官话:次早,丫头报与玉姐:"俺家杀猪宰羊,上岳庙哩。"(《警世通言》,第二十四卷)。

编号 93 公狗:雄犬→芽狗。明代官话:阿喜留可道:"鸡踏雄犬交恋,即交合之状也。"(《醒世恒言》,第二十三卷)。

编号 94 母狗:雌狗→草狗。明代官话:张媒道:"老媳妇今年七十二岁了。若胡说时,变做七十二只雌狗,在押司娘家吃屎。"(《警世通言》,第十三卷)。

编号100 阉鸡:鸡→骟鸡。明代官话:过了数日,桂生备了四个盒子,无非是时新果品,肥鸡巨鲫,教浑家孙大嫂乘轿亲到施家称谢。(《警世通言》下,第二十五卷)。

编号101 母鸡:鸡母→母鸡。明代官话:那时玉英刚刚六岁,承祖五岁,桃英三岁,月英止有五六个月。虽有养娘、奶子伏侍,到底像小鸡失了鸡母,七慌八乱,啼啼哭哭。(《醒世恒言》,第二十七卷)。

编号102 小鸡儿:小鸡母→小鸡儿。明代官话:那时玉英刚刚六岁,承祖五岁,桃英三岁,月英止有五六个月。虽有养娘、奶子伏侍,到底像小鸡失了鸡母,七慌八乱,啼啼哭哭。(《醒世恒言》,第二十七卷)。

编号110 蚌:蚌→蚌壳。明代官话:从来说老蚌出明珠,果有此事。(《初刻拍案惊奇》,第三十二卷)。

编号111 青蛙:蛙→田鸡。明代官话:时珍曰:蛙好鸣,其声自呼。南人食之,呼为田鸡,云肉味如鸡也。(《本草纲目》,虫部)。

编号112 癞蛤蟆:癞蛤蟆→赖疙保。明代官话:我终日挑这油担子,不过日进分文,怎么想这等非分之事!正是癞蛤蟆在阴沟里想着天鹅肉吃,如何到口?(《醒世恒言》,第三卷)。

编号113 乌龟:乌龟→团鱼。明代官话:如今死不死,活不活,女孩儿年纪看看长成,嫁又嫁他不得,赖又赖他不得,终不然看着那癞子守活孤孀不成!这都是王三那老乌龟,一力撺掇,害了我女儿终身!(《醒世恒言》,第九卷)。

编号114 蜗牛:蜗→螺丝。明代官话:家里虽蜗窄,尚有草榻可以安寝,师父每不妨下顾的。(《二刻拍案惊奇》,第三十六卷)。

编号115 蚯蚓:蚯蚓→曲蟮。明代官话:蚯蚓,释名(音顷引)、朐(音蠢闰)、坚蚕(音遣忝)、(音阮善)、曲、土(时珍曰:蚓之行也,引而后申,其如丘,故名蚯。)(《本草纲目》,虫部)。

编号117 蜜蜂:蜂→曲蟮。明代官话:雨前初见花间蕊,雨后全无叶底花。蜂蝶纷纷过墙去,却疑春色在邻家。(《警世通言》,第八卷)。

编号121 萤火虫:萤→亮火虫。明代官话:红轮西坠,玉兔东生。佳人秉烛归房,江上渔翁罢钓。萤火点开青草面,蟾光穿破碧云头。(《警世通言》,第三十七卷)。

编号125 蚊子:蚊→蚊子。明代官话:蚊虻能噆人,难道也是天生人以养蚊虻不成？若是虎豹蚊虻也一般会说、会话、会写、会做,想来也要是这样讲了,不知人肯服不肯服？(《初刻拍案惊奇》,第三十七卷)。

编号126 臭虫：虱子→臭虫。明代官话：看着一个人性命,只当掐个虱子,不在心上。(《初刻拍案惊奇》,第十四卷)。

编号127 蜘蛛：蛛→蜘蛛。明代官话：绛烛光消,仙扃昼掩。蛛网遍生虚室,宝钩低压重帘。(《初刻拍案惊奇》,第二十八卷)。

编号130 壁虎：壁虎→四足蛇。明代官话：守宫,【释名】壁宫、壁虎、蝎虎。【集解】时珍曰：守宫,处处人家墙壁有之。状如蛇医,而灰黑色,扁首长颈,细鳞四足,长者六七寸,亦不闻噬人。(《本草纲目》,第十一卷)。

编号132 蹄子：蹄→蹄子。明代官话：满口利牙排剑戟,四蹄钢爪利锋芒。(《初刻拍案惊奇》,第二十八卷)。

编号134 尾巴：尾儿→尾巴。明代官话：却待转身,忽掉过头来,看见墙上画了一只禽鸟,翎毛儿、翅膀儿、足儿、尾儿,件件皆有,单单不画鸟头。(《醒世恒言》,第三十卷)。

编号141 杜鹃花：杜鹃花→艳山红。明代官话：山茶花宝珠称贵,蜡梅花磬口方香。海棠花西府为上,瑞香花金边最良。玫瑰杜鹃,烂如云锦,绣球郁李,点缀风光。说不尽千般花卉,数不了万种芬芳。(《醒世恒言》,第四卷)。

编号143 稻：稻子→谷子。明代官话：这稻子还是赵宁所种。(《醒世恒言》,第三十四卷)。

编号145 大米：白米→大米。明代官话：洞宾吃罢斋,支衬钱五百文,白米五斗。(《醒世恒言》,第二十二卷)。

编号147 麦子：麦→麦子。明代官话：江南有谣云：做天莫做四月天,蚕要温和麦要寒。秧要日时麻要雨,采桑娘子要晴干。(《醒世恒言》,第十八卷)。

编号148 面粉：面→面粉。明代官话：凡小麦既扬之后,以水淘洗尘垢净尽,又复晒干,然后入磨。凡小麦有紫、黄二种,紫胜于黄。凡佳者每石得面一百二十斤,劣者损三分之一也。(《天工开物》,精粹篇)。

编号149 谷子：谷子→稻。明代官话：那田产莫管好歹,把来放租与人,讨几担谷子,做了桩主。(《醒世恒言》,第三十五卷)。

编号 150 小米：粟→小米。明代官话：尤生道："何不入粟买官，一则冠盖荣身，二则官户免役，两得其便。"(《警世通言》，第二十五卷)。

编号 151 麸子：麸→麸子。明代官话：稻以糠为甲，麦以麸为衣，粟、粱、黍、稷毛羽隐然。(《天工开物》，精粹篇)。

编号 152 糠：糠→米糠。明代官话：却又把米侵匿，一碗粥中不上几颗米粒。还有把糠秕木屑搅和在内，凡吃的俱各呕吐，往往反速其死。(《醒世恒言》中，第二十卷)。

编号 154 玉米：玉米→苞谷：明代官话：玉米别有一种玉米，或称玉麦，或称玉蜀秫。(《农政全书》)。

编号 157 甘薯：甘薯→红薯。明代官话：时珍曰：陈祈畅《异物志》云：甘薯出交广南方。民家以二月种，十月收之。其根似芋，亦有巨魁。大者如鹅卵，小者如鸡、鸭卵。(《本草纲目》，菜部)。

编号 158 马铃薯：土豆→洋芋。明代官话：土芋，一名土豆，一名黄独。蔓生叶如豆，根圆如鸡卵，内白皮黄，可灰汁煮食，亦可蒸食。又煮芋汁，洗腻衣，洁白如玉。"(《农政全书》卷二十八)

编号 159 蔬菜：蔬菜→菜。明代官话：看看天晚，点起灯烛，空照自去收拾酒果蔬菜，摆做一桌，与赫大卿对面坐下。(《醒世恒言》，第十五卷)。

编号 166 番茄：番柿→四明茄。明代官话：番柿，一名六月柿，茎如蒿，高四五尺，叶如艾，花似榴，一枝结五实或三四实，一数二三十实。缚作架，最堪观。来自西番，故名。(王象晋，《群芳谱》)。

编号 167 韭菜：韭→韭菜。明代官话：时珍曰：韭丛生丰本，长叶青翠。可以根分，可以子种。其性内生，不得外长。叶高三寸便剪，剪忌日中。一岁不过五剪，收子者只可一剪。(《本草纲目》，菜部)。

编号 168 葱：葱→大葱。明代官话：一定是看上了我家那个丫头，要嫖一夜，或是会一个房。虽然不是个大势主菩萨，搭在篮里便是菜，捉在篮里便是蟹，赚他钱把银子买葱菜，也是好的。(《醒世恒言》，第三卷)。

编号 169 蒜：蒜→蒜头。明代官话：山东酒店，没甚嘎饭下酒，无非是两碟大蒜、几个馍馍。(《初刻拍案惊奇》，第十四卷)。

编号170 辣椒：椒→辣椒。明代官话：然后取酒调了椒盐各味，再复与他，他火逼不过，见了只是吃，性命未绝，外边皮肉已熟，里头调和也有了。(《初刻拍案惊奇》，第三十七卷)。

编号171 水果：果子→水果。明代官话：长老上殿诵经毕，入房，闭了房门，将厨开了锁，放出红莲，把饮食与他吃了，又放些果子在厨内，依先锁了。(《喻世明言》，第三十卷)。

编号173 梨：梨→梨子。明代官话：道士袖里摸出大梨一颗、大枣数枚，与自实道："你认得这东西么？此交梨火枣也。(《二刻拍案惊奇》，第二十四卷)。

编号174 桔子：桔→桔子。明代官话：其日在洞庭山贩了几担橙桔回来，装做一盘，到颜家送新。(《醒世恒言》，第七卷)。

编号175 柚子：柚→柚子。明代官话：时珍曰：柚，色油然，其状如卣，故名。壶亦象形。今人呼其黄而小者为蜜筒，正此意也。其大者谓之朱栾，亦取团栾之象。最大者谓之香栾。(《本草纲目》，果部)。

编号176 梅子：梅→杨梅。明代官话：却那里得这银子来？只好望梅止渴，画饼充饥。"说罢往桌上一拍，叹一口气。(《初刻拍案惊奇》，第十五卷)。

编号180 荸荠：荸荠→荸荠儿。明代官话：古来蔬菜，如颇陵、安石榴、海棠、蒜之属，自外国来者多矣。今姜、荸荠之属，移栽北方，其种特盛，亦向时所谓土地不宜者也。(《农政全书》)。

编号182 粟子：粟子→粟子。明代官话：那时将了一包南枣，一瓶秋茶，一盘白果，一盘粟子，到杨妈妈家来探望。(《初刻拍案惊奇》，第三十四卷)。

编号183 核桃：胡桃→核桃。明代官话：那着紫衫的人，怀里取出一裹松子胡桃仁，倾在两盏茶里。(《喻世明言》，第三十六卷)。

编号184 香蕉：芭蕉→香蕉。明代官话：芭蕉花，味酸、咸，性温。主治寒痰停胃，呕吐恶心，吞酸吐酸，反胃吐呃，饮食饱胀，呕吐酸痰，胸膈胀满饱闷，胃口肚腹疼痛，暖胃散痰。咸能软坚。(明代兰茂《滇南本草》)。

编号188 核：核→核子。明代官话：那买的不知好歹，看见船上吃法，也学他去了皮，却不分囊，一块塞在口里，甘水满咽喉，连核都不吐，吞下去了。(《初刻拍案惊奇》，第一卷)。

编号190 早饭:早饭→吃早饭。明代官话:整整弄了一夜,渐渐东方已发动了,随即又请船家吃了早饭,作别而去。(《初刻拍案惊奇》,第十一卷)。

编号191 午饭:午饭→吃午饭。明代官话:他不习女工针指,每日午饭已毕,便空身走去山里寻几个獐鹿兽兔还家,腌腊起来,卖与客人,得几贯钱。(《初刻拍案惊奇》,第三卷)。

编号192 晚饭:晚饭→吃晚饭。明代官话:他鼓打三更,李乙与妻子蒋氏吃过晚饭,熟睡多时。(《初刻拍案惊奇》,第十一卷)。

编号194 粥:粥→稀饭。明代官话:禅榻佛灯,晨飧暮粥,且随缘度其日月,岂不强如做人婢妾,受今世的苦恼,结来世的冤家么?(《初刻拍案惊奇》,第二十七卷)。

编号195 米汤:稀汤→米汤。明代官话:每日止给两餐稀汤薄粥,如做少了生活,打骂自不消说,连这稀汤薄粥也没有得吃了。(《醒世恒言》,第二十七卷)。

编号198 饺子:饺儿→饺子。明代官话:年小力微,两个一拖,反向下边跌去,都滚做一个肉饺儿。(《醒世恒言》,第十卷)。

编号202 馅:馅→心。明代官话:官人急走到街上茶食大店里,买了一包蒸酥饼,一包果馅饼,在店家讨了两个盒儿装好了,叫小童送去。(《二刻拍案惊奇》,第十四卷)。

编号209 猪舌头:猪舌→猪舌头。明代官话:(猪)舌,主治健脾补不足,令人能食,合五味煮汁食。(《本草纲目》,第十四卷)。

编号212 粉条:粉璁→粉条。明代官话:却说王媪隔夜得一异梦,梦见一匹白马,自东而来,到他店中,把粉璁一口吃尽。(《喻世明言》,第五卷)。

编号214 猪油:猪脂油→猪油。明代官话:肺热暴喑:猪脂油一斤炼过,入白蜜一斤,再炼少顷,滤净冷定。不时挑服一匙,即愈。(《本草纲目》,第十四卷)。

编号215 酱油:酱→酱油。明代官话:又去拿了酒回来,到厨下自去整理,要些油酱柴火,奶奶不离口,不要赛儿费一些心。(《初刻拍案惊奇》,第三十一卷)。

编号218 蜂蜜:蜜→蜂蜜。明代官话:如糖似蜜,如胶似漆,恣意颠鸾倒凤,出于分外绸缪。(《喻世明言》下,第三十八卷)。

编号223 开水:滚汤→开水。明代官话:刘公道:"阿呀!想是他昨日受些寒了,这冷水怎么吃得?待我烧些热汤与你。"小厮道:"怎好又劳公公?"刘公便教妈妈烧起一大壶滚汤。(《醒世恒言》上,第十卷)。

编号 225 粽子:粽子→粽粑。明代官话:支助教浑家剥了一盘粽子,一碟糖,一碗肉,一碗鲜鱼,两双箸,两个酒杯,放在桌上。(《警世通言》下,第三十五卷)。

编号 227 饼干:饼→饼干。明代官话:转眼间,又是满月,少不得做汤饼会。众乡绅亲友,齐来庆贺,真是宾客填门。(《初刻拍案惊奇》,第二十卷)。

编号 231 上衣:上身单衣→汗衣。明代官话:天气暴暑,闻人生请他宽了上身单衣,和尚道:"小僧生性不十分畏暑,相公请自便。"(《初刻拍案惊奇》,第三十四卷)。

编号 232 衬衣:里衣→衬衣。明代官话:推门进去,把火一照,只见床上里边玄玄子睡着,外边脱下里衣一件,却不见家主。尽道想是原到里面睡去了。(《二刻拍案惊奇》,第十八卷)。

编号 234 夹袄:袄子→背心。明代官话:只见满生醉卧书房,风飘衣起,露出里面一件衣服来。看去有些红色,像是女人袄子模样。(《二刻拍案惊奇》,第十一卷)。

编号 236 大衣:长衣→大衣。明代官话:里头踱出一个老者来。看他怎生打扮:挂拐上虬须节,握若干姜般五个指头。宽袖长衣,摆出浑如鹤步;高跟深履,踱来一似龟行。(《初刻拍案惊奇》,第十二卷)。

编号 239 短裤:小衣→摇裤儿。明代官话:今日见我到底不肯,方才用强,叫几个猴形人掌住手脚,两三个妇女来脱小衣。正要奸淫,儿晓得此番定是难免,心下发极,大叫'灵感观世音'起来。(《初刻拍案惊奇》,第二十四卷)。

编号 242 拖鞋:薙鞋→拖鞋。明代官话:只见路傍篱园里,有个妇女,头发蓬松,腰系青布裙儿,脚下拖双薙鞋,在门前卖瓜。(《喻世明言》下,第三十三卷)。

编号 243 木拖鞋:木屐→木拖鞋。明代官话:刘公穿了木屐,出街头望了一望,复身进门。(《醒世恒言》,第十卷)。

编号 244 靴子:靴→靴子。明代官话:那韩子文头上戴了紫菜的巾,身上穿了腐皮的衫,腰间系了芋艿的绦,脚下穿了木耳的靴,同众生员迎接入城。(《初刻拍案惊奇》,第十卷)。

编号 245 围巾:围脖儿→围巾。明代官话:我要问爹有貂鼠买个儿与我,我要做个了围脖儿戴。(《金瓶梅》,第七七回)。

编号248 毛巾:纹布巾→脸巾。明代官话:纹布巾,即手巾也,洁白如雪光,软如绵,试水不濡,用之弥年,不生垢腻,乃得自鬼谷国者。(《醒世恒言》,第二十三卷)。

编号249 手帕:手帕→手巾帕。明代官话:若不是时,那里又有这个人头在此? 沈昱便把手帕包了,一同两个,径到府厅告说:"沈秀的头有了。"(《喻世明言》下,第二十六卷)。

编号251 领子:衣领→领。明代官话:臣比时在他背上,想贼人无可记认,就于除帽之时将针线取下,密把他衣领缝线一道,插针在衣内,以为暗号。(《二刻拍案惊奇》,第五卷)。

编号253 里子:里面→里子。明代官话:就向齐公借笔来,将"申兰、申春"四字写在内襟一条带子上了,拆开里面,反将转来,仍旧缝好。(《初刻拍案惊奇》,第十九卷)。

编号255 屋子:堂里→屋子。明代官话:妇人走进堂,提一把椅来,对举子道:"该请进堂里坐,只是妇姑两人,都是女流,男女不可相混,屈在廊下一坐罢。"(《初刻拍案惊奇》,第三卷)。

编号259 厕所:坑厕→茅厮。明代官话:且说兴儿含悲离了王家,未曾寻得投主,权在古庙栖身。一口,走到坑厕上屙屎,只见壁上挂着一个包裹,他提下来一看,乃是布线密絮,且是沉重。(《初刻拍案惊奇》,第二十一卷)。

编号260 柱子:柱子→柱头。明代官话:女子道:"有计在此! 你快把绳子将我绑缚在柱子上,你自脱身前去。(《醒世恒言》,第二十一卷)。

编号263 窗子:窗牖→窗户。明代官话:露摘野塘秋,下帘笼不上钩,徒劳明月穿窗牖。鸳衾远丢,孤身远游,浮搓怎得到阳台右? (《初刻拍案惊奇》,第十六卷)。

编号264 门槛:门槛→门坎。明代官话:二客方欲谦逊,被他一把扯了袖子,拽进大门。刚跨进槛内,早把两扇门,扑的关好了。(《初刻拍案惊奇》,第十二卷)。

编号266 栏杆:栏杆→杆子。明代官话:诗云:"十二栏杆七宝台,春风到处艳阳开。东园桃树西园柳,何不移来一处栽?"(《二刻拍案惊奇》,第六卷)。

编号267 台阶:阶→拾阶坎。明代官话:正值知县升堂放告,蒋氏直至阶前,大声叫屈。(《初刻拍案惊奇》,第十一卷)。

编号269 院子:庭中→院子。明代官话:只见门外一大黑影,一个人走将进来,将肩上叉口也似一件东西往庭中一摔,叫道:"老嬷,快拿火来,收拾行货。"(《初刻拍案惊奇》,第三卷)。

编号271 井:井→水井。明代官话:不知还是井落在吊桶里,吊桶落在井里。(《初刻拍案惊奇》,第十一卷)。

编号273 走廊:曲廊→走廊。明代官话:佛殿旁边转过曲廊,却是三间精致客堂,上面一字儿摆下七个筵席,下边列着一个陪卓,共有八席,十分齐整。(《醒世恒言》,第二十一卷)。

编号274 天花板:天花顶板→楼板。明代官话:元来那房子是逐间隔断,上面天花顶板,下边尽铺地平,中间床帏桌椅,摆设得甚是济楚。(《醒世恒言》,第二十一卷)。

编号275 马棚:马坊→马圈房。明代官话:那房子还拆得如马坊一般。施复一面唤匠人修理,一面择吉铺设机床。(《醒世恒言》中,第十八卷)。

编号276 牛圈:牛坊→牛圈房。明代官话:须臾大雪,咫尺昏迷,正在没奈何所在,忽有个人家牛坊,就躲将进去,隐在里面。(《醒世恒言》中,第十八卷)。

编号278 家具:家火→家具。明代官话:春儿就凑五十两银子,把与可成买房。又与些另碎银钱,教他收拾房室,置办些家火。(《警世通言》下,第三十一卷)。

编号279 桌子:桌儿→桌子。明代官话:一日,在市上看见一个老人家,一张桌儿上摆着许多零碎物件,多是人家动用家伙,无非是些灯台铜杓、壶瓶碗碟之类,看不得在文墨眼里的。(《二刻拍案惊奇》,第三卷)。

编号280 椅子:椅→椅子。明代官话:妇人走进堂,提一把椅来,对举子道:"该请进堂里坐,只是妇姑两人,都是女流,男女不可相混,屈在廊下一坐罢。"(《初刻拍案惊奇》,第三卷)。

编号281 凳子:凳→凳子。明代官话:他撬开了,走到后边小门一看,只见门半掩着不关,他就轻轻把栓拴了,掇张凳子紧紧在旁边坐地。(《初刻拍案惊奇》,第十七卷)。

编号283 柜子:柜→柜子。明代官话:儿子道:"仙人与我紫金杯、白玉壶,在书柜里,与我检好。开柜看时,那是紫金白玉?都是黄泥白泥捻就的。"(《警世通言》,第二十七卷)。

编号285 盒子:盒儿→盒子。明代官话:这个盒儿里的,就是他下的聘财,请娘子收下则个。(《二刻拍案惊奇》,第二卷)。

编号289 被子:被→被窝。明代官话:刘二员外道:"此处牙床锦被,强似芦花明月,小娘子勿再推托。"(《喻世明言》,第十二卷)。

编号290 褥子:褥→棉絮。明代官话:太素道:"我见孝堂中有张魂床,且是帐褥铺设得齐整。此处非内非外,正好做偷情之所。"(《初刻拍案惊奇》,第十七卷)。

编号291 毯子:毡条→毯子。明代官话:但见:开花帽子,打结衫儿。旧度片对着破毡条,短竹根配着缺糙碗。(《喻世明言》,第二十七卷)。

编号293 席子:荐席→席子。明代官话:遂起身揭起荐席看时,见一布囊,囊中有一锦囊,中有大珠百颗,遂收于箱箧中。(《初刻拍案惊奇》,第二十一卷)。

编号294 蚊帐:帐子→蚊帐。明代官话:刚刚腾眬睡去,忽听得床前脚步响,抬头起看,只见一个人揭开帐子,飕的钻上床来。(《初刻拍案惊奇》,第十七卷)。

编号297 菜刀:厨刀→菜刀。明代官话:又走去拿把厨刀在手,把胸前乱砍,家人又来夺住了。(《初刻拍案惊奇》,第十四卷)。

编号298 筷子:箸→筷子。明代官话:只见两个丫鬟轮番的走动,摆了两副杯箸,两碗腊鸡,两碗腊肉,两碗鲜鱼,连果碟素菜,共一十六个碗。(《喻世明言》,第一卷)。

编号300 缸:缸→水缸。明代官话:趁着娘未醒,他不顾污秽,轻轻把屎缸、屎桶多搬过了。(《初刻拍案惊奇》,第十七卷)。

编号302 坛子:坛→坛子。明代官话:单氏又凑些私房银两,送与庵中打一坛斋醮。(《警世通言》,第五卷)。

编号303 罐子:罐→罐子。明代官话:身边腰袋里摸出一个纸包,打开来都是些药末,就把小指甲挑起一些来,弹在罐里,倾将出来,连那铅汞不见了,都是雪花也似的好银。(《初刻拍案惊奇》,第十八卷)。

编号304 瓶子:瓶→瓶子。明代官话:只见李白独占一个小小座头,桌上花瓶内供一枝碧桃花,独自对花而酌,已吃得酩酊大醉。(《警世通言》,第九卷)。

编号306 木炭:火炭→木炭。明代官话:老妪摸他身上,犹如一块火炭。至天明看时,神思昏迷,人事不省。(《醒世恒言》,第二十七卷)。

编号307 火炉:炉→火炉。明代官话:客人道:"岂可轻易传得?小小试看,以取一笑则可。"便教小童炽起炉炭,将几两铅汞熔化起来。(《初刻拍案惊奇》,第十八卷)。

编号309 浆糊:浆→浆糊。明代官话:婆子道:"也只是接些珠宝客人,每日的讨酒讨浆,刮得人不耐烦。"(《喻世明言》,第一卷)。赵正道:"实瞒不得师父,房里床面前一带黑油纸槛窗,把那学书纸糊着。"(《喻世明言》,第三十六卷)。

编号311 顶针:顶针→麻姑娘。明代官话:这个县丞,乃是数一数二的美缺,顶针捱住。赵昂用了若干银子,方才谋得。(《醒世恒言》,第二十卷)。

编号316 扇子:扇→扇子。明代官话:雪消华月满仙台,万烛当楼宝扇开。双凤云中扶辇下,六鳌海上驾山来。(《二刻拍案惊奇》,第五卷)。

编号317 拐杖:挂拐→拐杖。明代官话:看他怎生打扮:头带斜角方中,手持盘头挂拐。方中内竹箨冠,罩着银丝样几茎乱发。(《二刻拍案惊奇》,第五卷)。

编号321 火柴:火石→洋火。明代官话:宋四公怀中取出一个小罐儿,安些个作怪的药在中面,把块撒火石取些火烧着,喷鼻馨香。(《喻世明言》,第三十六卷)。

编号328 痰盂:唾壶→痰盂。明代官话:忽听得朝议里头大声咳嗽,急索唾壶,诸姬慌张起来,忙将三客推出阁外,把火打灭,一齐奔入房去。(《二刻拍案惊奇》,第八卷)。

编号329 床单:卧单→床单。明代官话:邵氏同婢又去照门,看见又骂道:"这狗才一发不成人了,被也不盖。"叫秀姑替他把卧单扯上,莫惊醒他。(《警世通言》下,第三十五卷)。

编号332 海碗:大碗→海碗。明代官话:又嫌杯小,问酒保讨个大碗,连吃了几壶,然后讨饭。(《初刻拍案惊奇》,第八卷)。

编号333 碟子:碟→盘子。明代官话:无非是些灯台铜杓、壶瓶碗碟之类,看不得在文墨眼里的。(《初刻拍案惊奇》,第八卷)。

编号331 被面:被→被面。明代官话:文若虚到了船上,先向龟壳中把自己包裹被囊取出了。(《初刻拍案惊奇》,第一卷)。初刻拍案惊奇卷一,吴大郎风月场中接讨使,被窝里事多曾占过先头的。温柔软款,自不必说。滴珠只恨相见之晚。(《初刻拍案惊奇》,第二卷)。

编号334 饭勺:勺儿→饭瓢。明代官话:将一个银酒缸盛了两角酒,安一把杓儿,酒保频将酒烫。(《警世通言》上,第六卷)。

编号 340 尺子:尺→尺子。明代官话:跪的所在,与吴氏差不得半尺多路。(《初刻拍案惊奇》,第十七卷)。

编号 341 剪刀:剪子→剪刀。明代官话:小娥遂将剪子先将髻子剪下,然后用剃刀剃净了,穿了褐衣,做个行脚僧打扮,辞了亲属出家访道,竟自飘然离了本里。(《初刻拍案惊奇》,第十九卷)。

编号 342 锤子:锤→榔头。明代官话:拿一个大锤,隔囊锤击,再加蹴踏匾了,使不闻声,然后背在肩上,急到家里。(《二刻拍案惊奇》,第三十六卷)。

编号 350 锥子:锥→锥针。明代官话:凡锥熟铁锤成,不入钢和。治书编之类用圆钻,攻皮革用扁钻。梓人转索通眼、引钉合木者,用蛇头钻。(《天工开物》,锤锻篇)。

编号 351 刨子:刨→扒刨。明代官话:凡刨,磨砺嵌钢寸铁,露刃秒忽,斜出木口之面,所以平木,古名曰"准"。(《天工开物》,锤锻篇)。

编号 353 钩子:钩→顶钩。明代官话:看看至近,一挠钩搭住,十来个强人手执快刀、铁尺、金刚圈,跳将过来。(《初刻拍案惊奇》,第八卷)。

编号 354 钉子:钉儿→钉子。明代官话:把窗栅再接住,把小钉儿钉着,再把学书纸糊了。(《喻世明言》下,第三十六卷)。

编号 359 筛子:筛→筛子。明代官话:周氏将酒筛下,两个吃一个交杯酒,两人合吃五六杯。(《警世通言》下,第三十三卷)。

编号 360 轮子:车轮→轮子。明代官话:那僧人惊呆了半响,去看那车轮上,每边各有一口字,二口成吕,乃知吕洞宾也。(《醒世恒言》,第三十四卷)。

编号 362 竹子:竹→竹子。明代官话:一日,随着一个商船到浔阳郡,上岸行走,见一家人家竹户上有纸榜一张,上写道:"雇人使用,愿者来投。"(《初刻拍案惊奇》,第十九卷)。

编号 366 漆:漆→洋漆。明代官话:既在此间,怎不去问问漆价?若与苏州相去不远,也省好些盘缠。(《醒世恒言》,第三十五卷)。

编号 369 商店:店→商店。明代官话:随同众人一齐上去,到了店家交货明白,彼此兑换。(《初刻拍案惊奇》,第一卷)。

编号370 饭店:饭店→饭馆。明代官话:饭店中客人,个个颠头耸脑,看他说他,胡猜乱语,只有程元玉端坐不瞧。(《初刻拍案惊奇》,第四卷)。

编号377 人力车:脚力登车→人力车。明代官话:嘱咐已毕,收拾行装,不用官府车辆,自己雇了脚力登车,只带一个童儿,望长安进发。(《醒世恒言》上,第二卷)。

编号378 轮船:航船→轮船。明代官话:拣了日子,雇下一只长路的航船,行李包裹多收拾停当。(《初刻拍案惊奇》,第八卷)。

编号380 街道:街上→街道。明代官话:只因一念敬奉观音,那条街上有一个观音庵,庵中有一个赵尼姑,时常到他家来走走。(《初刻拍案惊奇》,第六卷)。

编号382 巷:巷→巷巷。明代官话:家人慌张惊喊,街上人听见,一齐跑进来看。递传出去,弄得看的人填街塞巷。(《初刻拍案惊奇》,第十四卷)。

编号384 发票:收(借)票→发票。明代官话:陈祈道:"这等,写一张收票与我。"(《二刻拍案惊奇》,第十六卷);第五,写借票时,只拣上好美产,要他写做抵头。(《警世通言》,第三十一卷)。

编号386 学校:学堂→学校。明代官话:那赵聪也到会体贴他夫妻两人的意思,常只是诈病佯疾,不进学堂。(《初刻拍案惊奇》,第十三卷)。

编号387 书本:书本→课本。明代官话:小人家住临淄,也是旧族子弟,幼年颇曾读书,因性好弓马,把书本丢了。(《初刻拍案惊奇》,第三卷)。

编号388 本子:簿子→笔记本。明代官话:倪太守自知病笃,唤大儿子到面前,取出簿子一本,家中田地、屋宅及人头账目总数,都在上面。(《喻世明言》上,第十卷)。

编号390 砚台:砚→砚台。明代官话:拜住请笔砚出来,一挥而就。词曰:红绳画板柔荑指,东风燕子双双起。(《初刻拍案惊奇》,第九卷)。

编号391 毛笔:笔→毛笔。明代官话:那府中事体烦杂,宣徽要请一个馆客做记室,代笔札之劳。(《初刻拍案惊奇》,第九卷)。

编号394 信封:封筒→信封。明代官话:灿若接过书来,见书封筒逆封,心里有如刀割。拆开看罢,方知是王氏于二十六日身故,灿若惊得呆了。(《初刻拍案惊奇》,第十六卷)。

编号397 图章:印→私章。明代官话:公子听说,两手加额:"趁我平生之愿矣。次日领了敕印辞朝,连夜起马,往山西省城上任讫。"(《警世通言》,第二十四卷)。

编号405 炮仗:纸炮→火炮。明代官话:崔生见他言词娇媚,美艳非常,心里也禁不住动火,只是想着防御相待之厚,不敢造次,好像个小儿放纸炮,真个又爱又怕。(《初刻拍案惊奇》,第二十三卷)。

编号406 哨子:哨→哨子。明代官话:忙走出门,口打个胡哨,便有七八个做公的走将拢来,问道:"李大,有影响么?"(《初刻拍案惊奇》,第二十三卷)。

编号407 教室:书房→教室。明代官话:一日在书房里有同伴里头戏谑,称他是小道士,他脸儿通红。(《初刻拍案惊奇》,第十七卷)。

编号411 戏院:戏场→戏台。明代官话:自古成人不自在,若贪安享岂成家!老夫富贵虽然爱,戏场纱帽轮流戴。(《醒世恒言》中,第十七卷)。

编号412 演员:戏子→演员。明代官话:廷秀举目看船中时,却是两个中年汉子,十来个小厮,约莫俱有十六七岁。你道是何等样人?原来是浙江绍兴府孙尚书府中戏子。(《醒世恒言》中,第二十卷)。

编号414 头:头→脑壳。明代官话:后来,也是一日提了人头回来,道:"有仇已报,立刻离京。"(《初刻拍案惊奇》,第四卷)。

编号416 前额:额头→脑眉心。明代官话:小妹额颅凸起,东坡答嘲云:"未出庭前三五步,额头先到画堂前。"(《醒世恒言》上,第十一卷)。

编号420 嘴:嘴→嘴巴。明代官话:卜良淫兴如火,先去亲个嘴,巫娘子一些不知。(《初刻拍案惊奇》,第六卷)。

编号422 脖子:脖子→脖架。明代官话:达生疑心,开了门,只见两个公人一拥入来,把条绳子望达生脖子上就套。(《初刻拍案惊奇》,第十七卷)。

编号424 胳膊:胳膊→手。明代官话:七八个老妪、丫鬟,扯耳朵,拽胳膊,好似六贼戏弥陀一般,脚不点地,拥到新人面前。(《喻世明言》下,第二十七卷)。

编号427 手指头:指头→手指头。明代官话:看他怎生打扮:挂拐上虬须节,握若干姜般五个指头。(《初刻拍案惊奇》,第十二卷)。

编号432 大腿:腿→大把腿。明代官话:卫朝奉不知是甚事头,近前来看,元来在土松处翻出一条死人腿。(《初刻拍案惊奇》,第十五卷)。

编号433 膝盖:膝→克膝关。明代官话:一头说,一头不觉的把双膝屈了下去。(《初刻拍案惊奇》,第十三卷)。

编号 434 男人:男人→男的。明代官话:见男人问讯称呼,礼数毫不异僧家,接对无妨。(《初刻拍案惊奇》,第六卷)。

编号 435 女人:女人→女的。明代官话:渔人夫妻两个,捞救起来,见是一个女人,心头尚暖,知是未死,拿几件破衣破袄替他换下湿衣,放在舱中眠着。(《初刻拍案惊奇》,第十九卷)。

编号 437 老太婆:老婆子→老太。明代官话:老婆子道:"官人不要太岁头上动土,我媳妇不是好惹的。"(《初刻拍案惊奇》,第三卷)。

编号 439 小孩子:儿童→嫩娃子。明代官话:一般也有轻薄少年及儿童之辈,见他又挑柴,又读书,三五成群,把他嘲笑戏侮,买臣全不为意。(《喻世明言》下,第二十七卷)。

编号 440 男孩子:男儿→男孩。明代官话:如今世人一肚皮势利念头,见一个人新中了举人、进士,生得女儿,便有人抢来定他为媳,生得男儿,便有人捱来许他为婿。(《初刻拍案惊奇》,第十卷)。

编号 441 女孩子:女孩儿→小姑娘。明代官话:林公与妈妈商议:"女孩儿执性如此,改嫁之事,多应不成,如之奈何?"(《二刻拍案惊奇》,第四十卷)。

编号 442 聋子:聋→聋子。明代官话:折倒威风,做哑装聋。这的是黑爹爹性格温柔,今日里学得个举止从容。(《二刻拍案惊奇》,第四十卷)。

编号 444 哑巴:哑子→哑巴。明代官话:折倒威风,做哑装聋。这的是黑爹爹性格温柔,今日里学得个举止从容。(《喻世明言》,第二十七卷)。

编号 445 结巴:巴巴结结→结巴。明代官话:任掔天明起来,辞了父亲入城去了。每日巴巴结结,早出晚回。(《喻世明言》下,第三十八卷)

编号 447 秃子:秃厮→秃头。明代官话:贾秀才大怒道:"叵耐这秃厮怎般可恶!"(《初刻拍案惊奇》,第十五卷)。

编号 448 驼子:腰驼→驼背。明代官话:众门生迎来送往,一个个弄得口苦舌干,腰驼背曲。(《醒世恒言》,第三十八卷)。

编号 449 跛子:拐子→跛脚。明代官话:赵完道:"既如此,也教妇人去。男对男,女对女,都拿回来,敲断他的孤拐子,连舡都拔他上岸,那时方见我的手段。"(《醒世恒言》,第三十四卷)。

编号451 单身汉：寡汉→单身汉。明代官话：小娥既是男扮了,申兰如何肯留他一个寡汉伴着妻子在家？岂不疑他生出不伶俐事来？(《初刻拍案惊奇》,第十九卷)。

编号452 寡妇：寡妇→寡婆。明代官话：母亲吴氏,年纪未满三十,且是生得聪俊飘逸,早已做了个寡妇。(《初刻拍案惊奇》,第十七卷)。

编号453 双胞胎：同胞双生→双胞胎。明代官话：是同父合母的兄弟,同胞双生的儿子,道是相象得紧,毕竟仔细看来,自有些少不同去处。(《初刻拍案惊奇》,第二卷)。

编号454 小偷：偷贼→小偷。明代官话：元来开封地方,系是京都旷远,广有偷贼,所以官司立令,每家门内各置一锣,但一家有贼,筛得锣响,十家俱起救护,如有失事,连坐赔偿,最是严紧的。(《初刻拍案惊奇》,第十七卷)。

编号456 祖父[长二辈,父亲的父亲]：爷→爷爷。明代官话："那老婆婆又说我的面庞与他儿子一般,他分明是我的祖母,那慈湖庵中道姑是我亲娘,更喜我爷下死,见在此间告状,骨肉团圆,在此一举。"(《警世通言》,第十一卷)。

编号457 祖母[长二辈,父亲的母亲]：祖母→奶奶。明代官话：又记着祖母言语,写书差人往兰溪县查问苏雨下落。(《警世通言》,第十一卷)。

编号460 继母[长一辈,父亲的第二个老婆]：继母→后妈。明代官话：继母与我多随他居住多年。(《二刻拍案惊奇》,第七卷)。

编号464 叔母[长一辈,父亲兄弟的妻子]：婶婶→叔娘。明代官话：见过婶婶,又把上项事一一说了。(《二刻拍案惊奇》,第七卷)。

编号465 姑父[长一辈,父亲兄弟的丈夫]：姑夫→姑爹。明代官话：你道那判官是谁？正是他那姑夫郓州司马张安。(《初刻拍案惊奇》,第三十七卷)。

编号466 姑妈[长一辈,父亲的姐妹]：姑娘→姑奶奶。明代官话：却说鲁学曾有个姑娘,嫁在梁家,离城将有十里之地。姑夫已死,止存一子梁尚宾,新娶得的一房好娘子,三口儿一处过活,家道粗足。(《喻世明言》,第二卷)。

编号470 舅母[长一辈,母亲兄弟的妻子]：母舅→舅妈。明代官话：梁妈妈大惊,骂道："没天理的禽兽,做出这样勾当！你这房亲事还亏母舅作成你的,你今日恩将仇报,反去破坏了做兄弟的姻缘,又害了顾小姐一命,汝心何安？"(《喻世明言》,第二卷)。

编号471 姨父[长一辈,母亲姐妹的丈夫]：姨夫→姨爹。明代官话：孩儿向在四方做戏,今日知赵姨夫荣任,特来扮一出奉贺。(《醒世恒言》,第二十卷)。

编号 472 姨母[长一辈,母亲的姐妹]:姨娘→姨妈。明代官话:虽有吟咏往来,实无他事,非敢瞒姨娘也。(《警世通言》下,第三十四卷)。

编号 473 岳父[长一辈,老婆的父亲]:岳父→老丈人。明代官话:曾氏道:"我去便要去,只是你岳父不在,眼下不得脱身。"(《初刻拍案惊奇》,第八卷)。

编号 474 岳母[长一辈,老婆的母亲]:岳母→老丈母。明代官话:褚敬桥道:"令亲外太妈陆氏身体违和,特地叫我寄信,请你令岳母相伴几时。"(《初刻拍案惊奇》,第八卷)。

编号 475 公公[长一辈,丈夫的父亲]:公→公公。明代官话:一日,因滴珠起得迟了些个,公婆朝饭要紧,粹地答应不迭。(《初刻拍案惊奇》,第二卷)。

编号 476 婆婆[长一辈,丈夫的母亲]:婆→婆婆。明代官话:况且公婆甚是狠戾,动不动出口骂詈,毫没些好歹。(《初刻拍案惊奇》,第二卷)。

编号 477 丈夫[平辈]:丈夫→男的。明代官话:滴珠在个水中央了,又且心里急要回去,只得把丈夫不在家了,如何受气的上项事,一头说,一头哭,告诉了一遍。(《初刻拍案惊奇》,第二卷)。

编号 478 妻子[平辈]:妻子→女的。明代官话:且是那个潘甲不见了妻子,没出气处,只是逢五逢十就来禀官比较捕人,未免连姚公陪打了好些板子。(《初刻拍案惊奇》,第二卷)。

编号 481 弟弟[平辈,夫妻的弟弟]:弟→弟弟。明代官话:又过了两日,姊弟二人收拾停当,叫下一只膀船起行。(《初刻拍案惊奇》,第八卷)。

编号 486 大伯子[平辈,丈夫的哥]:大伯子→大伯伯。明代官话:施复唤个家人,吩咐道:"你把船送这大伯子回去,务要送至家中,认了住处,下次好去拜访。"(《醒世恒言》,第十八卷)。

编号 487 小叔子[平辈,丈夫的弟]:小叔→小叔子。明代官话:那师父就是倪太守请在家里教孙儿的,小叔侄两个同馆上学,两得其便。(《喻世明言》,第十卷)

编号 488 大姑子[长辈,父亲的姐姐]:姑姑→大姑子。明代官话:是女儿与小梅商量,将来寄在东庄姑姑家中分娩,得了这个孩儿。(《初刻拍案惊奇》,第三十八卷)。

编号 489 小姑子[平辈,丈夫的妹妹]:小姑→娘娘。明代官话:赵文的老婆听得爹妈为小姑上埋怨了丈夫,好生不喜,强作相劝,将冷语来奚落京娘。(《警世通言》,第二十一卷)。

编号490 媳妇[晚一辈,儿子的老婆]:媳妇→儿媳妇。明代官话:潘父潘母看见媳妇这般模样,时常急聒,骂道:"这婆娘想甚情人?害相思病了!"(《初刻拍案惊奇》,第二卷)。

编号492 女儿[晚一辈]:女儿→姑娘。明代官话:儿年十六岁,未婚。那女儿二十岁了。(《初刻拍案惊奇》,第八卷)。

编号493 女婿[晚一辈,女儿的老公]:女婿→姑爷。明代官话:礼毕,张尚书仍旧骑马先回,等他明日舟到,接取女儿女婿。(《初刻拍案惊奇》,第五卷)。

编号494 侄子[晚一辈,父亲兄弟的儿子]:明代官话:侄子→侄儿子。难得杨氏是个大贤之人,又眼里识人,自道侄儿必有发迹之日,并无半点埋怨,只是安慰他,教他守命,再做道理。(《初刻拍案惊奇》,第八卷)。

编号496 外孙[晚二辈,母亲、妻子兄弟姐妹的儿子]:外甥→外孙。明代官话:说道:"前日褚敬桥回复道叫外甥们就来,如何至今不见?"(《初刻拍案惊奇》,第八卷)。

编号497 孙子[晚二辈]:孙儿→孙孙。明代官话:一路无话,到了汀州故居,且喜老夫人尚然清健,见儿子媳妇俱已半者,不觉感伤。又见孙儿就是向年汲水所遇的郎君,欢喜无限。(《警世通言》,第十一卷)。

编号498 孙女[晚二辈]:女孙儿→孙女。明代官话:管庄的访得的实了,就与那老婆婆说:"我家老爷见你女孙儿生得齐整,意欲聘为偏房。"(《喻世明言》,第十卷)。

编号499 继父[长一辈,父亲死后的第二父亲]:继父→继爹。明代官话:那儿子便拜跽老道:"你便是我继父了。我娘喜得终身有托,万千之幸。"(《初刻拍案惊奇》,第十六卷)。

编号502 大姨子[长一辈,母亲、老婆的姐姐]:大姨→大姨子。明代官话:正是:旧女婿为新女婿,大姨夫做小姨夫。(《初刻拍案惊奇》,第二十三卷)。

编号503 小姨子[长一辈,母亲、老婆的妹妹]:小姨→小姨子。明代官话:大姊魂游完宿愿 小姨病起续前缘。(《初刻拍案惊奇》,第二十三卷)。

编号504 弟媳[平辈,弟弟的老婆]:弟妇→弟媳妇。明代官话:这一日正坐在公廨中,只见一个妇人慌慌张张地走入来,举目看时,不是别人,却是家人钮文的弟妇。(《醒世恒言》,第二十九卷)。

编号505 外孙女[晚二辈,母亲、妻子兄弟姐妹的女儿]:外甥女→外孙女。明代官话:程朝奉从容问道:"外甥女如此长成得标致了,不知曾受聘未?不该如此说,犬子尚未有亲,姊夫不弃时,做个中表夫妻也好。"(《初刻拍案惊奇》,第十卷)。

编号506 亲家母[平辈,儿子、女儿的母亲]:亲母→亲家母。明代官话:对张六嫂道:"上覆亲翁亲母,我家是孤儿寡妇,没甚大妆奁嫁送,不过随常粗布衣裳,凡事不要见责。"(《醒世恒言》,第八卷)。

编号509 婆家[长一辈,老公的母亲]:夫家→婆家。明代官话:一日,也为有两句口角,走到娘家去,住了十来日。大家厮劝,气平了,仍旧转回夫家来。(《初刻拍案惊奇》,第二十六卷)。

编号517 旁边:旁边→半边。明代官话:出学堂来,见村中老人家每动手下棋,即袖着手儿站在旁边,呆呆地厮看。(《二刻拍案惊奇》,第二卷)。

编号519 城里:城里→城市。明代官话:且说那叫赵尼姑这个谎子打扮的人,姓卜名良,乃是婺州城里一个极淫荡不长进的。(《初刻拍案惊奇》,第六卷)。

编号520 乡下:乡村→乡下。明代官话:或过山林,听樵歌于云岭;又经别浦,闻渔唱于烟波。或抵乡村,却遇市井。才见绿杨垂柳,影迷几处之楼台;那堪啼马落花,知是谁家之院宇?(《初刻拍案惊奇》,第二十一卷)。

编号526 末子:零碎→灰尘粒子。明代官话:凡是船家教他做些什么,他千依百顺.替他收拾零碎,料理事务,真像个掌家的媳妇伏侍公公一般,无不任在身上,是件停当。(《初刻拍案惊奇》,第二十七卷)。

编号528 泡沫:涎沫→泡沫。明代官话:正在争辩之时,沈晖一跤跌倒,口流涎沫,登时晕去。(《初刻拍案惊奇》,第三十九卷)。

编号530 垃圾:垃圾→渣渣。明代官话:门前四扇看阶,中间两扇大门,门外避藉陛,坡前却是垃圾,一条竹子横夹着。(《警世通言》,第二十八卷)。

编号531 角落:墙角→角落拐。明代官话:走入里边,坐在房中一个墙角里,两个眉头蹙做一堆,咕嘟了嘴,口也不开。(《醒世恒言》,第二十卷)。

编号532 窟窿:窟窿→洞洞。明代官话:"你去吩咐门上,如今这穷鬼来时不要招接他。等得兴尽心灰,多少贾发些盘费着他回去。'头醋不酸,二醋不辣。'没什么想头,下次再不来缠了。"只一套话说得桂迁。恶心孔再透一个窟窿,黑肚肠重打三重跑过。(《警世通言》,第二十五卷)。

编号533 猪圈:猪棚→猪圈。明代官话:东家取了一条梁,西家就想一根柱,甚至猪棚屋也取些椽子板障来拉一拉,多是零碎取了的。(《二刻拍案惊奇》,第二十六卷)。

编号534 鸡窝:鸡笼→鸡圈。明代官话:只听得鸡在笼中不住吱吱喳喳,想道:"这鸡为甚只管咭铤?"约莫一个更次,众鸡忽然乱叫起来,却像被什么咬住一般。(《醒世恒言》中,第十八卷)。

编号536 棺材:棺木→棺材。明代官话:只见树木阴惨,境界荒凉,有六七个坟堆,多是雨淋泥落,尸棺半露,也有棺木毁坏,尸骸尽见的。(《初刻拍案惊奇》,第九卷)。

编号537 事情:事体→事情。明代官话:子文道:"来家五日了。今日到此,有些事体相央。"(《初刻拍案惊奇》,第十卷)。

编号538 刮风:发了大风→刮风。明代官话:原来半夜里便发了大风。那风刮得好厉害!只见:山间拔木扬尘,湖内腾波起浪。(《醒世恒言》,第七卷)。

编号540 打闪:电光闪烁→闪电。明代官话:小童道:"快都请上了津亭。"正走间,电光闪烁,大雨如泻。(《初刻拍案惊奇》,第七卷)。

编号541 打雷:雷响→打雷。明代官话:说罢,只听得天上隐隐雷响,一齐上马回到刘氏子下处。(《初刻拍案惊奇》,第九卷)。

编号542 结冰:成冰→冰冻。明代官话:那一日是十二月十五,大雪方霁,西风过后,积雪成冰,好不寒冷,却喜地下干燥。(《醒世恒言》,第三卷)。

编号543 化雪:雪止天霁→雪化。明代官话:其日雪止天霁,街上的积雪被车马践踏,尽为泥泞,有一尺多深。(《醒世恒言》,第十卷)。

编号544 淋雨:淋雨→大雨淋湿。明代官话:岂知北京那年,自交夏来,日日淋雨不晴,并无一毫暑气,发市甚迟。(《初刻拍案惊奇》,第一卷)。

编号545 退色:褪→退色。明代官话:怨风怨雨两俱非. 风雨不来春亦归。腮边红褪青梅小,口角黄消乳燕飞。蜀魄健啼花影去,吴蚕强食拓桑稀。直恼春归无觅处,江湖辜负一蓑衣。(《警世通言》,第八卷)。

编号546 掉:掉→落。明代官话:但见李参军面如土色,冷汗淋漓,身体颤抖抖地坐不住,连手里拿的杯盘也只是战,几乎掉下地来。(《初刻拍案惊奇》,第三十卷)。

编号549 瞪眼:睁→瞪眼。明代官话:看他揎拳裸袖,两眼睁得铜铃也似,一些笑颜也没有,一句闲话也不说,却像个怒气填胸,寻事发作的一般。(《初刻拍案惊奇》,第三十卷)。

编号554 吸:吸→喝。明代官话:讨个大杯,满斟热酒,亲自递与过迁道:"大舅,满饮此杯!"过迁见孝基所敬,不敢推托,双手来接道:"过迁理合敬妹丈,如何反劳尊赐?"张孝基道:"大舅就请干了,还有话说。"过迁一吸而尽。(《醒世恒言》,第十七卷)。

编号571 擦:擦→涂。明代官话:取出药一包来,将少许擦在口中齿穴上,又倒头睡了。(《初刻拍案惊奇》,第七卷)。

编号584 拖:拖→拉。明代官话:他自恃膂力,要吓这班人,便把砖放了,一手拖来,背在背上,大踏步便走。(《初刻拍案惊奇》,第九卷)。

编号588 搂:搂→抱。明代官话:上得床来,心里想道:"此时那道士毕竟搂着两个标致小童,干那话儿了;我却独自个宿。"(《初刻拍案惊奇》,第九卷)。

编号607 捅:刺→捅。明代官话:只见也有和尚,也有俗人,一伙儿拥进房门,持着利刃,望颈便刺。(《醒世恒言》,第二十一卷)。

编号608 碰:触→碰。明代官话:其舟行至汉水,见有一覆舟自上流而下,回避不迭,砰的一声,正触了船头,那只船就停止不行了。(《醒世恒言》,第三十二卷)。

编号611 扔:掷→扔。明代官话:遂取过一幅桃花笺纸,磨得墨浓蘸得笔饱,题诗一首,折成方胜,袖中摸出一方绣帕包裹,卷做一团,掷过船去。(《醒世恒言》,第二十八卷)。

编号617 踩:踏→踩。明代官话:白娘子道:"便是雨不得住,鞋儿都踏湿了,教青青回家,取伞和脚下。又见晚下来。"(《警世通言》,第二十八卷)。

编号623 摔:摔→掼。明代官话:每人接了一皮鞭,却把皮鞭摔断了。(《初刻拍案惊奇》,第十八卷)。

编号629 逃跑:逃走→逃跑。明代官话:如今天将晚了,难道还走不到? 想必包裹中有甚银两,撇下你逃走去了!(《醒世恒言》,第二十七卷)。

编号635 漱口:漱→漱口。明代官话:天色将晓,起来洗漱罢,系裹毕,教当直的,一面安排了行李,林善甫出房中来,问店主人:"前夕恁人在此房内宿?"(《初刻拍案惊奇》,第二十一卷)。

编号645 剁:剁→砍。明代官话:轻轻地掀开被来,尽力朝首要儿项上剁下一刀来,连肩斫做两段。(《初刻拍案惊奇》,第三十一卷)。

编号653 搅和:搅乱→拌。明代官话:可见众君子共佐太平而不足,一小人搅乱天下而有馀。(《醒世恒言》中,第二十五卷)。

编号655 选择:择→选。明代官话:第一要择蚕种。蚕种好,做成茧小而明厚坚细,可以缲丝。(《醒世恒言》,第十八卷)。

编号656 藏:藏→躲。明代官话:先将滕生藏在一个人迹不到的静室中,桌上摆设精致酒肴,把门掩上了。(《初刻拍案惊奇》,第六卷)。

编号657 说:说→讲。明代官话:巫娘子道:"只是该与我熟商量,不该做作我。而今事已如此,不必说了。"(《初刻拍案惊奇》,第六卷)。

编号658 闲谈:闲谈→聊天。明代官话:一日有一伙闲汉,聚坐闲谈,门子挨去听着。(《初刻拍案惊奇》,第二十六卷)。

编号666 开玩笑:戏言→开玩笑。明代官话:袁忠还道他是戏言,不想至夜果然上船,劫掠了四百锭去,不是他是谁?(《二刻拍案惊奇》,第二十一卷)。

编号667 发脾气:发怒→发脾气。明代官话:发怒道:"你们辄敢在吾面前说谎!方才这一个尼姑,已自招了。有楼在内,你们却怎说没有?"(《初刻拍案惊奇》,第三十四卷)。

编号668 吵架:口角→骂架。明代官话:但钮成原系我家佣奴,与家人卢才口角而死,却与我无干。(《醒世恒言》,第二十九卷)。

编号669 打架:厮打→打架。明代官话:先前颜俊和钱青是一对厮打,以后高赞和尤辰是两对厮打,结末两家家人,扭做一团厮打。(《醒世恒言》,第七卷)。

编号670 劝:劝→喊。明代官话:中使与二公大家相劝一番,张果只是笑不止,中使料道不成,只得去回复圣主。(《初刻拍案惊奇》,第七卷)。

编号671 吹牛:调谎→乱讲。明代官话:我自到海外一番,不曾置得一件海外物事,今我带了此物去,也是一件希罕的东西,与人看看,省得空日说着,道是苏州人会调谎。(《初刻拍案惊奇》,第一卷)。

编号 672 拍马:讨好→拍。明代官话:大家唝哝道:"不知还要留这偌多与那个用?"虽然如此说,心里多想他后手的东西,不敢冲撞,只是赶上前的讨好。(《二刻拍案惊奇》,第二十六卷)。

编号 673 发誓:发下誓→发誓。明代官话:又想当初与玉姐别时,发下誓愿,各不嫁娶。(《警世通言》下,第二十四卷)。

编号 675 做事:做事→做事情。明代官话:那官人正要营够着他,了还心愿。思量下处尽好就做事,那里还等得到他家里去? 一邀就邀了进来,关好了门,两个抱了一抱,就推倒床上,行其云雨。(《二刻拍案惊奇》,第二十九卷)。

编号 676 干活:干事→做活路。明代官话:老和尚依言,摸将进去,杜氏先自睡好了,只待等智回来干事。(《初刻拍案惊奇》,第二十六卷)。

编号 677 种地:耕种→种地。明代官话:其老母年近六旬,并弟张勤努力耕种,以供二膳。(《喻世明言》上,第十六卷)。

编号 678 开车:驾车→开车。明代官话:他时功满归何处? 直驾云车入洞天。(《醒世恒言》,第三十四卷)。

编号 689 斟酒:斟酒→倒酒。明代官话:秦重道:"有上好的酒,拿来独饮三杯。时新果子一两碟,不用荤菜。"酒保斟酒时,秦重问道:"那边金漆篱门内是什么人家?"(《醒世恒言》,第三卷)。

编号 694 玩儿:顽耍→玩。明代官话:安顿已了,两人商议道:"如此豪杰,如此恩德,不可轻慢。我们再须杀牲开酒,索性留他们过宿顽耍几日则个。"(《初刻拍案惊奇》,第三卷)。

编号 702 考试:考→考试。明代官话:但我们妇人家,又不晓得文字,目令提学要到台州岁考,待官人考了优等,就出吉帖便是。(《初刻拍案惊奇》,第十卷)。

编号 703 报考:赴考→报考。明代官话:却值文宗考童生,六老也叫赵聪没张没致的前去赴考。(《初刻拍案惊奇》,第十三卷)。

编号 704 放鞭炮:放爆竹→放炮。明代官话:光阴似箭,不觉残年将尽,家家户户,闹轰轰的暖火盆,放爆竹,吃合家欢耍子。(《喻世明言》,第一卷)。

编号705 放花炮：放纸烟→放花炮。明代官话：崔生见他言词娇媚，美艳非常，心里也禁不住动火，只是想着防御相待之厚，不敢造次，好像个小儿放纸炮，真个又爱又怕。(《初刻拍案惊奇》，二十三卷)。

编号708 打球：蹴球→打球。明代官话：贱妾幼时，父亲曾于此地教妾蹴球为戏，误落球于此穴。父亲问妾道：'你可有计较，使球自出于穴，不须拾取？'贱妾答云："有计。"即遣养娘取水灌之，水满球浮，自出穴外。(《醒世恒言》，第一卷)。

编号715 打冷噤：打寒颤→打冷颤。明代官话：柳氏一头打寒颤，一头叫唤。约莫半个时辰，渐渐魄返魂回，微微转气。(《醒世恒言》，第九卷)。

编号718 抓痒：挠着痒→抓痒。明代官话：郁盛是个不学好的人，正挠着他的痒处，以为得计。(《二刻拍案惊奇》，第三十八卷)。

编号721 生病：生病→痛了。明代官话：那同金是个受用的人，怎吃得牢狱之苦？不多几日生起病来。(《初刻拍案惊奇》，第九卷)。

编号722 着凉：着了寒→感冒。明代官话：见那被儿单薄，说道："可知道着了寒！如何这被恁薄？怎能发得汗出？"(《醒世恒言》，第十卷)。

编号725 发烧：发起热→发烧。明代官话：小厮道："告公公得知，不想爹爹昨夜忽然发起热来，口中不住呼喘，要讨口水吃，故此起得早些。"(《醒世恒言》，第十卷)。

编号726 泻肚：泄泻→拉肚子。明代官话：医人道："此病非干泄泻之事，乃是色欲过度，耗散元气，为脱阳之症，多是不好。我用一帖药，与他扶助元气。若是服药后，热退脉起，则有生意。"(《喻世明言》，第三卷)。

编号727 生疟疾：得疟疾→打摆子。明代官话：兴哥在家时，原是淘虚了的身子，一路受些劳碌，到此未免饮食不节，得了个疟疾。(《喻世明言》，第一卷)。

编号728 请医生：延医→请医生。明代官话：刘元普也道这样小病，料是不妨，自此也不延医，放下了心。(《初刻拍案惊奇》，第二十卷)。

编号729 号脉：看脉→把脉。明代官话：且说王夫人当时年已四十岁了，只觉得喜食咸酸，时常作呕。刘元普只道中年人病发，延医看脉，没一个解说得出。(《初刻拍案惊奇》，第二十卷)。

编号730 开药方：下药→开药。明代官话：伤寒书上有两句歌云：两感伤寒不须治，阴阳毒遍七朝期。此乃不治之症。别个医家，便要说还可以救得。学生是老实的,不敢相欺,这病下药不得了。"(《醒世恒言》,第十卷)。

编号733 扎针:针灸→扎针。明代官话:此时正值六月初旬,因此请个针灸医人,背后灸了几穴火,在家调养,不到店内。(《喻世明言》,第三卷)。

编号735 伤风:风寒→感冒。明代官话:那张进因在路上鞍马劳倦,却又受了些风寒,在饭店上生起病来。(《醒世恒言》中,第十九卷)。

编号737 上火:动火→上火。明代官话:他欲心如火,无可煞渴之处,因见这吕使君丰容俊美,就了不得动火起来。(《二刻拍案惊奇》,第七卷)。

编号738 肚子疼:肚痛→肚子疼。明代官话:那酒不饮也罢,才到腹中,便觉难过,连叫肚痛。(《醒世恒言》,第二十七卷)。

编号739 胸口疼:心胸涨→胸口疼。明代官话:睡到夜半,心胸涨漫,肚腹疼痛,起身出恭。(《醒世恒言》,第二十七卷)。

编号742 讨厌:厌烦→讨厌。明代官话:赵昂初时打发了几次,后来颇觉厌烦,只是难好推托。(《醒世恒言》中,第二十卷)。

编号745 后悔:懊悔→后悔。明代官话:卢生随郑生到家,李小姐梳壮出拜,天然绰约,绝非房中前日所见模样,懊悔无及。(《醒世恒言》中,第二十卷)。

编号747 知道:知道→晓得。明代官话:此必有人家干甚紧事,带了来用,因为登东司,挂在壁间,失下了的,未必不关着几条性命。我拿了去,虽无人知道,却不做了阴骘事体?(《初刻拍案惊奇》,第二十一卷)。

编号750 相信:听信→相信。明代官话:只因他是个直性汉子,不曾转这念头,遂听信了赵昂言语,点头道是。(《醒世恒言》中,第二十卷)。

编号751 怀疑:疑→怀疑。明代官话:店主醒来,想道:"这梦甚是蹊跷。说甚么萧状元,难道便是在间壁处馆的那个萧秀才?我想怎般一个寒酸措大,如何便得做状元?"心下疑惑。(《初刻拍案惊奇》,第二十卷)。

编号754 忘记:忘→搞忘记。明代官话:谢道:"多承妈妈留宿,已感厚情!又承赐酒,何以图报?小生倘得成名,决不忘你大德。"(《醒世恒言》中,第二十一卷)。

编号757 应该:正该→应该。明代官话:刘公道:"此是阴德美事,为人正该如此。"(《醒世恒言》,第十卷)。

编号764 遗失:遗失→打落。明代官话:又想道:"必有甚贵人,到此礼佛更衣。

祗候们不小心,遗失在此,定然转来寻觅。"(《醒世恒言》,第十八卷)。

编号 803 酽:酽→浓。明代官话:又买一瓮上好的酽酒,央间壁小二挑了,来到蒋家门首。(《喻世明言》,第一卷)。

编号 810 结实:牢牢→扎实。明代官话:舟人打点泊船在此过夜,看见岸边有大树一株,围合数抱,遂将船缆结在树上,结得牢牢的,又钉好了桩橛。(《初刻拍案惊奇》,第二十二卷)。

编号 816 肮脏:肮脏→脏。明代官话:那主儿或是年老的,或是貌丑的,或是一字不识的村牛,你却不肮脏了一世?(《醒世恒言》,第三卷)。

编号 820 浑:浑→混。明代官话:听喧闹鱼游釜中,急奔脱鸟飞出笼。浑一似山崩潮涌,你看官家也从地道走了。(《二刻拍案惊奇》,第四十卷)。

编号 821 快(锋利):快→利。明代官话:看看至近,一挠钩搭住,十来个强人手执快刀、铁尺、金刚圈,跳将过来。(《初刻拍案惊奇》,第八卷)。

编号 834 烫:烫→热。明代官话:你且到新人房里,吃杯烫风酒,慢慢地等他。秦重道:"烦妈妈引路。"(《醒世恒言》,第三卷)。

编号 844 渴:渴→口干。明代官话:若虚看见了,便思想道:"我一两银子买得百斤有余,在船可以解渴,又可分送一二,答众人助我之意。"(《初刻拍案惊奇》,第一卷)。

编号 847 舒服:爽快→舒服。明代官话:吴氏被道士弄得爽快,正待要丢了,吃此一惊,飒然觉来,却是南柯一梦。(《初刻拍案惊奇》,第十七卷)。

编号 854 年轻:年少→年轻。明代官话:只是员外说的话大不着人,有那三件事的他不去嫁个年少郎君,却肯随你这老头子?(《警世通言》,第十六卷)。

编号 855 好看:标致→美。明代官话:京师中公侯戚里人家妇女,争宠相骂的,动不动便道:"你自逞标致,好歹到不得狄夫人,乃敢欺凌我!"(《初刻拍案惊奇》,第六卷)。

编号 856 难看:丑陋→丑。明代官话:一美一丑,相形起来,那标致的越觉美玉增辉,那丑陋的越觉泥涂无色。(《醒世恒言》,第一卷)。

编号 857 强壮:壮→强壮。明代官话:真是长有长妙,短有短强;壮的丰美,瘦的俊俏,无有不妙。(《初刻拍案惊奇》,第十七卷)。

编号862 大方：慷慨→大方。明代官话：难道你这般汉子，世间就没个慷慨仗义的人周济你的？（《醒世恒言》，第三十七卷）。

编号863 小气：吝啬→小气。明代官话：细姨见有了绢，方才住口。正是：从来阴性吝啬，一文割舍不得。（《喻世明言》，第三十九卷）。

编号864 骄傲：傲慢→骄傲。明代官话：那裴晤到得中条山中，看见张果齿落发白，一个掐搜老叟，有些嫌他，未免气质傲慢。（《初刻拍案惊奇》，第七卷）。

编号865 谦虚：谦让（谦逊）→谦虚。明代官话：随你强横的他不怕，就上官也多谦让他一分，治得个晋阳户不夜闭，道不拾遗，百姓家家感德衔恩，无不赞叹的。（《初刻拍案惊奇》，第三十九卷）。观察道："恭喜，恭喜。适才京中探马来报，令婿已及第了。"大将还谦逊道："恐怕未能有此地步。"（《初刻拍案惊奇》，第二十九卷）。

编号867 顽皮：顽皮→调皮。明代官话：况且他妻莫爱，他马莫骑，你既与那妇人没甚首尾，却如何与他同行共宿？你这等顽皮赖骨，不打如何肯招？"（《醒世恒言》，第三十三卷）。

编号871 内行：在行→高手。明代官话：寺僧多是不在行的，也没人翻来看看，交与住持收拾过罢了。（《二刻拍案惊奇》，第一卷）。

编号872 外行：不在行→外行。明代官话：打开包时，太守是个粗人，本不在行，只道千金之物，必是怎地庄严；看见零零落落，纸色晦黑，先不像意。（《二刻拍案惊奇》，第一卷）。

编号873 高兴：欢喜→高兴。明代官话：且路上有伴，不至寂寞，心上也欢喜，道："当得相陪。"（《初刻拍案惊奇》，第三卷）。

编号875 烦恼：烦恼→老火。明代官话：离了身畔，便有些小病，却不在眼前，倒省了许多烦恼。（《初刻拍案惊奇》，第三十四卷）。

编号877 倒霉：悔气→背时。明代官话：文若虚已此剩不多了，拿一个班道："而今要留着自家用，不卖了。"其人情愿再增一个钱，四个钱买了二颗。口中晓晓说："悔气！来得迟了。"（《初刻拍案惊奇》，第一卷）。

编号878 奇怪：奇怪→怪。明代官话：如今单说那一种奇奇怪怪，蹊蹊跷跷，没阳道的假男子，带头巾的真女人，可钦可爱，可笑可歌。（《喻世明言》，第二十八卷）。

编号879 害怕:恐怕→害怕。明代官话:明知被赚,我恐怕你是调官的人,说出真情,添你羞耻,只得含羞忍耐,直至今日。(《初刻拍案惊奇》,第二十七卷)。

编号880 害羞:羞答答→害羞。明代官话:两个云雨才罢,真正弄得心满意足。知观对吴氏道:"比尊夫手段有差池否?"吴氏咳了一口道:"贼禽兽!羞答答的,只管提起这话做甚?"(《初刻拍案惊奇》,第十七卷)。

编号896 咱们:咱们→我们。明代官话:难道要咱们叫他娘不成?咱们只不作准他,莫要奉承透了,讨他做大起来,明日咱们颠到受他呕气。(《喻世明言》,第十卷)。

编号900 我的:自家→我的。明代官话:那支助是个棍徒,见得贵不肯引进自家,心中正在忿恨,却好有这个机会,便是生意上门。(《警世通言》,第三十五卷)。

编号916 哪个:那个→哪个。明代官话:不得首荐,心中闷闷不乐,叹道:"世少识者。"不耐烦赴京会试。那些叔伯亲友们,那个不来劝他及早起程。(《醒世恒言》,第二十一卷)。

编号919 怎么:怎么→怎样。明代官话:怎么叫作"飞过海"?大凡吏员考满,依次选去,不知等上几年。(《醒世恒言》下,第三十六卷)。

编号921 多少:多少→好多。明代官话:试看往古来今,一部十六史中,多少英雄豪杰,该富的不得富,该贵的不得贵。(《初刻拍案惊奇》,第一卷)。

编号924 一头牛:一头牛→一个牛。明代官话:他弟兄三人,奉着父亲遗命,合锅儿吃饭,并力的耕田。挣下一头牛儿,一骑马儿。(《醒世恒言》,第三十五卷)。

编号925 一只鸡:一只鸡→一个鸡。明代官话:妻子心里欢喜,杀了一只鸡,烫酒共吃。鸡吃不完,还剩下一半,收拾在厨中,上床同睡,又说了与懒龙打赌赛之事。(《二刻拍案惊奇》,第三十九卷)。

编号926 一条鱼:一尾鱼→一条鱼。明代官话:裴五衙把赵干赶了出去,取去来看,却是一尾金色鲤鱼,有三尺多长。(《醒世恒言》,第二十六卷)。

编号932 一双鞋:一双鞋→一对鞋。明代官话:朱婆叹口气想道,"没处安身,索性做个干净好人。"望着路旁有口义井,将一双旧鞋脱下,投井而死。(《警世通言》,第十一卷)。

编号939 一辆车:一辆车→一部车。明代官话:少刻,番官人从簇拥一辆车子出来。(《喻世明言》,第二十四卷)。

编号945 一昧药:一贴药→一服药。明代官话:教家人开了药箱,摄了一贴药剂,递与刘公道:"用生姜为引,快煮与他吃,这也是万分之一,莫做指望。"(《醒世恒言》,第十卷)。

编号946 一道河:一道溪水→一条河。明代官话:林中隐隐一座庵观,周围一带粉墙包裹,向阳两扇八字墙门,门前一道溪水,甚是僻静。(《初刻拍案惊奇》,第三十四卷)。

编号949 一出戏:一出戏→一场戏。明代官话:那时王三叔也在座间,说道:"你们不要乱嚷。是亲不是亲,另日再说。既是他会做戏,好情来贺你,只当做戏子一般,演一出儿顽顽,有何不可,却这般着恼!"(《醒世恒言》,第二十卷)。

编号950 一杆枪:一笔枪→一支枪。明代官话:这汉是园墙外面巡逻的,见一个大汉把条朴刀,跳过墙来,背着一个妇女,一笔头枪撞将来。(《警世通言》,第三十七卷)。

编号951 一管笔:一管笔→一支笔。明代官话:翰林终日如痴似狂,拿着一管笔写来写去,茶饭懒吃。(《二刻拍案惊奇》,第三卷)。

编号952 两口子:两口儿→夫妻两人。明代官话:原来张公正在涌金门城脚下住,只婆老两口儿,又无儿子。(《喻世明言》,第二十六卷)。

编号953 一座房子:一所房子→一间屋子。明代官话:后来王生竟到淮上,带了娼妇回来。且未到家,在近巷另赁一所房子,与他一同住下。(《二刻拍案惊奇》,第六卷)。

编号955 一顶帽子:一顶帽子→一个帽子。明代官话:众人见公子年少,舍了几件衣服与他,又与了他一顶帽子,三官谢了众人。(《警世通言》,第二十四卷)。

编号956 一套衣服:一套衣服→一件衣裳。明代官话:张孝基见他悔过之念已坚,一日,教人拿着一套衣服并巾帻鞋袜之类,来到园上,对过迁道:"我看你作事勤谨,甚是可用。"(《醒世恒言》,第十七卷)。

编号958 一笔生意:一回买卖→一笔生意。明代官话:兴哥久闻得"上说天堂,下说苏杭",好个大马头所在,有心要去走一遍,做这一回买卖,方才回去。(《喻世明言》,第一卷)。

编号 960 一桌酒席：一席酒→一桌酒席。明代官话：那酒席铺设得花锦相似！正是：富家一席酒，穷汉半年粮。(《醒世恒言》，第二十九卷)。

编号 961 一场大雨：一场大雨→一丈雨。明代官话：一连五日不至。到第六日午后，忽然下一场大雨，雨声未绝，砰砰的敲门声响。(《喻世明言》，第一卷)。

编号 962 一枚奖章：一枚桃子→一枚奖章。明代官话：晏子慌忙进酒一爵，食桃一枚，归于班部。(《喻世明言》，第二十五卷)。

编号 969 请一桌客：设一席酒→请一桌客。明代官话：老鸨要生心科派，设一大席酒，搬戏演乐，专请三官玉姐二人赴席。(《警世通言》，第二十四卷)。

编号 974 刚才：适才→刚才。明代官话：那妇人都看在眼里，吃罢了饭，忽然举起两袖，抖一抖道："适才忘带了钱来，今饭多吃过了主人的，却是怎好？"(《初刻拍案惊奇》，第四卷)。

编号 975 现在：如今→现在。明代官话：胡生道："你如今有此等名姬相交，何必还顾此糟糠之质？果然不嫌丑陋，到底设法上你手罢了。"(《初刻拍案惊奇》，第三十二卷)。

编号 976 一向：一向→向来。明代官话：僧齐公一向与他相厚，出来接陪了，登阁眺远，谈说古今。(《初刻拍案惊奇》，第十九卷)。

编号 978 已经：已→已经。明代官话：到胜负已分，却分说那一着是先手，所以赢；那一着是后手，所以输。(《醒世恒言》，第九卷)。

编号 979 常常：常→经常。明代官话：平时常不洗面，不脱衣，身上虱子无数。(《醒世恒言》，第十一卷)。

编号 980 赶快：快→赶紧。明代官话：善述道："既有此事，何不早说！行乐图在那里？快取来与孩儿一看。"(《喻世明言》，第十卷)。

编号 981 马上：即→马上。明代官话：乃道："偷情路险，莫去惹他，不如本分还俗，倒得安稳。"自此即蓄发娶妻，不上三年，痨瘵而死。(《醒世恒言》，第三十九卷)。

编号 982 很：甚→更。明代官话：少年虽然说话不出，心下却甚明白，把嘴弩着竹箱。(《醒世恒言》，第十卷)。

编号 988 恰好：恰好→刚好。明代官话：若得他为婿，与女儿恰好正是一对。(《醒世恒言》，第二十八卷)。

编号989 统统:俱→全部。明代官话:到了天明,只见船只甚多,俱在江中往来,叫喊不闻。(《醒世恒言》,第二十卷)。

编号990 一起:一齐→一起。明代官话:走将起来劈头将任掔揪住,到叫:'有贼!'丈人、丈母、女儿,一齐把任掔烂酱打了一顿,奸夫逃走了。(《喻世明言》,第三十八卷)。

编号993 仍旧:依旧→一仍旧。明代官话:慧新:"我若气恼时,你今夜心里还不知怎地恼着哩!"玉郎依旧又捱到枕上道:"你且说我有甚恼?"(《醒世恒言》,第八卷)。

编号995 大约:约莫→一大约。明代官话:约莫一更天气,四下人声静悄,忽听得床前地平下格格的响,还道是扇虫作耗,抬头看时,见一扇地平板渐渐推过在一边,地下钻出一个人头,直立起来,乃是一个和尚。(《醒世恒言》,第三十九卷)。

编号996 一定:切→一定。明代官话:预备下朱、墨汁两碗,夜间若有人来奸宿,暗涂其头,明早我亲至寺中查勘,切不可走漏消息!"(《醒世恒言》,第三十九卷)。

编号997 不:不→没是。明代官话:话说人生只有面貌最是不同,盖因各父母所生,千支万派,那能勾一模一样的?(《初刻拍案惊奇》,第二卷)。

编号998 没有:没→没有。明代官话:话小子不能尽述,只趁口说这几句直捷痛快的与看官们笑一笑,看说的可有理没有理?(《初刻拍案惊奇》,第二十七卷)。

编号1002 被:被→着。明代官话:秀才想了一会道:"你当时被骗之后见了赵尼,如何说了?"娘子道:"奴着了气,一径回来了,不与他开口。"(《初刻拍案惊奇》,第六卷)。

编号1007 向:向→跟。明代官话:有大胆的走向前问他道:"这事有几年了?"附丁戍的鬼道:"三年了。"(《初刻拍案惊奇》,第十四卷)。

编号1008 和:和→跟。明代官话:说道:"前日褚敬桥回复道叫外甥们就来,如何至今不见?"那欧公夫妻和陈大郎,都吃了一大惊。(《初刻拍案惊奇》,第八四卷)。

编号1009 如果:若是→要是。明代官话:若是王生有未卜先知的法术,慌忙向前拦腰抱住,扯将转来,就养他在家半年两个月,也是情愿,不到得惹出飞来横祸。(《初刻拍案惊奇》,第十一卷)。

三、创新词

所谓创新词是各方言区的人们在自己长期的社会生活中根据交际的需要新创造的方言词,这类词在早先的语言或文献中往往很难找到用例。① 创新词与变异词不同,变异词在明代官话中能找到"本字"的意义,如日(太阳)、星(仙宿)、蛙(田鸡)等,创新词在明代官话中也很难找到它的"本字"或是与它意义相同的词,如火车、钢笔等。本书所研究的创新词一共有 68 个,占明代官话与屯堡话可比词语总数(1 019个)的 6.67%。如下:

煤油、汽油、花生、卷心菜、豆腐乳、作料、冰激淋、冰棍、纸烟、油条、月饼、汤圆、毛衣、手套、围嘴儿、抽屉、锅铲、热水瓶、电筒、牙刷、抹布、掸子、棉胎、被面、拖把、螺丝刀、钳子、镊子、水泥、橡胶、邮局、邮票、车站、汽车、自行车、汽船、人行道、火车、钢笔、橡皮筋、徽章、相片、电影、篮球、京剧、胳肢窝、小拇指;涮、晾、上课、下课、游泳、照相、拔河、跳远、扭秧歌、拔火罐、中暑;这么、那么、哪儿、哪边、多么、多久;一丛草、一根烟、一把针;反正。

屯堡话创新词主要有两种:一种是与当时屯堡人的生产、生活有关。这些词是随着生活中新现象而产生的,如汽油、冰激淋、冰棍、热水瓶、电筒、螺丝刀、虎钳(钳子)、镊子、水泥、橡胶、邮局、邮票、车站、汽车、单车(自行车)、汽船、人行道、火车、钢笔、橡皮筋、徽章、相片、电影、篮球、京剧、上课、下课、游泳、照相、拔河、跳远、扭秧歌等等。有的事物在近代才传入中国,如煤油,清末才输入中国,所以明代官话中没有此词。又如,我国的花生是明末清初才从国外传入的,所以明代官话中也没有此词。还有一种创新词,就像李如龙先生所说的那样:"方言口语中那些无'本字'可考的常用单音词,可能是音义发生较大变化而至于本字难明,也可能是古时局部地区用过,文献未曾记载。"②如"晾",在《中原声韵》《洪武正韵》《广韵》都没有此字,到了清初的《分韵撮要》才出现,可见在明代官话中是没有"晾"的"本字"。《分韵撮要》是记载清初粤语语音的韵书,此字可能在古代的广东地区使用过。又

---

① 李如龙. 汉语方言学[M]. 第 2 版. 北京:高等教育出版社,2007:188.
② 李如龙. 汉语方言学[M]. 第 2 版. 北京:高等教育出版社,2007:188.

如"涮",《广韵》《中原声韵》《洪武正韵》都没此字,可见在明代官话中是没有"涮"的"本字"的。

第四节　本章小结

屯堡话与明代官话的声母基本相同,明代官话比屯堡话多定母和并母,屯堡话比明代官话多声母 ŋ,声母 ʐ 与明代官话的 z 稍有差别。在本章中,屯堡话与明代官话在声母方面可比的字为 1 059 个,声母相同的字为 776 个,相同率为 73.27%,声母不相同的字为 283 个,不相同率为 26.72%。

屯堡话的韵母与明代官话韵母相同的有 25 个,明代官话韵母比屯堡话韵母多"ɤ、iɛ、uo、iŋ、əŋ、y、yɛ、yɛn、yn"等 9 个,屯堡话韵母比明代官话多"ɚ、io"等 2 个。从本章可知,明代官话与屯堡话韵母可比的字有 714 个,韵母相同的有 531 个,相同率为 74.36%,韵母不同的有 183 个,不同率为 25.63%。

屯堡话与明代官话的调值均是:阴平 33、阳平 21、上声 42、去声 35,但屯堡话没有入声,明代官话有入声,调值为 34。在本章中,明代官话与屯堡话的声调可比的字有 540 个字,其中 473 个字声调相同,声调相同率为 87.59%,67 个字的声调不同,声调不同率为 12.41%。

屯堡话与明代官话可比的词语有 1 019 个,其中传承词 547 个,占 53.68%;变异词 404 个,占 39.64%;创新词 68 个,占 6.67%。

综合上述,屯堡话与明代官话同源,屯堡话是对明代官话的继承,是明代官话的一种变体。在这一变体中,明代官话演变程度最大的是声母,其次是韵母,最小的是声调。

第四章 屯堡话与江淮官话的比较

江淮官话是明代官话的基础方言,与屯堡话是传承关系,因此两者之间存在传承词和变异词。本研究中的江淮官话语料主要来自田野调查,少部分来自"江苏语言与文化资源库"。笔者将江淮官话与屯堡话进行比较,可以进一步反映屯堡话与明代官话之间的传承关系以及探究清楚明代官话的演变情况。

第一节 江淮官话概述

一、江淮官话的形成与特点

"江淮官话分布于长江和淮河之间,地处中国南北交界之处,是中国北方方言和南方方言的过渡区域。"江淮地区在先秦以前为九夷等族群生活的地区,春秋战国以后逐步纳入吴、越、楚的范围。此时的江淮方言与吴、越、楚的方言较为接近[①]。东汉以后,大规模的北方汉人南移,逐步改变了原来的人口格局,南北语言在这里进一步交汇融合,语言发生了剧烈的变化,这种变化一直延续到元代。元代是一个人口数量相对稳定的时期,我国元代的科学文化水平在当时世界上居于领先地位。此时江淮地区的语言也趋于稳定,在唐宋白话的影响下,江淮官话逐步形成。明代是一个经济比较繁荣、文化高度发达的时期,尽管明初有大量的周边移民迁移,但语言也趋于稳定,特别是以《洪武正韵》音系为标准音,以江淮官话为基础方言的明代官话的普及,使江淮官话的发展更加稳定。

江淮官话有如下特点:一是"有独立的入声调类,江淮官话作为官话方言中的

---

① 钱曾怡.汉语官话方言研究[M].济南:齐鲁书社,2010:290.

一种,最突出的特征就是有独立的入声调类";二是"[ən]与[əŋ]不分,[in]与[iŋ]不分的情况在江淮官话中普遍存在,古深臻曾梗四摄开口字今读韵尾多数合并为[n],少数点合并为[ŋ],或者都读作鼻化韵";三是"绝大多数方言点[n][l]不分,古泥来母字今读[n]或者[l];泰如片有一部分方言点(如南通方言)能分[n]与[l];黄孝片有一部分方言点洪音混同,细音有别";四是"一般不分尖团,大多数的方言点精组、见晓组在今读细音时,声母为[tɕ-]组,或者是由此派生出来的声母[tʂ-]组(如合肥话的'西''希'都读作[sɿ])。南京方言老派也只是在一小部分韵母中保存有尖团的对立";五是"绝大部分方言端系合口字今读洪音时失去介音。特别是臻摄合口字,几乎没有例外;蟹止摄合口字也大多如此;山摄合口字除了洪巢片西北部部分方言点存在介音外,其余大多数方言点今读也无介音";六是"古开口见系二等韵字大多存在文白异读,文读多读[tɕ][tɕ'][ɕ],白读多读[k][k'][x]声母"①。

江淮官话分布区域较广,本书以江淮官话洪巢片的连云港小片作为代表。连云港小片的江淮官话"以海州话为代表,范围包括市区、灌云县、灌南县北部、东海县南部及沭阳县的部分地区"②。本章采用的声母、韵母、声调大部分来自语言田野调查,少部分来自"江苏语言与文化资源库"。

二、江淮官话的语言调查

江淮官话的田野调查工作是在江苏省连云港市灌云县小伊乡赵沟村小唐庄进行的。

笔者进行第一次调查的时间为 2014 年 4 月 31 至 5 月 2 日,主要进行词汇调查。词汇调查合作人为灌云县小伊乡赵沟村小唐庄的村民,男性,汉族,于 1964 年 2 月出生,现年 53 周岁,中专文化程度,长期生活在出生地,母语和日常用语均为江淮官话(洪巢片)。词汇调查是按照笔者编写的《汉语官话方言词汇调查条目表》进行,采取合作人口述、笔者记录的调查方式。调查时间共三天,笔者第一天记录,第

---

① 刘详柏.江淮官话的分区(稿)[J].方言,2007(4):353-362.
② 鲍明炜.江苏省志·方言俗语志[M].南京:南京大学出版社,1998:13.

二天参加词汇调查人亲戚的婚礼,采访了部分参加婚礼的人,对词汇调查大纲的字例进行补充,第三天对调查记录进行了整理。

笔者进行第二次调查的时间为2014年7月25日至28日,主要进行语音调查。语音调查合作人为灌云县小伊乡赵沟村小唐庄的村民,男性,汉族,于1943年6月出生,现年74岁,初中文化程度,长期生活在出生地,未外出生活过,母语和日常用语均为江淮官话(洪巢片)。语音调查是按照笔者编写的《汉语官话方言语音调查条目表》进行,采取合作人发音、笔者记录的调查方式。考虑到合作人年龄等实际情况,录音安排了四天进行。在录音过程中十分注意合作人发音的清晰度,发音不清晰的笔者均要求发音人重新发。

调查前工作分步骤、有计划地进行:首先,编写好调查大纲。其次,选择好调查地点。我们之所以选择江苏省连云港市灌云县小伊乡赵沟村小唐庄作为江淮官话词汇、语音调查的地点,原因有三:一是连云港地区有着底蕴深远的人文环境和富有特色的文化体系,"这一地区史前为淮夷部落的一支——东夷,有古老独特的文化源流,先民创造了具有龙山、青莲岗文化交汇特征的史前文化。从商周时代起,外族对其征讨的同时,也带来了当时先进的商周文化",而且"民族的不断接触和交融使其文化体系兼收百家之精粹:南面有吴越文化北上,北有齐鲁文化南下,西有中原文化东渐"。[①] 二是连云港地区的方言处于北方方言与江淮官话的交界地带,而灌云县方言属江淮官话区中的扬淮片,其语言特征与其他地区的江淮官话呈现出复杂的一致性和差异性,能体现江淮官话的基本特征。三是灌云县小伊乡赵沟村小唐庄是一个比较传统的、较为封闭的乡村,该地居民从事农业,与外界接触相对较少,江淮官话的语音系统和词汇系统保存较为完整。再次,选择好调查合作人。两位合作人是初中以上文化程度,认识笔者编写的调查大纲中的大部分字、词(少部分需要笔者进行解释),最重要的是其中一位语音合作人70多岁,受普通话的影响较小,身体良好,头脑反应灵敏,且由于笔者曾经与他们相处生活七个月,在采访中也容易与他们沟通。

---

① 王萍.连云港方言俗语与文化[J].盐城工学院学报(社会科学版),2009(1):70.

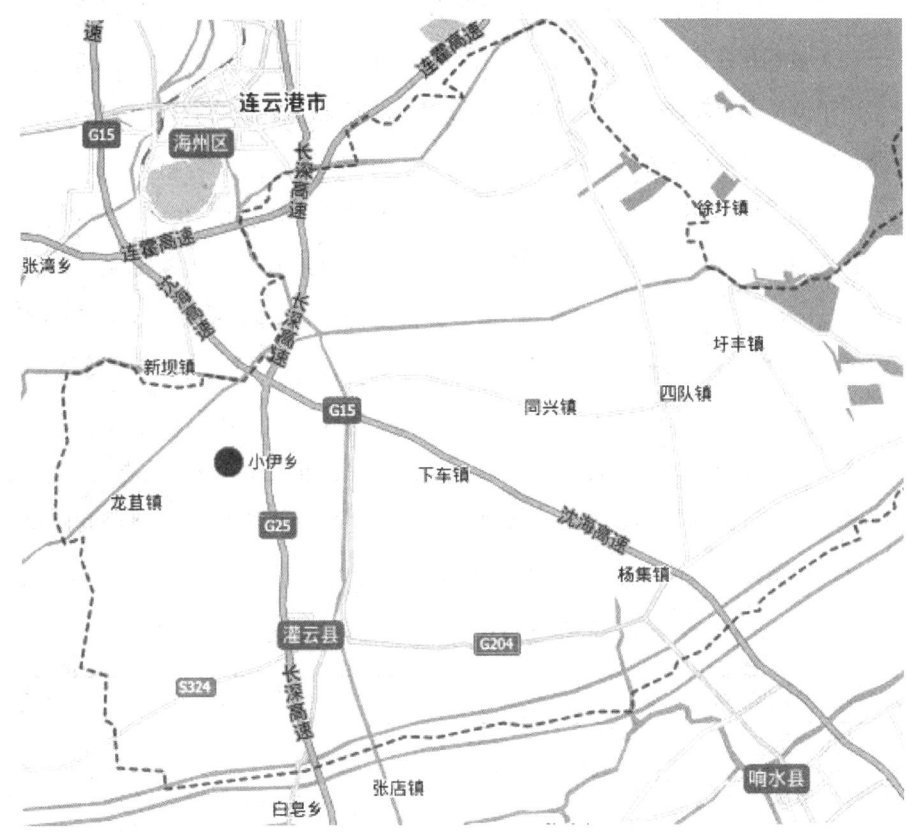

图 4-1　江苏省连云港市灌云县小伊乡位置示意图（来源：百度）

三、江淮官话的语音系统

1. 江淮官话的声母

江淮官话的声母有 19 个，p、pʻ、m、f、t、tʻ、n、l、k、kʻ、x、tɕ、tɕʻ、ɕ、tʂ、tʂʻ、ʂ、z、ø。与普通话相比，江淮官话中少了 ts、tsʻ、s 三个声母，ts、tsʻ、s 在江淮官话中被 tʂ、tʂʻ、ʂ 代替，因此对于现在大部分连云港人来说，发音时平舌音和翘舌音不分是较为普遍的现象。这种现象主要分三种：一是秉承传统，翘舌音较多，平舌音少，或全是翘舌音，如把"私（si）人"说为"诗（shi）人"，把"从（cong）来"说成"重（chong）来"，这以灌云、东海（东南区）的人居多。二是平舌音多，翘舌音少，或全是平舌音，这种情况以灌南地区比较突出。三是平舌、翘舌音读音随意，相互混淆，即把一部分平舌音读成翘舌音,一部分翘舌音读成平舌音,这部分人地域分布不明显。① 因为江淮官话区语言大多不存在声母 n,当碰到声母为 n 的汉字时,江淮官话方言区的语言使用者往往用声母 l 代替,比如"宁波"在灌云方言容易读成 liŋ³po¹,这样就造成了许多江淮官话方言区 l、n 不分的现象。

这 19 个声母与中古声母的关系大致如此:双唇音声母 p、p'、m 三个声母分别来自帮母、并母仄声以及滂母、并母平声和明母。唇齿音声母[f]的来源是非母、敷母、奉母。舌尖中音 t、t'、l 声母分别来自端母、定母仄声以及透母、定母平声和中古来母。舌尖后音声母 tʂ、tʂ'、ʂ 分别来自中古庄母、章母、知母及澄母仄声、崇母仄声、彻母、澄母平声、初母、崇母平声、昌母、船母平声、禅母平声以及崇母仄声、生母、船母、书母和禅母。舌根音声母 k、k' 大致对应中古的见母和溪母、群母字清化时依平仄而分入送气和不送气的两个声母中。x 主要是来自中古的晓母和匣母。零声母来自微母、疑母、影母、云母、以母字。②

表 4-1　江淮官话与普通话声母比较表

声母类别	普通话	江淮官话
唇音	p、p'、m、f	p、p'、m、f
舌尖中音	t、t'、n、l	t、t'、n、l
舌根音	k、k'、x	k、k'、x
舌面音	tɕ、tɕ'、ɕ	tɕ、tɕ'、ɕ
舌尖后音	tʂ、tʂ'、ʂ、ʐ	tʂ、tʂ'、ʂ、ʐ
舌尖前音	ts、ts'、s	
零声母		ø

2. 江淮官话的韵母

江苏境内江淮官话的韵母数量不一,数量一般在 39—62 个之间。韵母最少的是溧水方言,共有 39 个韵母,韵母最多的是海安方言,共有 62 个韵母。灌云方言共有 40 个韵母,它们是:

---

① 杨静.连云港人学习普通话语音难点分析[J].连云港师范高等专科学校学报,2001(2):30.
② 王萍.连云港方言语音研究[J].连云港职业技术学院学报,2008(4):57-58.

开口呼(12个):A、ɐ、o、ə、ɛ、ei、ɔ、əɯ、an、ɑŋ、əŋ、oŋ;

齐齿呼(13个):i、iɪ、ɿ、iA、iɐ、iɛ、iəi、iəɯ、iɛn、iɑŋ、iŋ、ioŋ;

合口呼(10个):u、uɐ、uA、uə、uɛ、uei、on、uan、uŋ、uəŋ;

撮口呼(5个):y、yɐ、yə、yon、yoŋ;

江淮官话连云港片的韵母与普通话的相比呈现出较大的差异。

第一,前鼻音韵母 ən、in、uən 和后鼻音韵母 əŋ、iŋ、uəŋ 不分。从实际发音来看,连云港地区的江淮方言鼻韵母韵尾不是严格意义上的前鼻音 n,也不是严格意义上的后鼻音 ŋ,具体表现为发鼻辅音 n 或 ŋ 时,舌位一样,即舌头既不前伸,也不明显后缩,而是居中,这在三对鼻韵母 ən 和 əŋ、in 和 iŋ、uən 和 uəŋ 在发音中表现最突出,例如人们在交际中,初次见面互问姓名:"请问贵姓啊?"答曰:"免贵姓陈,耳东陈。"如若答话方不加上"耳东陈"这句话,问话方往往还要追问"什么陈(程)啊",因为"陈""程"该二字在方言里口语发音完全相同。再如,姓氏中常用的字"林"和"宁"、"温"和"翁"等也都如此,听觉上分辨不出是不同的字。①

第二,单韵母不圆唇,复韵母不明显。普通话里单韵母 o、u、ü 都是圆唇音,发音时嘴唇向前聚拢成圆形,其中 o 圆形最大,u 次之,ü 撮得最紧。但这三个单韵母在连云港市江淮方言里都不圆唇,例如说"鼓舞""语句"等词时,嘴巴扁平双唇松弛,甚至上下唇闭拢,发出的声音松散,缺少穿透力。

第三,丢失韵头。当声母 t、tʻ、ts、tsʻ、s 和韵母 uei、uən 相拼时,韵母丢失韵头 u,后面的韵母不变。例如把"对 tuei""退 tʻuei""最 tsuei""脆 tsʻuei""碎 suei"分别读作"tei""tʻei""tsei""tsʻei""sei",把"蹲 tuən""吞 tʻuən""尊 tsuən""村 tsʻuən""孙 suən"分别读作"tən""tʻən""tsən""tsʻən""sən";当声母 k、kʻ、x、tʂ、tʂʻ、ʂ、ʐ 和韵母 uən 相拼时,单纯韵母丢失韵头 u,后面的韵母都读成 uŋ。如把"滚 kuən""捆 kʻuən""婚 xuən""准 tʂuən""春 tʂʻuən""顺 ʂuən""润 ʐuən"分别读作"kuŋ""kʻuŋ""xuŋ""tʂuŋ""tʂʻuŋ""ʂuŋ""ʐuŋ";当声母 tɕ、tɕʻ、ɕ 和韵母 yɛ 相拼或者 yn 韵母自成音节时,韵母 yn 都被读作 yŋ,如把"军 tɕyn""群 tɕʻyn""巡 ɕyn""云 yn"分别读作"tɕyŋ""tɕʻyŋ""ɕyŋ""yŋ"。②

---

① 杨静.连云港人学习普通话语音难点分析[J].连云港师范高等专科学校学报,2001(2):32.
② 杨静.连云港人学习普通话语音难点分析[J].连云港师范高等专科学校学报,2001(2):32.

表 4-2　江淮官话与普通话韵母比较表

开口呼		齐齿呼		合口呼		撮口呼	
普通话	江淮官话	普通话	江淮官话	普通话	江淮官话	普通话	江淮官话
		i	i、ıı、ɿ	u	u、ou	y	y、yo
A	A、ɐ	iA	iA	uA	uA		
o	o			uo	eu		
ɤ	ə	iɛ	iɛ、ɜi			yɛ	yə
ɑi	ɛ			uai	ɜu		
ei	ei			uei	uei		
ɑu	ɔ	iɑu	iɔ				
ou	əu	iou	iəu				
ɑn	an	iɛn	iɛn	uan	uan	yɛn	yon
ən	ŋe	in	in	uən	on	yn	yoŋ
ɑŋ	ɑŋ	iɑŋ	iɑŋ	uɑŋ	uɑŋ		
əŋ	əŋ	iŋ	iŋ	uəŋ	uəŋ		
uŋ	oŋ	yŋ	ioŋ				

3. 江淮官话的声调

江淮官话连云港灌云片共有五个声调，即阴平、阳平、上声、去声、入声，对应的调值分别是 213、35、41、55、24。灌云话里保留了大量的入声字，常用入声字有 600 个左右。灌云方言的入声字在发音上有一个共同的特点，就是读音比较短促，如读"吃、雪、逼、竹、质、室、月、木"等入声字时，声调都一样，调值为 24。

第二节　屯堡话与江淮官话语音比较

一、声母系统比较

1. 声母数量比较

屯堡话声母有 23 个（其中零声母 1 个），江淮官话声母有 19 个（其中零声母 1

个),比屯堡话少了"tʂ、tʂʻ、s、ŋ"。见表 4-3。

表 4-3 屯堡话声母与江淮官话声母比较表

		塞音		塞擦音		擦音	鼻音	边音
		不送气	送气	不送气	送气			
唇音	屯堡话	帮并 p	滂并 pʻ				明 m	方 f
	江淮官话	帮并 p	滂并 pʻ				明 m	方 f
舌尖前音	屯堡话			精 ts	清 tsʻ	心 s		
	江淮官话							
舌尖中音	屯堡话	端定 t	透定 tʻ				奴 n	来 l
	江淮官话	端定 t	透定 tʻ				奴 n	来 l
舌尖后音	屯堡话			知 tʂ	庄 tʂʻ	章 ʂ 日 ʐ		
	江淮官话			知 tʂ	庄 tʂʻ	章 ʂ 日 ʐ		
舌面音	屯堡话			从 tɕ	群 tɕʻ	晓 ɕ		
	江淮官话			从 tɕ	群 tɕʻ	晓 ɕ		
舌根音	屯堡话	见 k	溪 kʻ			匣 x	ŋ	
	江淮官话	见 k	溪 kʻ			匣 x		
零声母	屯堡话	乌 ø						
	江淮官话	喻 ø						

2. 声母 f 比较

屯堡话的声母系统中有声母 f,连云港区域内的江淮官话也有 f 声母,但是 f 和 x 常常混淆,笔者在 2014 年 7 月的语音田野调查中发现灌云方言里 f、x 不分,而且很少出现 f,且普通话中 f 开头的字部分念为 x(见表 4-4)。f 是轻唇音,清代学者钱大昕认为"古无轻唇音",并认为"轻唇之名,大约出于齐梁以后,而陆法言《切韵》固之,相承至今"。宋人三十六字母中已经有轻唇之音"非敷奉微",这说明宋代已经有轻唇之音。明代官话和屯堡话的声母系统中都有 f,而江淮官话的声母系统中 f、x 不分,这说明江淮官话的形成要早于明代官话,而屯堡话继承的主要是成熟的明代官话。

表 4-4 明代官话、屯堡话、江淮官话声母 f 比较表

序号	汉字	明代官话	屯堡话	江淮官话
1	发	fA	fA	fA
2	罚	fuA	fA	fA
3	法	fiA	fA	fA
4	帆	fiɛn	fan	xan
5	凡	fiɛn	fan	xan
6	反	fiɛn	fan	xan
7	饭	fiɛn	fan	xan
8	方	faŋ	faŋ	xɑŋ
9	防	faŋ	faŋ	xɑŋ
10	仿	faŋ	faŋ	xɑŋ
11	放	faŋ	faŋ	xɑŋ
12	飞	fei	fei	xuei
13	肥	fei	fei	xuei
14	匪	fei	fei	xuei
15	肺	fei	fei	xuei
16	分	fən	fən	fən
17	粉	fən	fən	fən
18	奋	fən	fən	fən
19	丰	fuŋ	fuŋ	foŋ
20	逢	fuŋ	fuŋ	foŋ
21	讽	fuŋ	fuŋ	foŋ
22	凤	fuŋ	fuŋ	foŋ
23	佛	fu	fu	fə
24	否	fou	fu	xo
25	夫	fu	fu	xu
26	扶	fu	fu	xu
27	浮	fu	fu	xu
28	府	fu	fu	xu
29	父	fu	fu	xu

3. 声母 ts、tsʻ、s 比较

江淮官话的声母系统中没有 ts、tsʻ、s 声母,而明代官话的声母系统中有这三个声母,原因是明代官话深受中古声母知组、庄组、章组的影响,对自己的基础方言进行选择、舍弃,增加了这三个声母。屯堡话的声母系统也有这 ts、tsʻ、s 三个声母,这说明屯堡话主要是继承明代官话,屯堡话和江淮官话是两种不同的官话(方言)。不过,在明代官话中许多声母为 tʂ、tʂʻ、ʂ 的字在屯堡话中往往念 ts、tsʻ、s,这也说明屯堡话受明代官话的基础方言江淮官话的影响。这是因为当时代表明代官话成熟的《洪武正韵》还在推行中,最早的屯堡移民离开江南地区时所说的语言是此时期的明代官话或江淮官话(见表 4-5)。

表 4-5 明代官话、屯堡话、江淮官话声母 ts、tsʻ、s 比较表

序 号	汉 字	明代官话	屯堡话	江淮官话
1	杂	tsA	tsA	tʂɐ
2	租	tsu	tsu	tʂu
3	资	tsɿ	tsɿ	tʂɿ
4	兹	tsɿ	tsɿ	tʂɿ
5	子	tsɿ	tsɿ	tʂɿ
6	自	tsɿ	tsɿ	tʂɿ
7	桌	tʂɑu	tso	tʂo
8	着	tʂuo	tso	tʂo
9	作	tsuo	tso	tʂuə
10	左	tsɤ	tso	tʂo
11	坐	tsuo	tso	tʂo
12	窄	tʂai	tsei	tʂə
13	债	tʂai	tsai	tʂɛ
14	嘴	tsʻuei	tsei	tʂei
15	罪	tsuei	tsei	tʂei
16	醉	tsuei	tsei	tʂei
17	贼	tsɤ	tsei	tʂei

(续表)

序号	汉字	明代官话	屯堡话	江淮官话
18	蔗	tʂɤ	tsei	tʂə
19	早	tsɑu	tsɑu	tsɑu
20	招	tʂiɑu	tsɑu	tʂɔ
21	找	tʂɑu	tsɑu	tʂɔ
22	照	tʂiɑu	tsɑu	tʂɔ
23	走	tsou	tsou	tʂəɯ
24	周	tʂiou	tsiou	tʂəɯ
25	肘	tʂiou	tsiou	tʂəɯ
26	咒	tʂiou	tsiou	tʂəɯ
27	今	tɕin	tsiou	tɕiŋ
28	枕	tʂən	tsiou	tʂəŋ
29	正	tʂəŋ	tsiou	tʂəŋ
30	张	tʂiɑŋ	tsɑŋ	tʂɑŋ
31	涨	tʂiɑŋ	tsɑŋ	tʂɑŋ
32	葬	ɕiɑŋ	tsɑŋ	tʂɑŋ
33	足	tsu	tʂu	tʂuo
34	棕	tsuŋ	tsuŋ	tʂoŋ
35	中	tʂuŋ	tsuŋ	tʂoŋ
36	总	tsuŋ	tsuŋ	tʂoŋ
37	种	tʂuŋ	tsuŋ	tʂoŋ
38	插	tʂʻiA	tsʻA	tʂʻA
39	茶	tʂʻiA	tsʻA	tʂʻA
40	擦	tʂʻiA	tsʻA	tʂʻA
41	叉	tʂʻiA	tsʻA	tʂʻA
42	错	tʂʻu	tsʻo	tʂʻo
43	柴	tʂʻai	tsʻai	tʂʻɛi
44	财	tɕʻai	tsʻai	tʂʻɛi

(续表)

序 号	汉 字	明代官话	屯堡话	江淮官话
45	菜	tɕʻai	tsʻai	tsʻɛi
46	车	tʂʻɤ	tsʻei	tʂʻei
47	吹	tʂʻuei	tsʻuei	tʂʻuei
48	垂	tʂʻuei	tsʻuei	tʂʻuei
49	锤	tʂʻuei	tsʻuei	tʂʻuei
50	朝	tʂʻiɑu	tsʻɑu	tʂʻɔ
51	抄	tʂʻiɑu	tsʻɑu	tʂʻɔ
52	糙	tɕʻɑu	tsʻɑu	tʂʻɔ
53	草	tsʻɑu	tsʻɑu	tʂʻɔ
54	抽	tʂʻiou	tsʻiou	tʂʻɤɯ
55	愁	tʂʻiou	tsʻiou	tʂʻɤɯ
56	丑	tʂʻiou	tsʻiou	tʂʻɤɯ
57	臭	tʂʻiou	tsʻiou	tʂʻɤɯ
58	蚕	tsʻan	tsʻan	tsʻan
59	铲	tʂʻiɛn	tsʻan	tʂʻan
60	村	tsʻuen	tsʻən	tsʻə̃
61	陈	tʂʻin	tsʻən	tʂʻə̃
62	沉	tʂʻən	tsʻən	tʂʻə̃
63	寸	tsʻuən	tsʻən	tsʻə̃
64	尝	tʂʻiɑŋ	tsʻɑŋ	tʂʻɑŋ
65	厂	tʂʻiɑŋ	tsʻɑŋ	tʂʻɑŋ
66	唱	tʂʻiɑŋ	tsʻɑŋ	tʂʻɑŋ
67	仓	tsʻɑŋ	tsʻɑŋ	tsʻɑŋ
68	苍	tsʻɑŋ	tsʻɑŋ	tsʻɑŋ
69	葱	tsʻuŋ	tsʻuŋ	tsʻoŋ
70	淙	tsʻuŋ	tsʻuŋ	tsʻoŋ
71	冲	tʂʻuŋ	tsʻuŋ	tʂʻoŋ

(续表)

序 号	汉 字	明代官话	屯堡话	江淮官话
72	虫	tʂʻuŋ	tsʻuŋ	tʂʻoŋ
73	思	ɕɿ	sɿ	sɿ
74	死	ɕɿ	sɿ	sɿ
75	四	ɕɿ	sɿ	sɿ
76	师	ʂɿ	sɿ	ʂɿ
77	时	tʂʻɿ	sɿ	ʂɿ
78	事	ʂɿ	sɿ	ʂɿ
79	杀	ʂiA	sA	ʂA
80	沙	ʂiA	sA	ʂA
81	所	su	so	ʂo
82	锁	suo	so	ʂo
83	晒	sai	sai	ʂɛ
84	舌	ʂiɛ	sei	ʂɛ
85	设	ʂiɛ	sei	ʂɛ
86	色	sai	sei	ʂə
87	烧	ʂɑu	sɑu	ʂɔ
88	嫂	sɑu	sɑu	ʂɔ
89	手	ʂiou	siou	ʂəɯ
90	寿	ʂou	siou	ʂəɯ
91	瘦	siou	siou	ʂəɯ
92	山	ʂiɛn	san	ʂan
93	伞	siɛn	san	san
94	善	ʂan	san	ʂə̃ŋ
95	扇	ʂan	san	ʂə̃ŋ
96	三	siɛn	san	san
97	身	ʂən	sən	ʂə̃ŋ
98	神	ʂən	sən	ʂə̃ŋ

(续表)

序 号	汉 字	明代官话	屯堡话	江淮官话
99	孙	ʂuən	sən	ʂən
100	笋	ʂuən	sən	ʂən
101	上	ʂɑŋ	sɑŋ	ʂɑŋ
102	伤	ʂiɑŋ	sɑŋ	ʂɑŋ
103	松	tɕuŋ	suŋ	ʂoŋ
104	送	suŋ	suŋ	ʂoŋ
105	宋	suŋ	suŋ	ʂoŋ

4. 声母 n、l 比较

江淮官话的许多方言片是没有声母 n 的,如南京片就没有 n,连云港片虽然有声母 n,但是 n、l 不分。屯堡话也是 n、l 不分,在明代官话中 n、l 却分得清楚(见表 4-6)。n、l 不分是西南官话大部分地区普遍存在的现象。原因是西南官话与江淮官话是亲属关系,同属于南方官话,在屯堡话尚未形成时,南方官话已经分流为江淮官话和西南官话,并在各自区域内发展形成。明代官话既以江淮方言为基础,又具有自己"官话"的特点,是一种有字典依托的"读书音"的官话,所以 n、l 区别清楚。屯堡话虽然来自明代官话,但源头上仍然摆脱不了江淮官话的影响,也深受所处区域的语言——西南官话的影响。

表 4-6 明代官话、屯堡话、江淮官话声母 n、l 比较表

序 号	汉 字	明代官话	屯堡话	江淮官话
1	那	nʏ	lɑ	lɑ
2	拿	nʏ	lɑ	lɑ
3	纳	nA	lɑ	lɑ
4	奶	nai	lai	nan
5	耐	ni	lɑi	lɛ
6	南	nan	lan	nan
7	难	nan	lan	nan
8	囊	nɑŋ	lɑŋ	nɑŋ

(续表)

序　号	汉字	明代官话	屯堡话	江淮官话
9	恼	nau	lau	lɔ
10	闹	nau	lau	lɔ
11	馁	nuei	lei	lei
12	内	nuei	lei	lei
13	嫩	nuən	lən	ləŋ
14	能	nən	lən	ləŋ
15	泥	ni	li	li
16	你	ni	li	li
17	逆	ni	li	li
18	年	niɛn	lian	lian
19	碾	nan	lian	lian
20	念	niɛn	lian	lian
21	娘	niɑŋ	liɑŋ	liɑŋ
22	鸟	niau	liau	liəɯ
23	尿	niau	liau	liəɯ
24	凝	yiŋ	lin	liŋ
25	宁	niŋ	lin	liŋ
26	牛	yiou	liəu	liəɯ
27	扭	niou	liəu	liəɯ
28	农	nuŋ	luŋ	luŋ
29	弄	nuŋ	luŋ	luŋ
30	努	nu	lu	lo
31	怒	nu	lu	lu
32	女	ny	li	ny
33	暖	nuan	luan	ləɯ
34	虐	yuo	io	ɕuə
35	挪	nɤ	lo	lo

(续表)

序 号	汉 字	明代官话	屯堡话	江淮官话
36	糯	nɤ	lo	luɔ
37	拉	lɤ	lA	lA
38	喇		lA	lA
39	蜡	lɤ	lA	lA
40	来	lai	lai	lɛ
41	赖	lai	lai	lɛ
42	蓝	liɛn	lan	lan
43	懒	liɛn	lan	lan
44	烂	liɛn	lan	lan
45	郎	lɑŋ	lɑŋ	lɑŋ
46	朗	lɑŋ	lɑŋ	lɑŋ
47	浪	lɑŋ	lɑŋ	lɑŋ
48	捞	lɑu	lɑu	lɔ
49	劳	lɑu	lɑu	lɔ
50	老	lɑu	lɑu	lɔ
51	烙	lɤ	lo	luɔ
52	肋	lɤ	lei	lə
53	乐	lɤ	lo	luɔ
54	勒	lɤ	lei	lei
55	雷	luei	lei	lei
56	垒	luei	lei	lei
57	泪	luei	lei	lei
58	棱	lən	lən	ləŋ
59	冷	lən	lən	ləŋ
60	离	li	li	li
61	礼	li	li	li
62	力	li	li	li

(续表)

序 号	汉 字	明代官话	屯堡话	江淮官话
63	连	liɛn	lian	liɛn
64	脸	tɕan	lian	liɛn
65	练	liɛn	lian	liɛn
66	良	liɑŋ	liɑŋ	liɑŋ
67	两	liɑŋ	liɑŋ	liɑŋ
68	亮	liɑŋ	liɑŋ	liɑŋ
69	聊	liɑu	liɑu	liəu
70	料	liɑu	liɑu	liəu
71	裂	lyɛ	li	liə
72	猎	lɤ	li	liə
73	拎	liŋ	lin	liŋ
74	林	lən	lin	liŋ
75	凛	lin	lin	liŋ
76	吝	lən	lin	liŋ
77	灵	lən	lin	liŋ
78	领	liŋ	lin	liŋ
79	另	liŋ	lin	liŋ
80	留	liou	liəu	liəu
81	柳	liou	liou	liəu
82	六	lu	liou	lu
83	隆	luŋ	luŋ	loŋ
84	龙	luŋ	luŋ	loŋ
85	垄	luŋ	luŋ	loŋ
86	弄	luŋ	luŋ	loŋ
87	楼	lou	lou	ləu
88	篓	lou	lou	ləu
89	漏	lou	lou	ləu

(续表)

序　号	汉　字	明代官话	屯堡话	江淮官话
90	卢	lu	lu	lu
91	鲁	lu	lu	lu
92	陆	lu	lu	lo
93	律	lu	li	lyɷ
94	峦	luan	luan	luɔ
95	卵	luan	luan	luɔ
96	乱	luan	luan	luɔ
97	轮	luən	lən	ləŋ
98	论	luən	lən	ləŋ
99	罗	lɤ	lo	no
100	裸	luo	lo	no

从表4-6中可知,屯堡话声母与江淮官话声母不相同的有8个,屯堡话声母与明代官话声母不相同的有38个,明代官话声母与江淮官话声母不相同的有34个。这说明屯堡话虽然来源于明代官话,但也受明代官话的基础方言江淮官话的影响;也说明经过600多年的时间流逝,江淮官话也在发生演变。

5. 声母ø、ŋ比较

屯堡话和江淮官话的零声母都来自中古声母系统的影母组(影、喻、疑),在屯堡话和江淮官话中,它们变成y或w等各种零声母,在屯堡话中有少部分变成声母ŋ,在江淮官话中有极少数变成声母ŋ(但本书不将它作为一个独立的声母),如连云港灌云县的一些乡村把"矮、安、肮、熬、恩"读成ŋai、ŋan、ŋaŋ、ŋau、ŋən。影母组在明代官话中为零声母,有时作为韵母的韵头,如拥(伊竦切)、勇(伊竦切)、用(余颂切)、文(无分切)、吻(武粉切),也有少部分变成声母n。从王力对现代汉语方言的研究中可知,影母开口呼字如"恶、爱、袄、矮、欧、安、恩、肮"转入ŋ母或n母的皆有,转入ŋ母的有济南、西安、太原、汉口、长沙、成都、南昌、桂林等地的方言,而转入n母的有保定、大同、兰州、平凉等地的方言。王力也指出开口呼字,如"呆、傲、岸、昂、偶、鹅"等字的声母到了现代北京话中,已由ŋ母变作零声母,ŋ母的旧读在现代北京话中已不存在①。以下表 4-7 也说明这一点。

表 4-7 韵母 ŋ 变异表

开口呼字	北京方言	南京方言	灌云方言
爱	ai	ɑc	ŋai
傲	ɑu	ɔo	ŋɑu
安	an	ɑŋ	ŋan
昂	ɑŋ	ɑŋ	ŋan
鹅	ɤ	o	o
恩	əu	əu	ŋəu
欧	ou	ɯe	ŋeɯ

从表 4-7 中可知,随着普通话的不断推广,ŋ 为声母的情况已经越来越少,但在相对偏远的西南地区以及江淮官话方言区中一些乡村方言中仍然存在。因此,笔者推断在明代已经出现影母组声母变化为 n、ŋ 的现象。屯堡话中的 ŋ,其实就是作为明代官话的基础方言江淮官话 ŋ 和明代官话 n 的一种变体,这足以证明屯堡话与江淮官话的亲属关系、明代官话与屯堡话的传承关系。

影母组声母变零声母时,在屯堡话和江淮官话中用 ø 表示,在明代官话中,视不同的韵母分别用 y、w 表示。如表 4-8,按国标音标的标音惯例,韵母前面不标出 ø、y、w。

表 4-8 明代官话、屯堡话、江淮官话影母组声母比较表

序 号	汉 字	明代官话	屯堡话	江淮官话
1	哀	ai	ŋai	ai
2	矮	ai	ŋai	ŋai
3	爱	iɛ	ŋai	nai
4	碍	nai	ai	ai
5	安	an	ŋan	ŋan

---

① 黄灵燕.开口呼字的声母在清末官话和现代方言中的分化[J].语言科学,2011(4):445.

(续表)

序号	汉字	明代官话	屯堡话	江淮官话
6	案	an	ŋan	ŋan
7	肮	tɕaŋ	ŋaŋ	ŋaŋ
8	昂	ɑŋ	ŋɑŋ	ŋɑŋ
9	熬	nau	ŋau	ŋɔ
10	袄	nau	ŋau	ŋɔ
11	奥	au	ŋau	ŋɔ
12	欧	ou	ŋou	ŋəɯ
13	偶	ou	ŋou	ŋəɯ
14	婀	ɣ	o	o
15	鹅	nɣ	ŋo	ŋo
16	恶	ɣ	o	o
17	鄂	nɣ	ŋo	ə
18	恩	ən	ŋen	ŋən
19	呀	niA	iA	iA
20	涯	niA	iA	iA
21	雅	iA	iA	iA
22	烟	iɛn	iɛn	iɛn
23	严	iɛn	iɛn	iɛn
24	岩	iɛn	iɛn	iɛn
25	眼	iɛn	iɛn	iɛn
26	彦	niɛn	iɛn	iɛn
27	央	iɑŋ	iɑŋ	iɑŋ
28	扬	iɑŋ	iɑŋ	iɑŋ
29	仰	iɑŋ	iɑŋ	iɑŋ
30	样	iɑŋ	iɑŋ	iɑŋ
31	腰	iau	iau	iɔ
32	摇	iau	iau	iɔ

(续表)

序　号	汉　字	明代官话	屯堡话	江淮官话
33	咬	iɑu	iɑu	iɔ
34	要	iɑu	iɑu	iɔ
35	野	ɤ	i	iə
36	业	iɛ	i	iə
37	一	i	i	iɿ
38	仪	i	i	i
39	宜	i	i	i
40	义	i	i	i
41	因	ən	in	iŋ
42	银	in	in	iŋ
43	引	ən	in	iŋ
44	印	ən	in	iŋ
45	英	iŋ	in	iŋ
46	迎	iŋ	in	iŋ
47	影	iŋ	in	iŋ
48	硬	əŋ	ŋən	əŋ
49	拥	yŋ	yŋ	ioŋ
50	永	yŋ	yŋ	ioŋ
51	用	yŋ	yŋ	ioŋ
52	优	iou	iou	iɯ
53	油	iou	iou	iɯ
54	有	iou	iou	iɯ
55	右	iou	iou	iɯ
56	淤	y	i	y
57	娱	ny	i	y
58	宇	y	i	y
59	育	yiou	iou	yʊ

(续表)

序 号	汉 字	明代官话	屯堡话	江淮官话
60	冤	yɛn	iɛn	yon
61	元	yɛn	iɛn	yon
62	远	yɛn	iɛn	yon
63	院	yɛn	iɛn	yon
64	约	yɛ	io	yə
65	岳	niɑu	io	yə
66	晕	iŋ	in	ioŋ
67	云	iŋ	in	ioŋ
68	允	iŋ	in	ioŋ
69	孕	iŋ	in	ioŋ
70	洼	uA	uA	uA
71	娃	uA	uA	uA
72	瓦	uA	uA	uA
73	外	uai	uai	uɛ
74	弯	uan	uan	uan
75	完	uan	uan	on
76	晚	uan	uan	uan
77	万	uan	uan	uan
78	汪	uɑŋ	uɑŋ	uɑŋ
79	王	uɑŋ	uɑŋ	uɑŋ
80	网	uɑŋ	uɑŋ	uɑŋ
81	旺	uɑŋ	uɑŋ	uɑŋ
82	危	uei	uei	uei
83	围	uei	uei	uei
84	尾	uei	uei	uei
84	位	uei	uei	uei
85	温	uən	uən	oŋ

(续表)

序 号	汉 字	明代官话	屯堡话	江淮官话
86	文	uən	uən	oŋ
87	稳	uən	uən	oŋ
88	问	uən	uən	oŋ
89	翁	uŋ	uŋ	oŋ
90	蓊	uŋ	uŋ	oŋ
91	瓮	uŋ	uŋ	oŋ
92	窝	ɣ	ŋo	uo
93	我	ɣ	ŋo	uo
94	沃	uo	ŋo	uo
95	握	uo	o	uo
96	乌	u	u	u
97	吴	u	u	u
98	武	u	u	u
99	雾	u	u	u
100	二	ɚ	ɚ	ɛ

ŋ是中古声母疑母，在表4-8中，明代官话中没有ŋ，ŋ变成零声母和声母n。但在屯堡话与江淮官话声母中都有作辅音声母的ŋ，在西南官话中ŋ也作声母，这说明江淮官话、西南官话都早于明代官话，屯堡话受到江淮官话、西南官话直接或间接影响。

二、韵母系统比较

1. 韵母总数比较

屯堡话的韵母有27个（ʅ、ɿ、i归为1个），江淮官话的韵母有40个（ʅ、ɿ归为1个i），其中江淮官话与屯堡话相同的韵母有26个，"ɐ、ɜ、ɔ、ci、mɯ、uɷ、əu、oŋ"等8个韵母与屯堡话的"A、o、ai、ei、uei、au、uai、uŋ"等韵母对应。江淮官话比屯堡话多"ɐ、ie、y、yɛ、yɛn、yn"6个韵母，比屯堡话少"ɚ、io"2个。与明代官话的韵母比较，屯堡话和西南官话都没有əŋ和iŋ两个韵母；与现代普通话比较，它们没有uɑŋ韵母，但却比明代官话和现代普通话多ɚ韵母。具体见表4-9。

表4-9　屯堡话与江淮官话韵母比较表

开口呼（开口一、二等）		齐齿呼（开口三、四等）		合口呼（合口一、二等）		撮口呼（合口三、四等）	
江淮官话	屯堡话	江淮官话	屯堡话	江淮官话	屯堡话	江淮官话	屯堡话
		i	i	u	u	y	
						yɷ	
A	A	iA	iA	uA	uA		
o	o		io	uɐ	uA、o		
				uə	o		
				uɯ	o		
				uɷ	o		
ə	ɚ、i、u	iɛ				yɛ	
						yo	
ɐ	a、o						
ɛ	ai			uɛ	uai		
ei	ei、uei			uei	uei		
ɔ	ɑu	iɔ	iɑu				
		iəu	iou				
an	an	iɛn	iɛn	uan	uan	yon	iɛn
en	an						
on	an、uan						
əŋ	ne、uen、ue		in			yə	in
ɑŋ	ɑŋ	iɑŋ	iɑŋ	uɑŋ	uɑŋ		
əŋ			iŋ				
oŋ	uŋ	ioŋ	yŋ				

2. 韵母 in、iŋ、ən、əŋ 比较

屯堡话中没有韵母 iŋ,有韵母 in,而江淮官话中正好相反,有韵母 iŋ 而没有韵母 in,但是在明代官话的韵母系统中,这两个韵母分得很清楚(见表 4-10)。屯堡话没有韵母 əŋ,有韵母 ən,而江淮官话正好相反,有韵母 əŋ,而没有韵母 ən(见表 4-11),明代官话这两个韵母分得比较清楚,如有变化,也是与屯堡话的变化基本一样,如"蒙、朦、濛、丰、风、封、峰、冯、讽、凤、奉"等字,明代官话和屯堡话的韵母都是"uŋ"。江淮官话与明代官话、屯堡话的关系如下:

江淮官话　　明代官话　　屯堡话

iŋ ——→ in   iŋ ——→ in

əŋ ——→ ən   əŋ ——→ ən

显然屯堡话出现这种情况,是继承明代官话和受西南官话影响的结果。不过,明代官话韵母 ən 有时也会变为 əŋ,如"贞、侦、桢、祯",这是受江淮官话影响的结果,因为明代官话的基础方言是江淮官话。它们之间的这一影响呈现如下关系:

明代官话→屯堡话

江淮官话

表 4-10 明代官话、屯堡话、江淮官话韵母 in 与 iŋ 比较表

序　号	汉字	明代官话	屯堡话	江淮官话
1	宾	pin¹	pin¹	piŋ¹
2	彬	pin¹	pin¹	piŋ¹
3	斌	pin¹	pin¹	piŋ¹
4	滨	pin¹	pin¹	piŋ¹
5	缤	pin¹	pin¹	piŋ¹
6	濒	pin¹	pin¹	piŋ¹
7	摈	pin⁴	pin¹	piŋ⁴
8	殡	pin⁴	pin¹	piŋ⁴

(续表)

序　号	汉　字	明代官话	屯堡话	江淮官话
9	冰	piŋ¹	pin¹	piŋ¹
10	兵	piŋ¹	pin¹	piŋ¹
11	屏	piŋ¹	pin¹	piŋ¹
12	丙	piŋ³	pin³	piŋ³
13	炳	piŋ³	pin³	piŋ³
14	并	piŋ⁴	pin⁴	piŋ⁴
15	病	piŋ⁴	pin⁴	piŋ⁴
16	拼	pʻəŋ¹	pʻin¹	pʻiŋ¹
17	贫	pʻin²	pʻin²	pʻiŋ²
18	频	pʻin²	pʻin²	pʻiŋ²
19	嫔	pʻin²	pʻin²	pʻiŋ²
20	品	pʻin³	pʻin³	pʻiŋ³
21	平	pʻiŋ²	pʻin²	pʻiŋ²
22	评	pʻiŋ²	pʻin²	pʻiŋ²
23	苹	pʻiŋ²	pʻin²	pʻiŋ²
24	萍	pʻiŋ²	pʻin²	pʻiŋ²
25	凭	pʻiŋ²	pʻin²	pʻiŋ²
26	瓶	pʻiŋ²	pʻin²	pʻiŋ²
27	民	min²	min²	miŋ²
28	岷	min²	min²	miŋ²
29	珉	min²	min²	miŋ²
30	闵	min³	min³	miŋ³
31	敏	min³	min³	miŋ³
32	丁	tiŋ¹	tin¹	tiŋ¹
33	钉	tiŋ¹	tin¹	tiŋ¹
34	顶	tiŋ³	tin³	tiŋ³
35	鼎	tiŋ³	tin³	tiŋ³

（续表）

序 号	汉 字	明代官话	屯堡话	江淮官话
36	订	tiŋ⁴	tin⁴	tiŋ⁴
37	定	tiŋ⁴	tin⁴	tiŋ⁴
38	厅	tʻiŋ¹	tʻin²	tʻiŋ¹
39	听	tʻiŋ¹	tʻin²	tʻiŋ¹
40	庭	tʻiŋ¹	tʻin²	tʻiŋ¹
41	廷	tʻiŋ¹	tʻin²	tʻiŋ¹
42	停	tʻiŋ¹	tʻin²	tʻiŋ¹
43	亭	tʻiŋ¹	tʻin²	tʻiŋ¹
44	婷	tʻiŋ¹	tʻin²	tʻiŋ¹
45	霆	tʻiŋ¹	tʻin²	tʻiŋ¹
46	艇	tʻiŋ³	tʻin³	tʻiŋ³
47	铤	tʻiŋ³	tʻin³	tʻiŋ³
48	宁	niŋ²	nin³	niŋ²
49	咛	niŋ²	nin³	niŋ²
50	狞	niŋ²	nin³	niŋ²
51	凝	niŋ²	nin³	niŋ²
52	泞	niŋ⁴	nin²	niŋ⁴
53	巾	tɕin¹	tɕin¹	tɕin¹
54	斤	tɕin¹	tɕin¹	tɕin¹
55	今	tɕin¹	tɕin¹	tɕin¹
56	金	tɕin¹	tɕin¹	tɕin¹
57	津	tɕin¹	tɕin¹	tɕin¹
58	筋	tɕin¹	tɕin¹	tɕin¹
59	经	tɕiŋ¹	tɕin¹	tɕiŋ¹
60	荆	tɕiŋ¹	tɕin¹	tɕiŋ¹
61	旌	tɕiŋ¹	tɕin¹	tɕiŋ¹
62	惊	tɕiŋ¹	tɕin¹	tɕiŋ¹

(续表)

序 号	汉 字	明代官话	屯堡话	江淮官话
63	晶	tɕin¹	tɕin¹	tɕiŋ¹
64	睛	tɕin¹	tɕin¹	tɕiŋ¹
65	精	tɕin¹	tɕin¹	tɕiŋ¹
66	菁	tɕin¹	tɕin¹	tɕiŋ¹
67	兢	tɕin¹	tɕin¹	tɕiŋ¹
68	井	tɕin³	tɕin³	tɕiŋ³
69	颈	tɕin³	tɕin³	tɕiŋ³
70	景	tɕin³	tɕin³	tɕiŋ³
71	警	tɕin³	tɕin³	tɕiŋ³
72	劲	tɕin⁴	tɕin⁴	tɕiŋ⁴
73	竞	tɕin⁴	tɕin⁴	tɕiŋ⁴
74	敬	tɕin⁴	tɕin⁴	tɕiŋ⁴
75	婧	tɕin⁴	tɕin⁴	tɕiŋ⁴
76	静	tɕin⁴	tɕin⁴	tɕiŋ⁴
77	境	tɕin⁴	tɕin⁴	tɕiŋ⁴
78	镜	tɕin⁴	tɕin⁴	tɕiŋ⁴
79	钦	tɕʻin¹	tɕʻin¹	tɕʻiŋ¹
80	侵	tɕʻin¹	tɕʻin¹	tɕʻiŋ¹
81	亲	tɕʻin¹	tɕʻin¹	tɕʻiŋ¹
82	衾	tɕʻin¹	tɕʻin¹	tɕʻiŋ¹
83	芹	tɕʻin²	tɕʻin²	tɕʻiŋ²
84	矜	tɕʻin²	tɕʻin²	tɕʻiŋ²
85	秦	tɕʻin²	tɕʻin²	tɕʻiŋ²
86	琴	tɕʻin²	tɕʻin²	tɕʻiŋ²
87	覃	tɕʻin²	tɕʻin²	tɕʻiŋ²
88	禽	tɕʻin²	tɕʻin²	tɕʻiŋ²
89	勤	tɕʻin²	tɕʻin²	tɕʻiŋ²

(续表)

序　号	汉字	明代官话	屯堡话	江淮官话
90	擒	tɕʻin²	tɕʻin²	tɕʻiŋ²
91	沁	tɕʻin⁴	tɕʻin⁴	tɕʻiŋ⁴
92	青	tɕʻiŋ¹	tɕʻin¹	tɕʻiŋ¹
93	倾	tɕʻiŋ¹	tɕʻin¹	tɕʻiŋ¹
94	清	tɕʻiŋ¹	tɕʻin¹	tɕʻiŋ¹
95	卿	tɕʻiŋ¹	tɕʻin¹	tɕʻiŋ¹
96	蜻	tɕʻiŋ²	tɕʻin²	tɕʻiŋ²
97	情	tɕʻiŋ²	tɕʻin²	tɕʻiŋ²
98	晴	tɕʻiŋ²	tɕʻin²	tɕʻiŋ²
99	请	tɕʻiŋ⁴	tɕʻin³	tɕʻiŋ⁴
100	顷	tɕʻiŋ⁴	tɕʻin¹	tɕʻiŋ⁴

表 4-11　明代官话、屯堡话、江淮官话韵母 ən 与 əŋ 比较表

序　号	汉字	明代官话	屯堡话	江淮官话
1	奔	puən¹	pən¹	pəŋ¹
2	本	puən³	pən³	pəŋ³
3	笨	puən⁴	pən⁴	pəŋ⁴
4	崩	pʻəŋ¹	pʻən¹	pʻəŋ¹
5	迸	pʻəŋ⁴	pʻən⁴	pʻəŋ⁴
6	门	mən²	mən²	məŋ²
7	闷	mən⁴	mən⁴	məŋ⁴
8	懑	mən⁴	mən⁴	məŋ⁴
9	蒙	muŋ¹	muŋ¹	moŋ¹
10	萌	məŋ²	muŋ²	məŋ²
11	盟	məŋ²	muŋ²	məŋ²
12	濛	muŋ²	muŋ²	moŋ²

（续表）

序　号	汉字	明代官话	屯堡话	江淮官话
13	猛	məŋ³	muŋ³	məŋ³
14	孟	məŋ⁴	muŋ⁴	məŋ⁴
15	梦	məŋ⁴	muŋ⁴	məŋ⁴
16	分	fən¹	fən¹	faŋ¹
17	芬	fən¹	fən¹	faŋ¹
18	纷	fən¹	fən¹	faŋ¹
19	焚	fən²	fən²	faŋ²
20	粉	fən³	fən³	faŋ³
21	奋	fən⁴	fən⁴	faŋ⁴
22	粪	fən⁴	fən⁴	faŋ⁴
23	愤	fən⁴	fən⁴	faŋ⁴
24	丰	fuŋ¹	fuŋ¹	faŋ¹
25	风	fuŋ¹	fuŋ¹	faŋ¹
26	封	fuŋ¹	fuŋ¹	faŋ¹
27	枫	fuŋ¹	fuŋ¹	faŋ¹
28	锋	fuŋ¹	fuŋ¹	faŋ¹
29	冯	fuŋ²	fuŋ²	faŋ²
30	讽	fuŋ³	fuŋ³	faŋ³
31	凤	fuŋ⁴	fuŋ⁴	faŋ⁴
32	奉	fuŋ⁴	fuŋ⁴	faŋ⁴
33	灯	təŋ¹	tən¹	taŋ¹
34	登	təŋ¹	tən¹	taŋ¹
35	等	təŋ³	tən³	taŋ³
36	邓	təŋ⁴	tən⁴	taŋ⁴
37	腾	tʻəŋ²	tʻən²	tʻaŋ²
38	誊	tʻəŋ²	tʻən²	tʻaŋ²
39	滕	tʻəŋ²	tʻən²	tʻaŋ²

(续表)

序 号	汉 字	明代官话	屯堡话	江淮官话
40	藤	t'əŋ²	t'ən²	t'aŋ²
41	嫩	nuən⁴	nən⁴	naŋ⁴
42	能	nəŋ²	nən²	naŋ²
43	根	kən¹	kən¹	kəŋ¹
44	跟	kən¹	kən¹	kəŋ¹
45	艮	kən³	kən³	kəŋ³
46	亘	kən⁴	kən⁴	kəŋ⁴
47	更	kəŋ¹	kən¹	kaŋ¹
48	耕	kəŋ¹	kən¹	kaŋ¹
49	庚	kəŋ¹	kən¹	kaŋ¹
50	赓	kəŋ¹	kən¹	kaŋ¹
51	耿	kəŋ³	kən³	kaŋ³
52	垦	k'ən³	k'ən³	k'əŋ³
53	恳	k'ən³	k'ən³	k'əŋ³
54	坑	k'əŋ³	k'ən⁴	k'əŋ³
55	痕	hən²	xən²	xəŋ²
56	很	xən³	xən³	xəŋ³
57	恨	xən⁴	xən⁴	xəŋ⁴
58	亨	xəŋ¹	xən¹	xoŋ¹
59	恒	xəŋ²	xən²	xoŋ²
60	横	xəŋ²	xən²	xoŋ²
61	衡	xəŋ²	xən²	xoŋ²
62	贞	tʂəŋ¹	tsən¹	tʂəŋ¹
63	针	tʂən¹	tsən¹	tʂəŋ¹
64	珍	tʂən³	tsən¹	tʂəŋ³
65	真	tʂən³	tsən¹	tʂəŋ³
66	诊	tʂəŋ³	tsəŋ³	tʂəŋ³

(续表)

序 号	汉 字	明代官话	屯堡话	江淮官话
67	缜	tʂən³	tsən³	tʂəŋ³
68	振	tʂən⁴	tsən⁴	tʂəŋ⁴
69	震	tʂən⁴	tsən⁴	tʂəŋ⁴
70	陈	tʂən⁴	tsən⁴	tʂəŋ⁴
71	征	tʂəŋ¹	tsən¹	tʂəŋ¹
72	争	tʂəŋ¹	tsən¹	tʂəŋ¹
73	拯	tʂəŋ³	tsən³	tʂəŋ³
74	整	tʂəŋ³	tsən³	tʂəŋ³
75	正	tʂəŋ⁴	tsən⁴	tʂəŋ⁴
76	政	tʂəŋ⁴	tsən⁴	tʂəŋ⁴
77	辰	tʂʻən²	tsʻən²	tʂʻəŋ²
78	沉	tʂʻən²	tsʻən²	tʂʻəŋ²
79	称	tʂʻən⁴	tsʻən⁴	tʂʻəŋ⁴
80	承	tʂʻəŋ²	tsʻən²	tʂʻəŋ²
81	逞	tʂʻəŋ³	tsʻən³	tʂʻəŋ³
82	秤	tʂʻəŋ⁴	tsʻən⁴	tʂʻəŋ⁴
83	身	ʂən¹	sən¹	ʂəŋ¹
84	深	ʂən¹	sən¹	ʂəŋ¹
85	神	ʂən²	sən²	ʂəŋ²
86	审	ʂən³	sən³	ʂəŋ³
87	沈	ʂən³	sən³	ʂəŋ³
88	慎	ʂən⁴	sən⁴	ʂəŋ⁴
89	升	ʂəŋ¹	sən¹	ʂəŋ¹
90	生	ʂəŋ¹	sən¹	ʂəŋ¹
91	绳	ʂəŋ²	sən²	ʂəŋ²
92	省	ʂəŋ³	sən³	ʂəŋ³
93	盛	ʂəŋ⁴	sən⁴	ʂəŋ⁴

（续表）

序 号	汉 字	明代官话	屯堡话	江淮官话
94	胜	ʂəŋ⁴	sən⁴	ʂəŋ⁴
95	曾	tsən¹	tsən¹	tʂəŋ¹
96	增	tsən¹	tsən¹	tʂəŋ¹
97	岑	tsʻən²	tsʻən²	tʂʻəŋ²
98	层	tsʻəŋ²	tsʻən²	tʂʻəŋ²
99	森	sən¹	sən¹	tʂəŋ¹
100	僧	səŋ¹	sən¹	tʂəŋ¹

3. 儿化韵母比较

屯堡话中有一个卷舌韵母ɚ，它不能与声母相拼，只能单独成音节，或与零声母ø相拼，如"儿、而、耳、饵、尔、洱、迩"，明代官话也是如此，如"儿、而、耳、饵、尔、洱、迩、贰、二、珥、栭、聏、咡、鲕"。然而在江淮方言里却没有儿化韵，"许多儿化词语大多被'XX子'或'XX着'取代，如把'小孩儿、老头儿、面条儿'说成'小孩子、老头子、面条子'，把'快点儿、慢点儿'说成'快点着、慢点着'。还有一部分儿化词语，如'中间儿、小船儿、头头儿'，方言里只读作'中间、小船、头头'，不将其儿化，产生这种现象的原因主要是该方言本身就没有 er 这个卷舌韵母"[①]。

儿化韵母或儿化现象大量存在是南方方言的特点，如四川话里有大量的儿化词，如刀背儿、细粉儿、丈个儿、小盒儿、老辈儿、脸盆儿、茶歌儿、蔓分儿、度筋儿、一戏儿、小芹儿、漫理儿、唱妻儿、花印儿、煤灰儿、大责儿、乖龟儿、开回儿、小棍儿、大味儿、开春儿、小文儿、渔歌儿、爷儿、小妮儿、魂儿、打盹儿、粉妹儿、耳门儿。贵州赤水话 40 个韵母，除 ʅ、iai、ioŋ 3 个韵母以外，其他 37 个韵母都可以儿化，如老妈儿、豆芽儿、麻线儿、姑娘儿、花儿、鞋带儿、老汉儿、干活儿、毛竹儿、野葱儿、魂儿、腿儿等[②]。南方方言的儿化现象比北京话中的儿化现象出现得还要早，魏晋南北朝的南朝乐府诗词、文人诗词和南宋诗人的作品中有儿尾词存在，如陶渊明的诗句"问君何能尔？心远地自偏"。南宋诗人、海盐人（今属浙江）许棐的一首诗的题目

[①] 杨静.连云港人学习普通话语音难点分析[J].连云港师范高等专科学校学报，2001(2)：32.
[②] 陈遵平.赤水方言的儿化韵[J].遵义师范学院学报，2008(6)：27.

就叫"泥孩儿",诗中有"潜乞大士灵,生子愿如尔"这样的儿化韵尾。

江淮官话没有儿化韵母或儿化现象,而明代官话有这种现象,这说明了明代官话吸收了南方方言的语音内容,是一种把当时的读书音和五方之人皆能通解的"方言音"统一起来的"共同语",所以明代官话有儿化韵母或儿化现象,这也是对江淮官话的选择性继承。屯堡话有儿化韵母或儿化现象,说明屯堡话对明代官话的继承和曾深受南方方言(西南官话)的影响。

三、声调系统比较

屯堡话声调系统中没有入声,中古的入声字归入到阴平和阳平,而江淮官话有入声,灌云话里"保留了大量的入声字,常用字有 600 个左右。灌云方言的入声字在发音上有一个共同的特点就是读音短促,如读'吃、雪、逼、竹、质、室、月、木'等入声字时,声调都一样,调值为 24"[①]。明代官话也有入声,《洪武正韵》七十六韵,其中 10 个是入声韵,即屋、質、曷、轄、屑、藥、陌、緝、合、葉。明代官话和江淮官话都有入声,再次说明了江淮官话是明代官话的基础方言,而屯堡话没有入声也说明了明代官话在屯堡话中的演变。

第三节 屯堡话与江淮官话词汇比较

一、传承词

屯堡话与江淮官话的传承词共有 648 个,占可比词语(1 019 个)的 63.60%。例词如下。

1. 名词(306 个)

太阳、月亮、风、雨、雾、霜、雪、雷、阴天、海、湖、风景、河、山、水、旱地、时候、今年、明年、后年、去年、前年、日子、今天、明天、后天、昨天、前天、大前天、白天、下午、大年初一、重阳、金、银、铜、铁、钢、铅、锡、煤、煤油、汽油、石头、老虎、狮子、豹子、

---

① 杨静.连云港人学习普通话语音难点分析[J].连云港师范高等专科学校学报,2001(2):33.

狼、鹿、猴子、兔子、大雁、喜鹊、麻雀、鸽子、母猪、草狗（母狗）、驴、羊、猫、公鸡、母鸡、鹅、黄花鱼、螃蟹、曲蟮、蚕、蜜蜂、蚂蚁、苍蝇、蚊子、臭虫、蜈蚣、蛇、翅膀、蹄子、尾巴、鳞、梅花、杏花、桃花、桂花、棉花、糯米、麦子、小米、糠、高粱、花生、菜、冬瓜、萝卜、茄子、韭菜、桃子、梨子、桔子、柚子、杨梅、樱桃、葡萄、橄榄、枣子、核桃、香蕉、荔枝、西瓜、核子、果皮、晚饭、稀饭、米汤、馒头、包子、饺子、馄饨、面条、糕、心、菜、荤菜、素菜、汤、猪肉、猪肝、猪舌头、鸡蛋、作料、猪油、酱油、醋、糖、蜂蜜、酒、茶、冰激淋、开水、饼干、月饼、衣服、上衣、衬衣、大衣、裤子、裙子、帽子、鞋子、拖鞋、围巾、手套、袜子、袖子、里子、房子、墙、窗子、门坎、楼梯、院子、天井、楼房、走廊、家具、桌子、椅子、凳子、书桌、柜子、盒子、箱子、皮箱、床、被窝、毯子、枕头、席子、锅、锅铲、筷子、水缸、坛子、柴、浆糊、针、线、绳子、锁、钥匙、伞、蜡烛、洋火、肥皂、牙刷、抹布、扫帚、簸箕、痰盂、床单、棉胎、被面、酒杯、拖把、算盘、秤、斧头、镊子、凿子、钳子、锉、钻、小刀、梯子、镰刀、扁担、筛子、木头、竹子、石灰、水泥、橡胶、玻璃、钱、商店、邮局、邮票、车站、码头、汽车、轮船、人行道、桥、发票、火车、学校、纸、砚台、毛笔、钢笔、信、信封、信纸、徽章、电影、故事、球、秋千、风筝、哨子、教室、书包、围棋、篮球、戏台、演员、头发、眼睛、鼻子、耳朵、嘴巴、舌头、胳肢窝、左手、右手、手指头、男的、女的、聋子、瞎子、哑巴、结巴、麻子、疯子、双胞胎、强盗、奶奶、后妈、舅舅、舅妈、老丈人、公公、婆婆、姐姐、姐夫、妹妹、妹夫、儿子、儿媳妇、侄女、外孙、小姨子、外孙女、娘家、婆家、城市、乡下、东、南、西、北、东西、粉、泡沫、口水、猪圈、鸡圈、坟、棺材、事情。

2. 动词（162个）

刮风、下雨、打雷、雪化、褪色、看、眨眼、瞪眼、听、闻、吃、喝、吸、咬、啃、嚼、舔、吞、含、喷、吹、尝、拿、捏、掐、摸、捞、找、摘、搓、提、举、托、端、捧、抬、搬、按、推、挡、撑、拉(拖)、拉、拔、扶、抱、开、关、封、塞、盖、罩、套、卷、包、系、解、剥、折、叠、铺、装、打、捅、碰、弹、填、埋、走、跑、跳、踩、跨、站、蹲、躺、摜、挤、躲、挑、背、跟、脱、逃跑、戴、洗、刷、涮、洗澡、晾、熨、染、剪、裁、切、割、砍、杀、泼、浇、扫、点、拌、躲(藏)、讲、问、理、叫、喊、笑、哭、骂、发誓、陪、种地、开车、买、卖、赚钱、活、死、请客、送礼、倒酒、上课、下课、教、学、玩、游泳、照相、赢、输、上学、放学、读书、考试、报考、下棋、拔河、打球、跳远、扭秧歌、打呵欠、打瞌睡、喷嚏、头晕、发烧、拉肚子、开药、贴膏药、中暑、怪、恨、后悔、怕、想、怀疑、要、不要、值得、是、上坟。

3. 形容词(88个)

大、小、高、矮、长、短、粗、细、宽、窄、厚、深、浅、空、满、方、圆、平、正、反、歪、横、竖、直、陡、弯、亮、暗、黑、轻、重、干、湿、稀、硬、老(不嫩)、嫩、脆、生(不熟)、乱、干净、热闹、浑、快、早、好、难、容易、贵、便宜、热、冷、凉、香、臭、咸、淡、饿、累、痒、忙、胖、肥、瘦、老(不年轻)、年轻、强壮、老实、大方、小气、调皮、懒、能干、外行、高兴、满意、可怜、害怕、害羞、红、蓝、绿、白、灰、黄、青、紫、黑。

4. 代词(23个)

我、你、他、我们、你们、他们、我们(咱们)大家、自己、人家、我的、你的、他的、别个、这个、那个、这些、那些、这边、那边、这么、那么、哪个、哪边。

5. 数量词(44个)

一个人、一条鱼、一棵树、一丛草、一朵花、一顿饭、一根烟、一口水、一把刀、一把针、一座桥、一扇门、一只船、一件事、一本书、一匹马、一封信、一条河、一盏灯、一张桌子、一场戏、一支笔、一床被子、一条(件)衣裳、一串葡萄、一笔生意、一身棉衣、一对花瓶、遍(看一遍)、走一趟、打一顿、动一下、请一桌客、闹一场、谈一下;一、二、三、四、五、初六、初七、初八、初九。

6. 虚词(23个)

从前、刚才、现在、已经、经常、赶紧、马上、更、太、都、一起、又、再、反正、一定、不要;把、替、在、到、跟(向)、跟(和)、要是。

二、变异词

江淮官话与屯堡话的变异词主要有两种,即"词义不改变但词形改变"和"词义相近词形改变",前者如"父亲",江淮官话称"大的",屯堡话称"爹",格式为:大的→爹;后者如"晴天",江淮官话称"好天",屯堡话称"晴天",格式为:好天→晴天。江淮官话与屯堡话的变异词共有371对,占可比词语(1 019个)的36.40%。例词如下。

1. 名词(229对)

星星→仙宿、露水→露、冻→冰、冷冷→冰雹、闪电→扯电、龙杠→龙杠吃水、天气→气候、好天→晴天、汪塘→塘塘、堆→堤、水稻田→水田、大后天→万天、夜里→

夜晚、清早→大老早、上午→响午前、响午→中午、下傍晚→擦黑、晚上→夜晚、五月端→端阳节、八月半→八月十五、三十晚→除夕、烂泥→泥巴、泥土→土、堂灰→灰尘、老鼠→耗子、鹰→老鹰、夜猫子→猫头鹰、小燕子→燕子、乌鸦→老鸦、刮哥→八儿、牲口→牲畜、犍牛(公牛)→牲牯、沙牛→母牛、公马→叫马、母马→to⁴马、公猪→伢猪、公狗→伢狗、骡子→骡、鸡→阉鸡、小鸡→小鸡儿、鸭子→鸭、红鱼→鲤鱼、刀鱼→鲫鱼、虾子→虾、蛤蜊→蚌壳、蛙子→田鸡、癞鼓子(癞蛤蟆)→赖疙保、乌龟→团鱼、蜗牛→螺丝、花蝴蝶→蝴蝶、蜓蜓→蜻蜓、知了→蝉、萤火虫→亮火虫、蛐蛐→蟋蟀、蛛蛛→蜘蛛、壁虎→四足蛇、爪子→爪、莲花→荷花、杜鹃花→艳山红、稻子(稻)→谷子、稻子(稻谷)→稻谷、米→大米、白面→面粉、荞麦皮(麸)→麸夫、糠→米糠、棒子(玉米)→苞谷、望葵→向日葵、山芋(甘薯)→红薯、地蛋(马铃薯)→洋芋、包头菜→包菜、窝瓜→南瓜、辣萝卜→黄瓜、洋柿子(番茄)→四明茄、葱→大葱、大蒜→蒜头、大椒→辣椒、瓜果→水果、荸荠→荸荠儿、栗子→毛栗、桂圆→龙眼、早饭→吃早饭、吃响饭→吃中午饭、干饭→米饭、豆腐乳→霉豆腐、粉条子→粉条、冰棒→冰棍、烟→纸烟、粽子→粽粑、油果子→油条、元宝(汤圆)→汤粑、褂子→汗衣、三根经(汗衣)→汗衫、棉袄(夹袄)→背心、毛线衣→毛衣、裤头→摇裤儿、木屐→木拖鞋、水靴子→靴子、洗脸巾→脸巾、手帕方子→手巾帕、围嘴子→围嘴、衣领子→领、屋子→房子、正屋→正房、边屋→厢房、锅房→厨房、茅厕→茅斯、柱子→柱头、屋梁→梁、晒台→阳台、栏杆→杆子、台阶→拾阶坎、井→水井、天花板→楼板、马圈→马圈房、牛圈→牛圈房、锅台→灶、抽屉→拉箱、褥子→垫棉絮、帐子→蚊帐、石刀→菜刀、汤勺→调羹、水瓢→瓢、瓦罐→罐子、瓶子→瓶、火炭→木炭、炭炉子→火炉、水壶→热水瓶、顶针子→麻姑娘、芭蕾扇→扇子、拐棍→拐杖、手电→电筒、鸡毛掸子→掸子、大碗→海碗、大盘子→盘子、铜勺→饭瓢、起子→螺丝刀、尺→尺子、剪子→剪刀、小锤→榔头、钳子→虎钳、锯→锯子、锥子→锥针、刨子→推刨、钩子→顶钩、洋钉→钉子、锄→锄头、轱辘→轮子、漆→洋漆、饭店→饭馆、脚踏车→单车、三轮车→人力车、轮船(汽船)→汽船、街上→街道、巷口子→巷巷、书本→课本、本子→笔记本、橡皮擦子→橡皮擦、章→图章、照片→相片、鞭炮→火炮、大戏→京剧、头→脑壳、脑门→脑眉心、脖子→脖架、膀子(胳膊)→手、大拇指头→大拇指、小手指头→小拇指、指盖→指甲、屁盘子→屁股、大腿→大把腿、克头子(膝盖)→克膝头、老头子→老者、老妈子→老太、男小青年→小伙子、小孩儿→嫩娃子、小伙→男孩、丫头→小姑娘、秃子→秃头、驼子→驼背、瘸子→跛脚、光棍→单身汉、寡妇→寡婆、贼→小偷、爹爹(祖父)→爷爷、大的(父亲)→爹、妈咪(母亲)→妈、大爷(伯父)→伯父、大妈(伯母)→伯母、爷(叔父)→叔叔、小娘(叔母)→叔娘、姑爷(姑父)→姑爹、姑(姑妈)→姑奶奶、舅爹(外公)→外公、舅奶(外婆)→外婆、姨父→姨爹、姨(姨母)→姨妈、丈母娘(岳母)→老丈母、男人(丈夫)→男的、女人(妻子)→婆娘、哥→哥哥、嫂子→嫂、兄弟(弟弟)→弟弟、大爷(大伯子)→大伯伯、小爷(小叔子)→小叔子、大姑(大姑子)→姑妈、小姑(小姑子)→娘娘、闺女(女儿)→姑娘、女婿→姑爷、侄儿→侄儿子、孙子→孙孙、后大的(继父)→继爹、大舅子(内兄)→大舅、小舅子(内弟)→小舅、大姨(大姨子)→大姨子、弟妹(弟媳)→弟媳妇、亲家→亲家母、亲家→亲家翁、前头→前面、后头→后面、里头→里面、外头→外面、上头→上面、下头→下面、当中(中间)→中间、旁边→半边、堂灰(末子)→灰尘粒子、灰(垃圾)→渣渣、拐旮儿(角落)→角落拐、窟洞(窟窿)→洞洞。

2. 动词(66对)

打闪→闪电、上冻(结冰)→冰冻、淋湿(淋雨)→大雨淋湿、掉→落、抹(擦)→涂、搂→抱、撕→扯、扔(撂)→扔、赳(靠)→靠、漱嘴→漱口、晾→晒、杀(宰)→宰、拾掇(收拾)→收拾、搅和→拌、选择→选、扯闲呱儿→聊天、笑话人(开玩笑)→开玩笑、来气(发脾气)→发脾气、吵(吵架)→骂架、打仗(打架)→打架、劝→喊、吹牛→讲、拍马屁股(拍马)→拍、做事→做事情、干活→做活路、带(娶)→娶、出门(嫁)→嫁、养(生育)→生育、放鞭(放鞭炮)→放炮、放嗤花(放花炮)→放花炮、歇歇→休息、睡觉→睡、发抖(打冷噤)→打寒颤、抖(哆嗦)→寒颤、剐痒痒(抓痒)→抓痒、尿尿(撒尿)→屙尿、拉屎→屙屎、有病了(生病)→痛了、伤风(着凉)→感冒、咳→咳嗽、发热(发烧)→发烧、发疟疾(生疟疾)→打摆子、看病(请医生)→请医生、号脉→把脉、淌汗(发汗)→发汗、打针→扎针、拔火罐→拔头、伤风→感冒、发热(上火)→上火、肚疼→肚子疼、心口疼→胸口疼、呕→呕吐、欢→喜欢、不欢(讨厌)→讨厌、懂得(知道)→晓得、打算→思量、信→相信、当心→小心、想→想念、忘得(忘记)→搞忘记、该→应该、不是(不)→不、没→没有、接吻→亲嘴、掉(遗失)→打落、糟蹋(浪费)→浪费。

3. 形容词(37 对)

矮(低)→低、消(薄)→薄、歪(斜)→斜、干(稠)→稠、酽→浓、软→葩、结实→扎实、齐(整齐)→整齐、坏(破)→破、垃杂(肮脏)→脏、清楚→明白、模模糊糊(模糊)→模糊、浑→混、快(锋利)→利、迟(晚)→晚、孬(坏)→不好、差劲→差、烫→热、和气(温和)→温和、暖火(温)→温、酸(馊)→馊、渴→口干、好受(舒服)→舒服、清闲(闲)→闲、好看→美、难看→丑、痴(傻)→傻、滑头(狡猾)→狡猾、直性子(直爽)→直性、张狂(骄傲)→骄傲、厚道(谦虚)→谦虚、听话(乖)→乖、勤快→勤、行家(内行)→高手、头疼(烦恼)→老火、背(倒霉)→背时、奇怪→怪。

4. 代词(10 对)

他→他的、旁的(别的)→别个、这墩(这儿)→这里、那墩(那儿)→那里、什么→哪样、哪儿→哪块、怎么→怎样、多(多么)→多么、多少→好多、多长时间(多久)→几久。

5. 量词(15 对)

一头牛→一个牛、一只鸡→一个鸡、一簇草→一丛草、一壶酒→一瓶酒、一双鞋→一对鞋、一辆车→一部车、一种药→一服药、一杆枪→一支枪、两口子→夫妻两人、一座房子→一间屋子、一顶帽子→一个帽子、一桌酒→一席酒、一场大雨→一丈雨、一个奖章→一枚奖章、这次→这一次。

6. 虚词(14 对)

一向→向来、起先→预先、很→更、有点儿→稍微、碰巧(恰巧)→刚好、统统→全部、还→仍旧、差不多有(大约)→大约、不→没有、没(没有)→没有、嫑(别)→莫要、嫑(不用)→不用;挨(被)→着、从→由。

第四节　本章小结

江淮官话的声母系统与屯堡话的声母系统基本相同,屯堡话声母有 23 个(其中零声母 1 个),江淮官话声母有 19 个(其中零声母 1 个),其中两者相同的有 17 个,但江淮官话比屯堡话少了"tʂ、tʂʻ、ʂ、ŋ"。在明代官话的声母系统中原本有声母"tʂ、tʂʻ、ʂ"的,说明屯堡话继承的是明代官话而不是江淮官话,屯堡话和江淮官话是两种不同的方言;在屯堡话声母系统中,声母 n、l 是不分的,江淮官话也是如此。但在明代官话中 n、l 却分得清楚,说明屯堡话也受江淮官话的影响;明代官话和屯堡话的声母系统中都有 f,而且 f、x 分别清晰,而江淮官话的声母系统中 f、x 不分,这是受"古无轻唇音"的影响,说明江淮官话的形成要早于明代官话,也说明明代官话虽然以江淮官话为基础方言,但对江淮官话又有所取舍,同时还说明屯堡话继承的是明代官话。

屯堡话不存在韵母 iŋ、əŋ,但是存在韵母 in、ən。江淮官话中有韵母 iŋ、əŋ 而没有韵母 in、ən。在明代官话中,这两个韵母分得很清楚。这说明不仅屯堡话在演变,而且江淮官话也在演变。

明代官话和江淮官话都有入声,但屯堡话没有入声,体现了明代官话与基础方言的关系。明代官话和屯堡话都有儿化韵母或儿化现象,但江淮官话没有。

江淮官话词汇系统与屯堡话的词汇系统基本相同,屯堡话与江淮官话具有可比性的词语有 1 019 个,其中传承词 648 个,占 63.60%;变异词 371 个,占 36.40%。

综合所述,江淮官话的形成比明代官话要早,为明代的基础方言。同时明代官话对江淮官话又有取舍,亦吸收了其他方言,因此是一种通行全国的共同语。作为明代官话基础方言的江淮官话对屯堡话产生一定的影响,但不足以改变屯堡话与明代官话之间的传承关系。明代官话作为一种共同语不断地发生演变,这种演变在江淮官话形成时就已经开始,最后北方(北京)方言演变为现代普通话,在南方的贵州安顺地区的方言演变为屯堡话。

第五章 屯堡话与西南官话的比较

语言接触通常会出现如下结果:语言的同化、语言的借用、语言的融合、双语现象。屯堡话地处西南官话的区域内,其在发展过程中必然与西南官话发生语言接触,但是屯堡话并未被完全同化。西南官话是南方官话的一脉[①],与明代官话同源,与屯堡话是亲属关系。本章将西南官话与屯堡话、明代官话进行比较,进一步说明屯堡话、明代官话和江淮官话之间的传承关系及屯堡话与西南官话之间的亲属关系。

第一节 西南官话概述

一、西南官话语言调查

笔者安排的西南官话田野调查于 2014 年 9 月 10 日至 11 日在广西壮族自治区河池市宜州市(县)怀远镇进行,共两天。语音调查和词汇调查合作人是广西壮族自治区河池市宜州市(县)怀远镇人,男性,汉族,于 1964 年 2 月出生,中专文化程度,长期生活在广西宜州,未外出生活过,母语和日常用语均为西南官话(桂柳片)。语言调查按照笔者编写的《汉语官话方言语音调查条目表》和《汉语官话方言词汇调查条目表》进行,采取合作人发音、笔者记录的调查方式。

西南官话虽然是笔者的母语,但笔者还是做了大量的调查准备工作:第一,编写调查大纲。第二,选择合适调查地点。我们之所以选择广西壮族自治区河池市

---

① 刘勋宁把官话分为北方官话、中原官话、南方官话,其中北方官话包括胶辽官话、东北官话、北京官话、冀鲁官话;中原官话包括中部官话、兰银官话;南方官话包括江淮官话、西南官话。见刘勋宁《再论汉语北方话的分区》,载《中国语文》1995 年第 6 期(总 249 期),第 453 页。

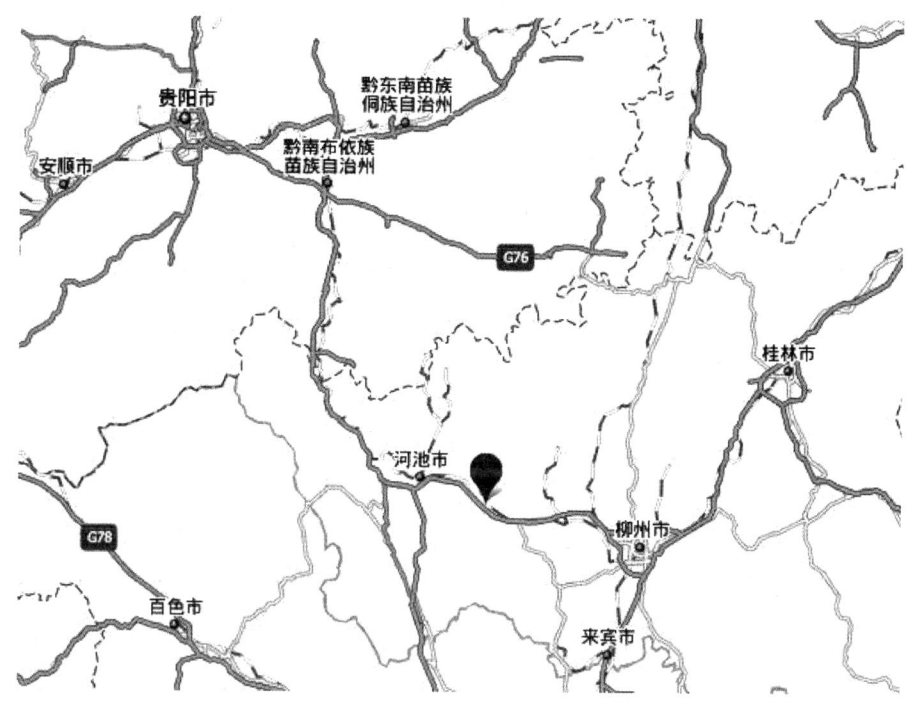

图 5-1　广西河池市位置示意图，黑点处为宜州市(县)怀远镇

宜州市(县)怀远镇作为西南官话语音、词汇调查的地点，首先是因为宜州历史悠久，文化深厚。"宜州自秦设郡至今，已有两千余年，历史悠久，文化积淀深厚，历来就是桂西北的军事重镇和历史文化名城。历代不少显要名流或因任职、迁谪，或因考察、羁旅而流寓县内，他们在宜州期间留下了众多诗文碑刻，加厚了宜州多彩的文化底蕴，形成桂西北独有的人文景观。北宋三元及第、官至参知政事的冯京就出生于宜州；北宋大文学家、书法家黄庭坚曾羁管宜州，在此传播中原文化；明代著名地理学家徐霞客在宜州考察了近一个月，写下了两万多字的游记。"[①]其次宜州在行政区域上属于河池市，由河池市代管。河池市北邻贵州省黔南布依族苗族自治州和安顺市，东靠广西的柳州市和桂林市，西南官话桂柳片主要分布在处于湘桂铁路(桂林—柳州段)、黔桂铁路(贵阳—柳州段)线上的桂林、

---

① 舒锡慧.基于刘三姐文化的宜州旅游业发展构想[J].河池学院学报,2006(2):103.

柳州、河池等地,所以当地又把桂柳话俗称为"铁路话"。宜州处于柳州与河池的中间地带,城乡通用语言是西南官话(桂柳片),当地称之为"桂柳话"或"军话"。因与柳州接近,宜州的桂柳话具有桂柳话的鲜明特色,又由于毗邻贵州,又具有贵州方言的一些特征。再次是广西河池市宜州市(县)怀远镇处于河池与宜州之间和黔桂铁路线上,桂柳话纯正。第三,选择合适的调查合作人。合作人为中专文化程度,53岁,现为在职的员工,认识本研究调查大纲中的所有字、词,因生活环境,受普通话的影响较小,且由于笔者与他有亲戚关系(姨丈),同他及其家人来往三十多年,在调查记录中极易沟通。

二、西南官话的内涵

西南官话是一个使用地包含四川、重庆、云南、贵州、广西、湖北、湖南、陕西等九省市区、使用人口两亿七千万的大型方言。西南官话内部分成6个片,22个小区。6个片是川黔片、西蜀片、川西片、云南片、湖广片、桂柳片。本书的西南官话主要是指桂柳片。"桂柳片东起湖南的湘南地区,西达贵州的黔南,核心区域位于广西地区,有桂林、柳州等重要城市,使用人口约三千万。"①

西南官话的形成与元朝之后进入中国西南地区的移民具有很大关系,成渝片四川话与湖北话音系产生分化的年代都至少可以上溯至明朝,因而西南官话的形成年代应当更早。同时有学者认为西南官话可能与江淮官话同源。西南官话的扩大,可谓是"东进""南侵""西扩""内没"的结果。"东进"即由湖北江汉地区、重庆及湘西地区向东逐步吞噬湘语的地盘。"南侵"即广西汉族地区,西南官话越来越通用,云南贵州两个西南官话的老地盘,全面包围操壮侗、苗瑶语的少数民族语言,这些少数民族大多数处于双语状态,有的基本上在青壮年一代完成了语言转用,他们所使用的汉语,为当地西南官话。"西扩"即川西及滇西操藏缅语的少数民族很多已经转用汉语,或使用少数民族语言和汉语双语,其中他们使用的汉语也是西南官话。由于西藏军队分区隶属于成都军区,大多数官兵来源于川渝云贵,同时由于地缘因素,西藏

---

① 钱曾怡.汉语官话方言研究[M].济南:齐鲁书社,2010:258.

人同西南人接触最多,因此他们在非课堂中学习的汉语也是西南官话。"内没"即川渝地区有不少非官话方言岛,在西南官话的强势影响下,逐步被淹没。①

三、桂柳片官话的形成

桂柳片官话(以下简称桂柳官话)的形成与桂柳人有密切的关系,桂柳人因以使用桂柳话为基本特征,故称"桂柳人"。周振鹤、游汝杰先生在《方言与中国文化》一书中云:"广西、云南、贵州自古以来是少数民族聚居地。粤人进入桂西时代应该较早。大批北方汉人进入云贵和桂北还是明代的事。明王朝在平定云贵后,为了巩固统治,保卫边疆,就留驻守军并实行兵屯。除了守留一些城市外,还选择一些农村地区设置兵屯。这些官兵皆有家室,军籍也可世代相传。大批汉人就此安家落户,使用和传布他们带来的北方官话。"②这种移民广西等地的方式是"墨渍式的移民"。所谓墨渍式的移民,就是"外来的移民有时候并不占领成片的广大地区,而只是选择其中的一些地点定居下来,然后慢慢地对周围的地区有所浸润,好像在一张大白纸上滴上若干滴墨汁一样。这些在新地落脚的居民因文化地位较高,所以不但维持旧地带来的方言,并且将所带来的方言逐渐扩散到周围地带。但是从全局来看,它们还未连成一片,中间尚被别的方言或语言隔开,方言的传布,好像青蛙跳着前进,不是遍布整个地区,而只是散落其中若干地点"③。徐杰舜先生说,"桂柳人的形成确实如此,如桂林市区里分布的是桂柳人,郊区及郊县——临桂、灵山却是平话人的天下;柳州市区分布的是桂柳人,郊县柳城、柳江却是壮族的天下"④。

徐杰舜先生认为桂柳人的形成是在明代。明代是广西社会历史发展的一个重要转型时期,广西各族人民与明代王朝的斗争一直贯穿整个明王朝270多年间。其间明王朝不断派军队入桂屯兵驻守,围剿镇压。《明实录》中关于明代卫所驻军入桂的记载甚多,与桂柳人的形成有直接关系的桂北、桂中,以及桂西北的桂林、柳州、庆远(现宜州市)、南丹等地大多是明朝卫所驻军之地,据《明史·兵制》记载,

---

① 西南官话,来源:http://baike.baidu.com/view/35546.htm? fr=aladdi.
② 周振鹤,游汝杰.方言与中国文化[M].上海:上海人民出版社,1986:30.
③ 周振鹤,游汝杰.方言与中国文化[M].上海:上海人民出版社,1986:29.
④ 徐杰舜.桂柳人的形成及人文特征——华南汉族族群研究之二[J].社会科学家,1998(6).

"洪武二十六年(1398年)定天下卫所之时,广西都司就有6卫1所,全部兵力有3.5万人,合家属已有10万余人。此后卫所设置不断增加或变更,驻军人数也不断增加和调防。""据统计,明代后期在广西的卫所已有8卫20余所,并且一直实行'许携家属'制度。从《明实录》中可见,明王朝的卫所驻军,桂北、桂中、桂西北,基本上分布在州府县所在地,即今桂林、柳州及其县城所在地。这就是今天桂柳人大多聚居在镇的历史根源之所在。与此同时,桂林和柳州一直是卫所驻军的中心。"① 这奠定了桂柳人形成的基础。

除了卫所驻军入桂之外,还有屯田入桂的汉族移民。对此,《明实录》中也有一些记载:

洪武五年(1372年)正月壬子,诏"今后犯罪当谪两广充军者,俱发临濠屯田"。

洪武九年(1376年)三月癸未,广西贺州屯军陈华四等作乱,桂林卫指挥姜旺率兵击斩之,俘其从千余人。

洪武二十五年(1392年)九月甲辰,置广西迁江县屯田千户所。

洪武二十九年(1396年)四月之丑,广西布政使司言:"新设南丹,奉议,庆远三卫及富川千户所,岁用军饷二十余万石有司所征不足以给。"上命,俱屯田。既而奉议卫奏:"本卫地控蛮峒,若俱出屯种,设有缓急,卒难调用,宜以三分守城,七分屯田为便。"上不许。

洪武二十九年(1396年)七月己巳,遣中使至桂林等府,市牛给南丹、奉议等卫屯田军士。

洪熙元年(1425年)二月甲子,广西总兵官镇远候顾兴(祖)奏:"臣奉命率广西、湖广、贵州(兵),剿捕蛮寇。势已平,还军驻桂林。今农事方兴,请止留贵州兵二千、湖广兵一千守备,余遣归屯种。"从之。

宣德十年(1435年)二月丙午,广西都指挥佥事田真言:"洪武间,各卫军事屯田十分之七。近年征差逃故者多,逐将余丁老幼足之;且余丁递年供应正军,复令屯田。实为重困。乞将老幼如例屯田,余丁优免。"事下行在户部复奏,从之。② 操

---

① 徐杰舜.桂柳人的形成及人文特征——华南汉族族群研究之二[J].社会科学家,1998(6).
② 徐杰舜.桂柳人的形成及人文特征——华南汉族族群研究之二[J].社会科学家,1998(6).

桂柳话的桂柳人至此真正形成。

那么,桂柳人说的"桂柳话"又是什么方言呢?徐杰舜先生认为,"以入桂卫所驻军为主体,操西南官话的这批汉族移民与明以前入桂的平话人讲完全不同的汉语方言,与平话界限分明,自然而然地形成了一个不同于平话人的汉族新族群,壮族称之为'军人'[pou⁴kun¹],而他们所讲的西南官话则被称为'军话'[vɑ⁶kun¹],这就一语道出了桂柳人的来源与形成"①。笔者认为,桂柳人使用的桂柳官话应该是西南官话与秦以来的、以北方方言为基础的历代官话的结合体。秦统一以后,特别桂林灵渠的建成,中原文化陆续传到广西,"到了唐代,一些壮族首领的汉文化水平已经相当高,如在广西上林县保存的《六合坚固大宅颂》和《智诚洞碑》碑文,是澄州和廖州(今属上林)的壮族首领所写。这两篇骈体文,辞藻华丽,对仗工整,具有极高的汉文水平"。"唐代的科举制度在岭南已经开始实行,一些重要州县已设有学校。柳宗元任柳州刺史时,'南方为进士者,走数千里从宗元游,经指授者,为文辞皆有法'。南宋以后,许多地区已设立义学、社学。如庆远(今广西河池宜州)府学在宋淳熙四年(1177年)创建。……所属的宜山(今宜州市)、天河(今罗城县)、思恩(今环江县)等县,思恩府(在今广西南宁市境)及其所属的武缘(今武鸣)……到明代中叶已有书院"。因此,宋代以后,特别是明代中叶以后,壮族中的一些封建文人也逐步增多,例如宜山的韦广,是明正德进士,当过御史的巡按使等官,宜山人李文凤,嘉靖进士,博识书传,著有《月山丛谭》等书。② 文化教育的发展,必然使以北方方言为基础的官话得以传播。而按《明实录》中所设立的卫所和移民地就在柳州、宜山、南丹一带,这些地方正是秦以来的官府所在地。桂柳官话的这种语言结合形式,既有自己的地域特色和历史文化特色,但又不失西南官话的特点。

四、西南官话的声母系统

西南官话的声母系统在各个片区都有区别,本书的西南官话系统是桂柳片的声母系统,本书中的"西南官话"没有特别注明的均指桂柳话。西南官话的声母有

---

① 徐杰舜.桂柳人的形成及人文特征——华南汉族族群研究之二[J].社会科学家,1998(6).
② 《壮族简史》编写组.壮族简史[M].南宁:广西人民出版社,1980:128-129.

19个(含零声母):

唇　　音(4个):p 波驳比伯　　p' 坡皮跑派　　m 摸埋母骂　　f 非符虎妇
舌尖中音(4个):t 低滴打大　　t' 梯兆土退　　n 纳拿你糯　　l 拉列老路
舌　根　音(4个):k 哥角解盖　　k' 科哭苦胯　　ŋ 挨鹅我艾　　x 呼胡虎护
舌　面　音(3个):tɕ 浆脊煮住　　tɕ' 妻漆取处　　ɕ 西习洗细
舌尖前音(3个):ts 姿直祖助　　ts' 猜瓷齿次　　s 师石死柿
零　声　母(1个):ø 衣日雨玉

西南官话声母与普通话声母相比,少舌尖后音声母"tʂ、tʂ'、ʂ、ʐ",多声母"ŋ"。

五、西南官话的韵母系统

西南官话(桂柳片)的韵母有33个。

开口呼(12个):A、o、ɤ、ə、ai、ei、au、ou、an、ən、aŋ、uŋ;

齐齿呼(10个):i、iA、io、iɛ、iau、iou、iɛn、in、iaŋ、yŋ;

合口呼(7个):u、uA、uai、uei、uan、uən、uaŋ;

撮口呼(4个):y、yɛ、yɛn、yn;

表 5-1　西南官话与普通话韵母比较表

开口呼		齐齿呼		合口呼		撮口呼	
普通话	西南官话	普通话	西南官话	普通话	西南官话	普通话	西南官话
		i	i(ʅ)	u	u	y	y
A	A	iA	iA	uA	uA		
o	o		io	uo			
ɤ	ɤ	iɛ	iɛ			yɛ	yɛ
	ə						
ai	ai			uai	uai		
ei	ei			uei	uei		
au	au	iau	iau				
ou	ou	iou	iou				

（续表）

开口呼		齐齿呼		合口呼		撮口呼	
普通话	西南官话	普通话	西南官话	普通话	西南官话	普通话	西南官话
an	an	iɛn	iɛn	uan	uan	yɛn	yɛn
ən	ən	in	in	uən	uən	yn	in
ɑŋ	ɑŋ	iɑŋ	iɑŋ	uɑŋ	uɑŋ		
əŋ		iŋ		uəŋ			
uŋ	uŋ	yŋ	yŋ				

六、西南官话的声调系统

西南官话的声调有四个，即阴平、阳平、上声、去声，调值为：阴平35，阳平21，上声53，去声24。具体见表5-2。

表5-2　西南官话与普通话声调比较表

调　类	西南官话	普通话	例　字
阴平	35	55	高猪专尊低边
阳平	21	35	穷陈床才唐平
上声	53	214	古展纸走短比
去声	24	51	近柱厚社父盖

刚开始接触西南官话的人，可这样分辨普通话和西南官话的四个声调（前为普通话，后为西南官话）：阴平→阴平、阳平→上声、上声→去声、去声→阳平。普通话和西南官话的声调对应关系如下：

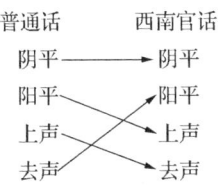

第二节 屯堡话与西南官话语音比较

一、声母系统比较

1. 声母数比较

屯堡话声母有 23 个(含零声母),西南官话声母有 19 个(含零声母),比屯堡话少了"tʂ、tʂʻ、ʂ、ʐ",见表 5-3。

表 5-3 屯堡话声母与西南官话声母比较表

		塞音		塞擦音		擦音	鼻音	边音
		不送气	送气	不送气	送气			
唇音	屯堡话	帮 p	滂 pʻ				明 m	方 f
	西南官话	帮 p	滂 pʻ				明 m	方 f
舌尖前音	屯堡话			精 ts	清 tsʻ	心 s		
	西南官话			精 ts	清 tsʻ	心 s		
舌尖中音	屯堡话	端 t	透 tʻ				奴 n	来 l
	西南官话	端 t	透 tʻ				奴 n	来 l
舌尖后音	屯堡话			知 tʂ	庄 tʂʻ	章 ʂ 日 ʐ		
	西南官话							
舌面音	屯堡话			从 tɕ	群 tɕʻ	晓 ɕ		
	西南官话			从 tɕ	群 tɕʻ	晓 ɕ		
舌根音	屯堡话	见 k	溪 kʻ			匣 x	ŋ	
	西南官话	见 k	溪 kʻ			匣 x	ŋ	
零声母	屯堡话	喻 ø						
	西南官话	喻 ø						

2. tʂ、tʂʻ、ʂ 和 ts、tsʻ、s 比较

屯堡话声母系统中有舌尖后音 tʂ、tʂʻ、ʂ(知组、庄组、章组),明代官话也有这一组声母,但在西南官话中却没有,这一组声母在西南官话中与 u 行韵母相拼时变成

ts、tsʻ、s,与-i 韵母相拼时变成 ts、tsʻ、s 或 tɕ、tɕʻ、ɕ。见表 5-4。

表 5-4　屯堡话与西南官话舌尖后音组声母比较表（i 韵母）

序　号	汉　字	屯堡话	西南官话
1	知	tʂɿ	tsɿ
2	脂	tʂɿ	tsɿ
3	之	tʂɿ	tsɿ
4	指	tʂɿ	tsɿ
5	芝	tʂɿ	tsɿ
6	栀	tʂɿ	tsɿ
7	支	tʂɿ	tsɿ
8	痴	tʂɿ	tsɿ
9	枝	tʂɿ	tsɿ
10	只	tʂɿ	tsɿ
11	肢	tʂɿ	tsɿ
12	质	tʂɿ	tsɿ
13	织	tʂɿ	tsɿ
14	汁	tʂɿ	tsɿ
15	直	tʂɿ	tsɿ
16	掷	tʂɿ	tsɿ
17	植	tʂɿ	tsɿ
18	殖	tʂɿ	tsɿ
19	值	tʂɿ	tsɿ
20	止	tʂɿ	tsɿ
21	纸	tʂɿ	tsɿ
22	治	tʂɿ	tsɿ
23	志	tʂɿ	tsɿ
24	制	tʂɿ	tsɿ
25	至	tʂɿ	tsɿ

(续表)

序　号	汉　字	屯堡话	西南官话
26	稚	tʂɿ	tsɿ
27	致	tʂɿ	tsɿ
28	翅	tʂɿ	tsɿ
29	窒	tʂɿ	tsɿ
30	挚	tʂɿ	tsɿ
31	答	tʂʻɿ	tsʻɿ
32	吃	tʂʻɿ	tsʻɿ
33	赤	tʂʻɿ	tsʻɿ
34	尺	tʂʻɿ	tsʻɿ
35	叱	tʂʻɿ	tsʻɿ
36	炽	tʂʻɿ	tsʻɿ
37	迟	tʂʻɿ	tsʻɿ
38	持	tʂʻɿ	tsʻɿ
39	池	tʂʻɿ	tsʻɿ
40	弛	tʂʻɿ	tsʻɿ
41	驰	tʂʻɿ	tsʻɿ
42	齿	tʂʻɿ	tsʻɿ
43	址	tʂʻɿ	tsʻɿ
44	侈	tʂʻɿ	tsʻɿ
45	尸	ʂɿ	sɿ
46	师	ʂɿ	sɿ
47	蛳	ʂɿ	sɿ
48	狮	ʂɿ	sɿ
49	施	ʂɿ	sɿ
50	诗	ʂɿ	sɿ
51	失	ʂɿ	sɿ
52	湿	ʂɿ	sɿ

(续表)

序 号	汉字	屯堡话	西南官话
53	十	ʂl	sl
54	拾	ʂl	sl
55	室	ʂl	sl
56	石	ʂl	sl
57	实	ʂl	sl
58	适	ʂl	sl
59	识	ʂl	sl
60	食	ʂl	sl
61	史	ʂl	sl
62	使	ʂl	sl
63	驶	ʂl	sl
64	始	ʂl	sl
65	屎	ʂl	sl
66	是	ʂl	sl
67	市	ʂl	sl
68	柿	ʂl	sl
69	世	ʂl	sl
70	氏	ʂl	sl
71	逝	ʂl	sl
72	势	ʂl	sl
73	示	ʂl	sl
74	视	ʂl	sl
75	事	ʂl	sl
76	试	ʂl	sl

表 5-5 屯堡话与西南官话舌尖后音组声母比较表（u 韵母）

序 号	汉 字	屯堡话	西南官话
1	租	tṣu	tsu
2	祖	tṣu	tsu
3	竹	tṣu	tṣu
4	粥	tṣu	tsu
5	组	tṣu	tṣu
6	诛	tṣu	tɕy
7	朱	tṣu	tɕy
8	珠	tṣu	tɕy
9	株	tṣu	tɕy
10	蛛	tṣu	tɕy
11	诸	tṣu	tɕy
12	猪	tṣu	tɕy
13	箸	tṣu	tɕy
14	主	tṣu	tɕy
15	煮	tṣu	tɕy
16	阻	tṣu	tɕy
17	住	tṣu	tɕy
18	注	tṣu	tɕy
19	驻	tṣu	tɕy
20	柱	tṣu	tɕy
21	蛀	tṣu	tɕy
22	助	tṣu	tɕy
23	著	tṣu	tɕy
24	铸	tṣu	tɕy
25	初	tṣ'u	ts'u
26	粗	tṣ'u	ts'u
27	锄	tṣ'u	ts'u

(续表)

序号	汉字	屯堡话	西南官话
28	醋	tṣʻu	tsʻu
29	出	tṣu	tɕʻy
30	畜	tṣu	tɕʻy
31	厨	tṣʻu	tɕʻy
32	刍	tṣʻu	tɕʻy
33	处	tṣʻu	tɕʻy
34	拄	tṣʻu	tɕʻy
35	梳	ṣu	su
36	蔬	ṣu	su
37	疏	ṣu	su
38	苏	ṣu	su
39	酥	ṣu	su
40	叔	ṣu	su
41	淑	ṣu	su
42	属	ṣu	su
43	续	ṣu	su
44	束	ṣu	su
45	熟	ṣu	su
46	俗	ṣu	su
47	漱	ṣu	su
48	赎	ṣu	su
49	素	ṣu	su
50	诉	ṣu	su
51	抒	ṣu	ɕy
52	舒	ṣu	ɕy
53	输	ṣu	ɕy
54	枢	ṣu	ɕy

（续表）

序 号	汉 字	屯堡话	西南官话
55	殊	ʂu	ɕy
56	书	ʂu	ɕy
57	暑	ʂu	ɕy
58	署	ʂu	ɕy
59	曙	ʂu	ɕy
60	鼠	ʂu	ɕy
61	树	ʂu	ɕy
62	竖	ʂu	ɕy

表 5-6　屯堡话与西南官话舌尖后音组声母演变表（u 韵母）

序 号	汉 字	屯堡话	西南官话
1	抓	tʂuA	tsuA
2	爪	tʂuA	tsuA
3	刷	tʂuA	tsuA
4	耍	tʂuA	tsuA
5	揣	ʂuai	suai
6	衰	ʂuai	suai
7	甩	ʂuai	suai
8	帅	ʂuai	suai
9	钻	tʂuan	tsuan
10	专	tʂuan	tsuan
11	砖	tʂuan	tsuan
12	赚	tʂuan	tsuan
13	撰	tʂuan	tsuan
14	篆	tʂuan	tsuan
15	转	tʂuan	tsuan
16	传	tʂuan	tsuan

(续表)

序　号	汉　字	屯堡话	西南官话
17	川	tʂʻuan	tsʻuan
18	穿	tʂʻuan	tsʻuan
19	船	tʂʻuan	tsʻuan
20	串	tʂʻuan	tsʻuan
21	酸	ʂuan	suan
22	拴	ʂuan	suan
23	删	ʂuan	suan
24	珊	ʂuan	suan
25	姗	ʂuan	suan
26	蒜	ʂuan	suan
27	算	ʂuan	suan
28	汕	ʂuan	suan
29	准	tʂuən	tsuən
30	春	tʂʻuən	tsʻuən
31	椿	tʂʻuən	tsʻuən
32	蠢	tʂʻuən	tsʻuən
33	唇	ʂuən	suən
34	醇	ʂuən	suən
35	唇	ʂuən	suən
36	装	ʂuɑŋ	tsuɑŋ
37	顺	ʂuən	suən
38	庄	ʂuɑŋ	tsuɑŋ
39	双	ʂuɑŋ	suɑŋ
40	桩	ʂuɑŋ	tsuɑŋ
41	状	ʂuɑŋ	tsuɑŋ
42	窗	ʂʻuɑŋ	tsʻuɑŋ
43	苍	ʂʻuɑŋ	tsʻuɑŋ

（续表）

序　号	汉　字	屯堡话	西南官话
44	闯	ʂʻuɑŋ	tsʻuɑŋ
45	双	ʂuɑŋ	suɑŋ
46	孀	ʂuɑŋ	suɑŋ
47	壮	ʂuɑŋ	tsuɑŋ
48	撞	ʂuɑŋ	tsuɑŋ
49	疮	ʂʻuɑŋ	tsʻuɑŋ
50	床	ʂʻuɑŋ	tsʻuɑŋ
51	创	ʂʻuɑŋ	tsʻuɑŋ
52	霜	ʂuɑŋ	suɑŋ
53	爽	ʂuɑŋ	suɑŋ

在屯堡话中，舌尖后音组的声母只能与上述表中的 i 韵母、u 韵母相拼，但在明代官话中，这一组声母除与 i 韵母和 u 韵母相拼外，还跟 A、ɑi、ɑu、ən、əŋ、ou 和 i 行韵母 iA、iɑu、iɛn、iɑŋ、iou、iɛ 及 y 行韵母 y、yɛn 相拼。显然，屯堡话舌尖后音组的声母，与韵母相拼数不及明代官话多，但是与西南官话相比它又存在。这一现象说明屯堡话舌尖后音组的声母原来也同明代官话一样，可以与更多的韵母相拼，但是在西南官话的影响下，能与之相拼的韵母正在减少。龙异腾等学者认为，"屯堡方言较之安顺方言（城区）和贵阳方言多了 tʂ、tʂʻ、ʂ、ʐ 四个声母，这是屯堡方言区别于周边汉语方言语音方面的重要特征之一。老派屯堡方言 tʂ、tʂʻ、ʂ、ʐ 的发音部位较之普通话还要靠后些，但由于受周边方言（主要是安顺城区方言）的影响，新派屯堡方言 tʂ、tʂʻ、ʂ、ʐ 的发音部位已经逐步靠前，tʂ、tʂʻ、ʂ、ʐ 声母所辖的字也逐渐减少，取而代之的是同安顺方言相同的 ts、tsʻ、s、z。目前，有些字如'直植尺斥誓逝'等的声母处于两读状态，读 tʂ、tʂʻ、ʂ、ʐ 或 ts、tsʻ、s、z 均可。"[①]这说明变化还在进行，这是屯堡话受西南官话影响的结果。

3. f 和 x 比较

西南官话中 f、x 不分，x 跟合口呼韵母 u 相拼时读成 f，如呼、胡、护、虎、互、户、

---

① 龙异腾，吴伟军，宋宣，等.黔中屯堡方言研究[M].成都：西南交通大学出版社，2011：38.

壶、忽、湖、狐等,f 跟开口呼韵母相拼时,f 不仅读成 x,而且加了介音 u,使开口呼韵母变成合口呼韵母,如罚(xuA)、烦(xuɑn)、纺(xuɑŋ)、飞(xuei)、粉(xuən)。但是这两个声母在屯堡话中却分辨清晰,明代官话中也是如此。见表 5-7。

表 5-7 屯堡话、西南官话、明代官话中声母 f 和 x 比较表

序 号	汉 字	屯堡话	西南官话	明代官话
1	夫	fu	fu	fu
2	肤	fu	fu	fu
3	孵	fu	fu	fu
4	敷	fu	fu	fu
5	复	fu	fu	fu
6	腹	fu	fu	fu
7	覆	fu	fu	fu
8	服	fu	fu	fiou
9	扶	fu	fu	fu
10	浮	fu	fu	fiou
11	俘	fu	fu	fu
12	伏	fu	fu	fu
13	袱	fu	fu	fu
14	福	fu	fu	fu
15	幅	fu	fu	fiou
16	拂	fu	fu	fu
17	府	fu	fu	fu
18	俯	fu	fu	fu
19	腑	fu	fu	fu
20	腐	fu	fu	fu
21	辅	fu	fu	fu
22	斧	fu	fu	fu
23	釜	fu	fu	fu

(续表)

序 号	汉 字	屯堡话	西南官话	明代官话
24	付	fu	fu	fu
25	附	fu	fu	fu
26	妇	fu	fu	fu
27	负	fu	fu	fu
28	赋	fu	fu	fu
29	副	fu	fu	fu
30	富	fu	fu	fu
31	傅	fu	fu	fu
32	缚	fu	fu	fu
33	呼	xu	fu	xu
34	乎	xu	fu	xu
35	忽	xu	fu	xu
36	惚	xu	fu	xu
37	胡	xu	fu	xu
38	壶	xu	xu	xu
39	湖	xu	fu	xu
40	葫	xu	fu	xu
41	蝴	xu	fu	xu
42	糊	xu	fu	xu
43	狐	xu	fu	xu
44	弧	xu	fu	xu
45	浒	xu	fu	xu
46	虎	xu	fu	xu
47	唬	xu	fu	ɕiɛn
48	互	xu	fu	xu
49	户	xu	fu	xu
50	沪	xu	fu	xu
51	护	xu	fu	xu

从表 5-7 中得知,在屯堡话和明代官话中,这一组声母的字,其声母都是一样,而在西南官话中有的不一样,这说明屯堡话与明代官话之间的传承关系,也说明了在屯堡话周边的西南官话影响下屯堡话在不断地演变。

4. 见母组舌面音和舌根音相混

西南官话中,来自见母组的舌面音和舌根音相混,tɕ、tɕ'、ɕ发成了舌根音 k、k'、x,如:鸡(tɕi)念成 ki,气(tɕ'i)念成 k'i,下(ɕiA)念成 xiA。这样的例子还有:居、驹、该、介、佳、鸡、计、寄、饥、基、几、交、骄、浇、鸠、监、检、剑、兼、今、急、干、艰、奸、建、肩、卷、厥、决、巾、斤、均、君、疆、脚、京、颈、经、歌、街、家、军、见、减。

明代官话中也有这种现象,如:讲 tɕiaŋ→kiaŋ,江 tɕiaŋ→kiaŋ,叫 tɕiau→kiau,君 tɕyn→kyn,劫 tɕiɛ→kie,减 tɕiɛn→kiɛn,卷 tɕyɛn→kuyɛn,均 tɕyn→kyn,娟 tɕyɛn→kuyɛn,谦 tɕ'iɛn→k'iɛn,钳 tɕ'iɛn→k'iɛn,敲 tɕ'iau→k'iau,窍 tɕ'iau→k'iau,拳 tɕ'yɛn→k'yɛn,犬 tɕ'yɛn→k'yɛn,牵 tɕ'yɛn→k'yɛn,权 tɕ'yɛn→k'yɛn,巧 tɕ'iao→k'yɛn,倾 tɕ'iŋ→k'yiŋ,虾 ɕiA→xiA,狭 ɕiA→xiA,下 ɕiA→xiA,闲 ɕiɛn→xiɛn,县 ɕiɛn→xiɛn,淆 ɕiau→xiau,雄 ɕyŋ→xyŋ,悬 ɕyɛn→xyɛn,血 ɕyɛ→xyɛ。

屯堡话中,来自见母组的舌面音和舌根音也有这一现象,如街、解 tɕiɛ→kai,鞋 tɕiɛ→xai,陷 ɕiɛn→xan,敲 tɕ'iau→k'iau。

从上分析得知,西南官话、屯堡话以及明代官话都有舌面音和舌根音相混的现象,这是与中古的声母系统是相吻合的,这是因为舌面音、舌根音、舌尖前音同源于中古见组。在现代普通话的声母系统中,tɕ、tɕ'、ɕ 已经从中古声母见母组中分离出来独立为一类,中古见母组的一、二等字归入 k、k'、x,三、四等字归入 tɕ、tɕ'、ɕ。这种现象至今还存在于屯堡话和西南官话之中,说明屯堡话是来自明代官话,而西南官话也是在明代官话的影响下逐步完善的。

5. 声母 ŋ

辅音 ŋ 在普通话和明代官话中都不能充当声母,只作为韵尾出现,而在屯堡话和西南官话中它是以声母的身份出现的,一是只拼开口呼韵母,二是作为零声母。具体见表 5-8。

表 5-8 屯堡话、西南官话声母 ŋ 比较表

声韵母	屯堡话	西南官话
ŋA	① 阿 ④ 压	① 桠 ④ 讶
ŋo	① 窝莴蜗涡屙倭齷喔握喔幹恶噩遏鳄沃 ② 讹俄蛾鹅峨娥 ③ 我 ④ 卧饿	① 硪 ② 鹅 ③ 我 ④ 饿
ŋə		④ 额
ŋai	① 哀埃挨哎 ② 崖岩呆癌 ③ 矮蔼霭 ④ 爱碍隘艾	① 哀埃哎 ② 爱碍隘艾 ③ 挨崖岩呆癌霭 ④ 矮蔼
ŋei	① 厄扼遏 ② 额	
ŋau	① 凹敖 ② 熬翱遨鳌 ③ 袄咬 ④ 傲奥懊澳拗坳	① 嗷 ② 傲奥懊澳拗坳 ③ 熬 ④ 袄咬
ŋou	① 区欧讴殴 ③ 偶藕呕 ④ 怄	① 区欧讴殴 ② 沤熰 ③ 怄 ④ 偶藕呕
ŋan	① 安鞍庵 ④ 案按岸暗晏	① 安鞍庵桉鹌 ② 案按岸暗晏 ③ 崖
ŋən	① 恩 ④ 硬	
ŋaŋ	① 肮 ② 昂	① 肮 ② 昂 ③ 憨

辅音 ŋ 在南方各类语言(包括壮语等少数民族语言)中作为声母的现象是存在的,在西南官话的各个分区中都几乎存在。如在湖北省来凤县方言音系中,古影疑两母开口洪音字及果摄合口一等字除少数字外,仍今读为 ŋ 声母,如我、饿、讴、叫、安、偶、昂、讹、握[1]。又如,湖北省江夏话声系中有舌根鼻辅音声母 ŋ。舌根鼻辅音 ŋ 母的字,在普通话中均为零声母开口呼或零声母齐齿呼,如呀、亚、哀、埃、岩、安、鞍、晏、眼、肮、昂、熬、翱、咬、恩、硬、噩、鳄、我、沃、翁、喻、偶、怄[2]。再如,ŋ 在普通话中不能充当声母,只作为韵尾出现。而在柳州方言中,ŋ 充当声母,如我、饿、昂等。ŋ 母在中古属疑母,在普通话中大多数同中古影、喻母合流,变成了零声母,如我、卧、饿、恶、鹅、哀、矮、爱、挨、澳、袄、傲、欧、藕、偶、安、岸、暗、恩、昂。少数在普通话中与单韵母 i 相拼,变为 n 母,即同中古泥母字合流,如牛、尼、宁、逆、霓、聂[3]。可见,在西南官话的影响下,屯堡话的声母系统中比明代官话多了 ŋ 声母,这是明

---

[1] 田小英.湖北省来凤县方言音系[J].湖北师范学院学报(哲学社会科学版),2010(1):67.
[2] 郑梦娟.江夏方音考察报告(摘要)[J].江汉大学学报,2001(5):45.
[3] 陈秀泉.音韵学在柳州方言区普通话教学中的运用[J].柳州师专学报,2005(4):53.

代官话在屯堡话中演变的结果。

二、韵母系统比较

1. 韵母数比较

屯堡话的韵母有 27 个（ʅ、ɿ、i 归为 1 个），西南官话的韵母有 33 个（ʅ、i 归为 1 个），比屯堡话多"ɤ、iɛ、y、yɛ、yɛn、yn"这 6 个，其中有 4 个是撮口呼韵母。与明代官话的韵母比较，屯堡话和西南官话都少"əŋ、iŋ、ou" 3 个韵母，与现代普通话比较，除此之外，它们少 uɑŋ 韵母。但比明代官话和现代普通话多 ɚ 韵母。具体见表 5-9。

表 5-9 屯堡话与西南官话韵母比较表

开口呼（开口一、二等）		齐齿呼（开口三、四等）		合口呼（合口一、二等）		撮口呼（合口三、四等）	
西南	屯堡	西南	屯堡	西南	屯堡	西南	屯堡
		i	i	u	u	y	
A	A	iA	iA	uA	uA		
o	o	io	io				
ɤ		iɛ				yɛ	
ɚ	ɚ						
ai	ai			uai	uai		
ei	ei			uei	uei		
ɑu	ɑu	iɑu	iɑu				
ou	ou	iou	iou				
an	an	iɛn	iɛn	uan	uan	yɛn	
ən	ən	in	in	uən	uən	yn	
ɑŋ	ɑŋ	iɑŋ	iɑŋ	uɑŋ	uɑŋ		
uŋ	uŋ	yŋ	yŋ				

2. 韵母 uo 比较

在屯堡话、西南官话中是没有普通话韵母 uo 的。韵母 uo 在屯堡话中大部分念 o，少部分念 uei，在西南官话中念 o，见表 5-10。

表 5-10　屯堡话与西南官话韵母变异字表（uo→o）

声　韵	屯堡话	西南官话
tuo	1 多哆咄掇夺铎　3 朵躲　4 剁跺垛舵驮惰堕	1 多哆咄掇夺铎　3 朵躲　4 剁跺垛舵驮惰堕
tʻuo	1 拖托脱　2 驼坨鸵陀沱跎砣　3 妥椭　4 唾	1 拖　2 托脱驼坨鸵陀沱跎砣　3 妥 4 唾椭
nuo		1 儺　2 懦糯　3 挪诺
luo	1 罗洛烙络骆落　2 锣箩萝逻漯骡螺乐　3 裸　4 摞诺懦糯	1 摞　2 罗洛烙络骆落　2 锣箩萝逻漯骡螺乐　4 裸
kuo	1 锅郭　3 果裹　4 过	1 锅　2 过　3 郭国　4 果裹
kʻuo		3 扩阔括廓
xuo	1 豁霍　3 火伙　4 祸货	2 货祸　3 豁活惑获霍　4 伙火
tsuo	1 桌捉苗拙卓擢作　2 佐啄浊灼镯琢昨　3 左　4 坐座做	2 坐座做　3 昨桌捉苗拙卓擢作啄浊灼镯琢　4 佐左
tsʻuo	1 撮磋锉挫戳绰辍龊　4 措错	1 撮磋　2 锉挫　3 戳绰辍龊　4 措错
suo	1 梭唆娑蓑硕烁说缩索　2 所锁唢	1 梭唆娑蓑嗦　3 朔烁说索硕缩　4 所锁唢
uo	1 窝蜗涡倭龌喔握幄斡沃　4 卧	1 窝蜗涡倭龌喔　2 卧　3 沃　4 我

注：表中的 1、2、3、4 为声调，分别代表阴平、阳平、上声、去声，下同。

3. 韵母 in 与 iŋ、ən 与 əŋ 比较

in 与 iŋ、ən 与 əŋ 合一实际就是前鼻韵母和后鼻韵母的合流。在现代普通话中，"前后鼻韵母分得十分清楚，但是在许多方言中，两种鼻音的韵母却分不清楚，或者都读成鼻音 n 收尾的，或者都读成鼻音 ng 收尾的。这种混同现象，多数表现为 en 和 eng，in 和 ing 不分。例如南京话、苏州话、武汉话、长沙话、重庆话、南昌话、兰州话、昆明话、桂林话等就分不清前后鼻音，有的把后鼻音读成前鼻音，有的把前鼻音读成后鼻音"[1]。明代官话也有这一现象，如赠 tsəŋ→tsen、肯 kʻən→kʻəŋ、侦 tʂən→tʂəŋ、贞 tʂen→tʂəŋ、桢 tʂen→tʂəŋ、祯 tʂen→tʂəŋ、积 tʂen→tʂəŋ、禀 piŋ→pin。但

---

[1] 徐四海. 论鼻韵母形声字韵尾呈现的规律[J]. 常熟理工学院学报(哲学社会科学),2008(9):102.

这种现象在明代官话中并不常见,而在屯堡话和西南官话中却十分普遍,后鼻韵母 iŋ、əŋ 分别念 in、ən(分别见表 5-11、表 5-12)。这种变化只是书面语言的变化,"人们在日常言语交际中,为增强交际的有效性,总是力图提高语音在传送和接收上的效用。具体表现为,为了使发出和传送的信息方便明晰,为使接收和解析的信息便捷与精确,人们在言语交际时,总是把那些发音部位繁复,发音方法迂回拗口,在言语链中易混不清的语音成分加以调整、改变。这是人类语言发展演变的一大共性,也是汉语鼻音韵尾演变的原因之一。如经不断演变合流,目前在不少汉语方言口语中仅存的一个鼻音韵尾[n],它在华北、西南、西北等地区的言语交际中正朝着弱化和脱落的方向演变"①。屯堡话和西南官话中,韵母 in 和 iŋ、ən 和 əŋ 的合一也体现了语言的这一演变规律。当然从上述的字例也可看出明代官话也有这种演变的迹象,只不过发展到屯堡话,这种演变更加明显。

表 5-11 屯堡话与西南官话韵母变异字表(in、iŋ 合流)

声韵母	屯堡话	西南官话
pin	1 冰兵槟宾滨缤膑鬓濒斌彬 3 丙柄饼禀秉 4 并病	1 冰兵槟宾滨缤膑鬓濒斌彬 2 并病 3 摒 4 丙柄饼禀秉
p'in	1 乒拼姘 2 贫频平评萍苹屏瓶凭 3 品 4 聘	1 乒 2 拼姘 3 贫频平评萍苹屏瓶凭 4 聘品
min	2 民名铭茗冥溟瞑明鸣 3 敏抿悯闽皿 4 命	2 命 3 民名铭茗冥溟瞑明鸣抿酩 4 敏悯闽皿
tin	1 丁叮钉盯仃疔 3 顶鼎 4 定锭订	1 丁叮钉盯仃疔酊 3 定锭订 4 顶鼎
t'in	1 听汀 2 庭霆蜓亭停婷 3 挺艇	1 厅听汀 3 庭廷霆蜓亭停婷 4 挺艇
nin		3 宁拧狞凝凝
lin	1 拎 2 邻磷鳞嶙辚嶙遴林淋琳临伶铃龄玲零蛉聆苓灵绫凌陵菱凝宁狞咛 3 凛檩岭领 4 赁吝蔺令另凌佞	1 拎 2 赁吝蔺令另 3 邻磷鳞嶙辚嶙遴林淋琳临伶铃龄玲零蛉聆苓灵绫凌陵菱 4 凛檩岭领

---

① 郝志伦.论汉语鼻音韵尾的演变[J].西南民族学院学报·哲学社会科学版,2000(4):72.

(续表)

声韵母	屯堡话	西南官话
tɕin	1 今矜金斤筋巾禁噤津京惊鲸经茎荆精睛旌晶兢　3 仅谨馑紧锦井阱景颈警　4 进近尽烬晋禁竟镜敬儆痉竞净静	1 今矜金斤筋巾禁噤津京惊鲸经茎荆精睛旌晶兢　2 进近烬晋禁竟镜敬儆痉竞净静　4 仅谨馑紧锦井阱景颈警
tɕ'in	1 钦亲侵轻氢青清蜻顷倾卿　2 勤芹琴禽擒噙秦情晴擎　3 寝请　4 沁亲庆磬罄箐	1 钦亲侵轻氢青清蜻顷倾卿箐　2 庆沁磬罄　3 勤芹琴禽擒噙秦情晴擎　4 寝请
ɕin	1 辛锌新薪欣昕心馨兴星腥猩惺　2 行刑邢型　3 醒　4 信衅幸杏兴姓性	1 辛锌新薪欣昕心馨兴星腥猩惺　2 信衅幸杏兴姓性　3 行刑邢型　4 醒
in	1 因姻茵音阴荫殷英蝇鹰婴缨樱鹦莺　2 淫寅吟银垠龈赢迎盈萤莹营萦　3 尹引蚓隐瘾饮影颖　4 印应映	1 因姻茵音阴荫殷英蝇鹰婴缨樱鹦莺殷　2 淫印应　3 寅吟银垠龈赢迎盈萤莹营萦　4 尹引蚓隐瘾饮影颖映

表 5-12 屑堡话与西南官话韵母变异字表（ən、əŋ(ue)合流）

声韵母	屯堡话	西南官话
pən	1 奔　3 本苯　4 笨	1 奔崩蹦　2 笨　4 本苯
p'ən	1 烹喷　2 盆彭膨	1 烹　2 喷　3 盆彭膨
mən	1 闷们焖　2 门　4 闷	1 闷　2 焖焖　3 们门萌
fən	1 分芬纷　2 坟焚　3 粉　4 份忿奋粪愤	1 分芬纷　2 焚份忿奋粪愤　3 坟　4 粉
tən	1 灯登蹬　3 等　4 瞪邓	1 灯登蹬瞪　2 邓　4 等
t'ən	2 腾藤疼誊	3 腾藤疼誊
nən		2 嫩　3 能
lən	2 能棱　3 冷	4 冷
kən	1 根跟更耕庚羹　3 埂哽梗耿　4 更	1 亘根跟更耕庚羹哽梗埂赓　2 更　4 耿
k'ən	1 坑吭　3 肯啃恳垦	1 坑吭　4 肯啃恳垦
xən	1 哼亨　2 痕恒衡　3 很狠　4 恨	1 哼亨　2 痕恒衡横　3 很狠　4 恨

(续表)

声韵母	屯堡话	西南官话
tsən	1 正征贞侦争挣睁等蒸针珍斟真增曾憎 3 枕诊疹振整拯 4 正政症证阵震镇赠甄挣	1 征贞侦争挣睁筝蒸针珍斟真增曾憎挣赠甄 2 振阵震镇正政症证 3 拯 4 枕诊疹整
tsʻən	1 称撑村 2 成城诚盛丞承乘呈程澄沉尘陈臣曾层 3 惩逞 4 趁衬秤	1 称撑村 2 趁衬秤 3 成城诚盛丞承乘呈程澄沉尘陈臣曾层惩逞 4 秤
sən	1 森身伸绅参深声升生牲笙甥僧 2 神什绳 3 审婶沈省 4 慎肾甚渗胜剩盛圣	1 森身伸绅参深声升生牲笙甥僧 2 渗胜剩盛圣慎肾甚 3 神什绳 4 审婶沈省

4. 韵母 ɤ、iɛ 比较

韵母 ɤ 在屯堡话中归入韵母 o 和 ei，归入 o 类的主要是端母和见母系列，归入 ei 类的主要是知组、庄组、章组的韵母和日母（见表 5-13）。在西南官话中，ɤ 的一部分字仍然念 ɤ，一部分却改念 o（见表 5-13）。在屯堡话和西南官话中，韵母 ɤ 都有变化，相同的是部分字由念 ɤ 变成念 o，不同的是屯堡话部分字念 ei，西南官话部分字还是念原来的音 ɤ。在明代官话中，韵母 ɤ 所属的字其韵母也有 ɤ、i、iɛ、ou、ai 等多种读音（见表 5-13）。由此可见，韵母 ɤ 的演变在明代就已经开始了，演变的结果是 ɤ 在屯堡话中完全消失，由 o、ei 代替 ɤ。在西南官话中 ɤ 被保存下来，但部分字的韵母念 o。这一演变过程是复杂的，但却说明了屯堡话的演变与明代官话的演变是一致的。

韵母 iɛ 在屯堡话中大多归入韵母 i，极少部分归入 ai。韵母 iɛ 变韵母 i 的字主要是：(1) 果摄开口三等戈韵见系字；(2) 假摄开口三等麻韵精组、见系字；(3) 咸摄入声开口三等叶韵端组、精组、知组、章组和见系字；(4) 业韵见系字；(5) 开口四等帖韵端组和见系字；(6) 山摄入声开口三等薛韵帮系、泥组、精组和见系字；(7) 合口三等薛韵泥组字；(8) 开口三等月韵见系字；(9) 开口四等屑韵字。韵母 iɛ 变韵母 ai 的字主要是：蟹摄开口二等皆韵、佳韵的见系部分字。韵母 iɛ 在西南官话中读音基本不变，蟹摄开口二等皆韵、佳韵的见系部分字读 ai，但声母也随之改变（见表 5-14）。在明代官话中，韵母 iɛ 主要有四种读音：iɛ、ɤ、ai、i、yn，读 ɤ 的字有：茶 tʂʻɤ、蹉 tsʻɤ、镲 tsʻɤ、蹉 tsʻɤ、猎 lɤ、列 lɤ、躐 lɤ、鬣 lɤ、捷 tɕɤ、婕 tɕɤ、睫 tɕɤ、茄 tɕʻɤ、邪

ɤ、也 ɤ、耶 ɤ、冶 ɤ、野 ɤ、晔 ɤ；读 yn 的字有：列 lyn、裂 lyn、挅 lyn。

这一演变结果有些出乎意料，原本贵州屯堡是比较封闭的，而且居民又是明代以南京为中心的江淮移民的后裔，不应该丢失明代官话 ɤ 韵母。而西南官话反而更接近明代官话，而西南官话韵母 ɤ 变为 iɛ，与明代官话韵母 ɤ 变为 iɛ 是一样的，如"折哲晢浙者蔗彻掣撤澈舌揲舍设射麝热"（见表 5-13、表 5-14）。这说明西南官话与明代官话一样，都受中古语音的影响。同时，按照刘勋宁先生的北方官话、中原官话、南方官话等三大官话发展脉络的观点①，江淮官话、西南官话以及明代官话都属于南方官话，它们之间有相同点是不足奇怪的。不过西南官话中也有"i、y"不分的现象，据笔者的观察，这种现象是受南方少数民族语言影响的结果。因为南方许多少数民族语言中没有撮口呼韵母或发出韵母"y"和 y 行韵母时，不够"圆唇"。

表 5-13　屯堡话、西南官话、明代官话韵母 ɤ 读音字表

语　种	韵母	字　　例
屯堡话	o	lo→肋勒乐；ko→戈搁哥歌鸽割葛角果裹过个；k'o→科蝌苛柯棵磕瞌壳渴可课搁；xo→喝鹤喝禾和河何荷合盒涸贺壑；o→屙阿噩遏谔锷鄂鳄腭讹俄蛾鹅峨娥饿；
	ei	kei→胳格骼阁疙革隔膈嗝特；k'ei→咳克刻客恪；xei→黑嘿；tsei→遮浙侧责仄折哲辙辄则泽择者蔗这；ts'ei→车撤拆彻澈掣侧测侧策册厕扯；sei→赊奢设涉摄慑涩色瑟啬穑佘蛇舌舍射麝社赦；ei→厄扼遏额；
西南官话	o	io→肋勒乐；ko→戈搁哥歌鸽割葛角果裹过个；k'o→科蝌苛柯棵磕瞌壳渴可课搁；xo→喝鹤喝禾和河何荷合盒涸贺壑；o→屙阿噩遏谔锷鄂鳄腭讹俄蛾鹅峨娥饿；
	ɤ	tɤ→得德；t'ɤ→特；mɤ→么；nɤ→讷；kɤ→胳格骼阁疙革隔膈嗝；k'ɤ→咳克刻客恪；xɤ→赫核；tʂɤ→遮浙侧责仄折哲辙辄则泽择者蔗这；tʂ'ɤ→车撤拆彻澈掣侧测侧策册厕扯；ʂɤ→赊奢设涉摄慑涩色瑟啬穑佘蛇舌舍射麝社赦；ɤ→厄扼遏额；

① 刘勋宁.再论汉语北方话的分区[J].中国语文，1995(6)：453.在此文中，刘先生认为官话可以分为三个区，即北方官话、中原官话、南方官话，其中北方官话包括胶辽官话、东北官话、北京官话、冀鲁官话，中原官话包括中部官话、兰银官话，南方官话包括江淮官话、西南官话。

(续表)

语 种	韵母	字 例
明代官话	ɣ	tɣ→得；t'ɣ→特；lɣ→仂乐勒仂；kɣ→戈略哥葛割歌革阁鬲格隔膈各个；k'ɣ→苛匼珂柯轲科痾疴磕嗑渴咳克刻恪客课溘；xɣ→呵喝禾合何和郃劾河曷阁盍荷核菏盒貉阖吓贺和赫褐鹤壑；ʂɣ→遮辄谪褶辙；tʂ'ɣ→车砗扯坼；ʂɣ→奢赊畲蛇阇社涉赦摄慑欇歙；ʐɣ→惹；tsɣ→则责择咋迮泽啧帻笮箦仄昃侧；ts'ɣ→册侧策笧；sɣ→塞；ɣ→阿婀娿妸讹吪俄峨我哦峨哦鹅蛾额恶厄扼轭垩饿鄂锷谔谔諤揞鹗锷噩鳄；
	iɛ	tʂiɛ→折哲晢浙者蔗柘；tʂ'iɛ→彻掣撤澈；ʂiɛ→舌折揲舍设射麝；ʐiɛ→热
	uo	kuo→舸；k'uo→颗髁可；
	-i	tʂʅ→蛰；tʂ'ʅ→尺；tʂ'ʅ→厕测侧；
	ai	k'ai→颏；ʂai→色啬稿；

表5-14 屯堡话、西南官话、明代官话韵母iɛ读音字表

语 种	韵母	字 例
屯堡话	i	pie→i 憋鳖别瘪；p'iɛ→i 撇；miɛ→i 灭乜蔑篾蠛；liɛ→i 列裂猎劣冽烈；tiɛ→i 爹跌叠碟蝶迭谍牒堞叠；t'iɛ→i 铁贴帖；liɛ→i 捏镍聂孽涅镊蘖蹑；tɕiɛ→i 接节借截结姐揭劫竭洁杰捷睫婕；tɕ'iɛ→i 切且怯窃茄锲妾；ɕiɛ→些楔歇协胁邪谐斜携缌写血泄泻卸屑亵谢邂懈蟹薤瀣燮；iɛ→耶掖噎爷也冶野业邺叶页曳夜
	ai	kiɛ→ai 该改丐概街皆解界届戒介阶芥疥楷诫蚧；xiɛ→ai 鞋偕械
西南官话	ɛ	pie→瘪憋鳖别蹩；p'iɛ→瞥撇氅；miɛ→灭乜蔑篾蠛；liɛ→列裂猎劣冽烈咧捩鬣趔；tiɛ→爹跌叠碟蝶迭谍牒蹀揲耊喋叠；t'iɛ→铁贴帖萜餮；niɛ→捏镍聂孽涅镊啮蘖嗫臬蹑颞；liɛ→列裂猎劣冽咧捩鬣冽；tɕiɛ→接节借截结姐揭劫竭洁杰捷睫桀羯婕孑疖刦；tɕ'iɛ→切且怯窃茄惬锲妾箧挈伽；ɕiɛ→些楔歇协胁邪谐斜携缌写血泄泻卸屑亵谢邂懈蟹薤瀣燮；iɛ→耶掖噎爷也冶野业邺叶页曳夜；
	ai	tɕiɛ→kai 街皆解界届戒介阶芥疥楷诫蚧；ɕiɛ→kai 鞋偕械。
	i	iɛ→i 液
明代官话	iɛ	pie→憋别蹩；p'iɛ→撇氅氅；miɛ→灭篾蔑蠛；tiɛ→爹跌叠碟蝶迭谍牒堞蹀揲耊喋垤；t'iɛ→铁怗贴帖餮；tɕiɛ→接节借截结姐揭劫竭洁杰捷睫桀羯婕孑疖刦；tɕ'iɛ→切且怯窃惬锲妾箧挈伽；ɕiɛ→些楔歇协胁邪谐斜携缌写血泄泻卸屑亵谢邂懈蟹薤瀣燮；
	ai	tɕiɛ→tɕai 街皆解界届戒介阶芥疥楷诫蚧；ɕiɛ→ɕai 鞋；

5. 撮口呼韵母比较

屯堡话没有撮口呼韵母,在屯堡话中,韵母 y 一般读 i,韵母 yɛ 一般读 i,少部分来自中古入声韵的字念 io,如略 io¹、鹊 tɕʻio¹、却 tɕʻio¹、约 io¹、觉 tɕio¹、学 ɕio²。韵母 yɤŋ 一般读 iɛŋ,韵母 yn 一般读 in。西南官话有撮口呼韵母,基本上与普通话的撮口呼韵母对应,但有些撮口呼韵母的字的读音改变与屯堡话相似,如驴 lu、绿 lu、育 io、乐 lio、岳 lo、说 so、略 lio、觉 tɕio、鹊 tɕʻio、雀 tɕʻio、确 tɕʻio、却 tɕʻio、约 io、学 ɕio。明代官话的撮口呼韵母与现代普通话撮口呼韵母大致相同,有些韵母读音也有多种。具体见表 5-15、表 5-16。

表 5-15 屯堡话、西南官话、明代官话撮口呼韵母对应表

普通话	y				yɛ			yɤŋ		yn		
	y	i	u	io	y	i	ou	yɤŋ	iɛŋ	yn	in	uɛn
屯堡话		√	√	√		√	√		√		√		
西南官话	√		√	√	√		√		√	√			
明代官话	√		√	√	√		√	√		√		√	

注:(1) 表中"√"表示在屯堡话、西南官话、明代官话中有相对应的韵母;(2) 在韵母 y 中,屯堡话、西南官话韵母 io 相当于普通话韵母 uo。

表 5-16 屯堡话、西南官话、明代官话撮口呼韵母读音字表

声母	屯堡话 i	西南官话 y	明代官话 y
n	n 和 l 相混	女	
l	女率铝驴旅屡滤吕律缕侣虑履偻桐间捋褛侣	率铝驴旅屡滤吕律缕侣虑履偻桐间捋褛侣	率驴旅屡滤吕稆律缕侣虑履偻桐间捋褛侣膂
tɕ	句举巨具距锯剧居聚矩沮拒惧据俱疽踽炬倨裾飓琚掬雎遽橘钜讵枸	句举巨局具距锯剧居聚拘菊矩沮拒惧鞠狙驹据俱疽踽炬倨裾飓琚雎遽橘榉鞠钜讵枸	句举巨局具距锯剧居聚拘矩沮拒惧狙驹疽踽俱炬倨裾飓琚雎遽橘榉钜讵枸苴桶腒莒
tɕʻ	取区渠曲趋趣屈驱躯瞿岖	取区娶渠曲趋趣屈驱躯瞿岖	区佉驱祛蛆躯趋渠蕖磲瞿蘧苴取娶去阒趣
ɕ	须需虚嘘蓄续序煦叙畜絮婿戌徐旭绪吁酗恤墟栩圩胥诩	须需虚嘘蓄续序煦叙畜絮婿戌徐旭绪吁酗恤墟栩圩胥诩	訏戍呼盱须胥虚谞婿墟需嘘歔缡徐须诩栩滑楈序叙恤畜绪絮煦

(续表)

声母	屯堡话 i	西南官话 y	明代官话 y
y	与于欲鱼雨余遇语愈狱玉渔予誉愚羽虞娱淤舆屿禹宇迂俞逾域芋郁吁孟喻愉渝榆隅浴寓裕预豫驭竽瑜禹庾毓昱予	与于欲鱼雨余遇语愈狱玉渔予誉愚羽虞娱淤舆屿禹宇迂俞逾域芋郁吁孟喻愉渝榆隅浴寓裕预豫驭竽瑜禹庾毓昱妤予	迂吁纡于淤予欤余妤孟臾鱼禺竽异馀谀娱雩渔隅揄喁畲逾胰渝愉瑜榆愚虞觎舆裔宇羽雨禹语庾玉驭芋妪郁昱狱语浴域谕遇喻御愈裕誉毓豫

声母	屯堡话 i	西南官话 ye	明代官话 ye
tɕ		决绝掘诀倔抉獗崛蹶孓夬攫	决绝觉角爵掘诀抉嚼獗崛蹶孓夬攫橛
tɕʻ		缺瘸榷阕	缺确雀瘸鹊榷阕
ɕ		学雪血穴薛谑	削学雪血穴薛谑
yɛ		月越阅悦粤	月越约跃阅乐岳悦说粤钥曰樾爚

声母	屯堡话 iɛn	西南官话 yɛn	明代官话 yɛn
tɕ	卷圈倦鹃捐娟眷绢鄄镌涓隽券	卷圈倦鹃捐娟眷绢鄄镌涓隽券甄	捐涓娟圈鹃镌蠲卷倦狷绢眷罥
tɕʻ	全权劝拳犬颧痊诠泉	全权劝拳犬颧痊醛诠泉畎鬈蜷	夸悛棬全铨诠佺泉痊倦筌鬈颧犬劝畎蜷
ɕ	选悬旋玄宣喧轩绚眩癣漩炫璇渲泫铉	选悬旋玄宣喧轩绚眩癣漩炫璇渲泫铉煊	轩宣煊喧炫选悬旋玄绚眩癣漩儇谖楦
yɛn	渊冤圆愿原源园援猿缘远怨院	远员元院圆愿原园援猿怨冤源缘袁渊苑垣鸳辕媛爰沅瑗塬	远员元院圆愿原园援猿怨冤源缘袁渊垣鸳辕媛爱沅瑗塬鸢

声母	屯堡话 in	西南官话 yn	明代官话 yn
tɕ	军君均菌鞠俊峻竣骏钧浚郡	军君均菌鞠俊峻竣骏钧浚郡匀	菌鞠麇俊馂捃峻郡骏畯
tɕʻ	群裙	群裙逡困	宭裙群
ɕ	熏薰勋旬询巡迅驯汛逊勋	寻讯熏薰训循殉询旬巡迅驯汛逊勋荤巽	熏薰獯醺曛训
yn	云运晕允匀韵陨孕耘蕴酝郧恽郓芸筠韫殒熨	云运晕允匀韵陨孕耘蕴酝郧恽郓芸筠韫殒熨	

从表 5-15、表 5-16 中可以得知,屯堡话尽管没有撮口呼韵母,但除此之外,它们之间有很多的相同之处,而屯堡话、西南官话与明代官话也有共同之处,说明了屯堡话来源于明代官话,西南官话受明代官话的影响。从两表中看,屯堡话没有撮口呼韵母,而西南官话却有撮口呼韵母,似乎明代官话对西南官话影响比屯堡话大,其实不然,西南官话在桂柳地区使用中,i 和 y 往往是难以区别,如 i-y:衣—淤、移—鱼、以—余、义—欲、医—迂、宜—于、已—语、毅—预、机—鞠、吉—局、几—举、记—句、积—居、急—菊、挤—矩、既—拒、妻—趋、齐—渠、起—取、气—去、七—屈、棋—瞿、启—曲、器—趣、西—需、席—徐、洗—许、戏—序、犁—驴、李—屡、利—虑、你—女。笔者认为屯堡话中没有撮口呼韵母、西南官话中 i 韵母和 y 韵母相混,这种演变是受南方少数民族方言的影响,在壮语、侗语、布依语、傣语、水语中,大多都没有 ü 这个元音音位,持上述语言的人在说汉语方言时一般都是用 i 来代替 y 的。因此,与明代官话相比,屯堡话的 y 的演变与西南官话 y 的演变则有更多的相同性。这说明明代官话 y 在屯堡话中的演变,也受到屯堡话周围方言的影响。

三、声调系统比较

屯堡话的声调与西南官话声调比较,除阳平和入声相同外,其他都不同,而与明代官话却是完全相同(除入声外),见表 5-17。

表 5-17 西南官话、屯堡话、明代官话声调类型和调值表

	阴 平	阳 平	上 声	去 声	入 声
西南官话	35	21	53	24	归阳平
屯堡话	33	21	42	35	归阳平
明代官话	33	21	42	35	34

为了便于比较,我们采用表格比较的方式,形成"西南官话与屯堡话声调比较表"。在比较中采用调号标记法,即阴平 1、阳平 2、上声 3、去声 4,"西南官话与屯堡话声调比较表"中的字按照声母发音部位唇音、舌尖中音、舌根音、舌面音、舌尖后音、舌尖前音、零声母的顺序来排列。

表 5-18 西南官话与屯堡话声调比较表(唇音)

序 号	汉 字	西南官话	屯堡话
1	巴	piA¹	piA¹
2	把	pA⁴	pA³
3	百	pai²	pai¹
4	班	pan⁴	pan¹
5	半	pan²	pan⁴
6	帮	pɑŋ¹	pɑŋ¹
7	傍	pɑŋ²	pɑŋ⁴
8	包	pɑu¹	pɑu¹
9	饱	pɑu⁴	pɑu³
10	杯	pei¹	pei¹
11	辈	pei²	pei⁴
12	奔	pən²	pən⁴
13	绷	pən⁴	puŋ¹
14	逼	pi¹	pi¹
15	闭	pi²	pi⁴
16	边	piɛn¹	piɛn¹
17	变	piɛn²	piɛn⁴
18	表	piɑu⁴	piɑu³
19	憋	piɛ¹	pi¹
20	别	piɛ²	pi²
21	宾	pin¹	pin¹
22	冰	pin¹	pin¹
23	病	pin²	pin⁴
24	博	po¹	po¹
25	簸	po⁴	po³
26	补	pu⁴	pu³
27	不	pu²	pu¹

(续表)

序　号	汉　字	西南官话	屯堡话
28	爬	p'A^3	p'A^2
29	怕	p'A^2	p'A^4
30	派	p'ai^2	p'ai^4
31	排	p'ai^4	p'ai^2
32	攀	p'an^1	p'an^1
33	判	p'an^2	p'an^4
34	旁	p'ɑŋ^3	p'ɑŋ^2
35	胖	p'ɑŋ^3	p'ɑŋ^2
36	抛	p'au^1	p'au^1
37	跑	p'au^4	p'au^2
38	陪	p'ei^3	p'ei^2
39	沛	p'ei^2	p'ei^4
40	盆	p'ən^3	p'ən^2
41	喷	p'ən^2	p'ən^4
42	朋	p'ən^3	p'uŋ^2
43	捧	p'ən^4	p'uŋ^3
44	批	p'i^1	p'i^1
45	皮	p'i^3	p'i^2
46	偏	p'iɛn^1	p'iɛn^1
47	片	p'iɛn^2	p'iɛn^4
48	漂	p'iau^1	p'iau^2
49	瓢	p'iau^3	p'iau^2
50	拼	p'in^1	p'in^1
51	品	p'in^4	p'in^3
52	平	p'in^3	p'in^2
53	婆	p'o^3	p'o^2
54	破	p'o^2	p'o^4

（续表）

序　号	汉　字	西南官话	屯堡话
55	剖	p'ou⁴	p'o⁴
56	扑	p'u¹	p'u¹
57	朴	p'u⁴	p'u¹
58	麻	mA³	mA²
59	马	mA⁴	mA³
60	埋	mai³	mai²
61	买	mai⁴	mai³
62	满	man⁴	man²
63	慢	man²	man⁴
64	忙	mɑŋ³	mɑŋ²
65	莽	mɑŋ⁴	mɑŋ³
66	毛	mau³	mau²
67	卯	mau⁴	mau³
68	美	mei⁴	mei³
69	妹	mei²	mei⁴
70	闷	mən²	mən²
71	们	mən¹	mən²
72	盟	muŋ³	muŋ²
73	猛	muŋ⁴	muŋ³
74	迷	mi³	mi²
75	米	mi⁴	mi³
76	面	miɛn²	miɛn⁴
77	苗	miau³	miau²
78	妙	miau²	miau⁴
79	灭	miɛ²	mi¹
80	民	min³	min²
81	敏	min⁴	min³

(续表)

序 号	汉 字	西南官话	屯堡话
82	命	min²	min⁴
83	摸	mo¹	mo¹
84	抹	mo⁴	mo³
85	谋	mou³	mou²
86	某	mou⁴	mou³
87	母	mu⁴	mu³
88	发	fA¹	fA¹
89	罚	fA³	fA²
90	帆	fan³	fan²
91	饭	fan²	fan⁴
92	方	fɑŋ¹	fɑŋ¹
93	仿	fɑŋ⁴	fɑŋ³
94	飞	fei¹	fei¹
95	匪	fei⁴	fei³
96	焚	fən³	fən²
97	粉	fən⁴	fən³
98	丰	fuŋ¹	fuŋ¹
99	凤	fuŋ²	fuŋ⁴
100	府	fu⁴	fu³
101	佛	fo³	fu²

表 5-19 西南官话与屯堡话声调比较表（舌尖中音）

序 号	汉 字	西南官话	屯堡话
102	达	tA¹	tA¹
103	打	tA⁴	tA²
104	代	tai²	tai⁴
105	单	tan¹	tan¹

(续表)

序 号	汉 字	西南官话	屯堡话
106	胆	tan⁴	tan³
107	当	taŋ¹	taŋ¹
108	党	taŋ⁴	taŋ³
109	刀	tau¹	tau¹
110	到	tau²	tau⁴
111	得	tei¹	tei¹
112	灯	tən¹	tən¹
113	邓	tən²	tən⁴
114	低	ti¹	ti¹
115	敌	ti³	ti³
116	颠	tiɛn¹	tiɛn¹
117	电	tiɛn²	tiɛn⁴
118	雕	tiau¹	tiau¹
119	爹	tiɛ¹	ti¹
120	丁	tin¹	tin¹
121	顶	tin⁴	tin³
122	东	tuŋ¹	tuŋ¹
123	懂	tuŋ⁴	tuŋ³
124	兜	tou¹	tou¹
125	豆	tou²	tou⁴
126	毒	tu²	tu²
127	度	tu²	tu⁴
128	端	tuan¹	tuan¹
129	堆	tuei¹	tei¹
130	盾	tən³	tən³
131	夺	tuo¹	to¹
132	朵	tuo⁴	to³

(续表)

序　号	汉字	西南官话	屯堡话
133	他	tʻA¹	tʻA¹
134	胎	tʻai¹	tʻai¹
135	态	tʻai²	tʻai⁴
136	贪	tʻan¹	tʻan¹
137	叹	tʻan²	tʻan⁴
138	唐	tʻɑŋ³	tʻɑŋ²
139	涛	tʻau¹	tʻau¹
140	讨	tʻau⁴	tʻau³
141	梯	tʻi¹	tʻi¹
142	体	tʻi⁴	tʻi³
143	田	tʻiɛn³	tʻiɛn²
144	挑	tʻiau¹	tʻiau¹
145	跳	tʻiau²	tʻiau⁴
146	贴	tʻiɛ²	tʻi¹
147	厅	tʻin¹	tʻin¹
148	庭	tʻin³	tʻin²
149	同	tʻuŋ³	tʻuŋ²
150	统	tʻuŋ⁴	tʻuŋ³
151	通	tʻuŋ¹	tʻuŋ¹
152	偷	tʻou¹	tʻou¹
153	头	tʻou³	tʻou²
154	兔	tʻu²	tʻu⁴
155	团	tʻuan³	tʻuan²
156	退	tʻuei²	tʻei⁴
157	吞	tʻuən¹	tʻen¹
158	驼	tʻo³	tʻo²
159	妥	tʻo⁴	tʻo³

(续表)

序　号	汉　字	西南官话	屯堡话
160	耐	nai²	lai⁴
161	南	nan³	lan¹
162	囊	nɑŋ³	nɑŋ²
163	恼	nau⁴	nau³
164	内	nuei²	nei⁴
165	能	nən³	nən²
166	泥	ni³	ni²
167	年	niɛn³	liɛn²
168	念	niɛn²	niɛn⁴
169	娘	niɑŋ³	niɑŋ²
170	鸟	niau⁴	niau³
171	凝	nin³	nin²
172	牛	niou³	niou²
173	弄	nuŋ²	nuŋ⁴
174	努	nu⁴	nu³
175	女	ny⁴	ni³
176	糯	nuo²	no⁴
177	来	lai³	lai²
178	懒	lan⁴	lan³
179	朗	lɑŋ³	lɑŋ³
180	捞	lau¹	lau¹
181	乐	lio²	lio²
182	雷	lei³	lei²
183	棱	lən³	lən²
184	离	li³	li²
185	礼	li⁴	li³
186	连	liɛn³	liɛn²

(续表)

序 号	汉 字	西南官话	屯堡话
187	良	liaŋ³	liaŋ²
188	亮	liaŋ²	liaŋ⁴
189	聊	liau³	liau²
190	了	liau⁴	liau³
191	猎	liɛ²	li¹
192	林	lin³	lin²
193	领	lin⁴	lin³
194	留	liou³	liou²
195	柳	liou⁴	liou³
196	龙	luŋ³	luŋ²
197	楼	lou³	lou²
198	卢	lu³	lu²
199	鲁	lu⁴	lu³
200	吕	ly⁴	li³
201	律	ly²	li²
202	峦	luan³	luan²
203	乱	luan²	luan⁴
204	掠	lio⁴	lio¹

表 5-20 西南官话与屯堡话声调比较表（舌根音）

序 号	汉 字	西南官话	屯堡话
205	该	kai¹	kai¹
206	干	kan¹	kan⁴
207	刚	kaŋ¹	kaŋ¹
208	港	kaŋ⁴	kaŋ³
209	高	kau¹	kau¹
210	戈	ko¹	ko¹

(续表)

序 号	汉字	西南官话	屯堡话
211	给	kei^1	kei^1
212	根	kən^1	kən^1
213	耿	kən^4	kən^3
214	更	kən^2	kən^1
215	工	kuŋ^1	kuŋ^1
216	巩	kuŋ^4	kuŋ^3
217	沟	kou^1	kou^1
218	构	kou^2	kou^3
219	姑	ku^1	ku^1
220	固	ku^2	ku^4
221	瓜	kuA^1	kuA^1
222	乖	kuai^1	kuai^1
223	怪	kuai^2	kuai^4
224	关	kuan^1	kuan^1
225	广	kuɑŋ^4	kuɑŋ^3
226	归	kuei^1	kuei^1
227	棍	kuən^4	kuən^4
228	国	ko^3	ko^1
229	开	k'ai^1	k'ai^1
230	刊	k'an^1	k'an^1
231	看	k'an^2	k'an^4
232	扛	k'ɑŋ^3	k'ɑŋ^2
233	考	k'ɑu^4	k'ɑu^3
234	科	k'o^1	k'o^1
235	肯	k'ən^4	k'ən^3
236	坑	k'ən^1	k'ən^1
237	控	k'uŋ^2	k'uŋ^4

(续表)

序 号	汉 字	西南官话	屯堡话
238	哭	k'u^1	k'u^3
239	夸	k'uA^1	k'uA^1
240	快	k'uai^4	k'uai^4
241	狂	k'uɑŋ^3	k'uɑŋ^2
242	奎	k'uei^3	k'uei^2
243	坤	k'uən^1	k'uən^1
244	捆	k'uən^4	k'uən^3
245	孩	xai^3	xai^2
246	海	xai^4	xai^3
247	含	xan^3	xan^2
248	航	xɑŋ^3	xɑŋ^2
249	蒿	xɑu^1	xɑu^1
250	好	xɑu^4	xɑu^3
251	喝	xo^1	xo^1
252	黑	xɤ^1	xei^1
253	恨	xən^2	xən^4
254	恒	xən^3	xən^2
255	轰	xuŋ^1	xuŋ^1
256	红	xuŋ^3	xuŋ^2
257	猴	xou^3	xou^2
258	胡	xu^3	xu^2
259	虎	xu^4	xu^3
260	华	xuA^3	xuA^2
261	坏	xuai^2	xuai^4
262	欢	xuan^1	xuan^1
263	荒	xuəŋ^1	xuəŋ^1
264	回	xuei^3	xuei^2

(续表)

序 号	汉 字	西南官话	屯堡话
265	会	xuei²	xuei²
266	婚	xuən¹	xuən¹
267	火	xo⁴	xo³

表 5-21 西南官话与屯堡话声调比较表(舌面音)

序 号	汉 字	西南官话	屯堡话
268	机	tɕi¹	tɕi¹
269	及	tɕi³	tɕi²
270	几	tɕi⁴	tɕi³
271	计	tɕi²	tɕi⁴
272	假	tɕiA⁴	tɕiA³
273	建	tɕiɛn²	tɕiɛn⁴
274	江	tɕiaŋ¹	tɕiaŋ¹
275	娇	tɕiɑu¹	tɕiɑu¹
276	街	kai¹	kai¹
277	姐	tɕie⁴	tɕi³
278	近	tɕin²	tɕin⁴
279	窘	tɕyŋ⁴	tɕyŋ³
280	经	tɕin¹	tɕin¹
281	酒	tɕiou⁴	tɕiou³
282	居	tɕy¹	tɕi¹
283	举	tɕy⁴	tɕi³
284	卷	tɕyɛn⁴	tɕiɛn³
285	君	tɕyn¹	tɕin¹
286	妻	tɕ'i¹	tɕ'i¹
287	启	tɕ'i⁴	tɕ'i³
288	弃	tɕ'i²	tɕ'i⁴

(续表)

序　号	汉　字	西南官话	屯堡话
289	恰	tɕʻiA¹	tɕʻiA¹
290	千	tɕʻiɛn¹	tɕʻiɛn¹
291	前	tɕʻiɛn³	tɕʻiɛn²
292	强	tɕʻiaŋ³	tɕʻiaŋ³
293	桥	tɕʻiau³	tɕʻiau²
294	切	tɕʻiɛ¹	tɕʻi¹
295	窃	tɕʻiɛ²	tɕʻi¹
296	侵	tɕʻin¹	tɕʻin¹
297	沁	tɕʻin²	tɕʻin⁴
298	情	tɕʻin³	tɕʻin²
299	穷	tɕʻyŋ³	tɕʻyŋ²
300	秋	tɕʻiou¹	tɕʻiou¹
301	渠	tɕʻy³	tɕʻi²
302	拳	tɕʻyɛn³	tɕʻiɛn²
303	犬	tɕʻyɛn⁴	tɕʻiɛn¹
304	缺	tɕʻyɛ¹	tɕʻi¹
305	群	tɕʻyn³	tɕʻin²
306	西	ɕi¹	ɕi¹
307	喜	ɕi⁴	ɕi³
308	狭	ɕiA¹	ɕiA¹
309	下	ɕiA²	ɕiA⁴
310	显	ɕiɛn⁴	ɕiɛn¹
311	乡	ɕiaŋ¹	ɕiaŋ¹
312	详	tɕiaŋ³	tɕʻiaŋ²
313	消	ɕiau¹	ɕiau¹
314	小	ɕiau⁴	ɕiau³
315	鞋	xai³	xai²

（续表）

序　号	汉　字	西南官话	屯堡话
316	谢	ɕiɛ²	ɕi⁴
317	心	ɕin¹	ɕin¹
318	信	ɕin²	ɕin⁴
319	兴	ɕin¹	ɕin¹
320	凶	ɕyŋ¹	ɕyŋ¹
321	休	ɕiou¹	ɕiou¹
322	朽	ɕiou⁴	ɕiou³
323	虚	ɕy¹	ɕi¹
324	宣	ɕyɛn¹	ɕiɛn¹
325	雪	ɕyɛ¹	ɕi¹
326	训	ɕyn²	ɕin⁴

表 5-22　西南官话与屯堡话声调比较表（舌尖后音）

序　号	汉　字	西南官话	屯堡话
327	扎	tsA¹	tsA¹
328	斋	tsai¹	tsai¹
329	债	tsai²	tsai⁴
330	沾	tsan¹	tsan¹
331	占	tsan²	tsan⁴
332	长	tsɑŋ⁴	tsɑŋ³
333	招	tsiɑu¹	tsiɑu¹
334	赵	tsɑu²	tsɑu³
335	哲	tsiɛ¹	tsei²
336	蔗	tsiɛ²	tsei⁴
337	针	tsən¹	tsən¹
338	争	tsən¹	tsən¹
339	整	tsən⁴	tsən³

(续表)

序 号	汉 字	西南官话	屯堡话
340	直	tʂʅ¹	tsʅ¹
341	中	tsuŋ¹	tsuŋ¹
342	周	tsou¹	tsou¹
343	朱	tsy¹	tsu¹
344	主	tsy⁴	tʂu³
345	专	tsuan¹	tʂuan¹
346	庄	tsuɑŋ¹	tʂuɑŋ¹
347	坠	tsuei²	tʂuei⁴
348	准	tsuən⁴	tʂuən³
349	卓	tso¹	tso¹
350	插	tsʻA¹	tsʻA¹
351	柴	tsʻai³	tsʻai²
352	谗	tsʻan³	tsʻan¹
353	产	tsʻan⁴	tsʻan³
354	厂	tsʻɑŋ⁴	tsʻɑŋ³
355	畅	tsʻɑŋ²	tsʻɑŋ⁴
356	超	tsʻau¹	tsʻau¹
357	车	tsʻɤ¹	tsʻei¹
358	陈	tsʻən³	tsʻən²
359	成	tsʻən³	tsʻən²
360	秤	tʂʻən²	tsʻən⁴
361	吃	tsʻʅ¹	tʂʻʅ¹
362	尺	tsʻʅ¹	tʂʻʅ²
363	冲	tsʻuŋ¹	tʂʻuŋ¹
364	宠	tsʻuŋ⁴	tʂʻuŋ⁴
365	仇	tsʻou³	tʂʻəu²
366	丑	tsʻou⁴	tʂʻou³

(续表)

序　号	汉字	西南官话	屯堡话
367	出	tsʻy¹	tʂʻu¹
368	除	tsʻy³	tʂʻu²
369	楚	tsʻu⁴	tʂʻu³
370	穿	tsʻuan¹	tʂʻuan¹
371	喘	tsʻuan⁴	tʂʻuan³
372	串	tsʻuan²	tʂʻuan⁴
373	床	tsʻuɑŋ³	tʂʻuɑŋ²
374	创	tsʻuɑŋ²	tʂʻuɑŋ⁴
375	吹	tsʻuei¹	tʂʻuei¹
376	春	tsʻuən¹	tʂʻuən¹
377	蠢	tsʻuən⁴	tʂʻuən³
378	绰	tsʻo³	tsʻo¹
379	杀	sA¹	sA¹
380	厦	sA²	sA⁴
381	筛	sai¹	sai¹
382	晒	sai²	sai⁴
383	山	san¹	san¹
384	闪	san⁴	san³
385	善	san²	san⁴
386	伤	sɑŋ¹	ʂɑŋ¹
387	上	sɑŋ²	ʂɑŋ⁴
388	烧	sɑu¹	sɑu¹
389	少	sɑu⁴	sɑu³
390	赊	sɤ¹	sei¹
391	舌	sɤ³	sei²
392	社	sɤ²	sei⁴
393	神	sən³	sən²

(续表)

序　号	汉　字	西南官话	屯堡话
394	娠	sən⁴	sən³
395	升	sən¹	sən¹
396	绳	sən³	sən²
397	胜	sən²	sən⁴
398	师	sɿ¹	ʂʅ¹
399	石	sɿ³	ʂʅ²
400	世	sɿ²	ʂʅ⁴
401	收	sou¹	sou¹
402	手	sou⁴	sou³
403	书	sy¹	ʂu¹
404	鼠	sy⁴	ʂu⁴
405	树	sy²	ʂu⁴
406	刷	suA¹	ʂuA¹
407	衰	suai¹	ʂuai¹
408	帅	suai²	ʂuai⁴
409	双	suɑŋ¹	ʂuɑŋ¹
410	水	suei⁴	ʂuei³
411	睡	suei²	ʂuei⁴
412	顺	suən²	ʂuən⁴
413	说	so¹	so¹
414	染	iɑn⁴	tsan³
415	瓤	iɑŋ³	zɑŋ¹
416	壤	iɑŋ³	tsɑŋ³
417	娆	iɑu³	tsɑu²
418	绕	iɑu²	tsɑu³
419	热	iɛ²	tsei¹
420	人	in³	tsən²

(续表)

序 号	汉字	西南官话	屯堡话
421	忍	in⁴	tsən³
422	认	in²	tsən²
423	仍	in³	zʅ¹
424	日	i²	zʅ¹
425	容	iuŋ³	yŋ²
426	肉	iou³	zᵤu¹
427	乳	i⁴	zᵤu³
428	若	io²	tso²

表 5-23 西南官话与屯堡话声调比较表（舌尖前音）

序 号	汉字	西南官话	屯堡话
429	杂	tsA³	tsA¹
430	灾	tsai¹	tsai¹
431	在	tsai²	tsai⁴
432	簪	tsan¹	tsan¹
433	赃	tsɑŋ¹	tsɑŋ¹
434	藏	tsɑŋ²	tsɑŋ⁴
435	遭	tsɑu¹	tsɑu¹
436	早	tsɑu⁴	tsɑu³
437	则	tsɤ³	tsei²
438	贼	tsɤ³	tsei²
439	增	tsen¹	tsen¹
440	赠	tsən²	tsən⁴
441	子	tsi⁴	tsʅ³
442	宗	tsuŋ¹	tsuŋ¹
443	邹	tsou¹	tsou¹
444	走	tsou⁴	tsou³

(续表)

序 号	汉 字	西南官话	屯堡话
445	足	tsu³	tʂu²
446	钻	tsuan¹	tsuan¹
447	最	tsuei²	tsei⁴
448	尊	tsən¹	tsən¹
449	昨	tso³	tso²
450	作	tso²	tso¹
451	猜	ts'ai¹	ts'ai¹
452	菜	ts'ai²	ts'ai⁴
453	惨	ts'an⁴	ts'an³
454	仓	ts'ɑŋ¹	ts'ɑŋ¹
455	曹	ts'ɑu¹	ts'ɑu²
456	草	ts'ɑu⁴	ts'ɑu³
457	册	ts'ɤ²	ts'ei¹
458	参	ts'ən¹	ts'ən¹
459	层	ts'ən³	ts'ən²
460	次	ts'ɿ²	ts'ɿ⁴
461	从	ts'uŋ³	ts'uŋ²
462	粗	ts'u¹	ts'u¹
463	窜	ts'uan²	ts'uan⁴
464	催	ts'uei¹	ts'ei¹
465	村	ts'ən¹	ts'en¹
466	寸	ts'ən²	ts'en⁴
467	错	ts'o²	ts'o¹
468	洒	sA⁴	sA³
469	赛	sai²	sai⁴
470	三	san¹	san¹
471	伞	san⁴	san³

(续表)

序 号	汉 字	西南官话	屯堡话
472	桑	sɑŋ^1	sɑŋ^1
473	骚	sɑu^1	sɑu^1
474	扫	sɑu^4	sɑu^3
475	森	sən^1	sən^1
476	僧	sən^1	sən^1
477	丝	sɿ^1	sɿ^1
478	四	sɿ^2	sɿ^4
479	松	suŋ^1	suŋ^1
480	送	suŋ^2	suŋ^4
481	搜	sou^1	sou^1
482	嗽	sou^2	sou^4
483	苏	su^1	su^1
484	素	su^2	su^1
485	酸	suan^1	suan^1
486	算	suan^2	suan^4
487	髓	suei^4	sei^3
488	孙	sən^1	sen^1
489	损	sən^4	sən^3
490	所	so^2	so^3

表5-24 西南官话与屯堡话声调比较表（零声母）

序 号	汉 字	西南官话	屯堡话
491	哀	ai^1	ai^1
492	爱	ai^2	ai^4
493	安	an^1	an^1
494	案	an^2	an^4
495	昂	ŋɑŋ^3	ŋɑŋ^2

(续表)

序 号	汉 字	西南官话	屯堡话
496	熬	au³	au²
497	奥	au²	au⁴
498	欧	ŋou⁴	ou¹
499	偶	ŋou⁴	ou³
500	讹	ŋɤ³	o²
501	儿	ɤ³	ɚ²
502	耳	ɤ⁴	ɚ³
503	二	ɤ²	ɚ⁴
504	压	iA¹	iA¹
505	雅	iA⁴	iA³
506	严	iɛn³	iɛn²
507	厌	iɛn²	iɛn⁴
508	扬	iaŋ⁴	iaŋ²
509	摇	iau³	iau²
510	也	iɛ⁴	i³
511	液	iɛ²	i³
512	银	in⁴	i¹
513	引	in³	in³
514	英	in²	in¹
515	迎	in³	in⁴
516	优	iou¹	iou¹
517	有	iou⁴	iou³
518	淤	y¹	i¹
519	玉	y²	i⁴
520	元	yɛn³	iɛn²
521	远	yɛn⁴	iɛn³
522	云	yn³	in¹

(续表)

序 号	汉 字	西南官话	屯堡话
523	允	yn^4	in^3
524	娃	uA^3	uA^1
525	瓦	uA^4	uA^3
526	歪	uai^1	uai^1
527	外	uai^2	uai^4
528	弯	uan^1	uan^1
529	万	uan^2	uan^4
530	汪	uɑŋ^1	uɑŋ^1
531	网	uɑŋ^4	uɑŋ^3
532	威	uei^1	uei^1
533	伟	uei^4	uei^3
534	温	uən^1	uən^1
535	问	uən^2	uən^4
536	翁	ŋuŋ^1	ŋuŋ^1
537	窝	ŋo^1	ŋo^1
538	我	ŋo^4	ŋo^3
539	务	u^2	u^4
540	乌	u^1	u^1

从表 5-18、表 5-19、表 5-20、表 5-21、表 5-22、表 5-23、表 5-24 中可知，在西南官话与屯堡话声调可比的 540 个汉字中，声调相同的汉字有 187 个，占总数的 34.63%（这些声调相同的字几乎是阴平字），而屯堡话与明代官话声调相同率高达 90%。这说明屯堡话与明代官话之间的传承关系。

第三节 屯堡话与西南官话词汇比较

一、概述

屯堡话与西南官话同处于一个官话区，两者大部分词汇的意义是相同的，但由于屯堡话来自明代官话的词汇系统,西南官话来自元代以来形成的包括明代官话在内的南方官话的词汇系统,因此一些词语的意义又是不同的,见表5-25。

表5-25 西南官话(桂柳片)方言词表

词 类	拟音(普通话)	方言音(方言调)	方言义
名词	菠萝盖	$po^1 lo^4 kai^2$	膝盖
	刀仔	$tuo^1 tsai^4$	小刀
	妹崽	$mei^2 tsai^4$	女孩
	男娃崽	$nan^3 uA^3 tsai^4$	男孩
	骚甲	$sau^1 tɕiA^3$	蟑螂
	马拐	$mA^2 kuai^4$	青蛙
	拐	$kuai^4$	女朋友
	邪	$ɕie^3$	男朋友
	赖水	$lai^3 tʂuen^4$	热水
动词	扳	$p'an^4$	摔
	发气	$fA^3 tɕ'i^2$	生气
	搭你困	$tA^3 ni^4 k'uən^2$	懒得理你
	汤	$t'ɑŋ^1$	杀
	门	$mən^4$	表示未完成的意思
	农	$nuŋ^1$	埋怨
	谋	mou^3	蹲
	讨老婆	$t'au^4 lau^4 p'o^3$	娶新娘
	瞎拜	$ɕiA^3 pai^1$	乱讲
	吊杠	$tiau^4 kaŋ^3$	教训
	水	$tʂuen^4$	讥讽、奚落
	博底	$po^3 ti^4$	贪小便宜
形容词	醒龙	$ɕin^2 luŋ^3$	觉悟比较快
	沃	o^2	脏
	昂	$ŋɑŋ^3$	愚笨

(续表)

词　类	拟音(普通话)	方言音(方言调)	方言义
	过笼	ko² luŋ³	太过火
	赖	lai²	烫
	讨嫌	tʰau⁴ tɕien⁴	讨厌
	摸	mo¹	动作慢
	鸟	nian²	黏稠
		fiɛ²	轻浮，不正派
	欧热	ŋou³ iɛ²	天气闷热
	靠	kau²	淘气、调皮、捣蛋
	狠	xən⁴	厉害
	大把	tA² pA⁴	很多
	将	tɕiaŋ²	脾气倔
代词	嫩子	nən² tsʅ¹	怎么样
	更子	kən² tsʅ¹	这样子
	乃	nai²	哪里
	诺	no²	哪个
语气词	我长	ŋo⁴ tʂaŋ⁴	表达很惊讶

有些学者认为："从方言定位说，屯堡方言属北方方言区的西南官话，词汇和语法从系统上说与整个西南官话一致，这一点在语法上尤为突出。然而屯堡方言又是西南官话的一种具体的地域表现形式，必然有自己的特色。"[①]屯堡话词汇与西南官话词汇存在着一致性和差异性。一致性，即屯堡话词汇与西南官话词汇意义相同，包括词形词义词音完全相同。差异性，即屯堡话与西南官话的词汇有差异。这类词包括两个部分，一是词义基本相同，词形不同；二是词义基本相同，词形与西南官话词形部分相同。综合上述，比较屯堡话词汇与西南官话词汇主要存在三种情况：(1) 词义词形词音完全相同；(2) 词义基本相同，词形部分相同；(3) 词义基本相同，词形完全不同。为了便于比较，我们将第一种称为相同词，第二种和第三种称为差异词。

---

① 龙异腾，吴伟军，宋宣，等.黔中屯堡方言研究[M].成都：西南交通大学出版社，2011：119.

二、相同词

屯堡话与西南官话的相同词共有 755 个,占可比词语(1 019 个)的 74.99%。

1. 名词(375 个)

太阳、月亮、风、雨、雾、霜、雪、冰、冰雹、雷、晴天、阴天、海、湖、风景、堤、河、山、水、旱地、时候、今年、明年、后年、去年、前年、日子、今天、明天、后天、昨天、前天、大前天、白天、夜晚、中午、下午、大年初一、端阳节、金、银、铜、铁、钢、铅、锡、煤、汽油、石头、泥巴、灰尘、老虎、狮子、豹子、狼、鹿、猴子、兔子、老鹰、猫头鹰、大雁、燕子、喜鹊、麻雀、鸽子、母牛、母猪、驴、骡、羊、猫、公鸡、母鸡、鸭、鹅、鲤鱼、鲫鱼、黄花鱼、螃蟹、虾、蚌壳、蚕、蜜蜂、蝴蝶、蚂蚁、苍蝇、蚊子、臭虫、蜘蛛、蜈蚣、蛇、翅膀、蹄子、爪、尾巴、鳞、梅花、杏花、桃花、荷花、桂花、棉花、谷子(稻)、大米、糯米、麦子、面粉、小米、麸夫、糠、高粱、花生、向日葵、红薯、包菜、南瓜、冬瓜、萝卜、茄子、韭菜、辣椒、水果、桃子、梨子、桔子、柚子、杨梅、樱桃、葡萄、橄榄、枣子、核桃、香蕉、荔枝、龙眼、西瓜、米饭、米汤、馒头、馄饨、面条、糕、心、菜、素菜、汤、猪肉、猪肝、猪舌头、鸡蛋、粉条、猪油、酱油、醋、糖、蜂蜜、酒、茶、冰激淋、开水、纸烟、粽粑、油条、饼干、月饼、衣服、衬衣、背心、毛衣、大衣、裤子、裙子、帽子、拖鞋、靴子、围巾、手套、袜子、脸巾、袖子、房子、正房、厢房、厨房、柱子、墙、窗子、门坎、阳台、楼梯、院子、天井、楼房、走廊、灶、家具、桌子、椅子、凳子、书桌、柜子、盒子、箱子、皮箱、床、被窝、毯子、枕头、席子、蚊帐、锅铲、菜刀、坛子、罐子、瓶子、柴、木炭、热水瓶、浆糊、针、线、绳子、锁、钥匙、扇子、拐杖、电筒、蜡烛、洋火、肥皂、牙刷、抹布、簸箕、痰盂、床单、被面、海碗、盘子、饭瓢、酒杯、拖把、算盘、秤、尺子、斧头、镊子、凿子、锉、钻、锥子、钉子、梯子、锄头、镰刀、扁担、筛子、轮子、木头、竹子、石灰、水泥、橡胶、玻璃、钱、商店、饭馆、邮局、邮票、车站、码头、汽车、单车、人力车、轮船、汽船、街道、人行道、巷巷、桥、发票、火车、学校、笔记本、纸、砚台、毛笔、钢笔、信、信封、信纸、徽章、相片、电影、故事、球、秋千、风筝、哨子、教室、书包、围棋、篮球、戏台、京剧、头发、眼睛、鼻子、耳朵、嘴巴、舌头、胳肢窝、左手、右手、手指头、大拇指、指甲、屁股、聋子、瞎子、哑巴、结巴、麻子、疯子、驼背、双胞胎、小偷、强盗、妈、后妈、伯父、伯母、叔娘、姑爹、外公、外婆、舅舅、姨爹、姨妈、公公、婆婆、嫂、姐夫、妹夫、儿子、侄女、外孙、孙女、小舅、外孙女、亲家公、婆家、前面、后面、里面、外面、上面、下面、中间、隔壁、东、南、西、北、东西、粉、灰尘粒子、泡沫、口水、渣渣、角落拐、猪圈、鸡圈、坟、棺材、事情。

2. 动词(177个)

刮风、下雨、闪电、打雷、褪色、落、看、眨眼、瞪眼、听、闻、吃、喝、喝(吸)、咬、啃、嚼、舔、吞、含、喷、吹、尝、拿、掐、摸、捞、找、摘、搓、提、举、捧、抬、搬、按、推、挡、拉(拖)、拉、拔、扶、抱、开、关、封、塞、盖、罩、套、卷、包、解、剥、折、叠、铺、装、打、捅、碰、扯、弹、填、埋、走、跑、跳、踩、跨、站、靠、躺、挤、躲、挑、背、跟、逃、脱、戴、洗、刷、涮、漱口、晾、染、剪、裁、切、割、杀、泼、浇、扫、点、拌、躲(藏)、讲、聊天、问、理、叫、喊、笑、哭、骂、开玩笑、打架、发誓、陪、做活路、种地、开车、买、卖、赚钱、活、死、娶、嫁、生、请客、送礼、倒酒、上课、下课、教、学、游泳、照相、赢、输、上学、放学、读书、考试、报考、下棋、拔河、打球、跳远、扭秧歌、休息、睡、打瞌睡、喷嚏、抓痒、屙尿、屙屎、感冒、咳嗽、头晕、发烧、拉肚子、打摆子、把脉、贴膏药、感冒(伤风)、中暑、上火、怪、恨、后悔、怕、晓得、想、相信、怀疑、小心、要、应该、值得、是、没有、亲嘴、浪费。

3. 形容词(100个)

大、小、高、低、矮、长、短、细、宽、窄(tsɣ⁴)、厚、薄、深、浅、空、满、方、圆、平、正、反、歪、横、竖、直、歪、陡、弯、亮、暗、黑、轻、重、干、湿、浓、稀、硬、嫩、脆、整齐、乱、干净、热闹、明白、模糊、利(快,锋利)、快、早、晚、好、难、容易、贵、便宜、热、冷、凉、香、臭、馊、咸、淡、饿、口干(渴)、累、痒、舒服、忙、闲、胖、肥、瘦、老(不年轻)、年轻、老实、大方、小气、骄傲、乖、调皮、勤、懒、能干、高手、外行、高兴、满意、老火(恼火)、背时、可怜、红、蓝、绿、白、灰、黄、青、紫、黑。

4. 代词(27个)

我、你、他、我们、你们、他们、大家、自己、人家、我的、你的、这个、那个、这些、那些、这里、那里、这边、那边、这么、那么、哪个(谁)、哪个、哪块(哪儿)、哪边、怎样(怎么)、几久(多久)。

5. 数量词(50个)

一个人、一条鱼、一棵树、一丛草、一朵花、一顿饭、一根烟、一壶酒、一口水、一把刀、一座桥、一扇门、一件事、一本书、一匹马、一封信、一条河、一盏灯、一张桌子、一支枪、一支笔、一床被窝、一个帽、一条(件)衣裳、一串葡萄、一笔生意、一身棉衣、一席酒、一枚奖章、一对花瓶、遍(看一遍)、这一次、走一趟、打一顿、动一下、请一桌客、闹一场、吃一口、闹一场、谈一会;一、二、三、四、五、初六、初七、初八、初九、初十。

6. 虚词(25个)

以前、刚才、预先、已经、经常、更、最、太、稍微、都、一起、又、再、仍旧、反正、大约、一定、没有、不用;把、替、在、到、跟、和、要是。

三、差异词

屯堡话与西南官话的差异词共有264个,占可比词语(1 019个)的25.91%。

1. 名词(161对)

星星—仙宿(前为西南官话,后为屯堡话,下同)、露水—露、闪电—扯电、龙杠—龙杠吃水、天气—气候、鱼塘—塘塘、稻田—水田、大后天—万天、早上(早晨)—大老早、上午—晌午前、傍晚—擦黑、晚上—夜晚、年初一—大年初一、中秋节—八月十五、重阳节—重阳、三十晚—除夕、火油—煤油、泥土—土、老鼠—耗子、料哥(乌鸦)—老鸦、八哥—八儿、牲口—牲畜、公牛—牲牯、公马—叫马、母马—to^{4}马、公猪—伢猪、公狗—伢狗、母狗—草狗、tɕien^{2}鸡—阉鸡、鸡仔—小鸡儿、马拐—田鸡、癞蛤蟆—赖疙保、乌龟—团鱼、鼻涕虫(蜗牛)—螺丝、牙虫(蚯蚓)—曲蟮、咩咩—蜻蜓、tɕɤ^{1}tɕɤ^1(蝉)—蝉、萤火虫—亮火虫、叫蛛—蟋蟀、壁虎—四足蛇、杜鹃花—艳山红、谷子(稻谷)—稻谷、谷子—稻、糠—米糠、玉米—苞谷、土豆(马铃薯)—洋芋、蔬菜—菜、毛秀才(番茄)—四明茄、葱—大葱、蒜—蒜头、马蹄—荸荠儿、板栗(栗子)—毛栗、核—核子、早饭—吃早饭、午饭—吃中午饭、晚饭—吃晚饭、粥—稀饭、饺子—包子、馄饨—饺子、肉菜—荤菜、豆腐乳—霉豆腐、佐料—作料、雪条—冰棍、水圆(汤圆)—汤粑、上衣—汗衣、线褂(汗衫)—汗衫、短裤—摇裤儿、鞋—鞋子、板鞋—木拖鞋、手帕—手巾帕、围兜—围嘴、衣领—领、里层—里子、屋子—房子、茅坑—茅厕、横梁—梁、栏杆—杆子、台阶—拾阶坎、井—水井、天花板—楼板、马圈—马圈房、牛栏—牛圈房、抽屉—拉箱、垫被—垫棉絮、鼎锅—锅、筷条—筷子、瓢羹—调羹、缸—水缸、水瓢—瓢、风炉—火炉、顶针—麻姑娘、雨伞—伞、扫把—扫帚、鸡毛帚—掸子、棉胎—棉絮、螺丝匕—螺丝刀、剪子—剪刀、锤子—榔头、钳子—虎钳、刨子—推刨、刀仔—小刀、钩子—顶钩、油漆—洋漆、书本—课本、私章—图章、鞭炮—火炮、戏子—演员、头—脑壳、额头(前额)—脑眉心、颈(脖子)—脖架、手拐(胳膊)—手、手指仔—小拇指、大腿—大把腿、波罗盖(膝盖)—克膝头、男人—男的、女人—女的、老爹(老头儿)—老者、老奶(老太婆)—老太、年轻仔—小伙子、娃崽(小孩子)—嫩娃子、男娃崽—男孩、女妹仔—小姑娘、光头—秃头、拜脚(跛子)—跛脚、颠仔—疯子、光棍—单身汉、寡妇—寡婆、公(祖父)—爷爷、奶(祖母)—奶奶、爸(父亲)—爹、叔—叔叔、姑妈—姑奶奶、舅娘—舅妈、岳父—老丈人、岳母—老丈母、我家那个(丈夫)—男的、我家那个(妻子)—婆娘、哥—哥哥、弟—弟弟、姐—姐姐、妹—妹妹、伯爷(大伯子)—大伯伯、叔—小叔子、姐—姑妈、妹(小姑子)—娘娘、媳妇—儿媳妇、女(女儿)—姑娘、女婿—姑爷、侄仔—侄儿子、孙子—孙孙、后爸(继父)—继爹、舅爷(内兄)—大舅、姐(大姨子)—大姨子、妹—小姨子、弟婶(弟媳)—弟媳妇、亲家娘—亲家母、外家—娘家、旁边—半边、街上—城市、农村—乡下、洞(窟窿)—洞洞。

2. 动词(50 对)

结冰—冰冻、化雪—雪化、淋雨—大雨淋湿、扭—捏、抹(擦)—涂、举—托、捧—端、举—撑、搂—抱、掏—系、丢—扔、mou¹—蹲、摔—掼、洗凉—洗澡、晾(晒)—晒、烫—熨、刹—砍、汤 t'aŋ¹—宰、捡(收拾)—收拾、捞(搅和)—拌、发气—发脾气、吵架—骂架、劝—喊、吹大炮(吹牛)—讲、捧(拍马)—拍、做活路(做事)—做事情、玩耍—玩、放爆竹(放鞭炮)—放炮、放炮(放花炮)—放花炮、打呵呵—打哈欠、打颤(打冷噤)—打寒颤、发抖(哆嗦)—寒颤、病(生病)—痛了、看医生—请医生、开药方—开药、出汗(发汗)—发汗、打针—扎针、拔罐—拔头、肚痛—肚子疼、胸闷—胸口疼、吐—呕吐、爱—喜欢、烦(讨厌)—讨厌、打算—思量、想—想念、忘(忘记)—搞忘记、没要—不要、没是(不)—不、拜坟—上坟、丢(遗失)—打落。

3. 形容词(25 对)

宽—粗、莴 niɑu¹—稠、软—葩、过火—老(不嫩)、结实—扎实、烂(破)—破、哦 o³(肮脏)—脏、浓(浑)—混、坏—不好、差伙—差、赖 lai³(烫)—热、脾气好(温和)—温和、暖(温)—温、肥—胖、好看—美、难看—丑、昂 ŋaŋ²(傻)—傻、刁(狡猾)—狡猾、直爽—直性、老实—谦虚、奇怪—怪、好怕—害怕、怕丑—害羞。

4. 代词(4 对)

大伙—咱们、人家的(别的)—别个、几多(多少)—多么、几久(多久)—几久。

5. 数量词(11 对)

一头牛——个牛、一只鸡——个鸡、一双鞋——对鞋、一根针——把针、一辆车——部车、一架船——只船、一种药——服药、一台戏——场戏、两公婆—夫妻两人、一幢房子——间屋子、一场大雨——丈雨。

6. 虚词(12 对)

现今—现在、以往(一向)—向来、赶快—赶紧、即—马上、很—更、顶—最、恰巧(恰巧)—刚好、没(不)—不、没要(别)—莫要、被—着、从—由、向—跟。

第四节 本章小结

在北方话不断南下的背景下,西南官话到元末明初终于形成,它属于南方官话系列,与屯堡话属于亲属关系,但它比屯堡话的形成稍早一些,因此我们可以断定,屯堡话受到西南官话的影响。西南官话和明代官话中都有韵母"ɤ、iɛ、y、yɛ、yəŋ、yn",而屯堡话中没有,说明西南官话受明代官话的影响而逐步完善。

就共同性而言,屯堡话与西南官话存在一些共同点,如声母 n、l 不分,有声母 ŋ,又如没有韵母 uo,韵母 in 与 iŋ、ən 与 əŋ 合流等,说明屯堡话与西南官话是亲属关系,并深受西南官话的影响。

就差异性而言,屯堡话与西南官话存在许多不同点。如西南官话声母与屯堡话相比少了声母"tʂ、tʂʻ、ʂ、ʐ",而明代官话中也有这四个声母。又如西南官话中 f、x 不分,但是这两个声母在屯堡话和明代官话中却分辨清晰。再如,西南官话与屯堡话声调相同率为 34.63%,而屯堡话与明代官话声调相同率却是 90.00%。这些都进一步印证了屯堡话与明代官话之间的传承性。

西南官话词汇与屯堡话词汇既有一致性,又有差异性。屯堡话与西南官话的相同词共有 755 个,占可比词语(1 019 个)的 74.99%,差异词共有 264 个,占可比词语(1 019 个)的 25.91%。

结　语

　　明代是中国历史上的重要时期,经济发展,科技发达,文化繁荣,开始出现资本主义萌芽,是中国社会开始转型的重要时期。在语言发展方面,明代官话上承中古官话甚至是上古官话,成为全国通用语,下启现代普通话,是连接古代汉语与现代汉语的桥梁,源远流长。语言是社会交际的主要工具,是政治一体化、经济一体化形成的必备条件之一,是文化的载体。"源远流长"的明代官话在中华民族的发展与壮大和中华文明的传承与弘扬过程中,发挥过重要的作用。与古代官话相比,明代官话有《洪武正韵》等能标音正字的字典、词典,规范着全社会人们的语言行为,这是它得以"流长"的原因。语言是社会发展的产物,随着社会的前进,语言也随之发展。明代官话最终也演变成现代普通话以及屯堡话这样的语言变体,这是语言的发展规律。

　　屯堡话是明代以南京为中心的江南地区移民及其后裔使用的语言,是对明代官话的继承,至今仍然体现着明代官话的特色,无论是语音还是词汇,屯堡话与明代官话的相同率都在70%以上。屯堡话之所以能保持明代官话的特色,与贵州屯堡地区的封闭性有密切关系。明代的江南移民最早来到贵州一带。由于这种移民是国家行为,得到国家的有力支持,同时明代移民原居地的政治、经济、文化等都优于移居地,因此明代官话能在贵州安顺一带扎根,并独自"成长"。虽然屯堡言语社区周围有不同于屯堡话的西南官话言语社区、少数民族言语社区,但它们都未能改变屯堡话的性质;与明代官话同质的清代官话随着清代大批移民来到贵州屯堡,但明代官话在屯堡中也没有受太大的冲击,还保持着明代官话的底层成分。正因为如此,我们能从现在"活着"的屯堡话看到600年前"死的"明代官话。但是今非昔比,历史上的明代官话在今日已经不复存在,而是在大西南这片土地中变成了"屯堡话",成为明代官话在西南官话区域内的一种语言变体。这种语言在语音、词汇上都与明代官话有着明显的差异,这种差异达到了30%左右。这种演变除了与社会发展有关外,还因为受日益壮大、普及的西南官话的影响。

江淮官话是明代官话的基础方言。它形成的时间比明代官话还早,既然作为"基础方言",明代官话与江淮官话具有很高的相似性,相同的声母有19个,大部分韵母相同,大部分词汇相同。因此,屯堡话与作为明代官话基础方言的江淮官话也有许多相同的地方,但江淮官话并不等同于明代官话,明代官话的着眼点是"全国通用语",其基本框架是能包容南、北方言在内的中国共同语框架,追求的不是"一时一地"的语言。因此,明代官话在形成和发展过程中,对江淮官话进行选择、加工、提升。从这个意义上说,江淮官话与屯堡话一样都是明代官话的变体,江淮官话与屯堡话是亲属关系。

西南官话是中国目前使用人数最多的汉语方言,有着十分完整、又独具特色的语音系统和词汇系统。西南官话的源头虽然可以追溯到先秦时期,但具备雏形的还是在元代,真正形成规模的是在明代,并受明代官话的影响。从源头的意义来说,对于中南、西南地区,西南官话、明代官话、屯堡话都是"外来"语言,就"来到"的时间先后而论,西南官话比明代官话早,比屯堡话就更早了。因此,西南官话就有更多的传统优势和地缘优势,尽管贵州屯堡地理环境等相对封闭,但是明代官话在西南官话的不断冲击下发生了演变,在西南地区形成了既保持明代官话特色又具有西南官话特征的屯堡话。

从历史比较语言学角度来看,就共同语与方言而论,明代官话属于共同语,而西南官话、屯堡话都是这一共同语派生出来的方言,江淮官话虽然是明代官话的基础方言,但在发展过程中又受到明代官话的影响也变成明代官话的方言,因此江淮官话、西南官话、屯堡话之间是亲属关系。就语言的来源而论,明代官话、江淮官话、西南官话、屯堡话都是北方方言与南方方言结合的结果,都来自与北方官话、中原官话并立的南方官话,正因为如此,我们才能把时间不同、地域不一的明代官话、江淮官话、西南官话、屯堡话放在一起比较。

一种语言的存在往往对其亲属语言产生很大的影响。随着普通话在贵州安顺地区的推广，许多年轻的屯堡人已不会使用其母语而成为母语丢失者。一旦屯堡话消失，这必然影响到明代官话及其亲属语言的研究，同时也造成汉语官话、方言格局的改变，因此屯堡话的研究十分重要，且如何将屯堡话与明代官话的比较研究更加精细化、系统化、多样化，应该成为屯堡话研究的重要内容。

附　录

附录 A　表格条目汇总

- 表 1-1　普通话、明代官话、屯堡话、江淮官话、西南官话的词条统计 ………… 014
- 表 1-2　明代官话与屯堡话的词汇异同比较 ………………………………………… 015
- 表 1-3　明代官话与屯堡话的词汇异同计算结果 …………………………………… 015
- 表 1-4　明代官话与屯堡话异同词汇所占百分比 …………………………………… 016
- 表 2-1　屯堡话声母表 ………………………………………………………………… 032
- 表 2-2　屯堡话声母 ŋ 新老派读音字表 ……………………………………………… 033
- 表 2-3　屯堡话舌尖后音声母与普通话舌尖后音声母比较表 ……………………… 034
- 表 2-4　屯堡话声母与中古声母关系表 ……………………………………………… 041
- 表 2-5　屯堡话与普通话韵母比较表 ………………………………………………… 045
- 表 2-6　屯堡话韵母 ɤ 变异表 ………………………………………………………… 047
- 表 2-7　屯堡话韵母 iɛ 变异表 ………………………………………………………… 048
- 表 2-8　屯堡话韵母 iŋ→in 变异字表 ………………………………………………… 048
- 表 2-9　屯堡话韵母 əŋ→ən 变异字表 ………………………………………………… 049
- 表 2-10　屯堡话韵母 uo 变异表 ……………………………………………………… 050
- 表 2-11　广韵与普通话、屯堡话四声比较表 ………………………………………… 051
- 表 3-1　《洪武正韵》唇齿音组反切上字声母归类表 ………………………………… 063
- 表 3-2　《洪武正韵》舌尖中音组反切上字声母归类表 ……………………………… 063
- 表 3-3　《洪武正韵》舌根音组反切上字声母归类表 ………………………………… 064
- 表 3-4　《洪武正韵》舌面音组反切上字声母归类表 ………………………………… 065

表 3-5	《洪武正韵》舌尖后音组反切上字声母归类表	066
表 3-6	《洪武正韵》舌尖前音组反切上字声母归类表	066
表 3-7	《洪武正韵》零声母组反切上字声母归类表	067
表 3-8	明代官话声母总表(24个)	068
表 3-9	《洪武正韵》反切下字韵母归类表	068
表 3-10	《洪武正韵》韵母与普通话韵母对应表	071
表 3-11	明代官话韵母总表(34个)	072
表 3-12	明代官话与普通话声调对应表	074
表 3-13	屯堡话与明代官话声母比较表	076
表 3-14	屯堡话与明代官话韵母比较表	085
表 3-15	明代官话、屯堡话、普通话声调比较表	095
表 3-16	明代官话与屯堡话声调比较表(唇音)	095
表 3-17	明代官话与屯堡话声调比较表(舌尖中音)	099
表 3-18	明代官话与屯堡话声调比较表(舌根音)	103
表 3-19	明代官话与屯堡话声调比较表(舌面音)	105
表 3-20	明代官话与屯堡话声调比较表(舌尖后音)	108
表 3-21	明代官话与屯堡话声调比较表(舌尖前音)	111
表 3-22	明代官话与屯堡话声调比较表(零声母)	114
表 3-23	明代官话入声字在屯堡话中变化情况表	118
表 3-24	八大官话入声情况表	118
表 4-1	江淮官话与普通话声母比较表	204
表 4-2	江淮官话与普通话韵母比较表	206
表 4-3	屯堡话声母与江淮官话声母比较表	207
表 4-4	明代官话、屯堡话、江淮官话声母 f 比较表	208
表 4-5	明代官话、屯堡话、江淮官话声母 ts、tsʻ、s 比较表	209
表 4-6	明代官话、屯堡话、江淮官话声母 n、l 比较表	213
表 4-7	韵母 ŋ 变异表	218
表 4-8	明代官话、屯堡话、江淮官话影母组声母比较表	218

表 4-9	屯堡话与江淮官话韵母比较表	223
表 4-10	明代官话、屯堡话、江淮官话韵母 in 与 iŋ 比较表	224
表 4-11	明代官话、屯堡话、江淮官话韵母 ən 与 əŋ 比较表	228
表 5-1	西南官话与普通话韵母比较表	246
表 5-2	西南官话与普通话声调比较表	247
表 5-3	屯堡话声母与西南官话声母比较表	248
表 5-4	屯堡话与西南官话舌尖后音组声母比较表（i 韵母）	249
表 5-5	屯堡话与西南官话舌尖后音组声母比较表（u 韵母）	252
表 5-6	屯堡话与西南官话舌尖后音组声母演变表（u 韵母）	254
表 5-7	屯堡话、西南官话、明代官话中声母 f 和 x 比较表	257
表 5-8	屯堡话、西南官话声母 ŋ 比较表	260
表 5-9	屯堡话与西南官话韵母比较表	261
表 5-10	屯堡话与西南官话韵母变异字表（uo→o）	262
表 5-11	屯堡话与西南官话韵母变异字表（in、iŋ 合流）	263
表 5-12	屯堡话与西南官话韵母变异字表（ən、əŋ 合流）	264
表 5-13	屯堡话、西南官话、明代官话韵母 ɤ 读音字表	266
表 5-14	屯堡话、西南官话、明代官话韵母 iɛ 读音字表	267
表 5-15	屯堡话、西南官话、明代官话撮口呼韵母对应表	268
表 5-16	屯堡话、西南官话、明代官话撮口呼韵母读音字表	268
表 5-17	西南官话、屯堡话、明代官话声调类型和调值表	270
表 5-18	西南官话与屯堡话声调比较表（唇音）	271
表 5-19	西南官话与屯堡话声调比较表（舌尖中音）	274
表 5-20	西南官话与屯堡话声调比较表（舌根音）	278
表 5-21	西南官话与屯堡话声调比较表（舌面音）	281
表 5-22	西南官话与屯堡话声调比较表（舌尖后音）	283
表 5-23	西南官话与屯堡话声调比较表（舌尖前音）	287
表 5-24	西南官话与屯堡话声调比较表（零声母）	289
表 5-25	西南官话（桂柳片）方言词表	292

附录 B 汉语官话方言语音调查条目表

1. 本表的字音按照普通话声母顺序排列,即按照唇音、舌尖中音、舌根音、舌面音、舌尖后音、舌尖前音、零声母分为七组;韵母按照开口呼、齐齿呼、合口呼、撮口呼排列;声调按照阴平、阳平、上声、去声排列,分别用1、2、3、4标明,江淮官话的入声用5标明。

2. 普通话声母和韵母相拼产生的音节,分别有一至四个不等声调,极少数还有轻声,本表都取其中的一字作为代表性读音。如"pɑ"这一音节,分别取"pA^1"(巴)、"pA^2"(拔)、"pA^3"(把)、"pA^4"(爸)作为代表性读音。

3. 明代官话的平声按其声母的清浊分别归入阴平、阳平,入声按其声母的清浊分别归入阴平、阳平、上声、去声。明代官话清声母的平声归入普通话的阴平,浊声母的平声归入普通话的阳平;明代官话清声母的入声归入普通话的阴平、上声、去声,浊声母和部分不送气塞音声母的入声归入普通话的阳平,部分次浊声母归入去声。

4. 本表中的零声母不标出。明代官话的零声母为喻母(y),屯堡话、江淮官话、西南官话的零声母为微母(ø)。

5. 本表"明代官话"中的黑体字音为入声字音。

6. 本表中的空格表示该语音系统没有相对应读音的字。

一、唇音组

编　号	汉　字	普通话	明代官话	屯堡话	江淮官话	西南官话
1	巴	pA^1	piA^1	pA^1	pA^1	pA^1
2	拔	pA^2	**puei^1**	pA^3	pɐ^2	pA^3
3	把	pA^3	piA^3	pA^4	pA^3	pA^4
4	爸	pA^4	**pɤ^3**	pA^1	pA^3	pA^2
5	吧	pA	p'A^1	pA^2	pɐ^5	pA^2
6	掰	pai^1		pai^1	pe^2	pai^1

(续表)

编号	汉字	普通话	明代官话	屯堡话	江淮官话	西南官话
7	白	pai²	po¹	pei²	pə⁵	pɤ³
8	百	pai³	po¹	pei¹	pə⁵	pɤ⁴
9	拜	pai⁴	puai⁴	pai²	pɛ³	pai²
10	颁	pan¹	puan¹	pan³	puɷ⁵	pan¹
11	版	pan³	puan³	pan³	pan³	pan³
12	半	pan⁴	pan⁴	pan⁴	pon⁴	pan²
13	邦	pɑŋ¹	pɑŋ¹	pɑŋ¹	pɑŋ²	pan¹
14	绑	pɑŋ³	pɑŋ¹	pɑŋ³	pɑŋ¹	pan³
15	傍	pɑŋ⁴	p'ɑŋ⁴	p'ɑŋ⁴	pɑŋ⁵	pan²
16	包	pau¹	piau¹	pau¹	pɔ⁵	pau¹
17	薄	pau²	piau¹	pu²	ɕiɔ²	po³
18	饱	pau³	piau³	pau³	pɔ¹	pau⁴
19	报	pau⁴	piau⁴	pau⁴	pɔ³	pau²
20	杯	pei¹	p'uei¹	pei¹	pei⁵	pei¹
21	北	pei³	pei¹	pei¹	pə²	pɤ⁴
22	辈	pei⁴	pei⁴	pei⁴	pei³	pei²
23	呗	pei	pei⁴	pei¹	pei³	pei²
24	奔	pən¹	pən¹	pən¹	pəŋ⁵	pən¹
25	本	pən³	puən³	pən³	pəŋ¹	pən⁴
26	笨	pən⁴	puən³	pən⁴	pəŋ³	pən²
27	崩	pəŋ¹	puŋ¹	puŋ¹	pəŋ⁵	puŋ¹
28	甭	pəŋ²		pən²	pəŋ²	puŋ³
29	绷	pəŋ³	pəŋ¹	puŋ¹	pəŋ⁵	puŋ⁴
30	蹦	pəŋ⁴	pəŋ¹	puŋ¹	pəŋ³	pən²
31	逼	pi¹	pi¹	pi¹	piɿ⁵	pi¹
32	鼻	pi²	p'i⁴	pi³	piɿ⁵	pi³
33	笔	pi³	pi	pi³	piɿ⁵	pi⁴

(续表)

编 号	汉 字	普通话	明代官话	屯堡话	江淮官话	西南官话
34	闭	pi^4	pi^1	pi^4	$piɿ^3$	pi^2
35	边	$piɛn^1$	$piɛn^1$	$piɛn^1$	$piɛn^5$	$piɛn^1$
36	贬	$piɛn^3$	$piɛn^3$	$piɛn^3$	$piɛn^1$	$piɛn^4$
37	变	$piɛn^4$	$piɛu^4$	$piɛn^4$	$piɛn^3$	$piɛn^2$
38	标	$piau^1$	$piau^1$	$piau^1$	$piɔ^5$	$piau^1$
39	表	$piau^3$	$piau^3$	$piau^3$	$piɔ^1$	$piau^4$
40	俵	$piau^4$	$piau^4$	$piau^4$	$piɔ^1$	$piau^2$
41	憋	$piɛ^1$	$p'iɛ^1$	pi^1	$piə^5$	$piɛ^1$
42	别	$piɛ^2$	$piɛ^2$	pi^2	$piə^3$	$piɛ^2$
43	瘪	$piɛ^3$	$piɛ^2$	pi^3	$piə^5$	$piɛ^4$
44	别	$piɛ^4$	$piɛ^2$	pi^2	$piə^3$	$piɛ^2$
45	宾	pin^1	pin^1	pin^1	$piŋ^5$	pin^1
46	鬓	pin^4	$pən^4$	pin^1	$piŋ^3$	pin^2
47	冰	$piŋ^1$	$piŋ^1$	pin^1	$piŋ^5$	pin^1
48	禀	$piŋ^3$	pin^3	pin^3	$piŋ^5$	pin^4
49	病	$piŋ^4$	$p'in^4$	pin^4	$piŋ^3$	pin^2
50	拨	po^1	po^1	po^1	pA^2	po^1
51	博	po^2	$pɤ^1$	po^1	$pə^5$	po^3
52	跛	po^3	po^3	po^4	po^5	po^4
53	簸	po^3	puo^3	po^3	po^3	po^3
54	卜	po	pu^1	po^1	$p'u^4$	po^1
55	逋	pu^1	po^1	pu^1	pu^4	pu^1
56	醭	pu^2	$p'u^1$	pu^1	pu^2	pu^3
57	补	pu^3	pu^3	pu^3	pu^3	pu^3
58	不	pu^4	pu^1	pu^1	$pə^2$	pu^2
59	苞	$p'A^1$	$p'A^1$	$p'A^1$	$p'A^4$	$p'A^1$
60	爬	$p'A^2$	$p'A^2$	$p'A^2$	$p'A^2$	$p'A^3$

(续表)

编　号	汉　字	普通话	明代官话	屯堡话	江淮官话	西南官话
61	怕	p'A⁴	p'iA⁴	p'A⁴	p'A³	p'A⁴
62	拍	p'ai¹	**p'ai¹**	p'ai¹	p'ə²	p'ɤ¹
63	排	p'ai²	p'ai²	p'ai²	p'ɛ²	p'ai³
64	迫	p'ai³	p'o³	p'o³	p'ə²	p'ɤ²
65	派	p'ai⁴	p'uai⁴	p'ai⁴	p'ɛ³	p'ai²
66	攀	p'an¹	p'an¹	p'an¹	p'on⁴	p'an¹
67	盘	p'an²	p'uan¹	p'an²	p'on²	p'an³
68	判	p'an⁴	p'an⁴	p'an⁴	p'on⁴	p'an⁴
69	乓	p'ɑŋ¹		p'ɑŋ¹	p'ɑŋ²	p'ɑŋ¹
70	旁	p'ɑŋ²	p'iɛn²	p'ɑŋ²	p'ɑŋ²	p'an³
71	耪	p'ɑŋ³		p'ɑŋ³	p'ɑŋ²	p'ɑŋ⁴
72	胖	p'ɑŋ⁴	p'an⁴	p'ɑŋ⁴	p'ɑŋ³	p'an²
73	抛	p'au¹	p'iau¹	p'au¹	p'ɔ²	p'au¹
74	庖	p'au²	p'iau¹	p'au¹	pɔ⁴	p'au³
75	跑	p'au³	p'iau²	p'au²	p'ɔ⁴	p'au⁴
76	炮	p'au⁴	p'iau²	p'au²	p'ɔ³	p'au²
77	胚	p'ei¹	p'ei¹	p'ei¹	p'ei⁴	p'ei¹
78	陪	p'ei²	p'ei²	p'ei²	p'ei²	p'ei³
79	沛	p'ei⁴	p'ei⁴	p'ei⁴	p'ei³	p'ei²
80	喷	p'ən¹	p'uən¹	p'ən¹	p'əŋ⁴	p'ən¹
81	盆	p'ən²	p'ən²	p'ən²	p'əŋ²	p'ən³
82	喷	p'ən⁴	p'ən⁴	p'ən⁴	p'əŋ⁴	p'ən²
83	烹	p'əŋ¹	p'əŋ¹	p'ən¹	p'əŋ⁴	p'ən¹
84	朋	p'uŋ²	p'əŋ²	p'uŋ²	p'əŋ²	p'uŋ³
85	捧	p'əŋ³	fuŋ³	p'uŋ³	p'əŋ³	p'uŋ⁴
86	碰	p'ən⁴		p'uŋ³	p'əŋ⁴	p'uŋ²
87	批	p'i¹	p'i¹	p'i¹	p'iɿ⁵	p'i¹

（续表）

编 号	汉 字	普通话	明代官话	屯堡话	江淮官话	西南官话
88	皮	p'i²	p'i²	p'i²	p'iɪ²	p'i³
89	匹	p'i³	p'i¹	p'i¹	p'iɪ²	p'i⁴
90	僻	p'i⁴	p'i³	p'i³	p'iɪ²	p'i²
91	偏	p'iɛn¹	p'iɛn¹	p'iɛn¹	p'iɛn⁴	p'iɛn¹
92	骈	p'iɛn²	p'iɛn²	p'iɛn²	piɛn²	p'iɛn³
93	谝	p'iɛn³	p'iɛn³	p'iɛn³	piɛn³	p'iɛn⁴
94	片	p'iɛn⁴	p'iɛn⁴	p'iɛn⁴	piɛn³	p'iɛn²
95	漂	p'iau¹	p'au¹	p'iau¹	p'iɔ⁴	p'iau¹
96	瓢	p'iau²	p'au²	p'iau²	p'iɔ²	p'iau³
97	莩	p'iau³	piau³	p'iau³	p'iɔ³	p'iau⁴
98	票	p'iau⁴	p'iau⁴	p'iau⁴	p'iɔ³	p'iau²
99	撇	p'iɛ³	p'iɛ⁴	p'i³	p'iə³	p'iɛ⁴
100	嫳	p'iɛ⁴	p'iɛ⁴	p'i⁴	p'iə⁴	p'iɛ²
101	拼	p'in¹	p'əŋ¹	p'in¹	p'iŋ⁵	p'in¹
102	贫	p'in²	p'in²	p'in²	p'iŋ²	p'in³
103	品	p'in³	p'in³	p'in³	p'iŋ¹	p'in⁴
104	聘	p'in⁴	p'əŋ⁴	p'in⁴	p'iŋ³	p'in²
105	乒	p'iŋ¹		p'in¹	p'iŋ²	p'in¹
106	平	p'iŋ²	p'iŋ²	p'in²	p'iŋ²	p'in³
107	泼	p'o¹	p'uo¹	p'o¹	p'o⁵	p'o¹
108	婆	p'o²	p'ɤ²	p'o²	p'o²	p'o³
109	叵	p'o³	p'uo³	p'o³	p'o⁴	p'o⁴
110	破	p'o⁴	p'uo⁴	p'o⁴	p'o³	p'o²
111	剖	p'ou¹	p'ou³	p'o⁴	p'o³	p'ou¹
112	抔	p'ou²	p'ou¹	p'o¹	p'əŋ¹	p'ou³
113	扑	p'u¹	p'u¹	p'u¹	p'ə²	p'u¹
114	仆	p'u²	pu²	p'u¹	p'ə³	p'u³

(续表)

编 号	汉 字	普通话	明代官话	屯堡话	江淮官话	西南官话
115	朴	p'u³	p'u¹	p'u¹	p'ə⁵	p'u⁴
116	瀑	p'u⁴	pu¹	p'u¹	p'ə¹	p'u²
117	妈	mA¹	miA³	mA¹	mA⁴	mA¹
118	麻	mA²	miA²	mA²	mA²	mA³
119	马	mA³	miA³	mA³	mA¹	mA⁴
120	骂	mA⁴	miA⁴	mA⁴	mA³	mA²
121	埋	mai²	mai²	mai²	mɛ²	mai³
122	买	mai³	miɛ³	mai³	mɛ¹	mai⁴
123	麦	mai⁴	mai⁴	mai⁴	mə³	mɤ²
124	嫚	man¹	miɛn⁴	man⁴	man²	man¹
125	瞒	man²	muan²	man²	mon²	man³
126	满	man³	man³	man³	mon¹	man⁴
127	慢	man⁴	miɛn⁴	man⁴	man³	man²
128	忙	maŋ²	maŋ²	man²	maŋ²	man³
129	莽	maŋ³	maŋ³	man³	maŋ¹	man⁴
130	猫	mau¹	miau²	mau¹	mɔ²	miau¹
131	毛	mau²	miau²	mau²	mɔ²	mau³
132	卯	mau³	mau³	mau³	mɔ¹	mau⁴
133	冒	mau⁴	mau⁴	mau⁴	mɔ³	mau²
134	么	mɑ	mo²	mo¹	mu⁴	mo¹
135	没	mei²	mo⁴	mei⁴	mə⁵	mei³
136	美	mei³	muei³	mei³	mei⁴	mei⁴
137	妹	mei⁴	mei⁴	mei⁴	mei³	mei²
138	闷	mən¹	muən⁴	mən⁴	mən⁴	mən¹
139	门	mən²	mən²	mən²	mən²	mən³
140	闷	mən⁴	muən⁴	mən⁴	mən³	mən²
141	们	mən	mən²	mən¹	mən²	mən³

（续表）

编 号	汉 字	普通话	明代官话	屯堡话	江淮官话	西南官话
142	蒙	məŋ¹	muŋ¹	moŋ¹	məŋ²	muŋ¹
143	盟	məŋ²	məŋ²	moŋ²	məŋ²	muŋ³
144	猛	məŋ³	məŋ³	moŋ³	məŋ¹	muŋ⁴
145	梦	məŋ⁴	məŋ⁴	moŋ⁴	məŋ³	muŋ²
146	眯	mi¹	mi³	mi¹	miɻ⁴	mi¹
147	迷	mi²	mi²	mi²	mi²	mi³
148	米	mi³	mi³	mi³	mi¹	mi⁴
149	密	mi⁴	mi⁴	mi²	mi³	mi²
150	棉	miɛn²	miɛn²	miɛn¹	miɛn²	miɛn³
151	免	miɛn³	miɛn³	miɛn³	miɛn¹	miɛn⁴
152	面	miɛn⁴	miɛn⁴	miɛn⁴	miɛn³	miɛn²
153	喵	miau¹		miau¹	miɔ⁴	miau¹
154	苗	miau²	miau²	miau²	miɔ²	miau³
155	秒	miau³	miau³	miau³	miɔ¹	miau⁴
156	妙	miau⁴	miau⁴	miau⁴	miɔ³	miau²
157	乜	miɛ¹		mi¹	miɻ⁴	miɛ¹
158	灭	miɛ⁴	miɛ²	mi¹	miə⁵	miɛ²
159	民	min²	min²	min²	miŋ²	min³
160	敏	nin³	nin³	nin³	miŋ¹	nin⁴
161	名	miŋ²	miŋ²	min¹	miŋ²	min³
162	酩	miŋ³	miŋ³	min¹	miŋ²	min⁴
163	命	miŋ⁴	miŋ⁴	min⁴	miŋ³	min²
164	谬	miou⁴	miou⁴	miou⁴	miəɯ²	miou²
165	摸	mo¹	mu¹	mo¹	mə⁴	mo¹
166	模	mo²	mu¹	mo²	mu²	mo³
167	抹	mo³	mɤ⁴	mo³	mu¹	mo⁴
168	末	mo⁴	mɤ⁴	mo¹	mə⁵	mo²

(续表)

编 号	汉 字	普通话	明代官话	屯堡话	江淮官话	西南官话
169	谋	mou²	mou²	mou²	mo²	mou³
170	某	mou³	mou³	mou³	mo¹	mou⁴
171	母	mu³	mu³	mu³	mu¹	mu⁴
172	木	mu⁴	mu⁴	mu¹	mə⁵	mu²
173	发	fA¹	fA¹	fA¹	fA⁴	fA¹
174	法	fA³	fiA¹	fA¹	fA²	fA⁴
175	发	fA⁴	po¹	fA¹	fɐ⁵	fA²
176	帆	fan¹	fan²	fan¹	xan⁴	fan¹
177	凡	fan²	fiɛn²	fan²	xan²	fan³
178	反	fan³	fan³	fan³	xan³	fan⁴
179	饭	fan⁴	fan⁴	fan⁴	xan³	fan²
180	方	ɑŋ¹	fɑŋ¹	fɑŋ¹	xɑŋ²	fɑŋ¹
181	防	fɑŋ²	fɑŋ²	fɑŋ²	xɑŋ²	fɑŋ³
182	仿	fɑŋ³	fiɑŋ³	fɑŋ³	xɑŋ²	fɑŋ³
183	放	fɑŋ⁴	fiɑŋ⁴	fɑŋ⁴	xɑŋ³	fɑŋ²
184	飞	fei¹	fei¹	fei¹	xuei¹	fei¹
185	肥	fei²	fei²	fei²	xuei²	fei³
186	匪	fei³	fei³	fei³	xuei¹	fei⁴
187	肺	fei⁴	fei⁴	fei⁴	xuei³	fei²
188	分	fən¹	fən¹	fən¹	fəŋ⁴	fən¹
189	焚	fən²	fən²	fən²	fəŋ²	fən³
190	粉	fən³	fən³	fən³	fəŋ¹	fən⁴
191	奋	fən⁴	fən⁴	fən⁴	fəŋ³	fən²
192	丰	fəŋ¹	fuŋ¹	fuŋ¹	fəŋ⁴	fuŋ¹
193	逢	fəŋ²	fuŋ²	fuŋ²	fəŋ²	fuŋ³
194	讽	fəŋ³	fəŋ³	fuŋ³	fəŋ¹	fuŋ⁴
195	凤	fəŋ⁴	fəŋ⁴	fuŋ⁴	fəŋ³	fuŋ²

(续表)

编 号	汉 字	普通话	明代官话	屯堡话	江淮官话	西南官话
196	佛	fo^2	fu^2	fu^2	xə^2	fo^3
197	否	fou^3	fiou^3	fu^3	xo^1	fou^4
198	夫	fu^1	fu^1	fu^1	xu^4	fu^1
199	扶	fu^2	fu^2	fu^2	xu^2	fu^3
200	浮	fu^2	fiou^2	fu^3	xu^2	fou^3
201	府	fu^3	fu^3	fu^3	xu^1	fu^4
202	父	fu^4	fu^4	fu^4	xu^3	fu^2

二、舌尖中音组

编 号	汉 字	普通话	明代官话	屯堡话	江淮官话	西南官话
203	搭	tA^1	t'iA^1	tA^1	tA^2	tA^1
204	达	tA^2	t'A^1	tA^1	tA^2	tA^3
205	打	tA^3	tA^3	tA^3	tA^4	tA^4
206	大	tA^4	tai^4	tA^4	tA^3	tA^2
207	呆	tai^1	tai^1	tai^1	tei^2	tai^1
208	歹	tai^3	tai^3	tai^3	tei^1	tai^4
209	代	tai^4	tai^4	tai^4	tei^3	tai^2
210	单	tan^1	tiɛn^1	tan^1	tan^2	tan^1
211	胆	tan^3	tiɛn^3	tan^3	tan^1	tan^4
212	诞	tan^4	t'an^3	tan^4	tan^3	tan^2
213	当	tɑŋ^1	tɑŋ^1	tɑŋ^1	tɑŋ^4	tɑŋ^1
214	党	tɑŋ^3	tɑŋ^3	tɑŋ^3	tɑŋ^1	tɑŋ^3
215	荡	tɑŋ^4	t'ɑŋ^4	tɑŋ^4	tɑŋ^3	tɑŋ^2
216	刀	tau^1	tau^1	tau^1	tɔ^2	tau^1
217	叨	tau^2	t'au^1	tau^1	tɔ^5	tau^3
218	岛	tau^3	tau^3	tau^3	tɔ^4	tau^4

(续表)

编 号	汉 字	普通话	明代官话	屯堡话	江淮官话	西南官话
219	到	tau⁴	tau⁴	tau⁴	tɔ³	tau²
220	得	tɤ²	tɤ¹	tei¹	tə²	tɤ³
221	的	tɤ²	ti¹	ti¹	ti⁵	ti³
222	灯	təŋ¹	təŋ¹	tən¹	təŋ⁴	tən¹
223	等	təŋ³	tən³	tən³	təŋ¹	tən⁴
224	邓	təŋ⁴	tən⁴	tən⁴	təŋ³	tən²
225	低	ti¹	ti¹	ti¹	ti²	ti¹
226	敌	ti²	ti²	ti²	ti²	ti³
227	底	ti³	ti³	ti³	ti¹	ti⁴
228	地	ti⁴	tʻi⁴	ti⁴	ti³	ti²
229	颠	tiɛn¹	tiɛn¹	tiɛn¹	tiɛn⁴	tiɛn¹
230	典	tiɛn³	tiɛn³	tiɛn³	tiɛn¹	tiɛn⁴
231	电	tiɛn⁴	tiɛn⁴	tiɛn⁴	tiɛn³	tiɛn²
232	雕	tiau¹	tiau¹	tiau¹	tiɔ²	tiau¹
233	吊	tiau⁴	tiau⁴	iau⁴	tiɔ³	tau²
234	爹	tiɛ¹	tiɛ¹	ti¹	tiə⁴	tiɛ¹
235	叠	tiɛ²	tiɛ²	ti²	tiə²	tiɛ³
236	丁	tiŋ¹	tiŋ¹	tin¹	tiŋ⁴	tin¹
237	顶	tiŋ³	tiŋ³	tin³	tiŋ¹	tin⁴
238	订	tiŋ⁴	tiŋ⁴	tin⁴	tiŋ³	tin²
239	丢	tiou¹	tiou¹	tiou¹	tiəɯ³	tiou¹
240	东	tuŋ¹	tuŋ¹	tuŋ¹	toŋ⁴	tuŋ¹
241	懂	tuŋ³	tuŋ³	tuŋ³	toŋ¹	tuŋ⁴
242	动	tuŋ⁴	tuŋ⁴	tuŋ⁴	toŋ³	tuŋ²
243	兜	tou¹	tou¹	to¹	təɯ²	to¹
244	抖	tou³	tou³	to³	təɯ¹	to⁴
245	豆	tou⁴	tou⁴	to⁴	təɯ³	to²

(续表)

编　号	汉　字	普通话	明代官话	屯堡话	江淮官话	西南官话
246	都	tu¹	tu¹	tu¹	tuɔ²	tu¹
247	毒	tu²	tu²	tu²	tuɔ²	tu³
248	赌	tu³	tu³	tu³	tu⁴	tu⁴
249	度	tu⁴	tu⁴	tu⁴	tu³	tu²
250	端	tuan¹	tuan¹	tuan¹	ton⁴	tuan¹
251	短	tuan²	tuan³	tuan²	ton¹	tuan³
252	段	tuan⁴	tuan⁴	tuan⁴	ton³	tuan²
253	堆	tuei¹	tuei¹	tei¹	tei⁵	tei¹
254	对	tuei⁴	tei⁴	tei⁴	tei³	tei²
255	吨	tuən¹		tuən¹	təŋ²	tən¹
256	盹	tuən³	tuən³	tuən³	təŋ¹	tən⁴
257	盾	tuən⁴	ten³	tən⁴	təŋ³	tən²
258	多	tuo¹	tɤ¹	to¹	to¹	to¹
259	夺	tuo²	tʻuo¹	to¹	tuɔ²	to³
260	朵	tuo³	tuo³	to³	to⁴	to⁴
261	舵	tuo⁴	tɤ⁴	to⁴	to³	to²
262	他	tʻA¹	tʻɤ¹	tʻA¹	tʻA⁴	tʻA¹
263	塔	tʻA³	tʻiA³	tʻA³	tʻA²	tʻA⁴
264	踏	tʻA⁴	tʻɤ¹	tʻA¹	tʻA²	tʻA²
265	胎	tʻai¹	tʻai¹	tʻai¹	tʻei⁵	tʻai¹
266	抬	tʻai²	tʻai²	tʻai²	tʻei²	tʻai³
267	态	tʻai⁴	tʻai⁴	tʻai⁴	tʻei³	tʻai²
268	贪	tʻan¹	tʻan¹	tʻan¹	tʻan⁴	tʻan¹
269	谈	tʻan²	tʻiɛn²	tʻan²	tʻan²	tʻan³
270	坦	tʻan³	tʻan³	tʻan³	tʻan¹	tʻan⁴
271	叹	tʻan⁴	tʻan⁴	tʻan⁴	tʻan³	tʻan²
272	汤	tʻɑŋ¹	tʻɑŋ¹	tʻɑŋ¹	tʻɑŋ⁴	tʻɑŋ¹

(续表)

编 号	汉 字	普通话	明代官话	屯堡话	江淮官话	西南官话
273	唐	tʻaŋ²	tʻaŋ²	tʻaŋ²	tʻaŋ²	tʻaŋ³
274	躺	tʻaŋ³	tʻaŋ³	tʻaŋ³	tʻaŋ¹	tʻaŋ⁴
275	烫	tʻaŋ⁴	tʻaŋ⁴	tʻaŋ⁴	tʻaŋ³	tʻaŋ²
276	涛	tʻau¹	tʻau¹	tʻau¹	tʻɔ⁴	tʻau¹
277	逃	tʻau²	tʻau¹	tʻau²	tʻɔ²	tʻau³
278	讨	tʻau³	tʻau³	tʻau³	tʻɔ⁵	tʻau⁴
279	套	tʻau⁴	tʻau⁴	tʻau⁴	tʻɔ³	tʻau²
280	特	tʻɤ¹	tɤ¹	tʻei¹	tʻə⁵	tʻɤ¹
281	忒	tʻɤ¹	tʻɤ¹	tʻei¹	tʻə¹	tʻɤ¹
282	疼	tʻəŋ²	tʻəŋ²	tʻən²	tʻəŋ²	tʻən³
283	梯	tʻi¹	tʻi¹	tʻi¹	tʻi⁴	tʻi¹
284	提	tʻi²	ti²	tʻi²	tʻi²	tʻi³
285	体	tʻi³	tʻi³	tʻi³	tʻi¹	tʻi²
286	替	tʻi⁴	tʻi⁴	tʻi⁴	tʻi³	tʻi²
287	天	tʻiɛn¹	tʻiɛn¹	tʻiɛn¹	tʻiɛn⁴	tʻiɛn¹
288	田	tʻiɛn²	tʻiɛn²	tʻiɛn²	tʻiɛn²	tʻiɛn³
289	腆	tʻiɛn⁴	tʻiɛn⁴	tʻiɛn⁴	tʻiɛn⁴	tʻiɛn²
290	挑	tʻiau¹	tʻiau¹	tʻiau¹	tʻiɔ⁴	tʻiau¹
291	条	tʻiau²	tʻiau¹	tʻiau²	tʻiɔ²	tʻiau³
292	宽	tʻiau³	tʻiau³	tʻiau³	tʻiɔ²	tʻiau⁴
293	跳	tʻiau⁴	tʻiau⁴	tʻiau⁴	tʻiɔ³	tʻiau²
294	贴	tʻiɛ¹	tʻiɛ¹	tʻi¹	tʻiə²	tʻiɛ¹
295	铁	tʻiɛ³	tʻiɛ³	tʻi³	tʻiə²	tʻiɛ⁴
296	帖	tʻiɛ⁴	tʻiɛ⁴	tʻi⁴	tʻiə²	tʻiɛ²
297	厅	tʻiŋ¹	tʻiŋ¹	tʻin¹	tʻiŋ⁴	tʻin¹
298	庭	tʻiŋ²	tʻiŋ²	tʻin¹	tʻiŋ²	tʻin³
299	挺	tʻiŋ³	tʻiŋ³	tʻin³	tʻiŋ¹	tʻin⁴

(续表)

编 号	汉 字	普通话	明代官话	屯堡话	江淮官话	西南官话
300	梃	tʻiŋ⁴	tʻiŋ³	tʻin³	tʻiŋ³	tʻin²
301	通	tʻuŋ¹	tʻuŋ¹	tʻuŋ¹	tʻoŋ⁴	tʻuŋ¹
302	同	tʻuŋ²	tʻuŋ¹	tʻoŋ²	tʻoŋ²	tʻuŋ³
303	统	tʻuŋ³	tʻuŋ³	tʻoŋ³	tʻoŋ¹	tʻuŋ⁴
304	痛	tʻuŋ⁴	tʻuŋ⁴	tʻoŋ⁴	tʻəŋ²	tʻuŋ¹
305	偷	tʻou¹	tʻou¹	tʻou¹	tʻɯ⁴	tʻou¹
306	头	tʻou²	tʻou²	tʻou²	tʻɯ²	tʻou³
307	透	tʻou⁴	tʻou⁴	tʻou¹	tʻɯ³	tʻou⁴
308	突	tʻu¹	tʻɤ¹	tʻu¹	tʻuɷ⁴	tʻu¹
309	图	tʻu²	tʻu¹	tʻu²	tʻu²	tʻu³
310	土	tʻu³	tʻu³	tʻu³	tʻu¹	tʻu⁴
311	兔	tʻu⁴	tʻu⁴	tʻu⁴	tʻu³	tʻu²
312	湍	tʻuan¹	tʻuan¹	tʻuan¹	tʻon¹	tʻuan¹
313	团	tʻuan²	tʻuan²	tʻuan²	tʻon²	tʻuan³
314	推	tʻuei¹	tʻuei¹	tʻei⁴	tʻei¹	tʻei¹
315	颓	tʻuei²	tʻuei²	tʻei²	tʻei²	tʻei³
316	腿	tʻuei³	tʻuei³	tʻei³	tʻei¹	tʻei⁴
317	退	tʻuei⁴	tʻuei⁴	tʻei⁴	tʻei³	tʻei²
318	吞	tʻuən¹	tʻuən¹	tʻən¹	tʻəŋ¹	tʻən¹
319	屯	tʻuən²	tʻuən²	tʻən²	tʻəŋ²	tʻən³
320	托	tʻuo¹	tʻuo¹	tʻo¹	tʻuɷ²	tʻo¹
321	驼	tʻuo²	tʻɤ²	tʻo²	tʻuɷ²	tʻo³
322	妥	tʻuo³	tʻuo³	tʻo³	tʻuɷ³	tʻo⁴
323	拓	tʻuo⁴	tʻɤ¹	tʻo¹	tʻuɷ⁴	tʻo²
324	那	nA¹	nA¹	nA¹	lɐ⁵	nA¹
325	拿	nA²	nA²	nA²	lA²	nA³
326	哪	nA³	nA²	lA³	lA⁴	nA⁴

(续表)

编号	汉字	普通话	明代官话	屯堡话	江淮官话	西南官话
327	纳	nA⁴	nA⁴	nA¹	lA⁴	nA²
328	奶	nai³	nai³	nai⁴	lɛ¹	nai⁴
329	耐	nai³	nai⁴	lai⁴	lɛ³	nai⁴
330	南	nan²	nan²	lan²	nan²	nan³
331	赧	nan³	nan³	nan³	nan²	nan⁴
332	难	nan⁴	nan⁴	lan³	naŋ⁴	nan²
333	囊	naŋ²	naŋ²	naŋ²	naŋ²	naŋ²
334	曩	naŋ³	naŋ³	naŋ³	naŋ³	naŋ⁴
335	孬	nau¹	nau¹	nau¹	lɔ⁵	nau²
336	挠	nau²	niau²	nau²	lɔ²	nau³
337	恼	nau³	nau³	nau³	lɔ³	nau⁴
338	闹	nau⁴	nau⁴	nau⁴	lɔ⁴	nau²
339	呢	nɤ²	ni²	ni²	liɛn⁴	ni³
340	馁	nei³	nuei³	nei³	lei³	nei⁴
341	内	nei⁴	nuei⁴	nei⁴	li¹	nei²
342	嫩	nən⁴	nuən⁴	nən⁴	ləŋ³	nən²
343	能	nəŋ¹	nəŋ²	nən²	ləŋ²	nən¹
344	泥	ni²	ni²	ni²	li²	ni³
345	你	ni³	ni³	ni³	li¹	ni⁴
346	逆	ni⁴	ni⁴	li²	li²	ni²
347	拈	niɛn¹	nan²	niɛn²	liɛn²	niɛn²
348	年	niɛn²	niɛn²	niɛn²	liɛn²	niɛn³
349	碾	niɛn³	niɛn⁴	niɛn³	liɛn¹	niɛn⁴
350	念	niɛn⁴	niɛn⁴	niɛn⁴	liɛn³	niɛn²
351	娘	niaŋ¹	niaŋ²	niaŋ²	liaŋ²	niaŋ²
352	酿	niaŋ⁴	iaŋ⁴	liaŋ⁴	liaŋ³	liaŋ²
353	鸟	niau³	niau³	niau³	liɔ⁴	niau⁴

(续表)

编 号	汉 字	普通话	明代官话	屯堡话	江淮官话	西南官话
354	尿	niɑu⁴	niɑu¹	niɑu⁴	liə²	niɑu²
355	捏	niɛ¹	niɛ³	ni¹	liə⁵	niɛ¹
356	涅	niɛ⁴	niɛ⁴	ni¹	liə⁵	niɛ²
357	您	nin²	ni²	nin²	niɪ²	ni³
358	凝	niŋ²	iŋ²	nin²	liŋ⁴	nin³
359	拧	niŋ³		nin²	liŋ²	nin⁴
360	宁	niŋ⁴	iŋ²	nin²	liŋ²	nin²
361	妞	niou¹		niou¹	liəɯ¹	niou¹
362	牛	niou²	iou²	niou²	liəɯ²	niou³
363	扭	niou³	niou³	niou³	liəɯ	niou⁴
364	拗	niou⁴	iou⁴	niou⁴	liəɯ³	niou⁴
365	农	nuŋ²	nuŋ²	nuŋ²	loŋ²	nuŋ³
366	弄	nuŋ⁴	nuŋ⁴	nuŋ⁴	loŋ³	nuŋ²
367	耨	nou⁴	nou⁴			
368	努	nu³	nu³	nu³	lu³	nu⁴
369	怒	nu⁴	nu⁴	nu⁴	lu⁴	nu²
370	女	ny³	ny³	ni³	ly⁴	ni⁴
371	暖	nuan³	nuan³	nuan³	non⁴	nuan⁴
372	虐	nyɛ⁴	nuo⁴	nio¹	lyɤ²	io²
373	糯	nuo⁴	nɤ⁴	no⁴	luɤ¹	no²
374	挪	nuo²		no¹	luɤ¹	no¹
375	拉	lA¹	lɤ¹	lA¹	lA¹	lA¹
376	喇	lA³		lA³	lA³	lA⁴
377	蜡	lA⁴	lɤ²	lA²	lA⁵	lA²
378	啦	lA		lA¹	lA⁵	lA¹
379	来	lai²	lai²	lai²	lɛ²	lai³
380	赖	lai⁴	lai⁴	lai⁴	lɛ³	lai²

(续表)

编号	汉字	普通话	明代官话	屯堡话	江淮官话	西南官话
381	蓝	lan²	liɛn²	lan²	lan²	lan³
382	懒	lan³	liɛn³	lan³	lan¹	lan⁴
383	烂	lan⁴	liɛn²	lan⁴	lan³	lan²
384	郎	lɑŋ²	lɑŋ²	lɑŋ²	lɑŋ²	lɑŋ
385	朗	lɑŋ³	lɑŋ³	lɑŋ³	lɑŋ¹	lɑŋ⁴
386	浪	lɑŋ⁴	lɑŋ⁴	lɑŋ⁴	lɑŋ³	lɑŋ²
387	捞	lau¹	lau²	lau¹	lɔ²	lau¹
388	劳	lau²	lau²	lau²	lɔ²	lau²
389	老	lau³	lau³	lau³	lɔ³	lau⁴
390	烙	lau⁴	lɤ²	lei¹	luɯ²	lo²
391	肋	lɤ¹	lɤ²	lei¹	lə⁵	le¹
392	乐	lɤ⁴	lɤ²	lo²	luɯ²	lo²
393	了	lɤ	lɤ³	liau⁴	liɔ³	liau⁴
394	勒	lei¹	lei²	lei¹	lə⁴	lei¹
395	雷	lei²	luei²	lei²	lei²	lei³
396	垒	lei³	luei³	lei³	lei¹	lei⁴
397	泪	lei⁴	luei⁴	lei⁴	lei³	lei²
398	棱	ləŋ¹	ləŋ²	lən²	ləŋ²	lən²
399	冷	ləŋ³	ləŋ³	lən³	ləŋ¹	lən⁴
400	愣	ləŋ⁴	ləŋ⁴	lən⁴	ləŋ³	lən²
401	离	li²	li²	li²	liɿ²	li³
402	礼	li³	li³	li³	liɿ¹	li⁴
403	力	li⁴	li⁴	li¹	liɿ²	li²
404	俩	liɑŋ³	liɑŋ³	liɑŋ³	liɑŋ¹	liɑŋ⁴
405	连	liɛn²	liɛn²	liɛn²	liɛn²	liɛn³
406	脸	liɛn³	liɛn³	liɛn³	liɛn¹	liɛn⁴
407	练	liɛn⁴	liɑŋ⁴	liɛn⁴	liɛn³	liɛn²

(续表)

编号	汉字	普通话	明代官话	屯堡话	江淮官话	西南官话
408	良	liaŋ²	liaŋ²	liaŋ²	liaŋ²	liaŋ³
409	两	liaŋ³	liaŋ³	liaŋ³	liaŋ¹	liaŋ⁴
410	亮	liaŋ⁴	laŋ⁴	liaŋ⁴	liaŋ³	liaŋ²
411	嘹	liau¹		liau²	liə²	liau¹
412	聊	liau²	liau²	liau²	liə²	liau³
413	了	liau³	liau³	liau³	liə⁴	liau⁴
414	料	liau⁴	liau⁴	liau⁴	liə¹	liau²
415	咧	liɛ¹		li¹	liə⁵	liɛ¹
416	裂	liɛ³	lyɛ⁴	li¹	liə⁵	liɛ⁴
417	猎	liɛ⁴	lɤ⁴	li¹	liə⁵	liɛ²
418	拎	lin¹	liŋ¹	lin¹	liŋ⁵	lin¹
419	林	lin²	lən²	lin²	liŋ²	lin³
420	凛	lin³	lin³	lin³	liŋ⁵	lin⁴
421	吝	lin⁴	lən⁴	lin⁴	liŋ²	lin²
422	灵	liŋ²	ləŋ²	lin²	liŋ²	lin³
423	领	liŋ³	liŋ³	lin³	liŋ¹	lin⁴
424	另	liŋ³	liŋ³	lin²	liŋ³	lin⁴
425	溜	liou¹	liou⁴	liou¹	liɯ⁴	liou¹
426	留	liou²	liou²	liou²	liɯ²	liou³
427	柳	liou³	liou³	liou³	liɯ⁴	liou⁴
428	六	liou⁴	liou⁴	lu¹	luɯ⁵	lu²
429	隆	luŋ¹	luŋ¹	luŋ²	loŋ¹	luŋ¹
430	龙	luŋ²	luŋ²	luŋ²	loŋ²	luŋ³
431	垄	luŋ³	luŋ³	luŋ³	loŋ¹	luŋ⁴
432	弄	luŋ⁴	luŋ⁴	luŋ⁴	loŋ³	luŋ²
433	搂	lou¹	lou¹	lou¹	ləɯ¹	lou¹
434	楼	lou²	lou²	lou²	ləɯ²	lou³

(续表)

编号	汉字	普通话	明代官话	屯堡话	江淮官话	西南官话
435	篓	lou^3	lou^3	lou^3	lɯ^1	lou^4
436	漏	lou^4	lou^4	lou^4	lɯ^3	lou^2
437	卢	lu^2	lu^2	lu^2	lu^2	lu^3
438	鲁	lu^3	lu^3	lu^3	lu^1	lu^4
439	陆	lu^4	lu^4	lu^1	luɷ^5	lu^2
440	驴	ly^2	ly^2	li^2	ly^2	li^3
441	吕	ly^3	ly^3	li^3	ly^1	li^4
442	律	ly^4	ly^4	li^1	ly^4	li^2
443	峦	luan^2	luan^2	luɑn^2	lon	luɑn^3
444	卵	luan^3	luan^3	luɑn^3	lon^1	luɑn^4
445	乱	luan^4	luan^4	luɑn^4	lon^3	luɑn^2
446	掠	liɛ^3	luo^4	lio^1	lo^1	lio^4
447	略	liɛ^4	luo^4	lio^2	lyɷ^2	lio^2
448	抡	luən^1	luən^2	lən^1	ləŋ^1	lən^1
449	轮	luən^2	luən^2	lən^2	ləŋ^2	lən^3
450	论	luən^4	luən^2	lən^2	ləŋ^3	lən^2
451	啰	luo^1	lɤ^2	lo^1	lo^1	lo^1
452	罗	luo^2	lɤ^2	lo^1	lo^2	lo^3
453	裸	luo^3	luo^3	lo^3	luɷ^3	lo^4
454	骆	luo^4	lɤ^4	lo^3	luɷ^4	lo^2

三、舌根音组

编号	汉字	普通话	明代官话	屯堡话	江淮官话	西南官话
455	该	kai^1	kai^1	kai^1	kɛ^4	kai^1
456	改	kai^3	kai^3	kai^3	kɛ^1	kai^4

(续表)

编 号	汉 字	普通话	明代官话	屯堡话	江淮官话	西南官话
457	盖	kai⁴	tɕA⁴	kai⁴	kɛ³	kai²
458	干	kan¹	kan⁴	kan¹	kɑn⁴	kan¹
459	赶	kan³	kan³	kan³	kɑn¹	kan⁴
460	赣	kan⁴	kan⁴	kan⁴	kan³	kan²
461	刚	kaŋ¹	kaŋ¹	kaŋ¹	kɑŋ⁴	kaŋ¹
462	港	kaŋ³	kaŋ³	kaŋ³	kɑŋ¹	kaŋ⁴
463	杠	kaŋ⁴	kaŋ¹	kaŋ⁴	kɑŋ³	kaŋ²
464	高	kau¹	kau¹	kau¹	kɔ⁴	kau¹
465	搞	kau³		kau³	kɔ¹	kau⁴
466	告	kau⁴	ku⁴	kau⁴	kɔ³	kau²
467	戈	kɤ¹	kɤ¹	ko¹	ko⁴	ko¹
468	革	kɤ²	kɤ¹	kei²	kə⁵	kɤ³
469	舸	kɤ³	kuo³	ko³	kuə³	ko⁴
470	个	kɤ⁴	kɤ⁴	ko²	ko³	ko²
471	给	kei³	ki¹	kei¹	kei²	kei⁴
472	根	kən¹	kən¹	kən¹	kəŋ⁵	kən¹
473	艮	kən³	kən⁴	kən⁴	kəŋ¹	kən⁴
474	亘	kən⁴	kən¹	kən¹	kəŋ⁴	kən²
475	耕	kəŋ¹	kəŋ¹	kəŋ¹	kəŋ⁴	kən¹
476	耿	kəŋ³	kiŋ³	kən³	kəŋ¹	kən⁴
477	更	kəŋ⁴	kəŋ¹	kən⁴	kəŋ³	kən²
478	工	kuŋ¹	kuŋ¹	kuŋ¹	koŋ⁴	kuŋ¹
479	巩	kuŋ³	kuŋ³	kuŋ³	koŋ¹	kuŋ⁴
480	共	kuŋ⁴	kuŋ⁴	kuŋ⁴	koŋ³	kuŋ²
481	沟	kou¹	tɕou¹	kou¹	kəɯ⁵	kou¹
482	狗	kou³	tɕou³	kou³	kəɯ⁴	kou⁴
483	构	kou⁴	tɕou⁴	kou⁴	kəɯ³	kou²

（续表）

编号	汉字	普通话	明代官话	屯堡话	江淮官话	西南官话
484	姑	ku^1	ku^1	ku^1	ku^4	ku^1
485	古	ku^3	ku^3	ku^3	ku^1	ku^4
486	固	ku^4	ku^4	ku^4	ku^3	ku^2
487	瓜	kuA^1	kuA^1	kuA^1	kuA^4	kuA^1
488	寡	kuA^3	kuA^3	kuA^3	kuA^1	kuA^4
489	卦	kuA^4	kuA^4	kuA^4	kuA^3	kuA^2
490	乖	kuai^1	kuai^1	kuai^1	kuε^5	kuai^1
491	拐	kuai^3	kai^3	kuai^3	kuε^1	kuai^4
492	怪	kuai^4	kuai^4	kuai^4	kuε^3	kuai^2
493	关	kuan^1	kuan^1	kuan^1	kon^4	kuan^1
494	馆	kuan^3	kuan^3	kuan^3	kon^1	kuan^4
495	贯	kuan^4	kuan^4	kuan^4	kon^3	kuan^2
496	光	kuɑŋ^1	kuɑŋ^1	kuɑŋ^1	kuɑŋ^5	kuɑŋ^1
497	广	kuɑŋ^3	kuɑŋ^3	kuɑŋ^3	kuɑŋ^1	kuɑŋ^4
498	逛	kuɑŋ^4		kuɑŋ^4	kuɑŋ^3	kuɑŋ^2
499	归	kuei^1	kei^1	kuei^1	kuei^2	kuei^1
500	轨	kuei^2	kei^3	kuei^3	kuei^3	kuei^3
501	桂	kuei^4	kei^4	kuei^4	kuei^3	kuei^3
502	滚	kuən^3	kuən^3	kuən^3	kon^1	kuən^4
503	棍	kuən^4	kən^3	kuən^4	kon^3	kuən^2
504	锅	kuo^1	kɤ^1	ko^1	ko^2	ko^1
505	国	kuo^2	ko^1	ko^1	kuɷ^2	ko^3
506	果	kuo^3	kuo^3	ko^3	ko^1	ko^4
507	过	kuo^4	kuo^4	ko^4	ko^3	ko^2
508	卡	k'A^3		k'A^3	tɕ'iA^1	k'A^4
509	开	k'ai^1	tɕ'ai^1	k'ai^1	k'ε^4	k'ai^1
510	凯	k'ai^3	tɕ'ai^3	k'ai^3	k'ε^1	k'ai^4

(续表)

编号	汉字	普通话	明代官话	屯堡话	江淮官话	西南官话
511	忾	kʻai⁴	kʻai⁴	kʻai⁴	kʻɛ⁴	kʻai²
512	刊	kʻan¹	tɕʻan¹	kʻan¹	kʻan⁴	kʻan¹
513	坎	kʻan³	kʻan³	kʻan³	kʻan³	kʻan⁴
514	看	kʻan⁴	tɕʻan⁴	kʻan⁴	kʻan³	kʻan²
515	康	kʻɑŋ¹	tɕʻɑŋ¹	kʻɑŋ¹	kʻɑŋ⁴	kʻɑŋ¹
516	扛	kʻɑŋ²	tɕɑŋ²	kʻɑŋ²	kʻɑŋ²	kʻɑŋ³
517	抗	kʻɑŋ⁴	kʻɑŋ⁴	kʻɑŋ⁴	kʻɑŋ³	kʻɑŋ²
518	尻	kʻɑu¹	kʻɑu¹			
519	考	kʻɑu³	kʻɑu³	kʻɑu³	kʻɔ¹	kʻɑu⁴
520	靠	kʻɑu⁴	kʻɑu⁴	kʻɑu⁴	kʻɔ³	kʻɑu²
521	科	kʻɤ¹	kʻɤ¹	kʻo¹	kʻo⁴	kʻo¹
522	咳	kʻɤ²	tɕʻɤ²	kʻei¹	tei¹	kʻɤ³
523	可	kʻɤ³	kʻuo³	kʻo³	kʻo¹	kʻo⁴
524	克	kʻɤ⁴	tɕʻɤ⁴	kʻei⁴	kʻə⁵	kʻɤ²
525	剋	kʻei¹	tɕʻɤ⁴	kʻei¹	kʻə¹	kʻɤ¹
526	肯	kʻən³	kʻəŋ³	kʻən³	kʻəŋ¹	kʻən⁴
527	坑	kʻəŋ¹	tɕʻəŋ¹	kʻən¹	kʻəŋ⁴	kʻən¹
528	空	kʻuŋ¹	kʻuŋ¹	kʻuŋ¹	kʻoŋ⁴	kʻuŋ¹
529	孔	kʻuŋ³	kʻuŋ³	kʻuŋ³	kʻoŋ⁴	kʻuŋ⁴
530	控	kʻuŋ⁴	kʻuŋ⁴	kʻuŋ⁴	kʻoŋ³	kʻuŋ²
531	抠	kʻou¹	tɕʻou¹	kʻou¹	kʻɯ⁴	kʻou¹
532	口	kʻou³	kʻou³	kʻou³	kʻɯ¹	kʻou⁴
533	叩	kʻou⁴	kʻou⁴	kʻou⁴	kʻɯ³	kʻou²
534	哭	kʻu¹	kʻuo²	kʻu¹	kʻu⁴	kʻu¹
535	苦	kʻu³	kʻu³	kʻu³	kʻu¹	kʻu⁴
536	库	kʻu⁴	kʻu⁴	kʻu⁴	kʻu³	kʻu²
537	夸	kʻuA¹	kʻuA¹	kʻuA¹	kʻuA⁴	kʻuA¹

（续表）

编号	汉字	普通话	明代官话	屯堡话	江淮官话	西南官话
538	垮	kʻuA³		kʻuA³	kʻuA³	kʻuA⁴
539	挎	kʻuA⁴		kʻuA⁴	kʻuA³	kʻuA²
540	蒯	kʻuai³	kʻuai⁴	kʻuai⁴	kʻuɛ³	kʻuai²
541	快	kʻuai⁴	kʻuai⁴	kʻuai⁴	kʻuɛ³	kʻuai²
542	宽	kʻuan¹	kʻuan¹	kʻuan¹	kʻoŋ⁴	kʻuan¹
543	款	kʻuan³	kʻuan³	kʻuan³	kʻoŋ¹	kʻuan¹
544	筐	kʻuɑŋ¹	tɕʻuɑŋ¹	kʻuɑŋ¹	kʻuɑŋ⁴	kʻuɑŋ¹
545	狂	kʻuɑŋ²	tɕʻuɑŋ¹	kʻuɑŋ²	kʻuɑŋ²	kʻuɑŋ³
546	旷	kʻuɑŋ⁴	kʻɑŋ⁴	kʻuɑŋ⁴	kʻuɑŋ³	kʻuɑŋ²
547	亏	kʻuei¹	kʻuei¹	kʻuei¹	kʻuei¹	kʻuei²
548	奎	kʻuei²	kʻuei¹	kʻuei²	kʻuei²	kʻuei³
549	傀	kʻuei³	kʻuei³	kʻuei³	kuei¹	kʻuei⁴
550	匮	kʻuei⁴	tɕuei⁴	kʻuei⁴	kuei¹	kʻuei²
551	坤	kʻuən¹	kʻən¹	kʻuən¹	kʻoŋ⁴	kʻuən¹
552	捆	kʻuən³	kʻən³	kʻuən³	kʻoŋ¹	kʻuən⁴
553	困	kʻuən⁴	kʻən⁴	kʻuən⁴	kʻoŋ³	kʻuən²
554	扩	kʻuo⁴	kʻuo⁴	kʻo²	kʻuɤ²	kʻo²
555	孩	xai²	xai²	xai²	xɛ⁴	xai³
556	海	xai³	xai³	xai³	xɛ¹	xai⁴
557	害	xai⁴	ɕai⁴	xai⁴	xɛ³	xai²
558	酣	xan¹	xan¹	xan¹	xan⁴	xan¹
559	含	xan²	xan²	xan²	xan²	xan³
560	喊	xan³	xan³	xan³	xan⁴	xan⁴
561	汉	xan⁴	ɕan⁴	xan⁴	xan³	xan²
562	夯	xɑŋ¹		xɑŋ¹	xɑŋ⁴	xɑŋ¹
563	航	xɑŋ²	xuŋ²	xɑŋ²	xɑŋ²	xɑŋ³
564	巷	xɑŋ⁴	xiɑŋ⁴	xɑŋ⁴	xɑŋ³	xɑŋ²

(续表)

编 号	汉字	普通话	明代官话	屯堡话	江淮官话	西南官话
565	蒿	xɑu¹	xɑu²	xɑu¹	xɔ⁴	xɑu¹
566	毫	xɑu²	xɑu²	xɑu²	xɔ²	xɑu³
567	好	xɑu³	ɕɑu³	xɑu³	xɔ¹	xɑu⁴
568	号	xɑu⁴	xɑu⁴	xɑu⁴	xɔ³	xɑu²
569	喝	xɤ¹	ɕɤ¹	xo¹	fə²	xo¹
570	合	xɤ²	xɤ²	xo²	xuɷ²	xo³
571	贺	xɤ⁴	xuo⁴	xo⁴	xo³	xo²
572	黑	xei¹	tɕʻɤ¹	xei¹	xə⁵	xɤ¹
573	很	xən³	ɕən³	xən³	xəŋ¹	xən⁴
574	恨	xən⁴	ɕən⁴	xən⁴	xəŋ³	xən²
575	亨	xəŋ¹	ɕəŋ¹	xən¹	xəŋ⁴	xən¹
576	恒	xəŋ²	xəŋ²	xən²	xəŋ²	xən³
577	横	xəŋ⁴	xəŋ⁴	xən⁴	xəŋ²	xən²
578	轰	xuŋ¹	xuŋ¹	xuŋ¹	xoŋ⁴	xuŋ¹
579	红	xuŋ²	xuŋ²	xuŋ²	xoŋ²	xuŋ³
580	哄	xuŋ³	xuŋ³	xuŋ³	xoŋ³	xuŋ⁴
581	讧	xuŋ⁴	xuŋ²	xuŋ²	xoŋ⁴	xuŋ²
582	猴	xou²	xou²	xou²	xɯu²	xou³
583	吼	xou³	ɕou³	xou³	xɯu¹	xou⁴
584	后	xou⁴	xou⁴	xou⁴	xɯu³	xou²
585	呼	xu¹	xu¹	xu¹	xu⁴	xu¹
586	胡	xu²	xu²	xu²	xu²	xu³
587	虎	xu³	xu³	xu³	fu¹	xu⁴
588	护	xu⁴	xu⁴	xu⁴	fu³	xu²
589	花	xuA¹	xuA¹	xuA¹	fA⁴	xuA¹
590	华	xuA²	xuA²	xuA²	fA²	xuA³
591	化	xuA⁴	xA⁴	xuA⁴	fA³	xuA²

（续表）

编号	汉字	普通话	明代官话	屯堡话	江淮官话	西南官话
592	怀	xuai²	xuai²	xuai²	xuɛ²	xuai³
593	坏	xuai⁴	xai⁴	xuai⁴	xuɛ³	xuai²
594	欢	xuan¹	xuan¹	xuan¹	xoŋ⁴	xuan¹
595	环	xuan²	xuan²	xuan²	xʻuan²	xuan³
596	缓	xuan³	xuan³	xuan³	xʻoŋ¹	xuan⁴
597	幻	xuan⁴	xuan⁴	xuan⁴	xoŋ³	xuan²
598	荒	xuɑŋ¹	xuɑŋ¹	xuɑŋ¹	xuɑŋ⁴	xuɑŋ¹
599	皇	xuɑŋ²	xuɑŋ²	xuɑŋ²	xuɑŋ²	xuɑŋ³
600	谎	xuɑŋ³	xuɑŋ³	xuɑŋ³	xuɑŋ¹	xuɑŋ⁴
601	晃	xuɑŋ⁴	xuɑŋ⁴	xuɑŋ⁴	xuɑŋ³	xuɑŋ²
602	灰	xuei¹	xuei¹	xuei¹	fei⁴	xuei¹
603	回	xuei²	xuei²	xuei²	fei²	xuei³
604	悔	xuei³	xuei³	xuei³	fei¹	xuei⁴
605	会	xuei⁴	xuei⁴	xuei⁴	fei³	xuei²
606	婚	xuən¹	xuən¹	xuən¹	xoŋ⁴	xuən¹
607	魂	xuən²	xuən²	xuən²	xoŋ²	xuən³
608	混	xuən⁴	xuən⁴	xuən⁴	xoŋ³	xuən²
609	活	xuo²	**xuo²**	xo²	xuω³	xo³
610	火	xuo³	xuo³	xo³	xo¹	xo⁴
611	货	xuo⁴	xuo⁴	xo⁴	xo³	xo²

四、舌面音组

编号	汉字	普通话	明代官话	屯堡话	江淮官话	西南官话
612	机	tɕi¹	tɕi¹	tɕi¹	tɕi⁴	tɕi¹
613	及	tɕi²	tɕi²	tɕi²	tɕi²	tɕi³
614	几	tɕi³	tɕi³	tɕi³	tɕi¹	tɕi⁴

(续表)

编 号	汉 字	普通话	明代官话	屯堡话	江淮官话	西南官话
615	计	tɕi⁴	tɕi⁴	tɕi⁴	tɕi³	tɕi²
616	家	tɕiA¹	tɕiA¹	tɕiA¹	tɕiA⁴	tɕiA¹
617	颊	tɕiA²	tɕiɛ²	tɕiA²	tɕiA²	tɕiA³
618	假	tɕiA³	tɕiA³	tɕiA³	tɕiA¹	tɕiA³
619	价	tɕiA⁴	tɕiA⁴	tɕiA⁴	tɕiA³	tɕiA²
620	尖	tɕiɛn¹	tɕiɛn¹	tɕiɛn¹	tɕiɛn⁴	tɕiɛn¹
621	检	tɕiɛn³	tɕiɛn³	tɕiɛn³	tɕiɛn¹	tɕiɛn⁴
622	建	tɕiɛn⁴	tɕiɛn⁴	tɕiɛn⁴	tɕiɛn³	tɕiɛn²
623	江	tɕiɑŋ¹	tɕiɑŋ¹	tɕiɑŋ¹	tɕɑŋ⁴	tɕiɑŋ¹
624	讲	tɕiɑŋ³	tɕiɑŋ³	tɕiɑŋ³	tɕiɑŋ¹	tɕiɑŋ⁴
625	匠	tɕiɑŋ⁴	tɕiɑŋ⁴	tɕiɑŋ⁴	tɕiɑŋ³	tɕiɑŋ²
626	交	tɕiau¹	tɕiau¹	tɕiau¹	tɕiɔ⁴	tɕiau¹
627	矫	tɕiau²	tɕiau¹	tɕiau³	tɕiɔ⁴	tɕiau³
628	角	tɕiau³	tɕʻyɛ¹	kio¹	kuɔ²	kio⁴
629	叫	tɕiau⁴	kiau⁴	tɕiau⁴	tɕiɔ³	tɕiau²
630	接	tɕiɛ¹	tɕiə¹	tɕi¹	tɕiə²	tɕiɛ¹
631	街	tɕiɛ¹	tɕiɛ¹	kai¹	tɕiɛ⁵	kai¹
632	节	tɕiɛ²	tɕiɛ²	tɕi²	tɕiə²	tɕiɛ³
633	姐	tɕiɛ³	tɕiɛ³	tɕi³	tɕiɪ⁴	tɕiɛ⁴
634	解	tɕiɛ³	ɕiɛ³	kai³	tɕiɛ⁴	kai⁴
635	借	tɕiɛ⁴	tɕiɛ⁴	tɕi⁴	tɕiɪ³	tɕiɛ²
636	介	tɕiɛ⁴	tɕai⁴	kai⁴	tɕiɛ³	kai²
637	今	tɕin¹	tɕin¹	tɕin¹	tɕiɪ⁴	tɕin¹
638	紧	tɕin³	tɕən³	tɕin³	tɕiŋ¹	tɕin⁴
639	近	tɕin⁴	tɕin⁴	tɕin⁴	tɕiŋ³	tɕin²
640	经	tɕiŋ¹	tɕiŋ¹	tɕin¹	tɕiŋ⁴	tɕin¹
641	井	tɕiŋ³	tsiŋ³	tɕin³	tɕiŋ¹	tɕin⁴

(续表)

编号	汉字	普通话	明代官话	屯堡话	江淮官话	西南官话
642	敬	tɕiŋ⁴	tɕiŋ⁴	tɕin⁴	tɕiŋ³	tɕin²
643	肩	tɕiŋ¹	tɕiŋ¹	ŋo¹		ŋo¹
644	窘	tɕyŋ³	tɕyŋ³	tɕyŋ³	tioŋ³	tɕyŋ⁴
645	纠	tɕiou¹	tɕiou¹	tɕiou¹	tɕiɯ⁴	tɕiou¹
646	酒	tɕiou³	tsiou³	tɕiou³	tɕiɯ¹	tɕiou⁴
647	舅	tɕiou⁴	tɕiou³	tɕiou⁴	tɕiɯ³	tɕiou²
648	居	tɕy¹	tɕy¹	tɕi¹	tɕy³	tɕy¹
649	局	tɕy²	**tɕy²**	tɕi²	tɕy²	tɕy³
650	举	tɕy³	tɕy³	tɕi³	tɕy³	tɕy⁴
651	巨	tɕy⁴	tɕy⁴	tɕi⁴	tɕy³	tɕy²
652	捐	tɕyɛn¹	yɛn¹	tɕiɛn¹	tɕyon²	tɕyɛn¹
653	卷	tɕyɛn³	tɕ'yɛn³	tɕiɛn³	tɕyon³	tɕyɛn²
654	眷	tɕyɛn⁴	tɕyɛn⁴	tɕiɛn⁴	tɕyon⁴	tɕyɛn²
655	撅	tɕyɛ¹	**tɕ'yɛ¹**	tɕio¹	tɕy²	tɕyɛ¹
656	决	tɕyɛ²	**tɕye¹**	tɕi²	tɕyɯ²	tɕyɛ³
657	角	tɕyɛ²	**tɕye¹**	ŋo¹	kuɯ²	ŋo³
658	觉	tɕyɛ²	**tɕye³**	tɕio³	tɕyə²	tɕio³
659	蹶	tɕyɛ³	**tɕye³**	tɕio³	tɕyɯ²	tɕyɛ⁴
660	倔	tɕyɛ⁴	tɕ'u³	tɕi³	tɕyə⁴	tɕyɛ²
661	君	tɕyn¹	kyn¹	tɕin¹	tɕyoŋ⁴	tɕyn¹
662	俊	tɕyn⁴	tsyn⁴	tɕin⁴	tɕyoŋ³	tɕyn²
663	妻	tɕ'i¹	tɕ'i¹	tɕ'i¹	tɕ'i⁴	tɕ'i¹
664	欺	tɕ'i¹	tɕ'i¹	tɕ'i¹	tɕ'i⁴	tɕ'i¹
665	齐	tɕ'i²	tɕ'i²	tɕ'i²	tɕ'i²	tɕ'i³
666	启	tɕ'i³	tɕ'i³	tɕ'i³	tɕ'i³	tɕ'i⁴
667	气	tɕ'i⁴	tɕ'i⁴	tɕ'i⁴	tɕ'i³	tɕ'i²
668	弃	tɕ'i⁴	tɕ'i⁴	tɕ'i⁴	tɕ'i³	tɕ'i²

(续表)

编 号	汉 字	普通话	明代官话	屯堡话	江淮官话	西南官话
669	掐	tɕʻiA¹	kʻiA¹	tɕʻiA¹	tɕʻiA⁴	tɕʻiA¹
670	卡	tɕʻiA³		kʻiA³	tɕʻiA⁴	kʻiA⁴
671	恰	tɕʻiA⁴	tɕʻiA²	tɕʻiA²	tɕʻie²	tɕʻiA²
672	千	tɕʻiɛn¹	tsʻiɛn¹	tɕʻiɛn¹	tɕʻiɛn⁴	tɕʻiɛn¹
673	谦	tɕʻiɛn¹	kʻiɛn¹	tɕʻiɛn¹	tɕʻiɛn⁴	tɕʻiɛn¹
674	前	tɕʻiɛn²	tsʻiɛn²	tɕʻiɛn²	tɕʻiɛn²	tɕʻiɛn³
675	钳	tɕʻiɛn²	tɕʻiɛn²	tɕʻiɛn²	tɕʻiɛn²	kʻiɛn³
676	浅	tɕʻiɛn³	tɕʻiɛn³	tɕʻiɛn³	tɕʻiɛn⁴	
677	欠	tɕʻiɛn⁴	tɕʻiɛn⁴	tɕʻiɛn⁴	tɕʻiɛn³	tɕʻiɛn²
678	枪	tɕʻiɑŋ¹	tɕʻiɑŋ¹	tɕʻiɑŋ¹	tɕʻiɑŋ¹	tɕʻiɑŋ¹
679	强	tɕʻiɑŋ²	tɕʻiɑŋ³	tɕʻiɑŋ²	tɕʻiɑŋ²	tɕʻiɑŋ³
680	抢	tɕʻiɑŋ³	tɕʻiɑŋ³	tɕʻiɑŋ³	tɕʻiɑŋ¹	tɕʻiɑŋ⁴
681	敲	tɕʻiau¹	kʻiau¹	kʻau¹	kʻiɔ⁴	kʻau¹
682	桥	tɕʻiau²	tɕʻiau²	tɕʻiau²	tɕʻiɔ²	tɕʻiau³
683	巧	tɕʻiau³	kʻiau³	tɕʻiau³	tɕʻiɔ³	tɕʻiau⁴
684	窍	tɕʻiau⁴	kʻiau⁴	tɕʻiau⁴	tɕʻiɔ³	tɕʻiau²
685	切	tɕʻiɛ¹	tɕʻiɛ¹	tɕʻi¹	tɕʻiə²	tɕʻiɛ¹
686	茄	tɕʻiɛ²	tɕiA²	tɕʻi²	tɕʻi²	tɕʻiɛ³
687	且	tɕʻiɛ³	tɕʻiɛ³	tɕʻi³	tɕʻi⁴	tɕʻiɛ⁴
688	窃	tɕʻiɛ⁴	tɕʻiɛ¹	tɕʻi¹	tɕʻi¹	tɕʻiɛ²
689	侵	tɕʻin¹	tɕʻin¹	tɕʻin¹	tɕʻiŋ⁴	tɕʻin¹
690	琴	tɕʻin²	tɕʻin²	tɕʻin²	tɕʻiŋ²	tɕʻin³
691	寝	tɕʻin³	tɕʻən³	tɕʻin³	tɕʻiŋ²	tɕʻin⁴
692	沁	tɕʻin⁴	tɕʻən⁴	tɕʻin⁴	tɕʻiŋ³	tɕʻin²
693	轻	tɕʻiŋ¹	tɕʻəŋ¹	tɕʻin¹	tɕʻiŋ⁴	tɕʻin¹
694	情	tɕʻiŋ²	tsʻiŋ²	tɕʻin²	tɕʻiŋ²	tɕʻin³
695	请	tɕʻiŋ³	tɕʻiŋ³	tɕʻin³	tɕʻiŋ¹	tɕʻin⁴

(续表)

编号	汉字	普通话	明代官话	屯堡话	江淮官话	西南官话
696	庆	tɕʻiŋ⁴	tɕʻəŋ⁴	tɕʻin⁴	tɕʻiŋ³	tɕʻin²
697	穷	tɕʻyŋ²	tɕʻuŋ²	tɕʻyŋ²	tɕʻioŋ²	tɕʻyŋ³
698	秋	tɕʻiou¹	tsʻiou¹	tɕʻiou¹	tɕʻiəu⁴	tɕʻiou¹
699	囚	tɕʻiou²	tsʻiou²	tɕʻiou²	tɕʻiəu²	tɕʻiou³
700	糗	tɕʻiou³	tɕʻiou³	tɕʻiou³	tɕʻiəu³	tɕʻiou⁴
701	区	tɕʻy¹	tɕʻy¹	tɕʻi¹	tɕʻy⁴	tɕʻi¹
702	渠	tɕʻy²	tɕʻy²	tɕʻi²	tɕʻy²	tɕʻi³
703	取	tɕʻy³	tɕʻy³	tɕʻi³	tɕʻy¹	tɕʻi⁴
704	去	tɕʻy⁴	tɕʻy⁴	tɕʻi⁴	tɕʻy	kʻɤ²
705	拳	tɕʻyɛn²	tɕʻyɛn²	tɕʻiɛn²	tɕʻyon²	kʻiɛn³
706	全	tɕʻyɛn²	tsʻyɛn²	tɕʻiɛn²	tɕʻyon²	tɕʻyɛn³
707	犬	tɕʻyɛn³	kʻyɛn³	tɕʻiɛn³	tɕʻyon¹	kʻyɛn³
708	劝	tɕʻyɛn⁴	tɕʻyɛn⁴	tɕʻiɛn⁴	tɕʻyon³	kʻyɛn²
709	缺	tɕʻyɛ¹	tɕʻyɛ	tɕʻi¹	tɕʻyə²	kʻiɛ¹
710	瘸	tɕʻyɛ²	tɕyɛ²	tɕʻi²	tɕʻyə²	tɕʻyɛ³
711	雀	tɕʻyɛ⁴	tɕyɛ⁴	tɕʻio³	tɕʻyə²	tɕʻio²
712	确	tɕʻyɛ⁴	tɕʻyɛ⁴	tɕʻio³	tɕʻyə²	tɕʻio²
713	逡	tɕʻyn¹	tɕʻyn¹	tɕʻin⁴	tɕʻyoŋ¹	tɕʻyn¹
714	群	tɕʻyn²	tɕʻyn²	tɕʻin²	tɕʻyoŋ²	tɕʻyn³
715	西	ɕi¹	ɕi¹	ɕi¹	ɕi⁴	ɕi¹
716	习	ɕi²	ɕu²	ɕi²	ɕi²	ɕi³
717	喜	ɕi³	ɕi³	ɕi³	ɕi¹	ɕi⁴
718	戏	ɕi⁴	ɕi⁴	ɕi⁴	ɕi³	ɕi²
719	虾	ɕiA¹	xiA¹	ɕiA¹	ɕiA²	ɕiA¹
720	狭	ɕiA²	xiA²	ɕiA¹	ɕiA¹	ɕiA³
721	下	ɕiA⁴	xiA⁴	ɕiA⁴	ɕiA³	ɕiA²
722	先	ɕiɛn¹	ɕiɛn¹	ɕiɛn¹	ɕiɛn¹	ɕiɛn¹

(续表)

编 号	汉 字	普通话	明代官话	屯堡话	江淮官话	西南官话
723	闲	ɕien²	hien²	ɕiɛn²	ɕiɛn²	ɕiɛn³
724	显	ɕien³	ɕien³	ɕiɛn³	ɕiɛn¹	ɕiɛn³
725	县	ɕien⁴	ɕien⁴	ɕiɛn⁴	ɕiɛn³	ɕiɛn²
726	乡	ɕiɑŋ¹	ɕiɑŋ¹	ɕiɑŋ¹	ɕiɑŋ⁴	ɕiɑŋ¹
727	祥	ɕiɑŋ²	ɕiɑŋ²	ɕiɑŋ²	ɕiɑŋ²	ɕiɑŋ³
728	享	ɕiɑŋ³	ɕiɑŋ³	ɕiɑŋ³	ɕiɑŋ¹	ɕiɑŋ⁴
729	象	ɕiɑŋ⁴	siɑŋ³	ɕiɑŋ⁴	ɕiɑŋ³	ɕiɑŋ²
730	消	ɕiɑu¹	ɕiɑu¹	ɕiɑu¹	ɕiɔ³	ɕiɑu¹
731	淆	ɕiɑu²	xiɑu²	ɕiɑu²	tʻiɔ²	ɕiɑu³
732	小	ɕiɑu³	ɕiɑu³	ɕiɑu³	ɕiɔ¹	ɕiɑu⁴
733	孝	ɕiɑu⁴	ɕiɑu⁴	ɕiɑu⁴	ɕiɔ²	ɕiɑu²
734	些	ɕiɛ¹	sɤ¹	ɕi¹	ɕi¹	ɕiɛ¹
735	协	ɕiɛ²	xiA²	ɕi²	ɕiɛ⁴	ɕiɛ³
736	鞋	ɕiɛ²	ɕiɛ²	xai²	ɕiɛ²	xai³
737	写	ɕiɛ³	ɕiɛ³	ɕi³	ɕi⁴	ɕiɛ³
738	谢	ɕiɛ⁴	tsʻie⁴	ɕi⁴	ɕi³	ɕiɛ²
739	心	ɕin¹	sin¹	ɕin¹	ɕiŋ³	ɕin¹
740	镡	ɕin²	ɕin²			
741	信	ɕin⁴	sin⁴	ɕin⁴	ɕiŋ³	ɕin²
742	兴	ɕiŋ¹	ɕiŋ¹	ɕin¹	ɕiŋ³	ɕin¹
743	行	ɕiŋ²	ɕəŋ³	ɕin²	ɕiŋ²	ɕin³
744	醒	ɕiŋ³	ɕiŋ³	ɕin³	ɕiŋ¹	ɕin¹
745	性	ɕiŋ⁴	ɕəŋ⁴	ɕin⁴	ɕiŋ³	ɕin²
746	凶	ɕyŋ¹	ɕyŋ¹	ɕyŋ¹	ɕioŋ⁴	ɕyŋ¹
747	雄	ɕyŋ²	xyŋ²	ɕyŋ²	ɕioŋ²	ɕyŋ³
748	敻	ɕyŋ⁴	ɕyɛn⁴			
749	休	ɕiou¹	ɕiou¹	ɕiou¹	ɕiɤɯ⁴	ɕiou¹

（续表）

编号	汉字	普通话	明代官话	屯堡话	江淮官话	西南官话
750	朽	ɕiou³	ɕiou³	ɕiou³	tɕʻiəɯ⁴	ɕiou⁴
751	秀	ɕiou⁴	ɕiou⁴	ɕiou⁴	ɕiəɯ³	ɕiou²
752	虚	ɕy¹	ɕy¹	ɕi¹	ɕy⁴	ɕy¹
753	徐	ɕy²	ɕy²	ɕi²	tɕʻy²	ɕy³
754	许	ɕy³	ɕy³	ɕi³	ɕy⁴	ɕy⁴
755	旭	ɕy⁴	ɕy⁴	ɕi⁴	ɕy³	ɕy²
756	宣	ɕyɛn¹	ɕyɛn¹	ɕiɛn¹	ɕyon⁴	ɕyɛn¹
757	悬	ɕyɛn²	xyɛn²	ɕiɛn²	ɕyon²	ɕyɛn³
758	选	ɕyɛn³	ɕyɛn³	ɕiɛn³	ɕyon¹	ɕyɛn⁴
759	绚	ɕyɛn⁴	ɕyɛn⁴	ɕiɛn⁴	ɕyon³	ɕyɛn²
760	靴	ɕyɛ¹	xɤ¹	ɕi¹	ɕyə⁴	ɕyɛ¹
761	学	ɕyɛ²	ɕyɛ²	ɕio²	ɕyə⁵	ɕio³
762	雪	ɕyɛ³	syɛ³	ɕi¹	ɕyə³	ɕyɛ⁴
763	血	ɕyɛ⁴	xyɛ⁴	ɕi¹	ɕyə⁵	ɕyɛ²
764	勋	ɕyn¹		ɕin¹	ɕyoŋ⁴	ɕyn¹
765	寻	ɕyn²	ɕuən²	ɕin²	ɕyoŋ²	ɕyn³
766	训	ɕyn⁴	ɕyn⁴	ɕin⁴	ɕyoŋ³	ɕyn²

五、舌尖后音组

编号	汉字	普通话	明代官话	屯堡话	江淮官话	西南官话
767	扎	tʂA¹	tsʻA¹	tsA¹	tʂA²	tsA¹
768	闸	tʂA²	iA¹	tsA²	tʂA¹	tsA³
769	眨	tʂA³	tʂiA³	tsA³	tʂA²	tsA⁴
770	诈	tʂA⁴	tsʻiA⁴	tsA⁴	tʂA³	tsA²
771	斋	tʂai¹	tʂai¹	tsai¹	tʂɛ²	tsai¹
772	宅	tʂai²	tʂɤ²	tsai²	tʂɛ⁴	tsai³

(续表)

编号	汉字	普通话	明代官话	屯堡话	江淮官话	西南官话
773	窄	tʂai³	tsʻɤ¹	tsei³	tʂə²	tsei⁴
774	债	tʂai⁴	tsʻai⁴	tsai⁴	tʂɛ³	tsai²
775	沾	tʂan¹	tʂan¹	tsan¹	tɕiɛn⁴	tsan¹
776	斩	tʂan³	tʂʻan³	tsan³	tɕiɛn¹	tsan⁴
777	占	tʂan⁴	tʂan⁴	tsan⁴	tɕiɛn³	tsan²
778	张	tʂɑŋ¹	tʂiɑŋ¹	tsɑŋ¹	tʂɑŋ⁴	tsɑŋ¹
779	长	tʂɑŋ³	tʂiɑŋ³	tsɑŋ³	tʂɑŋ¹	tsɑŋ⁴
780	丈	tʂɑŋ⁴	tʂʻiɑŋ³	tsɑŋ⁴	tʂɑŋ³	tsɑŋ²
781	招	tʂau¹	tʂiau¹	tsau¹	tʂɔ⁴	tsau¹
782	着	tʂau²	tʂau²	tsau²	tʂuω²	tso³
783	找	tʂau³	tʂau³	tsau³	tʂɔ¹	tsau⁴
784	赵	tʂau⁴	tʂau³	tsau⁴	tʂɔ³	tsau²
785	遮	tʂɤ¹	tʂɤ¹	tsei¹	tɕiɛ⁴	tsiɛ¹
786	哲	tʂɤ²	tʂɤ²	tsei²	tsiɛ²	tsiɛ³
787	者	tʂɤ³	tiɤ³	tsei³	tsiɛ²	tsiɛ⁴
788	蔗	tʂɤ⁴	tiɤ⁴	tsei⁴	tsiɛ⁴	tsiɛ²
789	着	tʂɤ	tʂɤ³	tso¹	tsæ¹	tso¹
790	这	tʂɤ⁴	tʂɤ⁴	tsei⁴	tɕiɛ³	tsiɛ²
791	针	tʂən¹	tʂən¹	tsən¹	tʂəŋ⁴	tsən¹
792	枕	tʂən²	tʂən³	tsən³	tʂəŋ¹	tsən⁴
793	阵	tʂən⁴	tʂən⁴	tsən⁴	tʂəŋ³	tsən²
794	争	tʂəŋ¹	tsəŋ¹	tsən¹	tʂəŋ⁴	tsən¹
795	整	tʂəŋ³	tʂəŋ³	tsən³	tʂəŋ¹	tsən⁴
796	正	tʂəŋ⁴	tʂəŋ⁴	tsən⁴	tʂəŋ³	tsən²
797	之	tʂɿ¹	tʂɤ¹	tsɿ¹	tʂɿ⁴	tsɿ¹
798	直	tʂɿ²	tʂɿ²	tsɿ²	tʂɿ²	tsɿ³
799	止	tʂɿ³	tsɿ³	tsɿ³	tʂɿ³	tsɿ⁴

(续表)

编号	汉字	普通话	明代官话	屯堡话	江淮官话	西南官话
800	志	tʂʅ⁴	tʂʅ⁴	tʂʅ⁴	tʂʅ³	tsʅ²
801	中	tʂuŋ¹	tʂuŋ¹	tʂuŋ¹	tʂoŋ⁴	tsuŋ¹
802	肿	tʂuŋ³	tʂuŋ³	tʂuŋ³	tʂoŋ³	tsuŋ⁴
803	众	tʂuŋ⁴	tʂuŋ⁴	tʂuŋ⁴	tʂoŋ³	tsuŋ²
804	周	tʂou¹	tɕiou³	tʂou¹	tʂəɯ⁴	tsou¹
805	轴	tʂou²	tɕiou³	tʂou²	tʂu²	tsou³
806	帚	tʂou³	tʂou³	tʂou³	tʂu³	tsou⁴
807	宙	tʂou⁴	tʂou⁴	tʂou⁴	tʂəɯ³	tsou²
808	朱	tʂu¹	tʂy¹	tʂu¹	tʂu¹	tsy¹
809	竹	tʂu²	tɕiou²	tʂu²	tʂu³	tsu³
810	主	tʂu³	tʂy³	tʂu³	tʂu¹	tsy⁴
811	住	tʂu⁴	tʂy⁴	tʂu⁴	tʂu⁴	tsu²
812	抓	tʂuA¹	tsʻiau¹	tʂuA¹	tʂuA⁴	tsuA¹
813	爪	tʂuA³	tsʻiau³	tʂuA³	tʂɔ²	tsuA⁴
814	拽	tʂuai⁴	iɛ⁴	tʂuai⁴	tʂuɛ³	tsuai²
815	专	tʂuan¹	tʂuan¹	tʂuan¹	tʂon²	tsuan¹
816	转	tʂuan³	tɕiɛn³	tʂuan³	tʂon³	tsuan⁴
817	篆	tʂuan⁴	tɕiɛn⁴	tʂuan⁴	tʂon⁴	tsuan²
818	庄	tʂuɑŋ¹	tsʻuɑŋ¹	tʂuɑŋ¹	tʂuɑŋ⁴	tsuɑŋ¹
819	奘	tʂuɑŋ³	tsʻuɑŋ³	tʂuɑŋ³	tʂuɑŋ³	tsuɑŋ⁴
820	壮	tʂuɑŋ⁴	tsʻuɑŋ⁴	tʂuɑŋ⁴	tʂuɑŋ⁴	tsuɑŋ²
821	追	tʂuei¹	tʂei¹	tʂuei¹	tʂuei²	tsuei¹
822	坠	tʂuei⁴	tʂei⁴	tʂuei⁴	tʂuei³	tsuei²
823	谆	tʂuən¹	tʂuən¹	tʂuən¹	tʂon²	tsuən¹
824	准	tʂuən³	tʂuən³	tʂuən³	tʂon¹	tsuən⁴
825	桌	tʂuo¹	tʂuo¹	tso¹	tʂuɷ²	tso¹
826	卓	tʂuo²	tɕiau¹	tso²	tʂuɷ²	tso³

(续表)

编 号	汉 字	普通话	明代官话	屯堡话	江淮官话	西南官话
827	插	tʂʻA¹	tʂʻiA¹	tsʻA¹	tʂʻA⁵	tsʻA¹
828	茶	tʂʻA²	tʂʻiA²	tsʻA²	tʂʻA²	tsʻA³
829	妊	tʂʻA⁴	tʂʻiA⁴	tsʻA⁴	tʂʻA³	tsʻA²
830	拆	tʂʻai¹	tʂʻɤ¹	tsʻai¹	tʂʻə²	tsʻai¹
831	柴	tʂʻai²	tʂʻai²	tsʻai²	tʂʻɛ²	tsʻai³
832	茝	tʂʻai³	tʂʻai³			
833	虿	tʂʻai⁴	tʂʻai⁴			
834	搀	tʂʻan¹	tʂʻən¹	tsʻan¹	tʂʻan⁴	tsʻan¹
835	谗	tʂʻan²	tʂʻiɛn²	tsʻan²	tʂʻan²	tsʻan³
836	产	tʂʻan³	tʂʻiɛn³	tsʻan³	tʂʻan¹	tsʻan⁴
837	颤	tʂʻan⁴	tɕiɛn⁴	tsʻan⁴	tɕiɛn³	tsʻan²
838	昌	tʂʻɑŋ¹	tʂʻiɑŋ¹	tsʻɑŋ¹	tʂʻɑŋ⁴	tsʻɑŋ¹
839	长	tʂʻɑŋ²	tʂiɑŋ²	tsʻɑŋ²	tʂʻɑŋ²	tsʻɑŋ³
840	厂	tʂʻɑŋ³	tʂʻiɑŋ³	tsʻɑŋ³	tʂʻɑŋ¹	tsʻɑŋ⁴
841	畅	tʂʻɑŋ⁴	tʂʻiɑŋ⁴	tsʻɑŋ⁴	tʂʻɑŋ³	tsʻɑŋ²
842	超	tʂʻɑu¹	tʂʻɑu¹	tsʻɑu¹	tʂʻɔ¹	tsʻɑu¹
843	朝	tʂʻɑu²	tʂʻiɑu²	tsʻɑu²	tʂʻɔ²	tsʻɑu³
844	吵	tʂʻɑu³	tʂʻɑu³	tsʻɑu³	tʂʻɔ¹	tsʻɑu⁴
845	车	tʂʻɤ¹	tʂʻɤ¹	tsʻei¹	tʂʻei²	tsʻɤ¹
846	扯	tʂʻɤ³	tʂʻɤ³	tsʻei³	tʂʻiɛ¹	tsʻɤ³
847	撤	tʂʻɤ⁴	tʂʻiɛ⁴	tsʻei¹	tʂʻiɛ⁴	tsʻɤ²
848	嗔	tʂʻən¹	tʂʻɑŋ¹	tsʻən¹	tsʻən¹	tsʻən¹
849	陈	tʂʻən²	tʂʻən²	tsʻən²	tsʻən²	tsʻən³
850	趁	tʂʻən⁴	tʂʻən⁴	tsʻən⁴	tʂʻəŋ²	tsʻən²
851	称	tʂʻəŋ¹	tʂʻəŋ¹	tsʻən¹	tʂʻəŋ⁴	tsʻən¹
852	成	tʂʻəŋ²	ʂəŋ²	tsʻən²	tʂʻəŋ²	tsʻən³
853	逞	tʂʻəŋ³	tʂʻəŋ³	tsʻən³	tʂʻəŋ¹	tsʻən⁴

(续表)

编号	汉字	普通话	明代官话	屯堡话	江淮官话	西南官话
854	秤	tʂʻəŋ⁴	tʂʻəŋ⁴	tsʻne⁴	tʂʻəŋ³	tsʻən²
855	吃	tʂʻʅ¹	tɕi¹	tsʻʅ¹	tʂʻʅ²	tsʻʅ¹
856	池	tʂʻʅ²	tʂʻʅ¹	tsʻʅ²	tʂʻʅ²	tsʻʅ³
857	尺	tʂʻʅ³	tʂʻʅ³	tsʻʅ³	tʂʻʅ²	tsʻʅ⁴
858	赤	tʂʻʅ⁴	tʂʻʅ²	tsʻʅ⁴	tʂʻʅ²	tsʻʅ²
859	冲	tʂʻuŋ¹	tʂʻuŋ¹	tsʻuŋ¹	tʂʻoŋ⁴	tsʻuŋ¹
860	虫	tʂʻuŋ²	tʂʻuŋ²	tsʻuŋ²	tʂʻoŋ²	tsʻuŋ³
861	宠	tʂʻuŋ³	tʂʻuŋ³	tsʻuŋ³	tʂʻoŋ³	tsʻuŋ⁴
862	冲	tʂʻuŋ⁴	tʂʻuŋ¹	tsʻuŋ⁴	tʂʻoŋ⁴	tsʻuŋ²
863	抽	tʂʻou¹	tʂʻiou¹	tsʻou¹	tʂʻəɯ¹	tsʻou¹
864	仇	tʂʻou²	tɕʻou²	tsʻou²	tʂʻəɯ²	tsʻou³
865	丑	tʂʻou³	tʂʻiou³	tsʻou³	tʂʻəɯ¹	tsʻou⁴
866	臭	tʂʻou⁴	tʂʻiou⁴	tsʻou⁴	tʂʻəɯ³	tsʻou²
867	出	tʂʻu¹	tʂʻy¹	tsʻu¹	tʂʻuɷ²	tsʻy¹
868	除	tʂʻu²	tʂʻy²	tsʻu²	tʂʻu²	tsʻy²
869	楚	tʂʻu³	tʂʻu³	tsʻu³	tʂʻu³	tsʻu³
870	触	tʂʻu⁴	tʂʻu⁴	tsʻu⁴	tʂʻu³	tsʻu⁴
871	揣	tʂʻuai¹	tʂʻei³	tsʻuai¹	tʂʻɛ³	tsʻuai¹
872	踹	tʂʻuai⁴	tuan²	tsʻuai⁴	tʂʻuɛ¹	tsʻuai²
873	穿	tʂʻuan¹	tʂʻyɛn¹	tsʻuan¹	tʂʻyon⁴	tsʻuan¹
874	船	tʂʻuan²	tʂʻyɛn²	tsʻuan²	tʂʻyon²	tsʻuan³
875	喘	tʂʻuan³	tʂʻiɛn³	tsʻuan³	tʂʻyon¹	tsʻuan⁴
876	串	tʂʻuan⁴	kuan⁴	tsʻuan⁴	tʂʻyon³	tsʻuan²
877	窗	tʂʻuɑŋ¹	tʂʻuɑŋ¹	tsʻuɑŋ¹	tʂʻuɑŋ¹	tsʻuɑŋ¹
878	床	tʂʻuɑŋ²	tsuɑŋ²	tsʻuɑŋ²	tʂʻuɑŋ²	tsʻuɑŋ²
879	闯	tʂʻuɑŋ³	tʂʻin⁴	tsʻuɑŋ³	tʂʻuɑŋ¹	tsʻuɑŋ⁴
880	创	tʂʻuɑŋ⁴	tʂʻuɑŋ⁴	tsʻuɑŋ⁴	tʂʻuɑŋ³	tsʻuɑŋ²

(续表)

编　号	汉　字	普通话	明代官话	屯堡话	江淮官话	西南官话
881	吹	tʂʻuei¹	tʂʻuei¹	tʂʻuei¹	tʂʻuei¹	tsʻuei¹
882	垂	tʂʻuei²	tsuei²	tʂʻuei²	tʂʻuei²	tsʻuei³
883	春	tʂʻuən¹	ʂuən¹	tʂʻuən¹	tʂʻon⁴	tsʻuən¹
884	唇	tʂʻuən²	ʂuən²	tʂʻuən²	tʂʻon²	tsʻuən²
885	蠢	tʂʻuən³	tʂʻuən³	tʂʻuən³	tʂʻon¹	tsʻuən⁴
886	戳	tʂʻuo¹	tʂʻuo¹	tsʻo¹	tʂʻuɷ²	tsʻo¹
887	绰	tʂʻuo²	tʂʻyɛ²	tsʻo²	tʂʻuɷ²	tsʻo³
888	杀	ʂA¹	ʂA¹	sA¹	ʂA²	sA¹
889	啥	ʂA²		sA²	ʂA²	sA³
890	傻	ʂA³	ʂiA³	sA³	ʂA¹	sA⁴
891	厦	ʂA⁴	xiA³	sA⁴	ʂA³	sA²
892	筛	ʂai¹	ʂʅ¹	sai¹	ʂɛ⁴	sai¹
893	色	ʂe²	sai¹	sei¹	ʂə⁴	sɤ³
894	晒	ʂai⁴	sai⁴	sai⁴	ʂɛ³	sai²
895	山	ʂan¹	ʂan¹	san¹	ʂan⁴	san¹
896	闪	ʂan³	ʂan³	san³	ɕan⁴	san⁴
897	善	ʂan⁴	ʂan³	san⁴	ɕan³	san²
898	伤	ʂɑŋ¹	ʂiɑŋ⁴	sɑŋ¹	ʂɑŋ⁴	sɑŋ¹
899	赏	ʂɑŋ³	ʂiɑŋ³	sɑŋ³	ʂɑŋ³	sɑŋ⁴
900	上	ʂɑŋ⁴	ʂɑŋ³	sɑŋ⁴	ʂɑŋ³	sɑŋ²
901	裳	ʂɑŋ	tʂʻiɑŋ²	sɑŋ³	ʂɑŋ³	sɑŋ³
902	烧	ʂɑu¹	ʂɑu¹	sɑu¹	ʂɔ⁴	sɑu¹
903	勺	ʂɑu²	ʂuo²	sɑu²	ʂɔ²	sɑu³
904	少	ʂɑu³	ʂɑu³	sɑu³	ʂɔ¹	sɑu⁴
905	哨	ʂɑu⁴	ɕiɑu⁴	sɑu⁴	ʂɔ³	sɑu²
906	赊	ʂɤ¹	ʂɤ¹	sei¹	ʂi²	sɤ¹
907	舌	ʂɤ²	ʂɤ²	sei²	ʂiə²	sɤ³

(续表)

编号	汉字	普通话	明代官话	屯堡话	江淮官话	西南官话
908	舍	ʂɤ³	ʂiɛ³	sei³	ʂiɿ¹	sɤ⁴
909	社	ʂɤ⁴	tʂʻɤ⁴	sei⁴	ʂiɿ³	sɤ²
910	谁	ʂei²	ʂuei²	ʂuei²	ʂei¹	sei³
911	身	ʂən¹	ʂən¹	ʂən¹	ʂəŋ⁴	sən¹
912	神	ʂən²	tʂʻən²	ʂən²	ʂəŋ²	sən³
913	婶	ʂən³	ʂən³	ʂən³	ʂəŋ³	sən⁴
914	肾	ʂən⁴	ʂən⁴	ʂən⁴	ʂəŋ³	sən²
915	升	ʂəŋ¹	ʂəŋ¹	ʂən¹	ʂəŋ⁴	sən¹
916	绳	ʂəŋ²	ʂəŋ²	sən²	ʂəŋ²	sən³
917	省	ʂəŋ³	siŋ³	sən³	ʂəŋ¹	sən⁴
918	胜	ʂəŋ⁴	ʂəŋ⁴	sən⁴	ʂəŋ³	sən²
919	师	ʂʅ¹	ʂʅ¹	ʂʅ¹	ʂʅ²	sʅ¹
920	石	ʂʅ²	ʂʅ²	ʂʅ²	ʂʅ²	sʅ³
921	使	ʂʅ³	ʂʅ³	ʂʅ³	ʂʅ¹	sʅ⁴
922	世	ʂʅ⁴	ʂʅ⁴	ʂʅ⁴	ʂʅ³	sʅ²
923	匙	ʂʅ	tʂʻʅ¹	ʂʅ¹	ʂʻʅ²	sʅ¹
924	收	ʂou¹	ʂou¹	sou¹	ʂəɯ³	sou¹
925	熟	ʂou²	ʂu²	ʂu²	ʂuɤ⁵	su³
926	手	ʂou³	ʂiou³	sou³	ʂəɯ¹	sou⁴
927	寿	ʂou⁴	ʂiou⁴	sou⁴	ʂəɯ³	sou²
928	书	ʂu¹	ʂy¹	ʂu¹	ʂu⁴	sy¹
929	塾	ʂu²	ʂu²	ʂu³	ʂuɤ³	su³
930	鼠	ʂu³	ʂy³	ʂu³	ʂʻu³	sy⁴
931	树	ʂu⁴	ʂy⁴	ʂu⁴	ʂu³	sy²
932	刷	ʂuA¹	ʂuA¹	ʂuA¹	ʂuA²	suA¹
933	耍	ʂuA³	ʂA³	ʂuA³	ʂuA³	suA⁴
934	刷	ʂuA⁴	ʂuA⁴	ʂuA²	ʂuA⁴	suA²

(续表)

编号	汉字	普通话	明代官话	屯堡话	江淮官话	西南官话
935	衰	ʂuai¹	suei¹	ʂuai¹	ʂuɛ¹	suai¹
936	甩	ʂuai³		ʂuai³	ʂuɛ¹	suai⁴
937	帅	ʂuai⁴	sei⁴	ʂuai⁴	ʂuɛ³	suai²
938	栓	ʂuan¹	suan¹	ʂuɑŋ¹	ʂuan⁴	suan¹
939	双	ʂuɑŋ¹	suɑŋ¹	ʂuɑŋ¹	ʂuɑŋ⁴	suɑŋ¹
940	爽	ʂuɑŋ³	suɑŋ²	ʂuɑŋ³	ʂuɑŋ¹	suɑŋ⁴
941	谁	ʂuei²	suei¹	ʂuei¹	ʂei²	suei³
942	水	ʂuei³	suei¹	ʂuei¹	ʂei⁴	suei⁴
943	睡	ʂuei⁴	ʂuei⁴	ʂuei⁴	ʂei³	suei²
944	顺	ʂuən⁴	ʂyn⁴	ʂuən⁴	ʂon³	suan²
945	说	ʂuo¹	ʂuo¹	so¹	ʂuə¹	so¹
946	硕	ʂuo⁴	ʂi⁴	so¹	ʂuə²	so²
947	燃	ʐan²	ʐiɑn²	ʐan²	øiɛn²	iɛn³
948	染	ʐan³	ʐiɛn⁴	ʐan³	øiɛn³	iɛn²
949	嚷	ʐɑŋ¹	ʐɑŋ¹	ʐɑŋ¹	lɑŋ⁴	iɑŋ¹
950	瓤	ʐɑŋ²	ʐiɑŋ²	ʐɑŋ²	ʐɑŋ²	iɑŋ³
951	壤	ʐɑŋ³	ʐiɑŋ³	ʐɑŋ³	ʐɑŋ³	iɑŋ⁴
952	让	ʐɑŋ⁴	ʐiɑŋ⁴	ʐɑŋ⁴	ʐɑŋ⁴	iɑŋ²
953	饶	ʐau²	ʐau²	ʐau²	ʐɔ²	iau³
954	扰	ʐau³	ʐau²	ʐau⁴	ʐɔ⁴	iau⁴
955	绕	ʐau⁴	ʐau³	ʐau³	ʐɔ³	iau²
956	惹	ʐɤ³	ʐɤ³	ʐei³	øiə⁴	iɛ⁴
957	热	ʐɤ⁴	ʐɤ⁴	ʐei¹	øiə²	iɛ²
958	人	ʐən²	ʐin²	ʐən²	ʐəŋ²	in³
959	忍	ʐən³	ʐən³	ʐən³	ʐəŋ³	in⁴
960	认	ʐən⁴	ʐən⁴	ʐən⁴	ʐəŋ³	in²
961	扔	ʐəŋ¹	ʐəŋ¹	ʐən¹	øiŋ³	in¹

（续表）

编　号	汉　字	普通话	明代官话	屯堡话	江淮官话	西南官话
962	仍	ʐəŋ²	ʐiŋ²	ʐəne²	øiŋ²	in³
963	日	ʐʅ⁴	ʐʅ⁴	ʐʅ¹	ʐə⁵	i²
964	容	ʐuŋ²	ʐuŋ²	ʐuŋ²	ʐoŋ²	iuŋ³
965	冗	ʐuŋ³	ʐuŋ³	ʐuŋ³	ʐoŋ³	iuŋ⁴
966	柔	ʐou²	ʐiou²	ʐou²	ʐo²	iou³
967	肉	ʐou⁴	ʐu⁴	ʐu¹	ʐəɯ³	iou²
968	如	ʐu²	ʐu²	ʐu²	ʐu²	i³
969	乳	ʐu³	ʐu³	ʐu³	ʐu¹	li⁴
970	入	ʐu⁴	ʐu⁴	ʐu¹	ʐu³	i²
971	软	ʐuan³	ʐian³	ʐuan³	ʐon³	yɛn⁴
972	蕊	ʐuei³	ʐei³	ʐuei³	ʐuei³	suei⁴
973	瑞	ʐuei⁴	ʂuei⁴	ʐuei⁴	ʐuei³	suei²
974	闰	ʐyn⁴	ʐyn⁴	ʐyn⁴	øyon³	in²
975	若	ʐuo⁴	ʐuo⁴	ʐo¹	øuə⁴	io²

六、舌尖前音组

编　号	汉　字	普通话	明代官话	屯堡话	江淮官话	西南官话
976	扎	tsA¹	tsA¹	tsA¹	tʂA²	tsA¹
977	杂	tsA²	tsA²	tsA¹	tʂA²	tsA³
978	咋	tsA³	tsɤ³	tsA³		tsA⁴
979	灾	tsai¹	tsai¹	tsai¹	tʂɛ²	tsai¹
980	载	tsai³	tɕai⁴	tsai³	tʂɛ²	tsai⁴
981	在	tsai⁴	tsai⁴	tsai⁴	tʂɛ³	tsai²
982	簪	tsan¹	tsan¹	tsan¹	tʂan¹	tsan¹
983	咱	tsan²	tsA²	tsan²	tʂan²	tsan³
984	攒	tsan³	tsan¹	tsA³	tʂan³	tsan⁴

(续表)

编　号	汉字	普通话	明代官话	屯堡话	江淮官话	西南官话
985	暂	tsan⁴	tsan⁴	tsan⁴	tʂan³	tsan²
986	赃	tsɑŋ¹	tsɑŋ¹	tsɑŋ¹	tʂɑŋ⁴	tsɑŋ¹
987	驵	tsɑŋ³	tsɑŋ³			
988	藏	tsɑŋ⁴	tsʻɑŋ⁴	tsɑŋ⁴	tʂɑŋ⁴	tsɑŋ²
989	遭	tsau¹	tsau¹	tsau¹	tʂɔ⁴	tsau¹
990	凿	tsau²	tsau⁴	tsau²	tʂuɔ⁵	tso³
991	早	tsau³	tsau³	tsau³	tʂɔ¹	tsau⁴
992	造	tsau⁴	tsau⁴	tsau⁴	tʂɔ³	tsau²
993	则	tsɤ²	tsɤ¹	tsei²	tʂə²	tsɤ³
994	仄	tsɤ⁴	tsʻɤ²	tsei¹	tʂə²	tsɤ²
995	贼	tsei²	tɕɤ²	tsei²	tʂei²	tsɤ³
996	怎	tsən³	tsən³	tsən³	tʂəŋ¹	tsən⁴
997	譖	tsən⁴	tsin⁴	tsən⁴	tʂəŋ⁴	tsən²
998	增	tsəŋ¹	tsən¹	tsən¹	tʂəŋ²	tsən¹
999	赠	tsəŋ⁴	tsən⁴	tsən⁴	tʂəŋ³	tsən²
1000	姿	tsɿ¹	tɕi¹	tsɿ¹	tʂɿ⁴	tsɿ¹
1001	子	tsɿ³	tsi³	tsɿ³	tʂɿ¹	tsɿ⁴
1002	自	tsɿ⁴	tsɿ⁴	tsɿ⁴	tʂɿ³	tsɿ²
1003	宗	tsuŋ¹	tsuŋ¹	tsuŋ¹	tʂoŋ⁴	tsuŋ¹
1004	总	tsuŋ³	tsuŋ³	tsuŋ³	tʂoŋ¹	tsuŋ⁴
1005	纵	tsuŋ⁴	tsuŋ⁴	tsuŋ⁴	ʂoŋ³	tsuŋ²
1006	邹	tsou¹	tsʻiou¹	tsou¹	tʂɤɯ³	tsou¹
1007	走	tsou³	tsou³	tsou³	tʂɤɯ¹	tsou⁴
1008	奏	tsou⁴	tsʻou⁴	tsou⁴	tʂɤɯ³	tsou²
1009	租	tsu¹	tsu¹	tsu¹	tʂu¹	tsu¹
1010	足	tsu²	tsy²	tsu²	tʂuɔ²	tsu³
1011	组	tsu³	tsu³	tsu³	tʂu¹	tsu⁴

(续表)

编号	汉字	普通话	明代官话	屯堡话	江淮官话	西南官话
1012	钻	tsuan¹	tsuan¹	tsuan¹	tʂon³	tsuan¹
1013	纂	tsuan³	tsuan³	tsuan³	tʂon³	tsuan⁴
1014	钻	tsuan⁴	tsuan⁴	tsuan⁴	tʂon⁴	tsuan²
1015	嘴	tsuei³	tsuei³	tsei³	tʂei¹	tsuei⁴
1016	最	tsuei⁴	tɕuei⁴	tsei⁴	tʂei³	tsuei²
1017	尊	tsuən¹	tsuən¹	tsən¹	tʂəŋ⁵	tsən¹
1018	昨	tsuo³	tɕɤ³	tso²	tʂo²	tso⁴
1019	左	tsuo³	tsɤ³	tso³	tʂo³	tso⁴
1020	作	tsuo⁴	tsuo⁴	tso¹	tʂuɷ²	tso²
1021	擦	tsʻA¹	tsʻA¹	tsʻA¹	tʂʻA²	tsʻA¹
1022	猜	tsʻai¹	tsʻai¹	tsʻai¹	tʂɛ³	tsʻai¹
1023	才	tsʻai²	tɕʻai²	tsʻai²	tʂɛ²	tsʻai³
1024	踩	tsʻai³		tsʻai²	tʂɛ¹	tsʻai⁴
1025	菜	tsʻai⁴	tsʻai⁴	tsʻai⁴	tʂɛ³	tsʻai²
1026	参	tsʻan¹	tsʻan¹	tsʻan¹	tʂan⁴	tsʻan¹
1027	残	tsʻan²	tsʻiɛn²	tsʻan²	tʂan²	tsʻan³
1028	惨	tsʻan³	tɕʻan³	tsʻan³	tʂan¹	tsʻan⁴
1029	灿	tsʻan⁴	tsʻiɛn⁴	tsʻan⁴	tʂan³	tsʻan²
1030	仓	tsʻɑŋ¹	tɕʻɑŋ¹	tsʻɑŋ¹	tʂɑŋ⁴	tsʻɑŋ¹
1031	藏	tsʻɑŋ²	tsʻɑŋ²	tsʻɑŋ²	tʂɑŋ²	tsʻɑŋ³
1032	糙	tsʻɑu¹	tɕʻɑu⁴	tsʻɑu⁴	tʂɔ³	tsʻɑu¹
1033	曹	tsʻɑu²	tsʻɑu²	tsʻɑu²	tʂɔ²	tsʻɑu³
1034	草	tsʻɑu³	tsʻɑu³	tsʻɑu³	tʂɔ¹	tsʻɑu⁴
1035	册	tsʻɤ⁴	tʂʻɤ¹	tsʻei¹	tʂʻə²	tsʻɤ²
1036	参	tsʻən¹	tʂʻan¹	tsʻən¹	ʂəŋ¹	tsʻən¹
1037	岑	tsʻən²	tʂʻən²	tɕʻin²	tʂʻəŋ²	tɕʻin³
1038	层	tsʻən²	tsʻəŋ²	tsʻən²	tʂʻəŋ	tsʻən³

(续表)

编号	汉字	普通话	明代官话	屯堡话	江淮官话	西南官话
1039	蹭	tsʻəŋ⁴	tɕʻəŋ⁴	tsʻən⁴	tʂʻəŋ⁴	tsʻən²
1040	疵	tsʻɿ¹	tsʻɿ¹	tsʻɿ¹	tʂʻɿ¹	tsʻɿ¹
1041	词	tsʻɿ²	ɕʻi²	tsʻɿ²	tʂʻɿ²	tsʻɿ³
1042	此	tsʻɿ³	tsʻɿ³	tsʻɿ³	tʂʻɿ³	tsʻɿ⁴
1043	次	tsʻɿ⁴	tɕʻi⁴	tsʻɿ⁴	tʂʻɿ³	tsʻɿ²
1044	匆	tsʻuŋ¹	tsʻuŋ¹	tsʻuŋ¹	tʂʻoŋ¹	tsʻuŋ¹
1045	从	tsʻuŋ²	tsʻuŋ²	tsʻuŋ²	tʂʻoŋ²	tsʻuŋ²
1046	凑	tsʻou⁴	tɕʻou⁴	tʂʻu²	tʂʻəɯ³	tsʻo²
1047	粗	tsʻu¹	tsʻu¹	tʂʻu¹	tʂʻu¹	tsʻu¹
1048	殂	tsʻu²	tsʻu²	tʂʻu²	tʂʻu²	tsʻu³
1049	簇	tsʻu⁴	tsʻu⁴	tʂʻu³	tʂʻu⁴	tsʻu²
1050	攒	tsʻuan²	tɕʻuan²	tʂʻuan²	tʂʻon²	tsʻuan³
1051	窜	tsʻuan⁴	tɕʻuan⁴	tʂʻuan⁴	tʂʻon³	tsʻuan²
1052	催	tsʻuei¹	tsʻuei¹	tsʻei¹	tʂʻei²	tsʻei¹
1053	璀	tsʻuei²	tsʻuei³	tsʻei²	tʂʻei²	tsʻei³
1054	脆	tsʻuei⁴	tsʻuei⁴	tsʻei⁴	tʂʻei⁴	tsʻei²
1055	村	tsʻuən¹	tsʻuən¹	tsʻən¹	tʂʻəŋ⁴	tsʻən¹
1056	存	tsʻuən²	tsʻuən²	tsʻən²	tʂʻəŋ²	tsʻən³
1057	忖	tsʻuən³	tɕʻuən³	tsʻən³	tʂʻəŋ²	tsʻən⁴
1058	寸	tsʻuən⁴	tsʻuən⁴	tsʻən⁴	tʂʻəŋ²	tsʻən²
1059	磋	tsʻuo¹	tsʻɤ⁴	tsʻo¹	tʂʻo²	tsʻo¹
1060	错	tsʻuo⁴	tɕʻɤ⁴	tsʻo⁴	tʂʻo³	tsʻo²
1061	撒	sA¹	siA¹	sA³	ʂA³	sA¹
1062	洒	sA³	ʂiA³	sA³	ʂA¹	sA⁴
1063	萨	sA⁴	siA⁴	sA²	ʂA⁴	sA²
1064	腮	sai¹	ɕai¹	sai¹	ʂe⁴	sai¹
1065	赛	sai⁴	ɕai¹	sai⁴	ʂe³	sai²

(续表)

编号	汉字	普通话	明代官话	屯堡话	江淮官话	西南官话
1066	三	san¹	siɛn¹	san¹	ʂan⁴	san¹
1067	伞	san³	siɛn³	san³	ʂan¹	san⁴
1068	散	san⁴	siɛn³	san⁴	ʂan³	san²
1069	桑	sɑŋ¹	sɑŋ¹	sɑŋ¹	ʂɑŋ²	sɑŋ¹
1070	嗓	sɑŋ³	ɕɑŋ³	sɑŋ³	ʂɑŋ¹	sɑŋ⁴
1071	丧	sɑŋ⁴	sɑŋ⁴	sɑŋ⁴	ʂɑŋ²	sɑŋ²
1072	骚	sau¹	sau¹	sau¹	ʂɔ⁴	sau¹
1073	扫	sau³	sau³	sau³	ʂɔ¹	sau⁴
1074	臊	sau⁴	sau⁴	sau⁴	ʂɔ³	sau²
1075	色	sɤ⁴	sai¹	sei¹	ʂə²	sɤ²
1076	森	sən¹	ʂən¹	sən¹	ʂən⁴	sən¹
1077	僧	səŋ¹	səŋ¹	səŋ¹	ʂən⁴	sən¹
1078	丝	sɿ¹	ɕi¹	sɿ¹	ʂɿ⁴	sɿ¹
1079	死	sɿ³	ɕi³	sɿ³	ʂɿ¹	sɿ⁴
1080	四	sɿ⁴	ɕi⁴	sɿ⁴	ʂɿ³	sɿ²
1081	松	suŋ¹	ɕuŋ¹	suŋ¹	ʂoŋ⁴	suŋ¹
1082	耸	suŋ³	ɕuŋ³	suŋ³	ʂoŋ³	suŋ⁴
1083	送	suŋ⁴	suŋ⁴	suŋ⁴	ʂoŋ³	suŋ²
1084	搜	sou¹	siou¹	sou¹	ʂɯɪ²	sou¹
1085	叟	sou³	siou³	sou³	ʂɯɪ³	sou⁴
1086	嗽	sou⁴	ɕou⁴	sou⁴	ʂɯɪ⁴	sou²
1087	苏	su¹	su¹	ʂu¹	ʂu⁴	su¹
1088	俗	su²	**su²**	ʂu²	ʂu²	su³
1089	素	su⁴	su⁴	ʂu⁴	ʂu³	su²
1090	酸	suan¹	suan¹	ʂuan¹	ʂon²	suan¹
1091	算	suan⁴	suan⁴	ʂuan⁴	ʂon³	suan²
1092	虽	suei¹	suei¹	suei¹	ʂei²	suei¹

(续表)

编号	汉字	普通话	明代官话	屯堡话	江淮官话	西南官话
1093	随	suei²	ɕuei²	suei²	ʂei²	suei³
1094	髓	suei³	ɕuei³	sei³	ʂei²	suei⁴
1095	岁	suei⁴	ɕuei⁴	sei⁴	ʂei³	sei²
1096	孙	suən¹	suən¹	sən¹	ʂəŋ⁴	sən¹
1097	损	suən³	sən³	sən³	ʂəŋ³	sən⁴
1098	潠	suən⁴	suən⁴	sən⁴	ʂəŋ³	sən²
1099	梭	suo¹	sɤ¹	so¹	ʂo⁴	so¹
1100	所	suo⁴	ʂu⁴	so⁴	ʂo¹	so²

七、零声母组

编号	汉字	普通话	明代官话	屯堡话	江淮官话	西南官话
1101	阿	A¹	ɤ¹	A¹	A⁴	A¹
1102	哀	ai¹	ai¹	ai¹	ɛ¹	ai¹
1103	皑	ai²	ai²	ŋai²	ɛ⁵	ŋai³
1104	矮	ai³	iɛ³	ŋai³	ɛ¹	ŋai⁴
1105	爱	ai⁴	ai⁴	ŋai⁴	ɛ³	ŋai²
1106	安	an¹	an¹	ŋan¹	an⁴	ŋan¹
1107	俺	an³	an³	an³	an³	an⁴
1108	案	an⁴	an⁴	ŋan⁴	an³	ŋan²
1109	肮	ɑŋ¹	ɑŋ¹	ŋɑŋ¹	ɑŋ¹	ŋɑŋ¹
1110	昂	ɑŋ²	ɑŋ²	ŋɑŋ²	ɑŋ²	ŋɑŋ³
1111	盎	ɑŋ⁴	ɑŋ⁴	ŋɑŋ⁴	ɑŋ⁴	ɑŋ²
1112	凹	ɑu¹	ɑu¹	ŋɑu¹	ɔ³	ŋɑu¹
1113	熬	ɑu²	ɑu²	ŋɑu²	ɔ²	ŋɑu³
1114	袄	ɑu³	ɑu³	ŋɑu³	ɔ¹	ŋɑu⁴
1115	奥	ɑu⁴	ɑu⁴	ŋɑu⁴	ɔ³	ŋɑu²

(续表)

编号	汉字	普通话	明代官话	屯堡话	江淮官话	西南官话
1116	噢	o^1	y^3			
1117	哦	o^2	nɤ^2	o^2	o^5	o^3
1118	欧	ou^1	nou^1	ou^1	əɯ^4	ŋou^1
1119	偶	ou^3	ou^3	ou^3	əɯ^1	ŋou^4
1120	怄	ou^4		ŋo^4	əɯ^4	ŋo^2
1121	婀	ɤ^1	ɤ^1	ɑ^1	o^1	ɤ^1
1122	讹	ɤ^2	ɤ^2	ŋo^2	o^2	ŋɤ^3
1123	恶	ɤ^3	ɤ^4	ŋo^1	u^3	ŋo^4
1124	扼	ɤ^4	ɤ^1	ŋei^1	u^1	ŋɤ^2
1125	恩	ən^1	ən^1	ŋueŋ^1	əŋ^4	ŋueŋ^1
1126	儿	ɚ^2	ʐʅ^2	ɚ^2	ɛ^2	ə^3
1127	耳	ɚ^3	ʐʅ^3	ɚ^3	ɛ^1	ə^4
1128	二	ɚ^4	ʐʅ^4	ɚ^4	ɛ^3	ə^2
1129	压	iA^1	iA^1	iA^1	iɐ^2	iA^1
1130	牙	iA^2	iA^2	iA^2	iA^2	iA^3
1131	雅	iA^3	iA^3	iA^3	iA^1	iA^4
1132	亚	iA^4	iA^4	iA^4	iA^3	iA^2
1133	呀	iA	niA^1	iA	iA^4	iA^1
1134	烟	iɛn^1	iɛn^1	iɛn^1	iɛn^5	iɛn^1
1135	严	iɛn^2	iɛn^2	iɛn^2	iɛn^2	iɛn^3
1136	岩	iɛn^2	iɛn^2	iɛn^2	iɛn^2	ŋæn^3
1137	眼	iɛn^3	iɛn^3	iɛn^3	iɛn^1	iɛn^4
1138	厌	iɛn^4	iɛn^4	iɛn^4	iɛn^3	iɛn^2
1139	央	iɑŋ^1	iɑŋ^1	iɑŋ^1	iɑŋ	iɑŋ^1
1140	扬	iɑŋ^2	iɑŋ^2	iɑŋ^2	iɑŋ^2	iɑŋ^3
1141	仰	iɑŋ^3	iɑŋ^3	iɑŋ^3	iɑŋ^1	iɑŋ^4
1142	样	iɑŋ^4	iɑŋ^4	iɑŋ^4	iɑŋ^3	iɑŋ^2

(续表)

编　号	汉　字	普通话	明代官话	屯堡话	江淮官话	西南官话
1143	腰	iau^1	iau^1	iau^1	iɔ^4	iau^1
1144	摇	iau^2	iau^2	iau^2	iɔ^2	iau^3
1145	咬	iau^3	iau^2	iau^3	iɔ^1	iau^4
1146	要	iau^4	iau^4	iau^4	iɔ^3	iau^2
1147	椰	iɛ^1		i^1	iɪ^1	iɛ^1
1148	爷	iɛ^2	iɛ^2	i^2	iɪ^2	iɛ^3
1149	也	iɛ^3	ɤ^3	i^3	iɪ^1	i^4
1150	液	iɛ^4	i^4	i^1	iɪ^1	i^2
1151	业	iɛ^4	iɛ^4	i^1	iə^2	niɛ^2
1152	一	i^1	i^4	i^1	i^5	i^1
1153	仪	i^2	i^2	i^2	i^2	i^3
1154	宜	i^2	i^2	i^2	i^2	i^3
1155	蚁	i^3	i^3	i^3	i^1	i^4
1156	义	i^4	i^4	i^4	i^3	i^2
1157	因	in^1	ən^1	in^1	iŋ^4	in^1
1158	银	in^2	in^2	in^2	iŋ^2	in^3
1159	引	in^3	ən^3	in^3	iŋ^1	in^4
1160	印	in^4	ən^4	in^4	iŋ^3	in^2
1161	英	iŋ^1	iŋ^2	in^1	iŋ^4	in^1
1162	迎	iŋ^2	iŋ^2	in^2	iŋ^2	in^3
1163	影	iŋ^3	iŋ^3	in^3	iŋ^1	in^4
1164	硬	iŋ^4	iŋ^4	ŋen^4	iŋ^3	ŋen^2
1165	唷	yo^1		io^1	yɷ^2	io^1
1166	哟	yo		io	iɪ	io
1167	拥	yŋ^1	yŋ^1	yŋ^1	ioŋ^4	yŋ^1
1168	喁	yŋ^2	yŋ^2	yŋ^2	ioŋ^2	yŋ^3
1169	永	yŋ^3	iŋ^3	yŋ^3	ioŋ^1	yŋ^4

(续表)

编 号	汉字	普通话	明代官话	屯堡话	江淮官话	西南官话
1170	用	yŋ^4	yŋ^4	yŋ^4	ioŋ^3	yŋ^2
1171	优	iou^1	iou^1	iou^1	iɤɯ^4	iou^1
1172	油	iou^2	iou^2	iou^2	iɤɯ^2	iou^3
1173	有	iou^3	iou^3	iou^3	iɤɯ^1	iou^4
1174	右	iou^4	iou^4	iou^4	iɤɯ^3	iou^2
1175	淤	y^1	y^1	i^1	y^4	y^1
1176	余	y^2	y^2	i^2	y^2	y^3
1177	宇	y^3	y^3	i^3	y^1	y^4
1178	玉	y^4	y^4	i^4	y^3	y^2
1179	育	y^4	iou^4	iou^4	y^4	io^2
1180	冤	yɛn^1	yɛn^1	iɛn^1	yon^4	yɛn^1
1181	元	yɛn^2	yɛn^2	iɛn^2	yon^2	yɛn^3
1182	远	yɛn^3	yɛn^3	iɛn^3	yon^1	yɛn^4
1183	院	yɛn^4	yɛn^4	iɛn^4	yon^3	yɛn^2
1184	约	yɛ^1	yɛ^4	io^1	yɷ^4	io^1
1185	曰	yɛ^1	yɛ^4	io^1	yɷ^4	yɛ^1
1186	哕	yɛ^3	xuei^4	io^3	yɷ^3	yɛ^4
1187	月	yɛ^4	yɛ^4	i^4	yɷ^4	yɛ^2
1188	跃	yɛ^4	yɛ^4	i^4	yɷ^4	yɛ^2
1189	晕	yn^1	ən^1	in^1	yoŋ^4	yn^1
1190	云	yn^2	ən^2	in^2	yoŋ^2	yn^3
1191	允	yn^3	in^3	in^3	yoŋ^1	yn^4
1192	孕	yn^4	in^4	in^4	yoŋ^3	yn^2
1193	挖	uA^1	uA^1	uA^1	uA^4	uA^1
1194	娃	uA^2	uA^2	uA^2	uA^2	uA^3
1195	瓦	uA^3	uA^3	uA^3	uA^1	uA^4
1196	袜	uA^4	uA^4	uA^1	uA^3	uA^2

(续表)

编　号	汉　字	普通话	明代官话	屯堡话	江淮官话	西南官话
1197	哇	uA^1	uA^1	uA^1	uA^4	uA^1
1198	歪	uai^1	uai^1	uai^1	$u\varepsilon^4$	uai^1
1199	崴	uai^3		uai^3	$u\varepsilon^4$	uai^1
1200	外	uai^4	uai^4	uai^4	$u\varepsilon^3$	uai^2
1201	弯	uan^1	uan^2	uan^1	uan^4	uan^1
1202	完	uan^2	uan^2	uan^2	uan^2	uan^3
1203	晚	uan^3	uan^3	uan^3	uan^1	uan^4
1204	万	uan^4	uan^4	uan^4	uan^3	uan^2
1205	汪	$u\alpha\eta^1$	$u\alpha\eta^1$	$u\alpha\eta^1$	$u\alpha\eta^4$	$u\alpha\eta^1$
1206	亡	$u\alpha\eta^2$	$u\alpha\eta^2$	$u\alpha\eta^2$	$u\alpha\eta^2$	$u\alpha\eta^3$
1207	网	$u\alpha\eta^3$	$u\alpha\eta^3$	$u\alpha\eta^3$	$u\alpha\eta^1$	$u\alpha\eta^4$
1208	忘	$u\alpha\eta^4$	$u\alpha\eta^4$	$u\alpha\eta^4$	$u\alpha\eta^3$	$u\alpha\eta^2$
1209	威	uei^1	uei^1	uei^1	uei^4	uei^1
1210	韦	uei^2	uei^2	uei^2	uei^2	uei^3
1211	伟	uei^3	uei^3	uei^3	uei^1	uei^4
1213	卫	uei^4	uei^4	uei^4	uei^3	uei^2
1214	温	$u\partial n^1$	$u\partial n^1$	$u\partial n^1$	uon^4	$u\partial n^1$
1215	文	$u\partial n^2$	$u\partial n^2$	$u\partial n^2$	uon^2	$u\partial n^3$
1216	稳	$u\partial n^3$	$u\partial n^3$	$u\partial n^3$	uon^1	$u\partial n^4$
1217	问	$u\partial n^4$	$u\partial n^4$	$u\partial n^4$	uon^3	$u\partial n^2$
1218	翁	$u\partial\eta^1$	$u\eta^1$	$\eta u\eta^1$	$uo\eta^1$	$\eta u\eta^1$
1219	蓊	$u\partial\eta^3$	$u\eta^3$	$\eta u\eta^3$	$uo\eta^3$	$\eta u\eta^3$
1220	瓮	$u\partial\eta^4$	$u\eta^4$	$\eta u\eta^4$	$uo\eta^4$	$\eta u\eta^2$
1221	窝	uo^1	uo^1	ηo^1	o^4	ηo^1
1222	我	uo^3	uo^3	ηo^3	o^1	ηo^4
1223	卧	uo^4	uo^4	ηo^4	o^5	ηo^2
1224	乌	u^1	u^1	u^1	u^4	u^1

（续表）

编　号	汉　字	普通话	明代官话	屯堡话	江淮官话	西南官话
1225	无	u^2	u^2	u^2	u^2	u^3
1226	五	u^3	u^3	u^3	u^1	u^4
1227	务	u^4	u^4	u^4	u^3	u^2

附录 C 汉语官话方言词汇调查条目表

1.《汉语官话方言词汇调查条目表》是在北京大学中文系语言学教研室于 1956 年编写的《汉语方言词汇》和中国社会科学院语言研究所方言研究室编的《汉语官话方言词语调查条目表》基础上编写的,按名词、动词、形容词、代词、量词、副词、介词(连词)、数词等八个大类分为八个部分。

2. 表内的栏目有:编号、小类、词目、明代官话、屯堡话、江淮官话、西南官话。小类是大类的细化,如"名词→时间节令";"词目"是所要比较的词语。"词目"的称谓均采用普通话词语的称谓,因此本表的"词目"栏称"普通话"。本表实际是普通话、明代官话、屯堡话、江淮官话、西南官话词汇比较表。

3. 本表的词语不注音,如有一些与普通话读音不同而普通话中又没有相同读音的词,才用国际音标标出。

一、名词

编号	小类	普通话	明代官话	屯堡话	江淮官话	西南官话
1	天象地理	太阳	日	太阳	太阳	太阳
2	天象地理	月亮	月	月亮	月亮	月亮
3	天象地理	星	星	仙宿	星星	星星
4	天象地理	风	风	风	风	风
5	天象地理	雨	雨	雨	雨	雨
6	天象地理	雾	雾	雾	雾	雾
7	天象地理	露水	露水	露	露水	露水
8	天象地理	霜	霜	霜	霜	霜
9	天象地理	雪	雪	雪	雪	雪
10	天象地理	冰	冰	冰	冻	冰
11	天象地理	冰雹	雹	冰雹	冷冷	冰雹
12	天象地理	闪电	闪电	扯电	闪电	闪电

(续表)

编 号	小 类	普通话	明代官话	屯堡话	江淮官话	西南官话
13	天象地理	雷	雷	雷	雷	雷
14	天象地理	虹	虹	龙杠吃水	杠（kaŋ^{55}）	龙杠
15	天象地理	天气	天气	气候	天气	天气
16	天象地理	晴天	天晴	晴天	好天	晴天
17	天象地理	阴天	天阴	阴天	阴天	阴天
18	天象地理	海	海	海	海	海
19	天象地理	湖	湖	湖	湖	湖
20	天象地理	池塘	池塘	塘塘	汪塘	鱼塘
21	天象地理	风景	景致	风景	风景	风景
22	天象地理	堤	堤	堤	堆（tei^1）	堤
23	天象地理	河	河	河	河	河
24	天象地理	山	山	山	山	山
25	天象地理	水	水	水	水	水
26	天象地理	田	稻田	水田	水稻田	稻田
27	天象地理	旱地	旱地	旱地	旱地	旱地
28	时间节令	时候	时节	时候	时候	时候
29	时间节令	今年	今年	今年	今年	今年
30	时间节令	明年	明年	明年	明年	明年
31	时间节令	后年	二年	后年	后年	后年
32	时间节令	去年	去年	去年	去年	去年
33	时间节令	前年	前年	前年	前年	前年
34	时间节令	日子	日子	日子	日子	日子
35	时间节令	今天	今日	今天	今天	今天
36	时间节令	明天	明日	明天	明天	明天
37	时间节令	后天	后日	后天	后天	后天
38	时间节令	大后天	大后日	万天	大后天	大后天
39	时间节令	昨天	昨日	昨天	昨天	昨天

(续表)

编号	小类	普通话	明代官话	屯堡话	江淮官话	西南官话
40	时间节令	前天	前日	前天	前天	前天
41	时间节令	大前天	几日前	大前天	大前天	大前天
42	时间节令	白天	日里	白天	白天	白天
43	时间节令	夜间	夜来	夜晚	夜里	夜晚
44	时间节令	早晨	早晨	大老早	清早	早上
45	时间节令	上午	早间	晌午前	上午	上午
46	时间节令	中午	正午	中午	晌午	中午
47	时间节令	下午	下午	下午	下午	下午
48	时间节令	傍晚	傍晚	擦黑	下傍晚	傍晚
49	时间节令	晚上	晚夕	夜晚	晚上	晚上
50	时间节令	正月初一	正月初一	大年初一	大年初一	年初一
51	时间节令	端午节	端阳节	端阳节	五月端	端阳节
52	时间节令	中秋节	中秋	八月十五	八月半	中秋节
53	时间节令	重阳节	重阳节	重阳	重阳	重阳节
54	时间节令	除夕	除夜	除夕	三十晚	年三十晚
55	矿物石土	金子	金	金	金	金
56	矿物石土	银子	银两	银	银	银
57	矿物石土	铜	铜	铜	铜	铜
58	矿物石土	铁	铁	铁	铁	铁
59	矿物石土	钢	钢	钢	钢	钢
60	矿物石土	铅	铅	铅	铅	铅
61	矿物石土	锡	锡	锡	锡	锡
62	矿物石土	煤	煤	煤	煤	煤
63	矿物石土	煤油		煤油	煤油	火油
64	矿物石土	汽油		汽油	汽油	汽油
65	矿物石土	石头	石	石头	石头	石头
66	矿物石土	泥	泥	泥巴	烂泥	泥巴

(续表)

编号	小类	普通话	明代官话	屯堡话	江淮官话	西南官话
67	矿物石土	土	土	土	泥土	泥土
68	矿物石土	灰尘	灰尘	灰尘	堂灰	灰尘
69	动物	老虎	虎	老虎	老虎	老虎
70	动物	狮子	狮子	狮子	狮子	狮子
71	动物	豹子	豹	豹子	豹子	豹子
72	动物	狼	狼	狼	狼	狼
73	动物	鹿	鹿	鹿	鹿	鹿
74	动物	猴子	猴	猴子	猴子	猴子
75	动物	兔子	兔	兔子	兔子	兔子
76	动物	老鼠	老鼠	耗子	老鼠	老鼠
77	动物	老鹰	老鹰	老鹰	鹰	老鹰
78	动物	猫头鹰	猫头儿	猫头鹰	夜猫子	猫头鹰
79	动物	雁	雁	大雁	大雁	大雁
80	动物	燕子	燕子	燕子	小燕子	燕子
81	动物	乌鸦	乌鸦	老鸦	乌鸦	料哥
82	动物	喜鹊	喜鹊	喜鹊	喜鹊	喜鹊
83	动物	麻雀	雀	麻雀	麻雀	麻雀
84	动物	鸽子	鸽子	鸽子	鸽子	鸽子
85	动物	八哥	八哥	八儿	刮哥	八哥
86	动物	牲口	畜生	牲畜	牲口	牲口
87	动物	公牛	牯牛	牲牯	犍牛	公牛
88	动物	母牛	牛	母牛	沙牛	母牛
89	动物	公马	骏马	叫马	公马	公马
90	动物	母马	马	t'o⁴马	母马	母马
91	动物	公猪	猪	伢猪	公猪	公猪
92	动物	母猪	猪	母猪	母猪	母猪
93	动物	公狗	雄犬	芽狗	公狗	公狗

(续表)

编号	小类	普通话	明代官话	屯堡话	江淮官话	西南官话
94	动物	母狗	雌狗	草狗	草狗	母狗
95	动物	驴	驴	驴	驴	驴
96	动物	骡子	骡	骡	骡子	骡
97	动物	羊	羊	羊	羊	羊
98	动物	猫	猫	猫	猫	猫
99	动物	公鸡	公鸡	公鸡	公鸡	公鸡
100	动物	阉鸡	鸡	骟鸡	鸡	tɕien² 鸡
101	动物	母鸡	鸡母	母鸡	母鸡	母鸡
102	动物	小鸡儿	小鸡	小鸡儿	小鸡	鸡仔
103	动物	鸭子	鸭	鸭	鸭子	鸭
104	动物	鹅	鹅	鹅	鹅	鹅
105	动物	鲤鱼	鲤鱼	鲤鱼	红鱼	鲤鱼
106	动物	鲫鱼	鲫鱼	鲫鱼	刀鱼	鲫鱼
107	动物	黄花鱼	黄花鱼	黄花鱼	黄花鱼	黄花鱼
108	动物	螃蟹	螃蟹	螃蟹	螃蟹	螃蟹
109	动物	虾	虾	虾	虾子	虾
110	动物	蚌	蚌	蚌壳	蛤蜊	蚌壳
111	动物	青蛙	青蛙	田鸡	蛙子	马拐
112	动物	癞蛤蟆	癞蛤蟆	赖疙保	癞鼓子	癞蛤蟆
113	动物	乌龟	乌龟	团鱼	乌龟	乌龟
114	动物	蜗牛	蜗	螺丝	蜗牛	鼻涕虫
115	动物	蚯蚓	蚯蚓	曲蟮	蛐蟮	牙虫
116	动物	蚕	蚕	蚕	蚕	蚕
117	动物	蜜蜂	蜂	蜜蜂	蜜蜂	蜜蜂
118	动物	蝴蝶	蝴蝶	蝴蝶	花蝴蝶	蝴蝶
119	动物	蜻蜓	蜻蜓	蜻蜓	官蜓蜓	咩咩
120	动物	蝉	蝉	蝉	知了	tɕy¹tɕy¹

(续表)

编号	小类	普通话	明代官话	屯堡话	江淮官话	西南官话
121	动物	萤火虫	萤	亮火虫	萤火虫	萤火虫
122	动物	蟋蟀	蟋蟀	蟋蟀	蛐蛐	叫蛛
123	动物	蚂蚁	蚂蚁	蚂蚁	蚂蚁	蚂蚁
124	动物	苍蝇	苍蝇	苍蝇	苍蝇	苍蝇
125	动物	蚊子	蚊	蚊子	蚊子	蚊子
126	动物	臭虫	虱子	臭虫	臭虫	臭虫
127	动物	蜘蛛	蛛	蜘蛛	蛛蛛	蜘蛛
128	动物	蜈蚣	蜈蚣	蜈蚣	蜈蚣	蜈蚣
129	动物	蛇	蛇	蛇	蛇	蛇
130	动物	壁虎	壁虎	四足蛇	壁虎	壁虎
131	动物	翅膀	翅膀	翅膀	翅膀	翅膀
132	动物	蹄子	蹄	蹄子	蹄子	蹄子
133	动物	爪	爪	爪	爪子	爪
134	动物	尾巴	尾儿	尾巴	尾巴	尾巴
135	动物	鳞	鳞	鳞	鳞	鳞
136	植物	梅花	梅花	梅花	梅花	梅花
137	植物	杏花	杏花	杏花	杏花	杏花
138	植物	桃花	桃花	桃花	桃花	桃花
139	植物	荷花	荷花	荷花	莲花	荷花
140	植物	桂花	桂花	桂花	桂花	桂花
141	植物	杜鹃花	杜鹃花	艳山红	杜鹃花	杜鹃花
142	植物	棉花	棉花	棉花	棉花	棉花
143	植物	稻	稻子	谷子	稻子	谷子
144	植物	稻谷	稻谷	稻谷	稻子	谷子
145	植物	大米	白米	大米	米	大米
146	植物	糯米	糯米	糯米	糯米	糯米
147	植物	麦子	麦	麦子	麦子	麦子

(续表)

编 号	小 类	普通话	明代官话	屯堡话	江淮官话	西南官话
148	植物	面粉	面	面粉	白面	面粉
149	植物	谷子	谷子	稻	稻粒	谷子
150	植物	小米	粟	小米	小米	小米
151	植物	麸子	麸	麸夫	荞麦皮	麸夫
152	植物	糠	糠	米糠	糠	糠
153	植物	高粱	高粱	高粱	高粱	高粱
154	植物	玉米	玉米	苞谷	棒子	玉米
155	植物	花生		花生	花生	花生
156	植物	向日葵	向日葵	向日葵	望葵	向日葵
157	植物	甘薯	甘薯	红薯	山芋	红薯
158	植物	马铃薯	土豆	洋芋	地蛋	土豆
159	植物	菜	菜	蔬菜	菜	蔬菜
160	植物	卷心菜		包菜	包头菜	包菜
161	植物	南瓜	南瓜	南瓜	窝瓜	南瓜
162	植物	冬瓜	冬瓜	冬瓜	冬瓜	冬瓜
163	植物	黄瓜	黄瓜	黄瓜	辣萝卜	黄瓜
164	植物	萝卜	萝卜	萝卜	萝卜	萝卜
165	植物	茄子	茄子	茄子	茄子	茄子
166	植物	番茄	番柿	四明茄	洋柿子	毛秀才
167	植物	韭菜	韭	韭菜	韭菜	韭菜
168	植物	葱	葱	大葱	葱	葱
169	植物	蒜	蒜	蒜头	大蒜	蒜
170	植物	辣椒	椒	辣椒	大椒	辣椒
171	植物	水果	果子	水果	瓜果	水果
172	植物	桃	桃子	桃儿	桃子	桃子
173	植物	梨	梨	梨子	梨子	梨子
174	植物	桔子	桔	桔子	桔子	桔子

(续表)

编号	小类	普通话	明代官话	屯堡话	江淮官话	西南官话
175	植物	柚子	柚	柚子	柚子	柚子
176	植物	梅子	梅	杨梅	杨梅	杨梅
177	植物	柿子	樱桃	樱桃	樱桃	樱桃
178	植物	葡萄	葡萄	葡萄	葡萄	葡萄
179	植物	橄榄	橄榄	橄榄	橄榄	橄榄
180	植物	荸荠	荸荠	荸荠儿	荸荠	马蹄
181	植物	枣儿	枣子	枣子	枣子	枣子
182	植物	栗子	栗子	毛栗	栗子	板栗
183	植物	核桃	胡桃	核桃	核桃	核桃
184	植物	香蕉	芭蕉	香蕉	香蕉	香蕉
185	植物	荔枝	荔枝	荔枝	荔枝	荔枝
186	植物	桂圆	龙眼	龙眼	桂圆	龙眼
187	植物	西瓜	西瓜	西瓜	西瓜	西瓜
188	植物	核	核	核子	核子	核
189	植物	果皮	(果)皮	果皮	果皮	果皮
190	饮食	早饭	早饭	吃早饭	早饭	早饭
191	饮食	午饭	午饭	吃中午饭	吃响饭	午饭
192	饮食	晚饭	晚饭	吃晚饭	吃晚饭	晚饭
193	饮食	米饭	米饭	米饭	干饭	米饭
194	饮食	粥	粥	稀饭	稀饭	粥
195	饮食	米汤	稀汤	米汤	米汤	米汤
196	饮食	馒头	馒头	馒头	馒头	馒头
197	饮食	包子	包子	包子	包子	饺子
198	饮食	饺子	饺儿	饺子	饺子	馄饨
199	饮食	馄饨	馄饨	馄饨	馄饨	馄饨
200	饮食	面条	面	面条	面条	面条
201	饮食	糕	糕	糕	糕	糕

(续表)

编号	小类	普通话	明代官话	屯堡话	江淮官话	西南官话
202	饮食	馅	馅	心	心	心
203	饮食	菜	菜	菜	菜	菜
204	饮食	荤菜	荤菜	荤菜	荤菜	肉菜
205	饮食	素菜	素菜	素菜	素菜	素菜
206	饮食	汤	汤	汤	汤	汤
207	饮食	猪肉	猪肉	猪肉	猪肉	猪肉
208	饮食	猪肝	猪肝	猪肝	猪肝	猪肝
209	饮食	猪舌头	猪舌	猪舌头	猪舌头	猪舌头
210	饮食	鸡蛋	鸡蛋	鸡蛋	鸡蛋	鸡蛋
211	饮食	豆腐乳		霉豆腐	豆腐乳	豆腐乳
212	饮食	粉条	粉dui	粉条	粉条子	粉条
213	饮食	作料		作料	作料	佐料
214	饮食	猪油	猪脂油	猪油	猪油	猪油
215	饮食	酱油	酱	酱油	酱油	酱油
216	饮食	醋	醋	醋	醋	醋
217	饮食	糖	糖	糖	糖	糖
218	饮食	蜂蜜	蜜	蜂蜜	蜂蜜	蜂蜜
219	饮食	酒	酒	酒	酒	酒
220	饮食	茶	茶	茶	茶	茶
221	饮食	冰激淋		冰激淋	冰激淋	冰激淋
222	饮食	冰棍		冰棍	冰棒	雪条
223	饮食	开水	滚汤	开水	开水	开水
224	饮食	纸烟		纸烟	烟	纸烟
225	饮食	粽子	粽子	粽粑	粽子	粽粑
226	饮食	油条		油条	油果子	油条
227	饮食	饼干	饼	饼干	饼干	饼干
228	饮食	月饼		月饼	月饼	月饼

(续表)

编号	小类	普通话	明代官话	屯堡话	江淮官话	西南官话
229	饮食	汤圆		汤粑	元宝	水圆
230	服饰	衣服	衣服	衣服	衣服	衣服
231	服饰	上衣	上身单衣	汗衣	褂子	上衣
232	服饰	衬衣	里衣	衬衣	衬衣	衬衣
233	服饰	汗衫	汗衫	汗衫	三根经	线挂
234	服饰	夹袄	袄子	背心	棉袄	背心
235	服饰	毛衣		毛衣	毛线衣	毛衣
236	服饰	大衣	长衣	大衣	大衣	大衣
237	服饰	裤子	裤子	裤子	裤子	裤子
238	服饰	裙子	裙子	裙子	裙子	裙子
239	服饰	短裤	小衣	摇裤儿	裤头	短裤
240	服饰	帽子	帽子	帽子	帽子	帽子
241	服饰	鞋	鞋	鞋	鞋子	鞋
242	服饰	拖鞋	靸鞋	拖鞋	拖鞋	拖鞋
243	服饰	木拖鞋	木屐	木拖鞋	木屐	板鞋
244	服饰	靴子	靴	靴子	水靴子	靴子
245	服饰	围巾	纱巾	围巾	围巾	围巾
246	服饰	手套		手套	手套	手套
247	服饰	袜子	袜子	袜子	袜子	袜子
248	服饰	毛巾	巾	脸巾	洗脸巾	脸巾
249	服饰	手帕	手帕	手帕巾	手巾方子	手帕
250	服饰	围嘴儿		围嘴	围嘴子	围兜
251	服饰	领子	衣领	领	衣领子	衣领
252	服饰	袖子	袖子	袖子	袖子	袖子
253	服饰	里子	里面	里子	里子	里层
254	房屋	房子	房子	房子	房子	房子
255	房屋	屋子	堂里	房子	屋子	屋子

(续表)

编号	小类	普通话	明代官话	屯堡话	江淮官话	西南官话
256	房屋	正房	正房	正房	正屋	正房
257	房屋	厢房	厢房	厢房	边屋	厢房
258	房屋	厨房	厨房	厨房	锅屋	厨房
259	房屋	厕所	坑厕	茅厮	茅厕	茅坑
260	房屋	柱子	柱子	柱头	柱子	柱子
261	房屋	房梁	梁	梁	屋梁	横梁
262	房屋	墙	墙	墙	墙	墙
263	房屋	窗子	窗牖	窗子	窗子	窗子
264	房屋	门槛	门槛	门坎	门坎	门坎
265	房屋	晒台	阳台	阳台	晒台	阳台
266	房屋	栏杆	栏杆	杆子	栏杆	栏杆
267	房屋	台阶	阶	拾阶坎	台阶	台阶
268	房屋	楼梯	楼梯	楼梯	楼梯	楼梯
269	房屋	院子	庭中	院子	院子	院子
270	房屋	天井	天井	天井	天井	天井
271	房屋	井	井	水井	井	井
272	房屋	楼房	楼房	楼房	楼房	楼房
273	房屋	走廊	曲廊	走廊	走廊	走廊
274	房屋	天花板	天花板	楼板	天花板	天花板
275	房屋	马棚	马坊	马圈房	马圈	马圈
276	房屋	牛圈	牛坊	牛圈房	牛圈	牛圈
277	房屋	灶	灶	灶	锅台	灶
278	器物用具	家具	家伙	家具	家具	家具
279	器物用具	桌子	桌儿	桌子	桌子	桌子
280	器物用具	椅子	椅	椅子	椅子	椅子
281	器物用具	凳子	凳	凳子	凳子	凳子
282	器物用具	书桌	书桌	书桌	书桌	书桌

(续表)

编号	小类	普通话	明代官话	屯堡话	江淮官话	西南官话
283	器物用具	柜子	柜	柜子	柜子	柜子
284	器物用具	抽屉		拉箱	抽屉	抽屉
285	器物用具	盒子	盒儿	盒子	盒子	盒子
286	器物用具	箱子	箱子	箱子	箱子	箱子
287	器物用具	皮箱	皮箱	皮箱	皮箱	皮箱
288	器物用具	床	床	床	床	床
289	器物用具	被子	被	被窝	被窝	被窝
290	器物用具	褥子	褥	垫棉絮	褥子	垫被
291	器物用具	毯子	毡条	毯子	毯子	毯子
292	器物用具	枕头	枕头	枕头	枕头	枕头
293	器物用具	席子	荐席	席子	席子	席子
294	器物用具	蚊帐	帐子	蚊帐	帐子	蚊帐
295	器物用具	锅	锅	锅	锅	鼎锅
296	器物用具	锅铲		锅铲	锅铲	锅铲
297	器物用具	菜刀	厨刀	菜刀	石刀	菜刀
298	器物用具	筷子	箸	筷子	筷子	筷条
299	器物用具	调羹	调羹	调羹	汤勺	瓢羹
300	器物用具	缸	缸	缸	水缸	缸
301	器物用具	水瓢	瓢	瓢	水瓢	水瓢
302	器物用具	坛子	坛	坛子	坛子	坛子
303	器物用具	罐子	罐	罐子	瓦罐	罐子
304	器物用具	瓶子	瓶	瓶子	瓶	瓶子
305	器物用具	木柴	柴	柴	柴	柴
306	器物用具	木炭	火炭	木炭	火炭	木炭
307	器物用具	火炉	炉	火炉	炭炉子	风炉
308	器物用具	热水瓶		热水瓶	水壶	热水瓶
309	器物用具	浆糊	浆	浆糊	浆糊	浆糊

(续表)

编 号	小 类	普通话	明代官话	屯堡话	江淮官话	西南官话
310	器物用具	针	针	针	针	针
311	器物用具	顶针	顶针	麻姑娘	顶针子	顶针
312	器物用具	线	线	线	线	线
313	器物用具	绳子	绳子	绳子	绳子	绳子
314	器物用具	锁	锁	锁	锁	锁
315	器物用具	钥匙	钥匙	钥匙	钥匙	钥匙
316	器物用具	扇子	扇	扇子	芭蕉扇	扇子
317	器物用具	伞	伞	伞	伞	雨伞
318	器物用具	拐杖	拄拐	拐杖	拐棍	拐杖
319	器物用具	手电筒		电筒	手电	电筒
320	器物用具	蜡烛	蜡烛	蜡烛	蜡烛	蜡烛
321	器物用具	火柴	火石	洋火	洋火	洋火
322	器物用具	肥皂	肥皂	肥皂	肥皂	肥皂
323	器物用具	牙刷		牙刷	牙刷	牙刷
324	器物用具	抹布		抹布	抹布	抹布
325	器物用具	扫帚	扫帚	扫帚	扫帚	扫把
326	器物用具	掸子		鸡毛掸子	鸡毛	鸡毛帚
327	器物用具	簸箕	簸箕	簸箕	簸箕	簸箕
328	器物用具	痰盂	唾壶	痰盂	痰盂	痰盂
329	器物用具	床单	卧单	床单	床单	床单
330	器物用具	棉胎		棉絮	棉胎	棉胎
331	器物用具	被面	被	被面	被面	被面
332	器物用具	海碗	大碗	海碗	大碗	海碗
333	器物用具	碟子	碟	盘子	大盘子	盘子
334	器物用具	饭勺	杓儿	饭瓢	铜勺	饭瓢
335	器物用具	酒杯	酒杯	酒杯	酒杯	酒杯
336	器物用具	拖把		拖把	拖把	拖把

(续表)

编　号	小　类	普通话	明代官话	屯堡话	江淮官话	西南官话
337	工具材料	算盘	算盘	算盘	算盘	算盘
338	工具材料	秤	秤	秤	秤	秤
339	工具材料	螺丝刀		螺丝刀	起子	螺丝匕
340	工具材料	尺	尺	尺子	尺	尺子
341	工具材料	剪子	剪子	剪刀	剪子	剪子
342	工具材料	锤子	锤	榔头	小锤	锤子
343	工具材料	斧子	斧头	斧头	斧头	斧头
344	工具材料	钳子		虎钳	钳子	钳子
345	工具材料	镊子		镊子	镊子	镊子
346	工具材料	凿子	凿子	凿子	凿子	凿子
347	工具材料	锯子	锯子	锯子	锯	锯子
348	工具材料	锉刀	锉	锉	锉	锉
349	工具材料	钻子	钻	钻	钻	钻
350	工具材料	锥子	锥	锥针	锥子	锥子
351	工具材料	刨子	刨	推刨	刨子	刨子
352	工具材料	小刀	小刀	小刀	小刀	刀仔
353	工具材料	钩子	钩	顶钩	钩子	钩子
354	工具材料	钉子	钉儿	钉子	洋钉	钉子
355	工具材料	梯子	梯子	梯子	梯子	梯子
356	工具材料	锄头	锄头	锄头	锄	锄头
357	工具材料	镰刀	镰刀	镰刀	镰刀	镰刀
358	工具材料	扁担	扁担	扁担	扁担	扁担
359	工具材料	筛子	筛	筛子	筛子	筛子
360	工具材料	轮子	车轮	轮子	轱辘	轮子
361	工具材料	木头	木头	木头	木头	木头
362	工具材料	竹子	竹	竹子	竹子	竹子
363	工具材料	石灰	石灰	石灰	石灰	石灰

（续表）

编　号	小　类	普通话	明代官话	屯堡话	江淮官话	西南官话
364	工具材料	水泥		水泥	水泥	水泥
365	工具材料	橡胶		橡胶	橡胶	橡胶
366	工具材料	漆	漆	洋漆	漆	油漆
367	工具材料	玻璃	玻璃	玻璃	玻璃	玻璃
368	商业交通	钱	钱	钱	钱	钱
369	商业交通	商店	店	商店	商店	商店
370	商业交通	饭馆	饭店	饭馆	饭店	饭馆
371	商业交通	邮局		邮局	邮局	邮局
372	商业交通	邮票		邮票	邮票	邮票
373	商业交通	车站		车站	车站	车站
374	商业交通	码头	马(码)头	码头	码头	码头
375	商业交通	汽车		汽车	汽车	汽车
376	商业交通	自行车		单车	脚踏车	单车
377	商业交通	人力车	脚力登车	人力车	三轮车	人力车
378	商业交通	轮船	航船	轮船	轮船	轮船
379	商业交通	汽船		汽船	汽船	汽船
380	商业交通	街道	街上	街道	街上	街道
381	商业交通	人行道		人行道	人行道	人行道
382	商业交通	巷	巷	巷巷	巷口子	巷巷
383	商业交通	桥	桥	桥	桥	桥
384	商业交通	发票	借(收)票	发票	发票	发票
385	商业交通	火车		火车	火车	火车
386	文化娱乐	学校	学堂	学校	学校	学校
387	文化娱乐	书本	书本	课本	书本	书本
388	文化娱乐	本子	簿子	笔记本	本子	笔试本
389	文化娱乐	纸	纸	纸	纸	纸
390	文化娱乐	砚台	砚	砚台	砚台	砚台

(续表)

编号	小类	普通话	明代官话	屯堡话	江淮官话	西南官话
391	文化娱乐	毛笔	笔	毛笔	毛笔	毛笔
392	文化娱乐	钢笔		钢笔	钢笔	钢笔
393	文化娱乐	信	信	信	信	信
394	文化娱乐	信封	封筒	信封	信封	信封
395	文化娱乐	信纸	信纸	信纸	信纸	信纸
396	文化娱乐	橡皮筋		橡皮筋	橡皮擦子	橡皮筋
397	文化娱乐	图章	印	图章	章	私章
398	文化娱乐	徽章		徽章	徽章	徽章
399	文化娱乐	相片		相片	照片	相片
400	文化娱乐	电影		电影	电影	电影
401	文化娱乐	故事	故事	故事	故事	故事
402	文化娱乐	球	球	球	球	球
403	文化娱乐	秋千	秋千	秋千	秋千	秋千
404	文化娱乐	风筝	风筝	风筝	风筝	风筝
405	文化娱乐	炮仗	纸炮	火炮	鞭炮	鞭炮
406	文化娱乐	哨子	哨	哨子	哨子	哨子
407	文化娱乐	教室	书房	教室	教室	教室
408	文化娱乐	书包	书包	书包	书包	书包
409	文化娱乐	围棋	围棋	围棋	围棋	围棋
410	文化娱乐	篮球		篮球	篮球	篮球
411	文化娱乐	戏院	戏场	戏台	戏台	戏台
412	文化娱乐	演员	戏子	演员	演员	戏子
413	文化娱乐	京剧		京剧	大戏	京剧
414	人体	头	头	脑壳	头	头
415	人体	头发	头发	头发	头发	头发
416	人体	前额	额头	脑眉心	脑门	额头
417	人体	眼睛	眼睛	眼睛	眼睛	眼睛

(续表)

编 号	小 类	普通话	明代官话	屯堡话	江淮官话	西南官话
418	人体	鼻子	鼻子	鼻子	鼻子	鼻子
419	人体	耳朵	耳朵	耳朵	耳朵	耳朵
420	人体	嘴	嘴	嘴巴	嘴巴	嘴巴
421	人体	舌头	舌头	舌头	舌头	舌头
422	人体	脖子	脖子	脖架	脖子	颈
423	人体	胳肢窝		胳肢窝	胳肢窝	胳肢窝
424	人体	胳膊	胳膊	手	膀子	手拐
425	人体	左手	左手	左手	左手	左手
426	人体	右手	右手	右手	右手	右手
427	人体	手指头	指头	手指头	手指头	手指头
428	人体	大拇指	大拇指	大拇指	大拇指头	大拇指
429	人体	小拇指		小拇指	小手指头	手指仔
430	人体	指甲	指甲	指甲	指盖	指甲
431	人体	屁股	屁股	屁股	屁盘子	屁股
432	人体	大腿	腿	大把腿	大腿	大腿
433	人体	膝盖	膝	克膝头	克头子	波罗盖
434	人品	男人	男人	男的	男的	男人
435	人品	女人	女人	女的	女的	女人
436	人品	老者	老者	老者	老头子	老爹
437	人品	老太婆	老婆子	老太	老妈子	老奶
438	人品	小伙子	小伙子	小伙子	男小青年	年青仔
439	人品	小孩子	儿童	嫩娃子	小孩子	娃崽
440	人品	男孩子	男儿	男孩	小伙	男娃崽
441	人品	女孩子	女孩儿	小姑娘	丫头	女妹仔
442	人品	聋子		聋子	聋子	聋子
443	人品	瞎子	瞎子	瞎子	瞎子	瞎子
444	人品	哑巴	哑子	哑巴	哑巴	哑巴

(续表)

编号	小类	普通话	明代官话	屯堡话	江淮官话	西南官话
445	人品	结巴	结巴	结巴	结巴	结巴
446	人品	麻子	麻子	麻子	麻子	麻子
447	人品	秃子	秃厮	秃头	秃子	光头
448	人品	驼子	腰驼	驼背	驼子	驼背
449	人品	跛子	拐子	跛脚	瘸子	拜 pai¹ 脚
450	人品	疯子	疯子	疯子	疯子	颠仔
451	人品	单身汉	寡汉	单身汉	光棍	光棍
452	人品	寡妇	寡妇	寡婆	寡妇	寡妇
453	人品	双胞胎	同胞双生	双胞胎	双胞胎	双胞胎
454	人品	小偷	偷贼	小偷	贼	小偷
455	人品	强盗	强盗	强盗	强盗	强盗
456	亲属	祖父	爷	爷爷	爹爹	公
457	亲属	祖母	祖母	奶奶	奶奶	奶
458	亲属	父亲	爹	爹	大的	爸
459	亲属	母亲	妈	妈	妈咪	妈
460	亲属	继母	继母	后妈	后妈	后妈
461	亲属	伯父	伯父	伯父	大爷	伯父
462	亲属	伯母	伯母	伯母	大妈	伯母
463	亲属	叔父	叔叔	叔叔	爷	叔
464	亲属	叔母	婶子	叔娘	小娘	叔娘
465	亲属	姑父	姑夫	姑爹	姑爷	姑爹
466	亲属	姑妈	姑娘	姑奶奶	姑	姑妈
467	亲属	外公	外公	外公	舅爹	外公
468	亲属	外婆	外婆	外婆	舅奶	外婆
469	亲属	舅父	舅舅	舅舅	舅舅	舅舅
470	亲属	舅母	母舅	舅妈	舅妈	舅娘
471	亲属	姨父	姨夫	姨爹	姨父	姨爹

(续表)

编号	小类	普通话	明代官话	屯堡话	江淮官话	西南官话
472	亲属	姨母	姨娘	姨妈	姨	姨妈
473	亲属	岳父	岳父	老丈人	老丈人	岳父
474	亲属	岳母	岳母	老丈母	丈母娘	岳母
475	亲属	公公	公	公公	公公	公公
476	亲属	婆婆	婆	婆婆	婆婆	婆婆
477	亲属	丈夫	丈夫	男的	男人	我家那个
478	亲属	妻子	妻子	婆娘	女人	我家那个
479	亲属	哥哥	哥哥	哥哥	哥	哥
480	亲属	嫂子	嫂	嫂	嫂子	嫂
481	亲属	弟弟	弟	弟弟	兄弟	弟
482	亲属	姐姐	姐姐	姐姐	姐姐	姐
483	亲属	姐夫	姐夫	姐夫	姐夫	姐夫
484	亲属	妹妹	妹妹	妹妹	妹妹	妹
485	亲属	妹夫	妹夫	妹夫	妹夫	妹夫
486	亲属	大伯子	大伯子	大伯伯	大爷	伯爷
487	亲属	小叔子	小叔	小叔子	小爷	叔
488	亲属	大姑子	姑姑	大姑子	大姑	姐
489	亲属	小姑子	小姑	娘娘	小姑	妹
490	亲属	儿子	儿子	儿子	儿子	儿子
491	亲属	媳妇	媳妇	儿媳妇	儿媳妇	媳妇
492	亲属	女儿	女儿	姑娘	闺女	女
493	亲属	女婿	女婿	姑爷	女婿	女婿
494	亲属	侄儿	侄儿	侄儿子	侄儿	侄仔
495	亲属	侄女	侄女	侄女	侄女	侄女
496	亲属	外孙	外甥	外孙	外孙	外孙
497	亲属	孙子	孙儿	孙孙	孙子	孙子
498	亲属	孙女	女孙儿	孙女	孙女	孙女

(续表)

编　号	小　类	普通话	明代官话	屯堡话	江淮官话	西南官话
499	亲属	继父	继父	继爹	后大的	后爸
500	亲属	内兄	大舅	大舅	大舅子	舅爷
501	亲属	内弟	小舅	小舅	小舅子	小舅
502	亲属	大姨子	大姨	大姨子	大姨	姐
503	亲属	小姨子	小姨	小姨子	小姨子	妹
504	亲属	弟媳	弟妇	弟媳妇	弟妹	弟婶
505	亲属	外孙女	外甥女	外孙女	外孙女	外孙女
506	亲属	亲家母	亲母	亲家母	亲家	亲家娘
507	亲属	亲家翁	亲家翁	亲家公	亲家	亲家公
508	亲属	娘家	娘家	娘家	娘家	外家
509	亲属	婆家	夫家	婆家	婆家	婆家
510	方位	前面	前面	前面	前头	前面
511	方位	后面	后面	后面	后头	后面
512	方位	里面	里面	里面	里头	里面
513	方位	外面	外面	外面	外头	外面
514	方位	上面	上面	上面	上头	上面
515	方位	下面	下面	下面	下头	下面
516	方位	中间	中间	中间	当中	中间
517	方位	旁边	旁边	半边	旁边	旁边
518	方位	隔壁	隔壁	隔壁	门旁	隔壁
519	方位	城里	城里	城市	城市	街上
520	方位	乡下	乡村	乡下	乡下	农村
521	方位	东	东	东	东	东
522	方位	南	南	南	南	南
523	方位	西	西	西	西	西
524	方位	北	北	北	北	北
525	其他	东西	东西	东西	东西	东西

（续表）

编　号	小　类	普通话	明代官话	屯堡话	江淮官话	西南官话
526	其他	粉	粉	粉	粉	粉
527	其他	末子	零碎	灰尘粒子	堂灰	灰尘粒子
528	其他	泡沫	涎沫	泡沫	泡沫	泡沫
529	其他	口水	口水	口水	口水	口水
530	其他	垃圾	垃圾	渣渣	灰	渣渣
531	其他	角落	墙角	角落拐	拐旮兒	角落拐
532	其他	窟窿	窟窿	洞洞	窟洞	洞
533	其他	猪圈	猪棚	猪圈	猪圈	猪圈
534	其他	鸡窝	鸡笼	鸡圈	鸡圈	鸡圈
535	其他	坟	坟	坟	坟	坟
536	其他	棺材	棺木	棺材	棺材	棺材
537	其他	事情	事体	事情	事情	事情

二、动词

编　号	小　类	普通话	明代官话	屯堡话	江淮官话	西南官话
538	自然变化	刮风	刮起风	刮风	刮风	刮风
539	自然变化	下雨	下雨	下雨	下雨	下雨
540	自然变化	打闪	电光闪烁	闪电	打闪	闪电
541	自然变化	打雷	雷响	打雷	打雷	打雷
542	自然变化	结冰	成冰	冰冻	上冻	结冰
543	自然变化	化雪	雪止天晴	雪化	雪化	化雪
544	自然变化	淋雨	淋雨	大雨淋湿	淋湿	淋雨
545	自然变化	褪色	褪	褪色	褪色	褪色
546	自然变化	掉	掉	落	掉	落
547	五官动作	看	看	看	看	看
548	五官动作	眨眼	眨眼	眨眼	眨眼	眨眼

(续表)

编 号	小 类	普通话	明代官话	屯堡话	江淮官话	西南官话
549	五官动作	瞪眼	睁	瞪眼	瞪眼	瞪眼
550	五官动作	听	听	听	听	听
551	五官动作	闻	闻	闻	闻	闻
552	五官动作	吃	吃	吃	吃	吃
553	五官动作	喝	喝	喝	喝	喝
554	五官动作	吸	吸	喝	吸	喝
555	五官动作	咬	咬	咬	咬	咬
556	五官动作	啃	啃	啃	啃	啃
557	五官动作	嚼	嚼	嚼	嚼	嚼
558	五官动作	舔	舔	舔	舔	舔
559	五官动作	吞	吞	吞	吞	吞
560	五官动作	含	含	含	含	含
561	五官动作	喷	喷	喷	喷	喷
562	五官动作	吹	吹	吹	吹	吹
563	五官动作	尝	尝	尝	尝	尝
564	肢体动作	拿	拿	拿	拿	拿
565	肢体动作	捏	捏	捏	捏	扭
566	肢体动作	掐	掐	掐	掐	掐
567	肢体动作	摸	摸	摸	摸	摸
568	肢体动作	捞	捞	捞	捞	捞
569	肢体动作	找	找	找	找	找
570	肢体动作	摘	摘	摘	摘	摘
571	肢体动作	擦	擦	涂(掉)	抹	抹
572	肢体动作	搓	搓	搓	搓	搓
573	肢体动作	提	提	提	提	提
574	肢体动作	举	举	举	举	举
575	肢体动作	托	托	托	托	举

（续表）

编 号	小 类	普通话	明代官话	屯堡话	江淮官话	西南官话
576	肢体动作	端	端	端	端	捧
577	肢体动作	捧	捧	捧	捧	捧
578	肢体动作	抬	抬	抬	抬	抬
579	肢体动作	搬	搬	搬	搬	搬
580	肢体动作	按	按	按	按	按
581	肢体动作	推	推	推	推	推
582	肢体动作	挡	挡	挡	挡	挡
583	肢体动作	撑	撑	撑	撑	举
584	肢体动作	拖	拖	拉	拉	拉
585	肢体动作	拉	拉	拉	拉	拉
586	肢体动作	拔	拔	拔	拔	拔
587	肢体动作	扶	扶	扶	扶	扶
588	肢体动作	搂	搂	抱	搂	搂
589	肢体动作	抱	抱	抱	抱	抱
590	肢体动作	开	开	开	开	开
591	肢体动作	关	关	关	关	关
592	肢体动作	封	封	封	封	封
593	肢体动作	塞	塞	塞	塞	塞
594	肢体动作	盖	盖	盖	盖	盖
595	肢体动作	罩	罩	罩	罩	罩
596	肢体动作	套	套	套	套	套
597	肢体动作	卷	卷	卷	卷	卷
698	肢体动作	包	包	包	包	包
699	肢体动作	系	系	系	系	掏
600	肢体动作	解	解	解	解	解
601	肢体动作	剥	剥	剥	剥	剥
602	肢体动作	折	折	折	折	折

(续表)

编 号	小 类	普通话	明代官话	屯堡话	江淮官话	西南官话
603	肢体动作	叠	叠	叠	叠	叠
604	肢体动作	铺	铺	铺	铺	铺
605	肢体动作	装	装	装	装	装
606	肢体动作	打	打	打	打	打
607	肢体动作	捅	刺	捅	捅	捅
608	肢体动作	碰	触	碰	碰	碰
609	肢体动作	撕	扯	扯	撕	扯
610	肢体动作	弹	弹	弹	弹	弹
611	肢体动作	扔	掷	扔	撂	丢
612	肢体动作	填	填	填	填	填
613	肢体动作	埋	埋	埋	埋	埋
614	肢体动作	走	走	走	走	走
615	肢体动作	跑	跑	跑	跑	跑
616	肢体动作	跳	跳	跳	跳	跳
617	肢体动作	踩	踏	踩	踩	踩
618	肢体动作	跨	跨	跨	跨	跨
619	肢体动作	站	站	站	站	站
620	肢体动作	蹲	蹲	蹲	蹲	某(mou^1)
621	肢体动作	靠	靠	靠	趄	靠
622	肢体动作	躺	挡	躺	躺	躺
623	肢体动作	摔	摔	掼	掼	摔
624	肢体动作	挤	挤	挤	挤	挤
625	肢体动作	躲	躲	躲	躲	躲
626	肢体动作	挑	挑	挑	挑	挑
627	肢体动作	背	背	背	背	背
628	肢体动作	跟	跟	跟	跟	跟
629	肢体动作	逃跑	逃走	逃	逃	逃

(续表)

编　号	小　类	普通话	明代官话	屯堡话	江淮官话	西南官话
630	日常操作	脱	脱	脱	脱	脱
631	日常操作	戴	戴	戴	戴	戴
632	日常操作	洗	洗	洗	洗	洗
633	日常操作	刷	刷	刷	刷	刷
634	日常操作	涮		涮	涮	涮
635	日常操作	漱口	漱	漱口	漱嘴	漱口
636	日常操作	洗澡	洗澡	洗澡	洗澡	洗凉
637	日常操作	晒	晒	晒	晾	晾
638	日常操作	晾		晾	晾	晾
639	日常操作	熨	熨	熨	熨	烫
640	日常操作	染	染	染	染	染
641	日常操作	剪	剪	剪	剪	剪
642	日常操作	裁	裁	裁	裁	裁
643	日常操作	切	切	切	切	切
644	日常操作	割	割	割	割	割
645	日常操作	剁	剁	砍	砍	剁（t‘uo²）
646	日常操作	杀	杀	杀	杀	杀
647	日常操作	宰	宰	宰	杀	汤（t‘aŋ¹）
648	日常操作	泼	泼	泼	泼	泼
649	日常操作	浇	浇	浇	浇	浇
650	日常操作	扫	扫	扫	扫	扫
651	日常操作	点	点	点	点	点
652	日常操作	收拾	收拾	收拾	拾掇	捡
653	日常操作	搅和	搅乱	拌	搅和	捞
654	日常操作	拌	拌	拌	拌	拌
655	日常操作	选择	择	选	选择	选
656	日常操作	藏	藏	躲	躲	躲

(续表)

编号	小类	普通话	明代官话	屯堡话	江淮官话	西南官话
657	交际事务	说	说	讲	讲	讲
658	交际事务	闲谈	闲谈	聊天	扯闲呱儿	聊天
659	交际事务	问	问	问	问	问
660	交际事务	理	理	理	理	理
661	交际事务	叫	叫	叫	叫	叫
662	交际事务	喊	喊	喊	喊	喊
663	交际事务	笑	笑	笑	笑	笑
664	交际事务	哭	哭	哭	哭	哭
665	交际事务	骂	骂	骂	骂	骂
666	交际事务	开玩笑	戏言	开玩笑	笑话人	开玩笑
667	交际事务	发脾气	发怒	发脾气	来气	发气
668	交际事务	吵架	口角	骂架	吵	吵架
669	交际事务	打架	厮打	打架	打仗	打架
670	交际事务	劝	劝	喊	劝	劝
671	交际事务	吹牛	调谎	乱讲	吹牛	吹大炮
672	交际事务	拍马	讨好	拍	拍马屁股	捧
673	交际事务	发誓	发下誓	发誓	发誓	发誓
674	交际事务	陪	陪	陪	陪	陪
675	交际事务	做事	做事	做事情	做事	做活路
676	交际事务	干活	干事	做活路	干活	做活路
677	交际事务	种地	耕种	种地	种地	种地
678	交际事务	开车	驾车	开车	开车	开车
679	交际事务	买	买	买	买	买
680	交际事务	卖	卖	卖	卖	卖
681	交际事务	赚钱	赚钱	赚钱	赚钱	赚钱
682	交际事务	活	活	活	活	活
683	交际事务	死	死	死	死	死

(续表)

编　号	小　类	普通话	明代官话	屯堡话	江淮官话	西南官话
684	交际事务	娶	娶	娶	带/带上	娶
685	交际事务	嫁	嫁	嫁	出门	嫁
686	交际事务	生(育)	生(育)	生娃娃	养(育)	生
687	交际事务	请客	请客	请客	请客	请客
688	交际事务	送礼	送礼	送礼	送礼	送礼
689	交际事务	斟酒	斟酒	倒酒	倒酒	倒酒
690	文化娱乐	上课		上课	上课	上课
691	文化娱乐	下课		下课	下课	下课
692	文化娱乐	教	教	教	教	教
693	文化娱乐	学	学	学	学	学
694	文化娱乐	玩儿	玩耍	玩	玩	玩耍
695	文化娱乐	游泳		游泳	游泳	游泳
696	文化娱乐	照相		照相	照相	照相
697	文化娱乐	赢	赢	赢	赢	赢
698	文化娱乐	输	输	输	输	输
699	文化娱乐	上学	上学	上学	上学	上学
700	文化娱乐	放学	放学	放学	放学	放学
701	文化娱乐	读书	读书	读书	读书	读书
702	文化娱乐	考试	考	考试	考试	考试
703	文化娱乐	报考	赴考	报考	报考	报考
704	文化娱乐	放鞭炮	放爆竹	放炮	放鞭	放爆竹
705	文化娱乐	放花炮	放纸炮	放花炮	放嗤花	放炮
706	文化娱乐	下棋	下棋	下棋	下棋	下棋
707	文化娱乐	拔河		拔河	拔河	拔河
708	文化娱乐	打球	蹴球	打球	打球	打球
709	文化娱乐	跳远		跳远	跳远	跳远
710	文化娱乐	扭秧歌		扭秧歌	扭秧歌	扭秧歌

(续表)

编号	小类	普通话	明代官话	屯堡话	江淮官话	西南官话
711	生理病理	休息	休息	休息	歇歇	休息
712	生理病理	睡觉	睡觉	睡	睡觉	睡
713	生理病理	打呵欠	打呵欠	打呵欠	打哈欠	打呵呵
714	生理病理	打瞌睡	打瞌睡	打瞌睡	打瞌睡	打瞌睡
715	生理病理	打冷噤	打寒颤	打冷颤	发抖	打颤
716	生理病理	哆嗦	寒颤	寒颤	抖	发抖
717	生理病理	喷嚏	喷嚏	喷嚏	喷嚏	喷嚏
718	生理病理	抓痒	挠着痒	抓痒	捌痒痒	抓痒
719	生理病理	撒（尿）	撒（尿）	屙尿	尿尿	屙尿
720	生理病理	拉（屎）	疴屎	屙屎	拉屎	屙屎
721	生理病理	生病	生病	痛了	有病了	病
722	生理病理	着凉	着了寒	感冒	伤风	感冒
723	生理病理	咳嗽	咳嗽	咳嗽	咳	咳嗽
724	生理病理	头晕	头晕	头晕	头晕	头晕
725	生理病理	发烧	发起热	发烧	发热	发烧
726	生理病理	泻肚	泄泻	拉肚子	拉肚子	拉肚子
727	生理病理	生疟疾	得疟疾	打摆子	发疟疾	打摆子
728	生理病理	请医生	延医	请医生	看病	看医生
729	生理病理	号脉	看脉	把脉	号脉	把脉
730	生理病理	开药方	下药	开药	开药	开药方
731	生理病理	搽药膏	贴膏药	贴膏药	贴药膏	贴药膏
732	生理病理	发汗	发些汗	发汗	淌汗	出汗
733	生理病理	扎针	针灸	扎针	打针	打针
734	生理病理	拔火罐		拔头	拔火罐	拔罐
735	生理病理	伤风	风寒	感冒	伤风	感冒
736	生理病理	中暑		中暑	中暑	中暑
737	生理病理	上火	动火	上火	发热	上火

(续表)

编号	小类	普通话	明代官话	屯堡话	江淮官话	西南官话
738	生理病理	肚子疼	肚痛	肚子疼	肚疼	肚痛
739	生理病理	胸口疼	心胸涨	胸口疼	心口疼	胸闷
740	生理病理	呕吐	呕吐	呕吐	呕	吐
741	感受思维	喜欢	喜欢	喜欢	欢	爱
742	感受思维	讨厌	厌烦	讨厌	不欢	烦
743	感受思维	怪	怪	怪	怪	怪
744	感受思维	恨	恨	恨	恨	恨
745	感受思维	后悔	懊悔	后悔	后悔	后悔
746	感受思维	怕	怕	怕	怕	怕
747	感受思维	知道	知道	晓得	懂得	懂得
748	感受思维	想	想	想	想	想
749	感受思维	打算	思量	思量	打算	打算
750	感受思维	相信	听信	相信	信	相信
751	感受思维	怀疑	疑	怀疑	怀疑	怀疑
752	感受思维	小心	小心	小心	当心	小心
753	感受思维	想念	想念	想念	想	想
754	感受思维	忘记	忘	搞忘记	忘得	忘
755	感受思维	要	要	要	要	要
756	感受思维	不要	不要	不要	不要	没要
757	愿望判断	应该	正该	应该	该	应该
758	愿望判断	值得	值得	值得	值得	值得
759	愿望判断	是	是	是	是	是
760	愿望判断	不	不	不	不是	没是
761	愿望判断	没有	没有	没有	没 mei³	没有
762	其他	接吻	亲嘴	亲嘴	接吻	亲嘴
763	其他	上坟	上坟	上坟	上坟	拜坟
764	其他	遗失	遗失	打落	掉	丢
765	其他	浪费	浪费	浪费	糟蹋	浪费

三、形容词

编　号	小　类	普通话	明代官话	屯堡话	江淮官话	西南官话
766	形状情形	大	大	大	大	大
767	形状情形	小	小	小	小	小
768	形状情形	高	高	高	高	高
769	形状情形	低	低	低	矮	低
770	形状情形	矮	矮	矮	矮	矮
771	形状情形	长	长	长	长	长
772	形状情形	短	短	短	短	短
773	形状情形	粗	粗	粗	粗	宽
774	形状情形	细	细	细	细	细
775	形状情形	宽	宽	宽	宽	宽
776	形状情形	窄	窄	窄	窄	窄(tsɤ⁴)
777	形状情形	厚	厚	厚	厚	厚
778	形状情形	薄	薄	薄	消(ɕiɔ⁴)	薄
779	形状情形	深	深	深	深	深
780	形状情形	浅	浅	浅	浅	浅
781	形状情形	空	空	空	空	空
782	形状情形	满	满	满	满	满
783	形状情形	方	方	方	方	方
784	形状情形	圆	圆	圆	圆	圆
785	形状情形	平	平	平	平	平
786	形状情形	正	正	正	正	正
787	形状情形	反	反	反	反	反
788	形状情形	歪	歪	歪	歪	歪
789	形状情形	横	横	横	横(xoŋ³)	横
790	形状情形	竖	竖	竖	竖	竖
791	形状情形	直	直	直	直	直

(续表)

编号	小类	普通话	明代官话	屯堡话	江淮官话	西南官话
792	形状情形	斜	斜	斜	歪	歪
793	形状情形	陡	陡	陡	陡	陡
794	形状情形	弯	弯	弯	弯	弯
795	形状情形	亮	亮	亮	亮	亮
796	形状情形	暗	暗	暗	暗	暗
797	形状情形	黑	黑	黑	黑	黑
798	形状情形	轻	轻	轻	轻	轻
799	形状情形	重	重	重	重	重
800	形状情形	干	干	干	干	干
801	形状情形	湿	湿	湿	湿	湿
802	形状情形	稠	稠	稠	干	茑(niau¹)
803	形状情形	酽	酽	浓	酽	浓
804	形状情形	稀	稀	稀	稀	稀
805	形状情形	硬	硬	硬	硬	硬
806	形状情形	软	软	葩	软	软
807	形状情形	老(不嫩)	老	老	老	过火
808	形状情形	嫩	嫩	嫩	嫩	嫩
809	形状情形	脆	脆	脆	脆	脆
810	形状情形	结实	牢牢	扎实	结实	结实
811	形状情形	生(不熟)	生	生	生	没熟
812	形状情形	整齐	整齐	整齐	齐	整齐
813	形状情形	乱	乱	乱	乱	乱
814	形状情形	破	破	破	坏	烂
815	形状情形	干净	干净	干净	干净	干净
816	形状情形	肮脏	肮脏	脏	垃杂	沃(o³)
817	形状情形	热闹	热闹	热闹	热闹	热闹
818	形状情形	清楚	明白	明白	清楚	明白

附录 | 383

(续表)

编号	小类	普通话	明代官话	屯堡话	江淮官话	西南官话
819	形状情形	模糊	模糊	模糊	模模糊糊	模糊
820	形状情形	浑	浑	混(浊)	浑	浓
821	形状情形	快(锋利)	快(锋利)	利锋利)	快(锋利)	利锋利)
822	形状情形	快(迅速)	快(迅速)	快(迅速)	快(迅速)	快(迅速)
823	形状情形	早	早	早	早	早
824	形状情形	晚	晏	晚	迟	晚
825	性质	好	好	好	好	好
826	性质	坏	坏	不好	孬	坏
827	性质	差	差	差	差劲	差伙
828	性质	难	难	难	难	难
829	性质	容易	容易	容易	容易	容易
830	性质	贵	贵	贵	贵	贵
831	性质	便宜	便宜	便宜	便宜	便宜
832	生理感觉	热	热	热	热	热
833	生理感觉	冷	冷	冷	冷	冷
834	生理感觉	烫	烫	热	烫	赖(lai³)
835	生理感觉	温和	温柔	温和	和气	脾气好
836	生理感觉	温	温	温	暖火	暖
837	生理感觉	凉	凉	凉	凉	凉
838	生理感觉	香	香	香	香	香
839	生理感觉	臭	臭	臭	臭	臭
840	生理感觉	馊	馊	馊	酸	馊
841	生理感觉	咸	咸	咸	咸	咸
842	生理感觉	淡	淡	淡	淡	淡
843	生理感觉	饿	饿	饿	饿	饿
844	生理感觉	渴	渴	口干	渴	口干
845	生理感觉	累	累	累	累	累

(续表)

编 号	小 类	普通话	明代官话	屯堡话	江淮官话	西南官话
846	生理感觉	痒	痒	痒	痒	痒
847	生理感觉	舒服	爽快	舒服	好受	舒服
848	生理感觉	忙	忙	忙	忙	忙
849	生理感觉	闲	闲	闲	清闲	闲
850	体貌特征	胖	胖	胖	胖	肥
851	体貌特征	肥	肥	肥	肥	肥
852	体貌特征	瘦	瘦	瘦	瘦	瘦
853	体貌特征	老(不年轻)	老	老	老	老
854	体貌特征	年轻	年少	年轻	年轻	年轻
855	体貌特征	好看	标致	美	好看	好看
856	体貌特征	难看	丑陋	丑	难看	难看
857	体貌特征	强壮	壮	强壮	强壮	有力
858	品性行为	傻	傻	傻	痴	昂（ŋaŋ²）
859	品性行为	老实	老实	老实	老实	老实
860	品性行为	狡猾	狡猾	狡猾	滑头	刁
861	品性行为	直爽	直性	直性	直性子	直爽
862	品性行为	大方	慷慨	大方	大方	大方
863	品性行为	小气	吝啬	小气	小气	小气
864	品性行为	骄傲	傲慢	骄傲	张狂	骄傲
865	品性行为	谦虚	谦让	谦虚	厚道	老实
866	品性行为	乖	乖	乖	听话	乖
867	品性行为	顽皮	顽皮	调皮	调皮	调皮
868	品性行为	勤快	勤	勤	勤快	勤
869	品性行为	懒	懒	懒	懒	懒
870	品性行为	能干	能干	能干	能干	能干
871	品性行为	内行	在行	高手	在行	高手
872	品性行为	外行	不在行	外行	外行	外行

(续表)

编号	小类	普通话	明代官话	屯堡话	江淮官话	西南官话
873	心理感受	高兴	欢喜	高兴	高兴	高兴
874	心理感受	合意	满意	满意	满意	满意
875	心理感受	烦恼	烦恼	老火	头疼	恼火
876	心理感受	可怜	可怜	可怜	可怜	可怜
877	心理感受	倒霉	晦气	背时	背	背时
878	心理感受	奇怪	奇怪	怪	奇怪	奇怪
879	心理感受	害怕	恐怕	害怕	害怕	好怕
880	心理感受	害羞	羞答答	害羞	害羞	怕丑
881	颜色	红	红	红	红	红
882	颜色	蓝	蓝	蓝	蓝	蓝
883	颜色	绿	绿	绿	绿	绿
884	颜色	白	白	白	白	白
885	颜色	灰	灰	灰	灰	灰
886	颜色	黄	黄	黄	黄	黄
887	颜色	青	青	青	青	青
888	颜色	紫	紫	紫	紫	紫
889	颜色	黑	黑	黑	黑	黑

四、代词

编号	小类	普通话	明代官话	屯堡话	江淮官话	西南官话
890	人称代词	我	我	我	我	我
891	人称代词	你	你	你	你	你
892	人称代词	他	他	他	他	他
893	人称代词	我们	我们	我们	我们	我们
894	人称代词	你们	你们	你们	你们	你们
895	人称代词	他们	他们	他们	他们	他们

(续表)

编　号	小　类	普通话	明代官话	屯堡话	江淮官话	西南官话
896	人称代词	咱们	咱们	我们	我们	大伙
897	人称代词	大家	大家	大家	大家	大家
898	人称代词	自己	自己	自己	自己	自己
899	人称代词	人家	人家	人家	人家	人家
900	物主代词	我的	自家	我的	我的	我的
901	物主代词	你的	你的	你的	你的	你的
902	物主代词	他的		他的	他	他的
903	物主代词	别的	别个	别个	旁的	人家的
904	指示代词	这个	这个	这个	这个	这个
905	指示代词	那个	那个	那个	那个	那个
906	指示代词	这些	这些	这些	这些	这些
907	指示代词	那些		那些	那些	那些
908	指示代词	这儿	这里	这里	这塯(kuɒ⁴¹)	这里
909	指示代词	那儿	那里	那里	那塯(kuɒ⁴¹)	那里
910	指示代词	这边	这边	这边	这边	这边
911	指示代词	那边	那边	那边	那边	那边
912	指示代词	这么		这么	这么	这么
913	指示代词	那么		那么	那么	那么
914	疑问代词	谁	谁	哪个	哪个	哪个
915	疑问代词	什么	什么	哪样	什么	怎样
916	疑问代词	哪个	那个	哪个	哪个	哪个
917	疑问代词	哪儿		那块	哪儿	哪块
918	疑问代词	哪边		哪边	哪边	哪边
919	疑问代词	怎么	怎么	怎样	怎么	怎样
920	疑问代词	多么		多么	多	几多
921	疑问代词	多少	多少	好多	多少	几多
922	疑问代词	多久		几久	多长时间	几久

五、量词

编号	小类	普通话	明代官话	屯堡话	江淮官话	西南官话
923	物量词	一个人	一个人	一个人	一个人	一个人
924	物量词	一头牛	一头牛	一个牛	一头牛	一头牛
925	物量词	一只鸡	一只鸡	一个鸡	一只鸡	一只鸡
926	物量词	一条鱼	一尾鱼	一条鱼	一条鱼	一条鱼
927	物量词	一棵树	一株树	一棵树	一棵树	一棵树
928	物量词	一丛草		一丛草	一簇草	一丛草
929	物量词	一朵花	一朵花	一朵花	一朵花	一朵花
930	物量词	一顿饭	一顿酒饭	一顿饭	一顿饭	一顿饭
931	物量词	一支烟		一根烟	一根烟	一根烟
932	物量词	一瓶酒	一壶酒	一壶酒	一瓶酒	一壶酒
933	物量词	一双鞋	一双鞋	一对鞋	一双鞋	一双鞋
934	物量词	一口水	一口水	一口水	一口水	一口水
935	物量词	一把刀	一把刀	一把刀	一把刀	一把刀
936	物量词	一根针		一把针	一把针	一根针
937	物量词	一座桥	一座桥	一座桥	一座桥	一座桥
938	物量词	一扇门	两扇门	一扇门	一扇门	一扇门
939	物量词	一辆车	一辆车	一部车	一辆车	一辆车
940	物量词	一艘船	一只船	一只船	一只船	一架船
941	物量词	一件事	一件事	一件事	一件事	一件事
942	物量词	一本书	一本书	一本书	一本书	一本书
943	物量词	一匹马	一匹马	一匹马	一匹马	一匹马
944	物量词	一封信	一封家书	一封信	一封信	一封信
945	物量词	一味药	一贴药	一服药	一种药	一种药
946	物量词	一道河	一道溪水	一条河	一条河	一条河
947	物量词	一盏灯	一盏彩灯	一盏灯	一盏灯	一盏灯
948	物量词	一张桌	一张桌	一张桌子	一张桌子	一张桌子

(续表)

编 号	小 类	普通话	明代官话	屯堡话	江淮官话	西南官话
949	物量词	一出戏	(一)出戏	一场戏	一场戏	一台戏
950	物量词	一杆枪	一笔枪	一支枪	一杆枪	一支枪
951	物量词	一管笔	一管笔	一支笔	一支笔	一支笔
952	物量词	两口子	两口儿	夫妻两人	两口子	两公婆
953	物量词	一座房子	一所房子	一间屋子	一座房子	一幢房子
954	物量词	一床被子	一床锦被	一床被窝	一床被子	一床被窝
955	物量词	一顶帽子	一个顶子	一个帽子	一顶帽子	一个帽子
956	物量词	一套衣服	一套衣服	一件衣裳	一件衣裳	一件衣服
957	物量词	一串葡萄	一串珍珠	一串葡萄	一串葡萄	一串葡萄
958	物量词	一笔生意	一回买卖	一笔生意	一笔生意	一笔生意
959	物量词	一身棉衣	一身帛衣	一身棉衣	一身棉衣	一身棉衣
960	物量词	一桌酒席	一席酒	一席酒	一桌酒	一席酒
961	物量词	一场大雨	一场大雨	一丈雨	一场大雨	一场大雨
962	物量词	一枚奖章	一枚核桃	一枚奖章	一个奖章	一枚奖章
963	物量词	一对花瓶	一对新人	一对花瓶	一对花瓶	一对花瓶
964	动量词	遍(看一遍)	看了一遍	看了一遍	看一遍	看了一遍
965	动量词	次(这一次)	次(这一次)	次(这一次)	次(这次)	次(这一次)
966	动量词	趟(走一趟)	走一遭	走一趟	走一趟	走一趟
967	动量词	顿(打一顿)	打一顿	打一顿	打一顿	打一顿
968	动量词	下(动一下)	动一番	下(动一下)	下(动一下)	下(动一下)
969	动量词	请(一桌客)	设一席酒	请一桌客	请一桌客	请一桌客
970	动量词	吃一口	吃一碗	吃一口	吃一口	吃一口
971	动量词	闹一场	闹一场	闹一场	闹一场	闹一场
972	动量词	谈一会	想一会	谈一会	谈一下	谈一会

六、副词

编号	小类	普通话	明代官话	屯堡话	江淮官话	西南官话
973		从前	以前	以前	从前	以前
974		刚才	适才	刚才	刚才	刚才
975		现在	如今	现在	现在	现今
976		一向	一向	向来	一向	以往
977		预先	预先	预先	起先	预先
978		已经	已	已经	已经	已经
979		常常	常	经常	经常	经常
980		赶快	快	赶紧	赶紧	赶快
981		马上	即	马上	马上	即
982		很	甚	更	很	很
983		更	更	更	更	更
984		最	最	最	顶	顶
985		太	太	太	太	太
986		稍微	稍稍	稍微	有点儿	稍微
987		恰巧	恰好	刚好	碰巧	恰巧
988		都	都	都	都	都
989		统统	俱	全部	统统	全部
990		一起	一齐	一起	一起	一起
991		又	又	又	又	又
992		再	再	再	再(tei^3)	再
993		仍旧	依旧	仍旧	还(xɛ^2)	仍旧
994		反正		反正	反正	反正
995		大约	约莫	大约	差不多有	大约
996		一定	切	一定	一定	一定
997		不	不	没是	不	没
998		没(有)	没	没有	没	没有
999		别	莫要	莫要	嫑(piɔ^{41})	没要
1000		不用	不用	不用	嫑(piɔ^{41})	不用

七、介词、连词

编号	大类	普通话	明代官话	屯堡话	江淮官话	西南官话
1001	介词	把	把	把	把	把
1002	介词	被	被	着	挨	被
1003	介词	替	替	替	替	替
1004	介词	在	在	在	在	在
1005	介词	从	从	由	从	从
1006	介词	到	到	到	到	到
1007	介词	向	向	跟	跟	向
1008	连词	和	和	跟	跟	跟
1009	连词	如果	若是	要是	要是	要是

八、数词

编号	小类	普通话	明代官话	屯堡话	江淮官话	西南官话
1010	基数词	一	一	一	一	一
1011	基数词	二	二	二	二/两	二
1012	基数词	三	三	三	三	三
1013	基数词	四	四	四	四	四
1014	基数词	五	五	五	五	五
1015	序数词	初六	初六	初六	初六	初六
1016	序数词	初七	初七	初七	初七	初七
1017	序数词	初八	初八	初八	初八	初八
1018	序数词	初九	九月九	初九	初九	初九
1019	序数词	初十	初十	初十	一十	初十

参考文献

一、著作

1. (美)Richard VanNess Simmons,顾黔,石汝杰.汉语方言词汇调查手册[M].北京:中华书局,2006.
2. 安顺市地方志编纂委员会.安顺市志[M].贵阳:贵州人民出版社,1995.
3. 鲍明炜.江苏省志·方言俗语志[M].南京:南京大学出版社,1998.
4. 北京大学中国语言文学系语言学教研室.汉语方言词汇[M].2版.北京:语文出版社,1964.
5. 戴庆厦.语言调查教程[M].北京:商务印书馆,2013.
6. 方志远.明代城市与市民文学[M].北京:中华书局,2004.
7. 冯梦龙.喻世明言[M].呼和浩特:远山出版社,2005.
8. 冯梦龙.警世通言[M].呼和浩特:远山出版社,2005.
9. 冯梦龙.醒世恒言[M].呼和浩特:远山出版社,2005.
10. (瑞)高本汉.中国音韵学[M].罗常培,等译,北京:商务印书馆,1930.
11. 贵州省地方志编纂委员会.贵州省志·方言志[M].北京:方志出版社,1998.
12. 黄伯荣,廖序东.现代汉语(修订本)上册[M].兰州:甘肃人民出版社,1983.
13. 黄才贵.独特的社会经纬——贵州制度文化[M].贵阳:贵州教育出版社,2000.
14. 翦伯赞.中国史纲要(三)[M].北京:人民出版社,1979.
15. (意)利玛窦.利玛窦中国札记[M].何高济,等译,北京:中华书局,1983.

16. 李葆嘉.中国语言文化史[M].南京:江苏教育出版社,2003.

17. 李荣,刘丹青.南京方言词典[M].南京:江苏教育出版社,1995.

18. 李如龙.汉语方言的比较研究[M].北京:商务印书馆,2012.

19. 李如龙.汉语方言学[M].北京:高等教育出版社,2007.

20. 李新魁.《中原音韵》音系研究[M].郑州:中州书画社,1983.

21. 凌蒙初.初刻拍案惊奇[M].哈尔滨:黑龙江人民出版社,2006.

22. 凌蒙初.二刻拍案惊奇[M].哈尔滨:黑龙江人民出版社,2006.

23. 罗常培.汉语音韵学导论[M].北京:中华书局,1956.

24. 龙腾昇,吴伟军,宋宣.贵州黔中屯堡方言研究[M].成都:西南交通大学出版社,2011.

25. (法)梅耶.历史语言学中的比较方法[M].岑麒祥,译,北京:世界图书出版公司,2006.

26. 明朝户部(万历).《明会典》影印本[M].北京:中华书局,1988.

27. 钱谦益.牧斋初学集[M].上海:上海古籍出版社,2009.

28. 钱曾怡.汉语官话方言研究[M].济南:齐鲁书社,2010.

29. 乔世宁.丘隅意见[M].上海:上海商务印书馆,1936.

30. 上海教育学院.中国古代文学读本(四)[M].北京:教育科学出版社,1982.

31. 孙兆霞.屯堡乡民社会[M].北京:社会科学文献出版社,2005.

32. 唐作藩.音韵学教程[M].北京:北京大学出版社,2002.

33. 王力.汉语音韵学[M].北京:中华书局,1981.

34. 王力.汉语史稿[M].北京:中华书局,1980.

35. 王力.汉语语音史[M].北京:中国社会科学出版社,1985.

36. 吴福熙.古代汉语[M].兰州:甘肃人民出版社,1980.

37. 徐大明.社会语言学研究[M].上海:上海人民出版社,2007.

38. 徐大明.语言变异与变化[M].上海:上海教育出版社,2006.

39. 徐通锵.历史语言学[M].北京:商务印书馆,2008.

40. 许慎.说文解字[M].徐铉注,殷韵初校,北京:中华书局,1981.

41. 叶宝奎.明清官话音系[M].厦门:厦门大学出版社,2001.

42. 叶春及.惠安政书[M].福州:福建人民出版社,1987.

43. 游汝杰,邹嘉彦.社会语言学教程[M].上海:复旦大学出版社,2009.

44. 俞宗尧,帅学剑,刘志涛.屯堡文化研究与开发[M].贵阳:贵州民族出版社,2005.

45. 俞中尧.屯堡文化研究与开发[M].贵阳:贵州民族出版社,2005.

46. 赵翼.陔余丛考[M].北京:商务印书馆,1957.

47. 赵荫棠.中原音韵研究[M].北京:商务印书馆,1956.

48. 周振鹤,游汝杰.方言与中国文化[M].上海:上海人民出版社,1986.

49. 郑正强.最后的屯堡[M].贵阳:贵州人民出版社,2003.

50. 中国社会科学院语言研究所.方言调查字表[M].北京:商务印书馆,2012.

51. 中国社会科学院文学研究所中国文学史编写组.中国文学史[M].北京:人民文学出版社,1962.

52. 朱伟华,等.建构与生成——屯堡文化及地戏形态研究[M].桂林:广西师范大学出版社,2008.

53. 《壮族简史》编写组.壮族简史[M].南宁:广西人民出版社,1980.

54. 万历《明会典》卷一八《户部》五《屯田》[M].北京:中华书局 1988 年影印本.

55. 贵州省民族研究学会.贵州民族调查卷十三:屯堡人[M].贵州省民族研究所内部资料,1995.

56. 石声汉.农政全书校注[M].上海:上海古籍出版社,1979.

57. 李时珍.本草纲目[M].北京:中医古籍出版社,1997.

58. 兰茂.滇南草本[M].昆明:云南科学技术出版社,2004.

二、其他

1. 贵州屯堡话语音录音资料(录音合作人:1人　录音地点:贵州安顺天龙、云峰屯堡　录音时长:约 35 分钟)。

2. 贵州屯堡话词汇录音资料(录音合作人:1人　录音地点:贵州安顺天龙镇天龙村、西秀区七眼桥镇云峰雷屯　录音时长:约 111 分钟)。

3. 江淮官话语音录音资料(录音合作人:1 人　录音地点:江苏连云港灌云县小伊乡　录音时长:约 96 分钟)。

4. 江淮官话词汇录音资料(录音合作人:1 人　录音地点:江苏连云港灌云县小伊乡　录音时长:约 66 分钟)。

5. 西南官话语音录音资料(录音合作人:1 人　录音地点:广西河池宜州市洛东电厂　录音时长:约 85 分钟)。

6. 西南官话词汇录音资料(录音合作人:1 人　录音地点:广西河池宜州市洛东电厂　录音时长:约 95 分钟)。

后 记

本书是在笔者的南京师范大学博士后流动站的出站报告和中国博士后科学基金资助项目(编号:2013M541693)的研究内容基础上撰写而成。

在进行调查研究和撰写书稿过程中,笔者得到了导师李葆嘉先生的悉心指导。先生是一个博学敏行、治学严谨、平易近人的学者。他用宽广的学术视野、敏锐的学术眼光将学生带入贵州屯堡话和明代官话研究的领域,并从屯堡话与明代官话比较的交叉点指出了研究的路径。先生在生活上对学生也给予支持与帮助、理解与宽容,让学生有相对宽松的研究环境。在此向恩师表示学生深深的敬意和衷心的感谢!"屯堡话与明代官话比较研究"是一个较大研究课题,涉及方方面面,需要较多的人支持。本人很幸运,得到了很多人的帮助,这其中有屯堡话、江淮官话、西南官话的录音合作人,有给本书提过宝贵意见的专家学者,有研究生同学伍双林、博士后同事刘林,还有南京师范大学博士后流动站的领导、老师,嘉兴学院的领导、同事。在书稿出版过程中得到中国博士后科学基金和嘉兴学院的资助,得到了南京师范大学出版社老师的支持,他们对书稿提出了宝贵的意见,在此对他们表示深深的感谢。

由于本书涉及贵州屯堡话、明代官话、江淮官话、西南官话及普通话五种语言,内容复杂,田野调查和语料收集工作繁重,书中某些数据仍需人工统计,加之作者水平有限,书中难免出现错误之处,敬请读者批评指正。

邓　彦

2017 年 1 月于嘉兴学院